Jakob Lehmann (Hrsg.)

Deutsche Novellen von Goethe bis Walser
Band 2

Beatrix Bauer
Christoph - Probst - Str. 16 / 1506
8000 München 40
Tel. 089 / 326 505

Scriptor Taschenbücher S 156
Literatur + Sprache + Didaktik

Herausgegeben von:
Barbara Kochan · Detlef C. Kochan · Harro Müller-Michaels

Jakob Lehmann (Hrsg.)

Deutsche Novellen von Goethe bis Walser

Interpretationen für den Deutschunterricht

Band 2: Von Fontane bis Walser

Scriptor
1980

Quellenverzeichnis:

S. 42 f. Gerhart Hauptmann, Zitate aus der Centenar-Ausgabe
© Propyläen Verlag, Berlin
S. 60 ff. Hermann Bahr, Die Moderne
© H. Bauer-Verlag, Wien
S. 64 ff. Hugo von Hofmannsthal, G. d'Annunzio (Auszug). In: Gesammelte Werke in Einzelausgaben. Prosa I
© 1950 S. Fischer Verlag GmbH, Frankfurt/M.
S. 69 Brief von Hugo von Hofmannsthal an Leopold von Andrian. In: Hugo von Hofmannsthal/Leopold von Andrian, Briefwechsel
© S. Fischer Verlag GmbH 1968
S. 255 ff. Heinrich Böll, Die Waage der Baleks (gekürzte Lesebuchfassung)
© Verlag Kiepenheuer & Witsch, Köln

CIP-Kurztitelaufnahme der Deutschen Bibliothek

Deutsche Novellen von Goethe bis Walser :
Interpretationen für d. Deutschunterricht / Jakob
Lehmann (Hrsg.) – Königstein/Ts. : Scriptor.
NE: Lehmann, Jakob [Hrsg.]
Bd. 2. Von Fontane bis Walser. – 1980
ISBN 3-589-20747-7 (Taschenbuchausgabe)
ISBN 3-589-20759-0 (gebundene Ausgabe)

© 1980 Scriptor Verlag GmbH
Wissenschaftliche Veröffentlichungen
Königstein/Ts.
Alle Rechte vorbehalten
Ohne ausdrückliche Genehmigung des Verlags ist es auch nicht gestattet, das Buch oder Teile daraus auf photomechanischem Wege (Photokopie, Mikrokopie) zu vervielfältigen.
Gesamtherstellung: Friedrich Pustet, Regensburg
Printed in Germany
ISBN 3-589-20747-7 (Taschenbuchausgabe)
JSBN 3-589-20759-0 (gebundene Ausgabe)

Inhalt

Band 2

Vorwort 7

Rudolf Schmitt
Theodor Fontane: Schach von Wuthenow 11

Horst Künzel
Gerhart Hauptmann: Bahnwärter Thiel 29

Otfried Hoppe
Hugo von Hofmannsthal: Reitergeschichte 49

Michael Krejci
Thomas Mann: Tristan 77

Ortwin Beisbart
Thomas Mann: Tonio Kröger 101

Walter Gebhard
Franz Kafka: Das Urteil 125

Karl Schuster
Arthur Schnitzler: Traumnovelle 161

Franz-Josef Payrhuber
Bertholt Brecht: Der Augsburger Kreidekreis 185

Otto Schober
Stefan Andres: Wir sind Utopia 201

Jörn Stückrath
Heinrich Böll: Die Waage der Baleks 237

Dieter Mayer
Günter Grass: Katz und Maus 261

Albrecht Weber
Martin Walser: Ein fliehendes Pferd 281

Notiz zu den Autoren 301

Band 1

Vorwort 7

Peter Klotz
Johann Wolfgang von Goethe: Novelle 11
Hertha-Elisabeth Renk
Heinrich von Kleist: Die Marquise von O 31
Karl Stocker
Heinrich von Kleist: Michael Kohlhaas 53
Werner Psaar
Ernst Theodor Amadeus Hoffmann: Das Fräulein von Scuderi . . . 77
Hans Poser
Joseph von Eichendorff: Aus dem Leben eines Taugenichts 105
Alfred Clemens Baumgärtner
Ludwig Tieck: Des Lebens Überfluß 125
Elisabeth Fuchshuber
Georg Büchner: Lenz 141
Kurt Franz
Franz Grillparzer: Der arme Spielmann 161
Werner Klose
Annette von Droste-Hülshoff: Die Judenbuche 189
Wolfgang Schemme
Jeremias Gotthelf: Die schwarze Spinne 203
Jakob Lehmann
Adalbert Stifter: Brigitta 227
Helmut Melzer
Gottfried Keller: Romeo und Julia auf dem Dorfe 255
Hans E. Giehrl
Gottfried Keller: Kleider machen Leute 275
Ulrich Eisenbeiß
Conrad Ferdinand Meyer: Das Amulett 289
Ulrich Eisenbeiß
Conrad Ferdinand Meyer: Gustav Adolfs Page 307

Notiz zu den Autoren 325

Vorwort

Das „Heimatrecht" der Novelle im Deutschunterricht galt lange Zeit als unbestritten. „Das muß man kennen!" – „Dies soll die Jugend kennen!" – „Das kann sie begreifen." – „Das braucht man, um die literarische Entwicklung zu verstehen." – „Damit kann man im Leben etwas anfangen."[1], waren oft wiederholte Begründungen, denen kaum widersprochen wurde. Wir sind heute skeptischer geworden bzw. geblieben, zumindest, was einige dieser Plädoyerpunkte angeht; und das nicht zuletzt aus unserer Erfahrung, was mit der Novelle im Deutschunterricht alles angestellt wurde. Gleichwohl darf man – auch bei noch so großen Bedenken, z. B. gegen kanonisierte Auswahlen oder sog. auf das „eigentlich Dichterische" bedachte Interpretationen – wohl feststellen, daß auch die Kurzgeschichte nicht imstande war, die Novelle völlig zu verdrängen.

Das war der Grund für den Verlag, an eine neue Sammlung von Beiträgen zur schulischen Arbeit an der Novelle zu denken. Nun ist das Angebot an Unterrichtsmaterialien und Interpretationen für die Schule zwar stark angewachsen, aber doch wohl nicht in jedem Fall als Fortschritt zu werten, auch wenn neue Ansätze und Perspektiven für die Unterrichtspraxis oder zumindest Anstöße dazu in Aussicht gestellt und z. T. auch gegeben wurden. Ähnliches gilt für die fachwissenschaftliche Forschung, die mit einer langen Reihe neuer Detailergebnisse aufwarten kann. Vieles davon ist freilich für die Bedürfnisse der Schule ohne Relevanz, zumal die Einschränkung der für die Lektüre anspruchsvoller Dichtung auf der Oberstufe zur Verfügung stehenden Zeit überall zu schmerzlichen Verzichten geführt hat.

Im Sinne der daraus folgenden Notwendigkeit, den Literaturunterricht zu komprimieren und immer wieder neu zu bedenken, wollen die folgenden Beiträge über den Stand der Forschung in Kürze informieren und durch Auswertung vorliegender Untersuchungsergebnisse neue Interpretationsansätze und -vorschläge und damit Anregungen zu erneuter Beschäftigung mit der Novelle im Unterricht geben. Als Zielvorstellung blieb, den Schüler möglichst optimal zum sachgerechten und kritischen Umgang mit Literatur, d. h. in unserem Fall mit der Novelle als einem unverzichtbaren Bestandteil unserer literarischen Tradition, zu motivieren und zu befähigen.

Die Auswahl der Novellen ist nicht programmatisch gedacht, sondern fußt auf einer Erhebung des Verlags über „klassische" Novellen im Deutschunterricht. Ihr Schwerpunkt liegt im 19. Jahrhundert, als einer besonderen Blütezeit der Novelle mit weitgehend fixierbaren Strukturmerkmalen; er ist um einige Beispiele zur Moderne hin erweitert. Nicht unwichtig bei solcher Beschränkung war die Überzeugung, daß sich in den Texten des 19. Jahrhunderts „eine Vergangenheit" dokumentiert, „die heutigem Verständnis noch nahe genug steht, um unmittelbar zu interessieren, und fern genug, um historische Veränderungen in der Problemstellung und -lösung zu erkennen zu geben. Auseinandersetzung mit der Vergangenheit und Wendung zur Gegenwart sind gleicherweise gewährleistet".[2]

Terminologische und Definitionsprobleme der Novelle als Gattung sowie Erzähltheorien wurden nur so weit angesprochen, als sie Orientierungshilfen für die Rezeption versprachen. Ebenso mußte eine Diskussion der problematischen Curriculum-Entwicklung in den einzelnen Ländern und ihre negativen Folgen, wie z. B. Verführung zum Formalismus, ausgeklammert werden.

Eine Grundforderung an die Beiträger war – bei aller Freiheit in der Wahl eines sach- und intentionsadäquaten Interpretationsansatzes – die unterrichtliche Erprobung im Dienste der Anbahnung, Vertiefung und Erweiterung von literarischem Verstehen. Daß hier von seiten der Didaktik noch viel zu tun ist (in Richtung auf eine systematische Didaktik der Novelle), zeigen die auch in vorliegender Sammlung nicht immer wesentlich über die Aufstellung von Lernzielfolgen und die Empfehlung von Erschließungshilfen hinausgehenden Ausführungen.[3]

Entsprechend der Bestimmung der Bände für einen fortschrittlichen, wissenschaftlich fundierten Literaturunterricht, der die allseits beklagten Defizite (z. B. der Kollegiaten) zu beseitigen sucht, sollten alte Interpretationsklischees aufgegeben und neben didaktischen und methodischen Überlegungen zur Texterschließung, Textbeschreibung und Textinterpretation auch Fragen der unterrichtlichen Vermittlung aufgegriffen werden. Einblicke in das Schaffen des Autors, seine Biographie und Zeit sowie die literarische Tradition werden unter literaturdidaktischen Gesichtspunkten gegeben. So stehen Fragen nach der Motivation des Schülers, nach den schulischen Voraussetzungen literarischer Kommunikation, nach möglicher bzw. gebotener oder zu vermeidender Steuerung der Rezeption auf der Grundlage flexibler und vom Gegenstand abzuleitender Lesehaltung und Leseweisen im Vordergrund. Dazu kommt die Reflexion der in der betreffenden Novelle gebotenen Normvorstellungen, die in einen kritischen Bezug zur eigenen des Rezipienten zu bringen wäre. Die zur Anwendung bzw. Auswertung empfohlenen Textanalysen sollen den Schüler anhalten helfen, die geschichtliche Situation des Autors und seines Publikums sowie die von ihm gewählte Erzählstrategie ebenso mitzubedenken wie den eigenen Standpunkt des jugendlichen Lesers heute.

Die Bände sind für eine Verwendung im Literaturunterricht der Sekundarstufe I und II bestimmt, wobei Hinweise, Einschränkungen, Exkurse,

Skizzen etc. Versuche auf verschiedenen Stufen und an Schulen unterschiedlicher Gattung ermöglichen; Gängelung (auch curriculare) wurde vermieden.

Insgesamt will die Sammlung zu eigenen Versuchen ermutigen und dazu einige Hilfestellungen bieten. Wenn dem Lehrer die Beschaffung von Materialien erleichtert, ja sogar abgenommen und eine rasche Orientierung über den Forschungsstand möglich wird, bleibt zu hoffen, daß er auf Mittel und Wege sinnt, seinen Schülern auch an anspruchsvoller Lektüre Freude zu bereiten.

Bamberg, im Mai 1980   Jakob Lehmann

Anmerkungen

1 Mulot, A.: Die Novelle und ihre Interpretation. In: Der Deutschunterricht, H. 2/1951; 3.
2 Marquardt, D.: Erzählung und Novelle im Unterricht. In: Wolfrum, E. (Hrg.): Taschenbuch des Deutschunterrichts. Grundfragen und Praxis der Sprach- und Literaturpädagogik. Esslingen: Burgbücherei H. Schneider, 1972; 322.
3 Vgl. dazu Schober, O.: Roman – Novelle – Erzählung. In: Boueke, D. (Hrg.): Deutschunterricht in der Diskussion. Forschungsberichte. Bd. 2. Paderborn: Schöningh ²1979: 294.

RUDOLF SCHMITT

Theodor Fontane: Schach von Wuthenow

1. Der Text

Schach von Wuthenow – Erzählung aus der Zeit des Regiments Gensdarmes: „Gott, wer liest die Novelle in der Schule?" könnte man in Abänderung einer Fontane-Äußerung[1] sagen, wenn man bedenkt, wie dieser Text innerhalb der schulischen Fontane-Euphorie vor allem in den letzten Jahren von „Effi Briest" oder auch „Irrungen-Wirrungen" in eine unbedeutende Ecke gedrängt wurde – sicherlich nicht zuletzt im Zusammenhang mit der sehr populär gewordenen Problematik um die Rolle der Frau in der Gesellschaft. Für dieses Schattendasein sind neben der besonders ausgeprägten „Vielschichtigkeit der Probleme" (Weber, 1975: 138) auch die aus den politisch ausgerichteten Gesprächen nur schwer herauslösbaren Aussagen verantwortlich. Daß „Schach von Wuthenow" darüber hinaus in vielerlei Hinsicht ein „Werk des Übergangs" ist, tritt für die Behandlung im Unterricht erschwerend hinzu. Die sich in den jüngsten Lehrplanrevisionen spiegelnde Rückbesinnung auf die historische Dimension eröffnet dem Text sicherlich neue Verwendungsmöglichkeiten.

1.1. Ein Werk des Übergangs

Mit der novellistischen Erzählung um den Rittmeister Schach vollzieht sich im Schaffen Fontanes ein Übergang zu Romanen, in denen die Gesellschaft schicksalsbestimmend wird. Sprachlich wird das mehr referierende Schildern zugunsten eines symbolischen Darstellungsstils verlassen[2]; zudem folgen Romane, in denen Frauengestalten dominierend werden: Dieser Übergang kann in den Figuren der Frau von Carayon und ihrer Tochter Victoire gesehen werden, wo zum erstenmal weibliche Schicksale Geschehensabläufe mit typischen, zeit- und gesellschaftskritischen Akzenten bestimmen. Auch das von Renate Schäfer im Werk Fontanes aufgespürte „Melusine-Motiv" (die „Meerfrau", die auf verschiedene Weise seine Romane durchzieht) nimmt in diesem Werk seinen Ausgangspunkt, wenngleich es für den Gesamttext von untergeordneter Bedeutung ist.

„Schach von Wuthenow" weist über die Zeit Fontanes hinaus: Bereits hier finden sich Ansätze zu Erzähltechniken des modernen Romans, etwa dort, wo der teilweise auktorial auftretende Erzähler[3] sich zurückzieht und Gespräch bzw. Briefinhalte die Oberhand gewinnen. Damit sind Bemühungen spürbar, dem Leser eine aktive Rolle zuzuweisen, als dies in den meisten Texten des späten 19. Jahrhunderts der Fall ist[4]. Diese Aktivität wird allerdings nicht nur durch kompositorische Mittel erreicht; sie wird notwendig durch die weitgehend indifferente Haltung des Erzählers dem Geschehen gegenüber.

1.2. „Thou com'st in such a questionable shape"[5]: Zur Gattungsfrage

Unsicherheit bleibt, stellt man die Gattungsfrage: Erzählung im engeren Sinn, Novelle oder gar Roman? Während z. B. Benno von Wiese neben anderen Merkmalen im 8. Kapitel den für die Novelle charakteristischen „Wendepunkt" sieht (Wiese II, 1965: 251) und „Schach" auch Eingang gefunden hat in A. Webers „Deutsche Novellen des Realismus" (Weber, 1975: 133–138), wird in vielen Arbeiten eine größere Nähe zum Roman betont, etwa in den „Kritischen Untersuchungen" von Peter Demetz, die ein Eingebettetsein des historischen Stoffes in den „Formen des Gesellschaftsromans" konstatieren. (Demetz, 1966: 153)

Fontane selbst nimmt es mit Gattungsbezeichnungen nicht so genau. In vielen brieflichen Äußerungen bezeichnet er „Schach von Wuthenow" zwar als eine Novelle; das wird jedoch relativiert, wenn man weiß, daß er z. B. Scotts „Waverly Novels" einmal als Novellen, ein andermal als dessen „ersten Roman" bezeichnet[6], oder wenn man in einem Brief aus dem Jahr 1853 liest:

„Wenn ich von ‚Novelle' spreche, so bitte ich's damit nicht wörtlich zu nehmen. Ich verstehe darunter vielmehr jede Art poetischer Erzählung."[7]

So darf es auch nicht verwundern, daß Fontane den heute als einen seiner Berliner Gesellschaftsromane bezeichneten Text „Irrungen-Wirrungen" eine Novelle nennt. (Mittenzwei, 1968: 233)

Wenn die Gattungsfrage nicht zum Selbstzweck wird, bringt eine Untersuchung der Umrisse jener „fragwürdigen Gestalt", die in dem von Fontane so geschätzten Hamlet-Zitat beschworen wird, wertvolle und hilfreiche Ansätze zum Verständnis des Textes. Neben einer relativ starken Geschlossenheit und dem bereits erwähnten „Wendepunkt" wird eine Grundkonzeption novellistischen Erzählens sichtbar: das ständige Bemühen, durch vielfältige Bezüge ein möglichst hohes Maß an „verbürgter Objektivität" (Schunicht, 1960: 60), zu erreichen, auch wenn die Erzählung nicht in eine eigene Rahmenhandlung eingebettet ist und sich etliche historische „Details" als fiktiv oder zeitlich verschoben erweisen. Daneben wird die Forderung, daß der Novellist den Leser durch eine „Berichterstatter-Perspektive auf den gleichen Punkt weit außerhalb des Geschehens" stellen müsse, „von dem aus er selbst berichtet" (Schunicht, 1960: 61), teilweise erfüllt durch die dominierende Rolle von „Gespräch" und „schriftlicher Mitteilung", zweier Formen, die den Leser in die Lage versetzen, selbst Rückschlüsse zu ziehen, Personen zu charakterisieren oder Handlungsweisen zu beurteilen.

Die als Charakteristikum der Novelle häufig genannte „Beschränkung auf eine Begebenheit" (Wiese I, 1964: 14) ist bei „Schach" jedoch nur vordergründig gegeben. Der „Fall Schach" erfährt u. a. durch seine „Verlegung" in die Zeit *vor* 1806 und seine vielfachen historischen Bezüge eine Ausweitung, die epischen Charakter trägt und die Erzählung deutlich in die Nähe des Romanhaften rückt.

1.3. Psychogramm eines individuellen Schicksals oder Parabel vom Untergang Preußens?

Worum geht es in „Schach"? Fontane selbst gibt in einem Brief 1882 eine zusammenfassende Antwort:

„*Schach von Wuthenow* [...] spielt in der Zeit von 1805 auf 6 und schildert den *schönsten* Offizier der damaligen Berliner Garnison, der, in einem Anfalle von Übermut und Laune, die liebenswürdigste, aber *häßlichste* junge Dame der damaligen Hofgesellschaft becourt. *So*, daß der Skandal offenbar wird. Alles tritt auf die Seite der Dame, so daß sich v. Schach anscheinend freudig zur Hochzeit entschließt, nachdem er vorher durch allerlei Kämpfe gegangen. Die Kameradschaft vom Regiment Gensdarmes aber lacht und zeichnet Karrikaturen, und *weil er dieses Lachen nicht ertragen kann*, erschießt er sich unmittelbar nach dem Hochzeitsmahl, an dem er in heiterer Ruhe teilgenommen. Alles ein Produkt der Zeit, ihrer Anschauungen, Eitelkeiten und Vorurteile. Übrigens alles Tatsache."[8]

Daß es Fontane mit der Verarbeitung dieser Tatsachen nicht immer so genau nahm, darf nicht verwundern. Historische Ereignisse auf ihre Stimmigkeit im Detail hin zu überprüfen, hieße den Realismus Fontanes verkennen. Mehrfach hat er sich dagegen gewandt. So reagierte er ungehalten über zeitgenössische Stimmen, die vor allem die Kapitel „Sala Tarone", „Tempelhof" und „Wuthenow" wegen ihrer Gegenständlichkeit lobten:

„In Wahrheit liegt es so: von Sala Tarone hab ich als Tertianer nie mehr als das Schild überm Laden gesehen. In der Tempelhofer Kirche bin ich nie gewesen, und Schloß Wuthenow existiert überhaupt nicht [...] alles, bis auf den letzten Strohhalm (ist) von mir erfunden [...] nur gerade das nicht, was die Welt als Erfindung nimmt: die Geschichte selbst."[9]

In der Zeichnung der Hauptfigur weicht Fontane von der historischen Person ab: Aus dem alten Major Friedrich Ludwig von Schack wird der junge, empfindsame Schach, dem es trotz seiner Schwächen an Liebenswürdigkeit nicht mangelt. Die entscheidendste Veränderung der historischen Begebenheiten, die dem Text zugrundeliegen, ist jedoch die Vorverlegung des Selbstmordes vor die Katastrophe von Jena, eine Veränderung, die für die Novelle aussagebestimmend wurde und es erst möglich machte, mit dieser Geschichte „zugleich ein Zeitbild (zu) geben, ja recht eigentlich (zu) zeigen, daß der Hergang aus speziell *dieser* Zeit erwuchs."[10] Wie sehr Fontane an dieser Steuerung lag, mag die Tatsache beleuchten, daß der Dichter als alternative Titel „1806" und „Vor Jena" in Erwägung zog.[11]

Für Pierre-Paul Sagave, der Entstehungsgeschichte und historische Grundlage des Textes in verschiedenen Publikationen behandelt[12], liegt die Bedeutung der Erzählung in dieser Verbindung des individuellen Schicksals mit dem Zustand Preußens und den historischen Ereignissen vor 1806: „Seinen Sinn erhält dieser Roman erst durch die Darstellung des Hintergrundes [. . .] Der ‚Fall Schach' und die politische Lage Preußens im Jahre 1806 sollen einander gegenseitig erklären." (Sagave, 1966: 113) Auch die besonders starke Wertschätzung des Werks durch Georg Lukács (Schach von Wuthenow als ein „noch lange nicht in seiner vollen Bedeutung erkannter einsamer Gipfel der deutschen historischen Erzählungskunst") steht in engem Zusammenhang mit der Darstellung der für ihn entscheidenden Kritik an der Gesellschaft Preußens. (Lukács, 1967: 151)

Der Primat des gesellschaftskritischen Ansatzes gilt auch für Hans-Heinrich Reuters Ausführungen in seiner zweibändigen Fontane-Untersuchung. Wenn demgegenüber dem 14. Kapitel (wo sich Schach auf sein Schloß zurückzieht, um die Lage zu überdenken und eine Entscheidung reifen zu lassen) eine zentrale Funktion zugeschrieben wird[13], gelangt man innerhalb einer Gesamtwürdigung des Textes zu einem Schwerpunkt, der die individuelle Komponente stärker betont: Person und politisch-gesellschaftlicher Hintergrund stehen zumindest nebeneinander, eine Sehweise, die u. a. auch durch die Tatsache gestützt wird, daß der Brief Victoires den Schluß der Erzählung bildet, und nicht das Schreiben Bülows (Kap. 20).

Damit verliert die eingangs gestellte Frage, ob es sich bei „Schach von Wuthenow" um eine Parabel vom untergehenden Preußen *oder* um die Darstellung eines individuellen Schicksals handelt, ebenso an Bedeutung wie die Frage nach der Gattung.

1.4. „Die Gesellschaft ist souverän": Zum Problem der Handlungsfreiheit Schachs

Victoire, die im 8. Kapitel diese „Souveränität" der Gesellschaft betont (67), erkennt den Rahmen, innerhalb dessen auch Schach sich bewegt: nicht frei, sondern beeinflußt von diesem „Gesellschafts-Etwas", als dessen Charakteristikum auch Instetten in „Effi Briest" das nicht bis ins letzte Definierbare hervorhebt.

Gesellschaft ist für die einzelnen Figuren mehr als die Summe der Einzelpersonen im engeren oder weiteren Umfeld und, wie Schachs Handlungsweise zeigt, auch mehr als das, was Victoires Mutter, Frau von Carayon, meint, wenn sie glaubt, Schach die Konsequenzen dieses Bezugsrahmens ins Gedächtnis zurückrufen zu müssen: „Ich gehöre der Gesellschaft an, deren Bedingungen ich erfülle, deren Gesetzen ich mich unterwerfe..." (84) Daß Schach daran nicht eigens erinnert werden muß, geht aus vielem hervor. Und daß er die Hohlheit, die in verschiedenen Bereichen und Situationen daraus resultiert, erkennt und darunter leidet, wird in dem hier angeführten Gespräch mit Frau von Carayon u. a. durch sein Schweigen deutlich (85, Zeile 18). Belege für diese Haltung sind auch sein Verhalten in punkto „Schlittenfahrt" sowie das Maß an Betroffenheit, mit dem er unter der Verspottung leidet, die die veröffentlichten Karikaturen auslösen.

Warum widersetzt er sich nicht diesen durch verfestigte gesellschaftliche Normen bedingten Einflüssen? Bereits für Schach ist, wie für viele Figuren späterer Romane Fontanes, dieses „Gesellschafts-Etwas" nicht nur ein vielfältig von außen wirkender Faktor, es ist ein Teil seines Innersten, fester Bestandteil seines Seins.[14] Wenn es für Schach auch noch nicht so ausschließlich das gesellschaftliche Ordnungsprinzip ist, für das er bereit ist, sein „eigener Henker" zu werden (Wölfel, 1963: 156), so hat doch auch er einen Teil seiner Autonomie und damit der Handlungsfreiheit verloren, bevor er antritt. Und damit wird der Selbstmord zum einzig gangbaren Weg, zur Befreiung:

„Ein Gedanke, den er schon in Wuthenow gefaßt hatte [...] ‚Leben', sprach er vor sich hin. ‚Was ist leben?' [...] Und er fühlte sich, nach Tagen schweren Druckes, zum ersten Male wieder leicht und frei." (120)

2. Didaktische Reflexion

2.1. Der Schüler als Leser

Bei dem Vorhaben, „Schach von Wuthenow" als Lektüre im Deutschunterricht zu lesen, müssen verschiedene Schwierigkeiten bedacht werden: Die relativ lange und komplexe Erzählung spielt in einer Zeit, die dem Schüler weitgehend fremd ist; es wäre unrealistisch, davon auszugehen, daß der für das Verständnis unbedingt notwendige geschichtliche Hintergrund vorhanden ist. Da nur in seltenen Fällen der Geschichtsunterricht parallel die fehlenden Informationen liefern kann, muß dieses Fundament – etwa durch Schülerreferate – erst gelegt werden. Schwierigkeiten werden auch die in „Schach" dominierenden Gespräche liefern, die sowohl von ihrer Thematik als auch der Art der Gesprächsführung her keinen die Schüler motivierenden Ansatz bieten. Das in den Augen von Jugendlichen bestehende „Handlungsdefizit", sprachliche Eigentümlichkeiten (z. B. die vielen französischen Redewendungen und Sätze) sowie veraltete, heute ungebräuchliche Ausdrücke stellen für die Behandlung im Unterricht eine Erschwernis dar.

Mit keiner der Personen wird sich der Jugendliche identifizieren können; die Kernprobleme sind, zumindest direkt, nicht auf die eigene Existenz übertragbar. Dazu kommt, daß auch durch die Struktur keine Betroffenheit ausgelöst werden wird, wie es etwa bei formal eigenwilligen Erzählungen des 20. Jahrhunderts der Fall sein kann.

So muß der Deutschlehrer von vornherein eine distanzierte Lesehaltung einkalkulieren. Diese muß bei der Konzeption einer Unterrichtseinheit einen deutlichen Stellenwert bekommen: dem Schüler bewußt zu machen, daß er als „Untersuchender" einen Text vorgelegt bekommt, ist in der Oberstufe legitim. Aus diesem Grund sind gezielte Lesehinweise *vor* der häuslichen Lektüre des Textes notwendig; nur so ist ein fundiertes, am Text orientiertes Gespräch möglich. Die Hinweise dürfen allerdings den Schüler nicht zu stark beeinflussen, damit eine eigenständige Rezeption des Textes nicht verhindert wird.

In welcher Jahrgangsstufe der Text in der Oberstufe vorzugsweise eingesetzt werden soll, hängt sicherlich in erster Linie vom Lehrplan, u. U. auch von dem in ihm enthaltenen Spielraum ab.

2.2. Untersuchungsschwerpunkte

Die oben skizzierten Schwierigkeiten bedingen Untersuchungsschwerpunkte, die die voraussichtliche Rezeptionsweise des Textes durch 17–20jährige berücksichtigen.

Auch den Schüler der Oberstufe interessieren primär Inhalte, sieht man ab von Texten, die durch eine besonders eigenwillige Struktur auffallen. Damit rückt der individuelle „Fall Schach" in den Vordergrund; das Interesse an seiner Persönlichkeit, seiner Entwicklung und seinen Motiven für sein Verhalten ist meist größer als das an der historischen Dimension der Erzählung. Diese Schwerpunktsetzung befindet sich durchaus im Einklang mit vorhandenen Interpretationsansätzen (z. B. Vaget, 1969), die die psychologische „Durchleuchtung" der Figur „Schach" höher bewerten als die im Verhalten der Hauptfigur sich spiegelnde Kritik an gesellschaftlichen und politischen Verhältnissen. Um die durch viele Gespräche und – etwa im 14. Kapitel – symbolhafte Beschreibungen vor allem indirekt charakterisierte Figur, ihre Verflechtung mit anderen (vorzugsweise mit Frau von Carayon, ihrer Tochter und Bülow) voll erfassen zu können, müssen die Schüler vorweg Inhalt und Konstellation der wichtigsten Personen rekapitulieren und (z. B. durch eine dynamisch entwickelte Skizze) sichern. Dieses recht konventionelle Vorgehen zu Beginn wurde bewußt gewählt, um sicherzustellen, daß möglichst alle Schüler ein großes Maß an genauer Textkenntnis besitzen. Als „Einstieg" in die eigentliche Besprechung kann ein auf die Figur des Schach zugeschnittenes Polaritätenprofil dienen. Es liefert die ersten Bilder, die die Leser von der Hauptfigur gewonnen haben, bietet eine Grundlage für ein charakterisierendes Gespräch und schafft Raum für die beim Lesen aufgestauten Reaktionen. Dabei stellen die in der Profilbeschreibung (vgl. 3.3) vorgegebenen Adjektive lediglich Reizwörter dar, die zu einer Überprüfung herausfordern und zu Übernahme, Relativierung oder Ablehnung führen können. Zudem werden die Schüler dann, wenn sie den von ihnen gesetzten Stellenwert der verschiedenen Positionen des Profils vertreten wollen, gezwungen zu argumentieren. Eine Wiederholung zu einem späteren Zeitpunkt der Besprechung wird Aufschluß darüber geben, inwieweit und evtl. wodurch sich das Bild von Schach verändert hat.

Bei dem Bemühen um einen kommunikativ ausgerichteten Literaturunterricht stellt sich im vorliegenden Fall auch mit der Erhellung des Produktionsprozesses eine dankbare Aufgabe. Wertvolle Hilfen dazu gibt der Ullstein-Band von Pierre-Paul Sagave aus der Reihe „Dichtung und Wirklichkeit". Briefliche Zeugnisse, die Entstehung und zeitgenössische Rezeption betreffend, finden sich im Anhang der hier zugrundegelegten Textausgabe.

Da „Schach" repräsentative Strukturen des Poetischen Realismus im

Fontaneschen Sinn besitzt, kann dieses Bemühen ergänzt werden durch die Einbeziehung von Texten, die die literargeschichtliche Einordnung ermöglichen, wenngleich sich hier vor allem wegen fehlender Kenntnis anderer Werke Fontanes oder anderer Autoren des Realismus von vornherein Grenzen ergeben. Mehr Erfolg verspricht hier sicherlich eine Ausweitung der Analyse, die das historische Umfeld verdeutlicht und einbezieht.

Auch im Rahmen einer didaktischen Reflexion stellt sich die Frage nach dem Stellenwert eines gattungspoetischen Ansatzes. Etliche Lehrpläne der jüngsten Zeit betonen diesen Zugang, der es ermöglicht, dem Schüler ein erstes, erlernbares Instrumentarium an die Hand zu geben, damit er bei der Analyse Bezugspunkte zur Verfügung hat. Ob der Schüler dabei immer in der Lage ist, der Eigenart des jeweils vorliegenden Textes gerecht zu werden, wenn er einen mehr oder minder umfangreichen Katalog von „Merkmalen" anlegt, ist zu bezweifeln. Bei dem uns vorliegenden Text hierbei besonders vorsichtig zu sein, erscheint auch aus den in 1.2 dargelegten Gründen ratsam. Ein Zurücknehmen des gattungspoetischen Zugangs muß deswegen diese Fragestellungen nicht völlig ausschließen.

2.3. Lernziele und Lernzielverknüpfungen

Aus den bisher gemachten Überlegungen ergeben sich für die im Rahmen einer Unterrichtseinheit (von etwa 8–10 Stunden) anzustrebenden Lernziele verschiedene Schwerpunkte. Die im folgenden formulierten Ziele beschreiben Anforderungsstufen, die ausgerichtet sind auf eine 11. bzw. 12. Jahrgangsstufe (dort: Grundkursniveau). Je nach vorliegender Situation müssen sie sicherlich im Intensitätsgrad reduziert bzw. (etwa für den Leistungskurs) gesteigert werden. Auf die Einbeziehung instrumentaler Lernziele (etwa der Fähigkeiten, die den Prozeß der Textanalyse betreffen) wurde hier verzichtet, da solche Lernziele sich bei literarischen Texten dieser Art kaum voneinander unterscheiden.

Lernziele:

- Einsicht in die Novelle „Schach von Wuthenow"
- Bewußtsein von der vielfältigen Bedingtheit des literarischen Textes
- Einsicht in den Zusammenhang von Text und historischer Wirklichkeit
- Bereitschaft, sich mit einem literarischen Text einer vergangenen Epoche auseinanderzusetzen. Offenheit für die Realisierung des zugrundeliegenden Stoffes.

Diese Lernziele beziehen sich auf eine Unterrichtseinheit, die nur „Schach von Wuthenow" als Primärtext zur Grundlage hat. Literarische Texte sollten jedoch, wenn immer möglich, nicht isoliert betrachtet werden. Der thematische Literaturunterricht erhöht die Bereitschaft der Schüler, sich mit Literatur auseinanderzusetzen, vor allem dann, wenn verschiedenartige Texte in einem Themenbereich miteinander verbunden werden.

Im Rahmen eines thematischen Literaturunterrichts kann „Schach" etwa unter dem Gesichtspunkt „Entscheidung" oder unter dem Thema „Zeit- und Gesellschaftskritik" (ein sehr breiter Rahmen, der – z. B. regional oder zeitlich – eingeengt werden müßte) betrachtet werden. Im zweiten Fall besteht eine reizvolle Aufgabe darin, eine Verbindung zu einem Drama G. Hauptmanns oder / und zu Carl Zuckmayers „Der Hauptmann von Köpenick" zu suchen. Der übergeordnete Gesichtspunkt „Entscheidung" zielt stärker auf die individuellen Probleme der literarischen Figuren. Denkbar ist in diesem Zusammenhang die Reihe Goethe: Wahlverwandtschaften – Fontane: Schach von Wuthenow – J. Becker: Schlaflose Tage. Allerdings dürfte für derartige Vorhaben meist nur im Leistungskurs genügend Zeit zur Verfügung stehen.

3. Realisierungsmöglichkeit

3.1. Vorbemerkungen

Die im folgenden für eine Unterrichtseinheit zu „Schach von Wuthenow" gegebenen methodischen Hinweise wollen nicht einen bis ins letzte geplanten Unterricht propagieren. Lernprozesse sind nicht vollständig planbar, vor allem dann nicht, wenn der entscheidendste Faktor, der Schüler, eine Unbekannte darstellt. Auch aus diesem Grund wurden innerhalb der Unterrichtseinheit „Blöcke" gebildet, die in der jeweiligen Realisation unterschiedliche Zeit in Anspruch nehmen können; auf eine genaue Stundeneinteilung wurde bewußt verzichtet. Die einzelnen Teile sind zudem je nach Schwerpunktbildung – zumindest teilweise – austauschbar, sie können individuell begrenzt bzw. erweitert werden.

Dem für den Oberstufenunterricht – besonders in der Kursphase – wichtigen Erfordernis, vorbereitete Schülerbeiträge, deren Termine den Schülern rechtzeitig bekannt sein müssen, integrieren zu können, wurde durch einige Vorschläge (UB = Unterrichtsbeitrag) Rechnung getragen. Die in diesem Zusammenhang gegebenen Literaturhinweise sind Empfehlungen, oft nur erste Orientierungshilfen.

Die Unterrichtseinheit wurde konzipiert für den Unterricht in der 11. Jahrgangsstufe bzw. für den Grundkurs der Kursphase; dabei wurde davon ausgegangen, daß die Schüler keine Kenntnisse über andere Werke Fontanes besitzen. Stunden, die eine Verbindung zu anderen Werken – im Sinne der in 2.3 vorgeschlagenen Lernzielbündelung – herstellen, wurden dabei nicht berücksichtigt. Das hier beschriebene „Fundamentum" wird etwa 10 Stunden in Anspruch nehmen.

3.2. Die Unterrichtseinheit

(1) **Vorbereitung der häuslichen Lektüre des Textes (ca 14 Tage vor Besprechungsbeginn)**

(1.1) Kurzinformation über den Autor Theodor Fontane
(1.2) Kurzer Hinweis (Lehrvortrag) über die „Vorverlegung" historisch belegter Ereignisse in der Erzählung
(1.3) UB 1: Die historische Situation Preußens um 1805/06
(1.4) Arbeitsauftrag an die Schüler, den Text beim Lesen am Rand mit bestimmten Markierungszeichen zu versehen:
z. B.: P = Politischer Hintergrund
G = Einfluß der Gesellschaft auf ...
Ch_S = Charakter Schach
S = sprachliche Auffälligkeit
? = unklare Stelle: klären!
(1.5) Arbeitsauftrag an die Schüler, den „Gang der Handlung" für jedes Kapitel in 1–2 Sätzen bzw. stichpunktartig festzuhalten

(2) **Erstes Gespräch über den Text**

(2) soll helfen, die Schüler mit den unterschiedlichen Leseerfahrungen der einzelnen bekannt zu machen, Unklarheiten, auch die inhaltliche Rezeption betreffend, zu klären und fehlende Lesegenauigkeit auszugleichen, damit bezüglich der Kenntnis des Inhalts eine annähernd gleiche Ausgangsbasis geschaffen wird.
Dabei: Rekapitulieren der Personenkonstellation und des Handlungsverlaufs. Dazu evtl. schrittweises Erstellen einer Skizze zur Veranschaulichung.

(3) Die Figur des Schach

(3.1) Erste Charakterskizze von Schach. Erstellen und Besprechen eines Polaritätenprofils (vgl. Anhang = 3.3) als Ausgangspunkt des Unterrichtsgesprächs
(3.2) Die Figur des Schach in verschiedenen personalen Bezugssystemen (Erarbeitung im arbeitsteiligen Gruppenunterricht):
a) Schach und die Carayons
b) Schach und Bülow
c) Schach als Offizier des Regiments Gensdarmes (unter Einbeziehung seines Verhaltens dem Kronprinzen gegenüber)
Dabei: Rückgriff auf die bei der Lektüre gekennzeichneten Textstellen
(3.3) Schachs Entscheidung

(3.3.1) Ausgangspunkt kann ein (3.2) zusammenfassendes Unterrichtsgespräch bilden, das die auf Schach einwirkenden Einflüsse festhält.

(3.3.2) Analyse des Kapitels 14 („In Wuthenow am See"):
- UB 2: Die Andersartigkeit des Kapitels (in Erzählhaltung und Verhältnis von Erzählzeit und erzählter Zeit)
- UB 3: Motive und ihre Funktion im Hinblick auf die Charakterisierung von Schach.
(Literatur zu UB 2/3: vor allem Vaget, 1969.)
- Fragen und Untersuchungsgesichtspunkte:
   a) Welche Bedeutung hat der Schauplatzwechsel?
   b) Warum wird Schach gerade in dieser Phase des Geschehens indirekt über Motive und Landschaftsschilderung gezeichnet und nicht – wie in Kapitel 1–13 – über Gespräche?
   c) Welche Gründe für die Entscheidung Schachs werden sichtbar?
   d) Woran orientiert sich Schach dabei?

(3.2.3) Schach und die Gesellschaft
Untersuchungsschwerpunkte:
- Der Stellenwert der Verhöhnung Schachs durch die ausgestellten Karikaturen
- Die Bedeutung der „falschen Ehre" (u. a. Kap. 20, Ullstein: 131 und Kap. 17, Ullstein: 116 ff.); der Zusammenhang zum Besuch beim Prinzen
- Spiegelung gesellschaftlicher Realität durch das Phänomen des „Schönen" (Textstellen u. a.: 23 ff., 40 ff., 59 ff., 85 ff.)
- Der gesellschaftsbedingte „Kern": Vgl. Wölfel, 1963: 156

(4) Schach und der Niedergang Preußens

(4.1) Anknüpfung: Vergleich der in den beiden letzten Kapiteln (Brief Bülows und Brief Victoires) liegenden Deutungsmöglichkeiten des Selbstmordes von Schach

(4.2) UB 4: Vergleich von teilweise unterschiedlichen/gegensätzlichen Interpretationen (z. B. Reuter, 1968 – Vaget, 1969 – Demetz, 1966)

(4.3) Unterrichtsgespräch mit dem Ziel, daß der Schüler seinen eigenen Standpunkt durch geeignete Argumente und entsprechende Textbelege begründet und vertritt.
Mögliche Fragen:
- Welche Kritik wird am Preußentum geübt?
- Welcher Zusammenhang besteht zwischen dem Angriff des Luthertums durch die Verhöhnung des Stücks „Weihe der Kraft" (Kap. 11) und der Situation Preußens um 1805/06?
- Welche (versteckten) Vorwürfe werden dem Regiment Gensdarmes gemacht?

(4.4) Erneutes Erstellen des Polaritätenprofils, um überprüfen zu können, ob die Einbeziehung des historischen Umfeldes eine Veränderung in der Bewertung der Figur des Schach bewirkt hat
Unterrichtsgespräch über das Ergebnis des Vergleichs (3.1–4.4)

(5) Die Rolle des Erzählers

(5.1) Die Position des Erzählers bezüglich der in (4.1) und (4.2) vorgestellten Deutungsmöglichkeiten. Dabei sollte berücksichtigt werden:
- Die Darstellung der Figur des Bülow zeigt, daß der Erzähler in vielem dessen Position nicht teilt. (Textbelege suchen lassen!)
- Kap. 8 stellt eine direkte Verbindung zwischen dem in einer Krise steckenden Preußen und dem individuellen Fall her.
- Victoire erhält das letzte Wort (Kapitel 21).
- Die Haltung des Erzählers gegenüber der Verhöhnung Luthers in der im 11. Kapitel beschriebenen Aktion.
- P. Demetz schreibt in diesem Zusammenhang: „Die künstlerische Vielfalt des Schach von Wuthenow leitet sich offenbar nicht aus dem eindeutig Politischen her, sondern aus Fontanes zwiespältig-bewegtem Verhältnis zu seinem Helden, aus jener eigentümlichen Mischung von Abwehr und Bewunderung, Distanz und Sympathie." (Demetz, 1966: 164)

(5.2) Zurücktreten des Erzählers: Gespräche
- UB 5: Die Aufgabe besteht darin, anhand ausgewählter Textausschnitte Art und Funktion der Gespräche darzustellen. Hinweise dazu u. a. bei Demetz, 1966: 128–133 und 153 ff. und Reuter, 1968: 603 f.
- Unterrichtsgespräch über UB 5. Transfer bzw. Ergänzung: Textarbeit; z. B. Textausschnitt Kap. 10. Ullstein: 74–76. Arbeitsfragen dazu:
  a) Beschreiben Sie die Gesprächssituation (Teilnehmer, Kontext des Gesprächs innerhalb der Erzählung, Gesprächsanlaß und -thema)!
  b) Wie werden die Gesprächsteilnehmer (und damit auch das Regiment Gensdarmes) durch ihre eigene Redeweise charakterisiert? Wodurch ist diese Redeweise charakterisiert?
  c) Wodurch und wie wird Schach, der bei diesem Gespräch nicht anwesend ist, charakterisiert?

(5.3) Zurücktreten des Erzählers: Verschiedene sprachliche und kompositorische Mittel.
- Kurze Wiederholung der Funktion von Motiv und Landschaftsschilderung in Kapitel 14. Rückgriff auf 3.3.2.
- Beschreibung sprachlicher und kompositorischer Mittel und deren Funktion (in Gruppenarbeit). Die Auswahl sollte u. a. abhängig gemacht werden vom Ergebnis der bei der Lektüre gewonnenen Einsichten, die sich auch in der Randnotiz „S" niederschlagen; z. B.:
  a) Indirektes Andeuten (Beispiel: Vom „Sie" zum „Du": 69, Zeile 5/21 oder Andeutung, daß Victoire ein Kind erwartet: 84, Zeilen 9/10).
  b) Vorausdeutung (Beispiel: 42, Z. 12 ff. oder 84, Z. 9 f. oder Kap. 8).
  c) Ironie (Beispiel: 102, Z. 38–103, Z. 25 oder Gespräch im 10. Kapitel: 74 ff.)
- Einbringen der Gruppenarbeitsergebnisse ins Plenum. Evtl. auch Vergleichen der Ergebnisse konkurrierender Gruppen. Besondere Berücksichtigung der Frage nach der Wirkung dieser sprachlichen Mittel.

(5.4) Zusammenfassung und Sicherheit der Ergebnisse von (5)
Die Rolle des Erzählers und die Funktion auffälliger erzählerischer Mittel in „Schach von Wuthenow" (evtl. als schriftliche Aufgabe).

(6) Zum Realismus Fontanes

(6.1) Zu Beginn von (6) müssen die wesentlichen Ergebnisse von (5) in einen Zusammenhang mit der realistischen Schreibweise Fontanes gebracht werden. Da dieser Schritt für Schüler mit keinen oder nur wenigen Vergleichsmöglichkeiten sehr schwierig ist, empfiehlt es sich, daß im Lehrvortrag ein erster Zusammenhang hergestellt wird.

(6.2) UB 6: Theoretische Äußerungen Fontanes zum Poetischen Realismus
(Lit. u. a. Fontane, Unsere lyrische und epische Poesie seit 1848. Auszug in: Die deutsche Literatur in Text und Darstellung, hrsg. v. O. F. Best und H.-J. Schmitt. Band 11: Bürgerlicher Realismus, hrsg. v. A. Huyssen. Reclam: Stuttgart 1974 (= Reclam UB 9641–44), S. 51–57).

(6.3) Inbezugsetzen der Ergebnisse aus 6.2. zum vorliegenden Text.

(7) Abschließende Gesamtschau unter Einbeziehung biographischer und wirkungsgeschichtlicher Aspekte

(7.1) Individuum und Gesellschaft
Reflexion über dieses für Fontane entscheidende Grundverhältnis in „Schach von Wuthenow"
Mögliche Gesichtspunkte:
a) Heranziehen von Kernaussagen einiger Figuren aus anderen Werken Fontanes; z. B.:
Instetten (Effi Briest): „Man ist nicht bloß ein einzelner Mensch, man gehört einem Ganzen an." – „Das uns tyrannisierende Gesellschafts-Etwas".
Botho (Irrungen-Wirrungen): „Das Herkommen bestimmt unser Tun." (14. Kap.)
Inbezugsetzen dieser Aussagen zu „Schach".
b) Einbeziehen der Überlegung, daß das „tyrannisierende Gesellschafts-Etwas" bereits *in* den Personen angelegt ist: Vgl. Wölfel, 1963: 156.
c) Das Problem der „Schuld": u. a.: Der Gegensatz von allgemeiner Ordnung und dem Ich; Determination: Muß Botho so handeln? Will er so handeln? Vgl. dazu Schlaffer: 1966.

(7.2) UB 7: Schach – ein Zeugnis der Lebensphilosophie Fontanes?
Literatur dazu u. a.: Walter Keitel, Nachwort zu „Schach von Wuthenow", Stuttgart: Reclam 1961 (= Reclam UB 7688), S. 155–163.

(7.3) Abschließendes Gespräch unter Einbeziehung der durch die intensive Beschäftigung mit dem Text gewonnenen Erkenntnisse.
Dabei: Auswerten einiger Stimmen der zeitgenössischen Rezeption (Materialien dazu im Anhang der verwendeten Textausgabe: 150 ff.).

3.3. Anhang

```
Polaritätenprofil als Hilfsmittel zur Charakterisierung von Schach
```

	1	2	3	4	5	6	7	
weich								hart
heiter								traurig
verschwommen								klar
stark								schwach
passiv								aktiv
verspielt								ernst
verschlossen								offen
hilfsbereit								egoistisch
triebhaft								gehemmt
kühl								gefühlvoll
friedlich								aggressiv
zerfahren								geordnet
nüchtern								verträumt
zurückgezogen								gesellig
vergnügt								mißmutig
wild								sanft
starr								beweglich
frisch								müde
unterwürfig								herrisch
ängstlich								forsch
unsicher								entschlossen

(nach: P. Hofstätter, Gruppendynamik. Hamburg 1966, S. 63ff., 264f.)

3.4. Vorschläge zur Erweiterung der Unterrichtseinheit

Eine Ausweitung kann die in 3.2 vorgeschlagene Unterrichtseinheit durch ein verstärktes Einbeziehen von Poetik und Literaturtheorie erfahren. Etwa im Leistungskurs ist auch Raum für ein intensiveres Eingehen auf gattungspoetische Fragen, wobei als Lernziel (neben der Kenntnis verschiedener poetologischer Positionen zur Novellentheorie) die Problematisierung der Gattungsbegriffe angestrebt werden sollte.

Reizvoll und sinnvoll zugleich ist es auch, die Rolle dieser novellistischen Erzählung innerhalb des dichterischen Schaffens von Fontane darzustellen. In diesem Zusammenhang müßten – zumindest durch umfangreichere Schülerreferate oder als Ergebnis von Gruppenarbeit über einen längeren Zeitraum hinweg – etwa „Vor dem Sturm" und ein für die späteren Gesellschaftsromane repräsentativer Text bekannt sein, nach Möglichkeit auch Auszüge aus den „Wanderungen durch die Mark Brandenburg", um „Schach" als typisches Werk des Übergangs erfassen zu können. Im Rahmen dieser Schwerpunktsetzung kann auch intensiver auf den Zusammenhang von dichterischem Werk, Entstehung und Rezeption eingegangen werden.

3.5. Vorschläge zur Lernzielkontrolle

Aufgaben können nicht ohne Kenntnis des vorausgegangenen Lernprozesses, der Lerngruppe sowie der genauen Prüfungsart erstellt werden. Die hier gemachten Vorschläge sollen lediglich Anregungen geben.

a) In Fontanes Roman „Irrungen-Wirrungen" spricht Botho, eine der Hauptfiguren, davon, daß „das Herkommen [...] unser Tun" bestimme. Inwieweit trifft diese Aussage auch auf die Handlungsweise von Schach zu?

b) Im 15. Kapitel sagt Frau von Carayon über Schach: „Schach ist ein blauer Rock mit rotem Kragen." Stimmen Sie dieser Kurzcharakteristik zu? Belegen Sie Ihre Entscheidung durch Argumente, die durch Textbelege gestützt werden.

c) Fontane hat u. a. erwogen, seine Erzählung „1806" bzw. „Vor Jena" zu nennen, hat sich aber dann doch für „Schach von Wuthenow" entschieden. Diskutieren Sie diese Alternativen, und wählen Sie den aus Ihrer Sicht besseren Titel. Begründen Sie Ihre Entscheidung u. a. durch Textbelege.

d) Im zentralen 8. Kapitel sagt Victoire u. a.: „Die Gesellschaft ist souverän. Was sie gelten läßt, gilt, was sie verwirft, ist verwerflich." Erörtern Sie diese Aussage, indem Sie sie in den Gesamtzusammenhang der Erzählung stellen und überprüfen, inwieweit sich Schach danach verhält.

3.6. Exkurs: „Prinz Louis Ferdinand"[15]

Nicht immer war Fontane für den Leser vor allem der Romancier. Zu seinen Lebzeiten wurden seine Balladen besonders geschätzt; auch er selbst glaubte vor allem an die Wirkung seiner Lyrik, von der vor allem die späteren Texte heute wenig bekannt sind.

In den Zusammenhang unserer Betrachtungen über „Schach von Wuthenow" fügt sich – im Unterricht sicherlich mit Erfolg einsetzbar – als Abschluß ein Text gut ein, der den für das Geschehen nicht unbedeutenden

Prinzen Louis Ferdinand zum Thema hat, der liebenswerte und achtenswerte Eigenschaften des Prinzen aufzeigt und einen kleinen Beitrag besonderer Art zur Skizzierung der Situation um 1806 liefert.

Theodor Fontane
Prinz Louis Ferdinand.

Sechs Fuss hoch aufgeschossen,
Ein Kriegsgott anzuschaun,
Der Liebling der Genossen,
Der Abgott schöner Fraun,
Blauäugig, blond, verwegen
Und in der jungen Hand
Den alten Preussendegen:
Prinz Louis Ferdinand.

Den Generalitäten
lebt er zu undiät,
Sie räuspern sich und treten
Vor seine Majestät,
Sie sprechen: „Nicht zu dulden
Ist dieser Lebenslauf,
Die Mädchen und die Schulden
Zehren den Prinzen auf."

Der König halb mit Lachen:
„Dank schön, ich wußt' es schon;
Und der Weg ihn kirr zu machen,
Heißt: Festungs-Garnison;
Er muß in die Provinzen
Und nicht länger hier verziehn, –
*Nach Magdeburg mit dem Prinzen
Und nie Urlaub nach Berlin."*

Der Prinz vernimmt die Märe,
Saß eben bei seinem Schatz:
„Nach Magdeburg, auf Ehre,
Das ist ein schlimmer Platz."
Er meldet sich am Orte,
Und es spricht der General:
„Punkt elf Uhr zum Rapporte
Ein für allemal!"

O Prinz, das will nicht munden!
Doch denkt er: Sei gescheidt;
Volle vierundzwanzig Stunden
Sind eine hübsche Zeit;
Relais; viermal verschnaufen,
Auf dem Sattel Nachtquartier,
Und kann's *ein* Pferd nicht laufen,
So laufen's ihrer vier.

Hin fliegt er wie die Schwalben,
Fünf Meilen ist Station;
Vom Braunen auf den Falben
Das ist die Havel schon;
Vom Falben auf den Schimmel,
Nun faßt die Sehnsucht ihn,
Drei Meilen noch – hilf Himmel!
Prinz Louis in Berlin.

Gegeben und genommen
Wird einer Stunde Glück,
Dann flugs, wie er gekommen
Im Flug' auch geht's zurück.
Elf Uhr am nächsten Tage
Hält er am alten Ort,
Und mit dem Glockenschlage
Dasteht er zum Rapport. –

Das war nur bloßes Reiten,
Doch wer so reiten kann,
Der ist in rechten Zeiten
Auch wohl der rechte Mann; –
Schon über die Salischen Hügel
Stürmt ostwärts der Koloß;
Prinz Louis sitzt am Flügel
Im Rudolstädter Schloß.

Es blitzt der Saal von Kerzen,
Zwölf Lichter um ihn stehn,
Nacht ist's in seinem Herzen,
Und Nacht nur kann er sehn,
Die Töne schwellen, rauschen,
Es klingt wie Lieb' und Haß,
Die Damen stehn und lauschen
Und was er spielt, ist Das:

Zu spät zu Kampf und Beten!
Der Feinde Rosses-Huf
Wird über Nacht zertreten,
Was ein Jahrhundert schuf,
Ich seh' es fallen, enden,
Und wie Alles zusammenbricht –
Ich kann den Tag nicht wenden,
Ihn leben will ich nicht.

Und als das Wort verklungen,
Rollt Donner schon der Schlacht;
Er hat sich aufgeschwungen,
Und sein Herze noch einmal lacht;
Vorauf den Andern allen
Er stolz zusammenbrach –
Prinz Louis war gefallen
Und Preußen fiel ihm nach.

Anmerkungen

1 Vgl. Brief Fontanes am 14. 7. 1887 an den Berliner Verleger Emil Dominik: „Gott, wer liest Novellen bei der Hitze?" Briefe Theodor Fontanes. Zweite Sammlung. Hrsg. v. O. Pniower und P. Schlenther, Band 2, Berlin 1910, S. 131. Zit. nach Mittenzwei, 1968: 233.
2 Vgl. auch zum folgenden: Reuter, 1968: 608 und 641.
3 Vgl. etwa Kapital 13, Ullstein: 88: „Armer Schach! Es war anders in den Sternen geschrieben."
4 Auf diese Ansätze wird mehrfach hingewiesen. Vgl. etwa Reuter, 1968: 631.
5 Lieblingszitat Fontanes aus Shakespeares Hamlet. Vgl. Mittenzwei, 1968: 234.
6 Theodor Fontane, Sämtliche Werke, hrsg. E. Groß u. a. München 1959 ff. Band XXI, S. 159 und 401. Zit. nach Mittenzwei, 1968: 234.
7 Brief an Theodor Storm v. 19. 3. 1853. Zit. nach Müller-Seidel, 1975: 149.
8 Brief Fontanes an Julius Grosser: Fontanes Briefe. Ausgewählt und erläutert von Gotthard Erler, 2 Bde. Berlin und Weimar 1968 (= Bibliothek Deutscher Klassiker) Band 2 S. 56. Ausschnitt in: Ullstein: 154 f.
9 Theodor Fontane an Wilhelm Friedrich, Berlin 19. 1. 1883. Zit. nach Migge, 1969: 168.
10 Brief Fontanes an Mathilde von Rohr v. 13. 7. 1882. Zit. nach Ullstein: 161.
11 Brief an Friedrich Wilhelm v. 5. 11. 1882. Zit. nach Ullstein: 161.
12 Literaturhinweise im Anhang der Textausgabe: Ullstein: 142 f.
13 z. B. H. R. Vaget in seinem Aufsatz: Vaget, 1969.
14 Vgl. dazu Wölfel, 1963: 155 ff.
15 Gedicht über den Neffen Friedrichs II, der am 10. 10. 1806 bei Saalfeld als Kommandeur der Vorhut vor der Schlacht von Jena gefallen ist.
Text erschienen in: Argo. Album für Kunst und Dichtung, hrsg. von Fr. Eggers, Th. Hosemann, B. v. Lepel. Breslau 1860, S. 7.
Abgedruckt in: Epochen der deutschen Lyrik, hrsg. v. W. Killy. Band 8: Gedichte 1830–1900, hrsg. v. R.-R. Wuthenow, München: dtv 1970 (= dtv 4022), S. 239–241.
Vgl. zu den Ausführungen von 3.6: Müller-Seidel, 1975: 1–3.

Literatur

I. Textgrundlage

Theodor Fontane: Sämtliche Romane, Erzählungen, Gedichte, Nachgelassenes. Hrsg. von Walter Keitel und Helmut Nürnberger. Werke und Schriften Band 8: Schach von Wuthenow. Frankfurt/Main – Berlin – Wien: Ullstein 1979 (= Ullstein Buch Nr. 4515).
Abkürzung im Text: Seitenzahl in Klammern.

II. Verwendete Literatur

Demetz, Peter: Formen des Realismus: Theodor Fontane. Kritische Untersuchungen. München: Hanser 2. A. 1966.

Lukács, Georg, Der alte Fontane. In: Die Grablegung des alten Deutschland. Essays zur deutschen Literatur des 19. Jahrhunderts. Ausgewählte Schriften I. Rowohlt 1967 (= rde 276).

Migge, Walther: Theodor Fontane 1819–1969. Stationen seines Werkes. Ausstellungskatalog. München: Kösel 1969.

Mittenzwei, Ingrid: Theorie und Roman bei Theodor Fontane. In: Deutsche Romantheorien. Beiträge zu einer historischen Poetik des Romans in Deutschland. Hrsg. und eingeleitet von Reinhold Grimm. Frankfurt am Main und Bonn: Athenäum 1968: 233–250.

Müller-Seidel, Walter: Theodor Fontane. Soziale Romankunst in Deutschland. Stuttgart: Metzler 1975.

Reuter, Hans-Heinrich: Fontane Band 2. Berlin: Verlag der Nation 1968.

Sagave, Pierre-Paul: Theodor Fontane, Schach von Wuthenow. Vollständiger Text und Dokumentation. Frankfurt/Main und Berlin: Ullstein 1966 (= Ullstein TB Nr. 5023; Dichtung und Wirklichkeit Bd. 23).

Schäfer, Renate: Fontanes Melusine-Motiv. In: Euphorion Bd. 56 1962; 69–104.

Schlaffer, Heinz: Dsa Schicksalsmodell in Fontanes Romanwerk. Konstanz und Auflösung. In: Germanisch-Romanische Monatsschrift 1966: 392–409.

Schunicht, Manfred: Der „Falke" am „Wendepunkt". Zu den Novellentheorien Tiecks und Heyses. In: Germanisch-Romanische Monatsschrift 41, 1960: 44–65.

Vaget, H. Rudolf: Schach in Wuthenow: „Psychographie" und „Spiegelung" im 14. Kapitel von Fontanes „Schach von Wuthenow". In: Monatshefte für deutschen Unterricht, deutsche Sprache und Literatur. Wisconsin 61 Nr. 1, 1969: 1–14.

Weber, Albrecht: Deutsche Novellen des Realismus. Gattung-Geschichte-Interpretationen-Didaktik. München: Ehrenwirth 1975.

Wiese, Benno von: Die deutsche Novelle von Goethe bis Kafka. Düsseldorf: Bagel. Bd. I 1964, Bd. II 1965.

HORST KÜNZEL

Gerhart Hauptmann: Bahnwärter Thiel

Nach unsteten Lehr- und Wanderjahren, die ihn von Breslau nach Jena, von Hamburg nach Rom, von Dresden nach Berlin führten, heiratete der dreiundzwanzigjährige Gerhart Hauptmann 1885 Marie Thienemann und ließ sich mit seiner Frau in Erkner nieder, einem entlegenen Ort mitten im märkischen Waldgebiet an der Eisenbahnstrecke Berlin – Frankfurt/Oder – Breslau. Er hatte die Bildhauerei aufgegeben und sich der Literatur zugewandt. Bei seinen häufigen Besuchen in Berlin fand er Zugang zu einem Kreis junger Literaten, die sich unter dem Namen „Durch!" zusammengeschlossen hatten. 1887 schrieb Hauptmann in Erkner nach einem Unglücksfall, der sich dort ereignet hatte, die Novelle „Fasching" und kurz danach „Bahnwärter Thiel". 1888 nahm er das Manuskript der „novellistischen Studie" mit nach Zürich. Er besuchte dort seinen Bruder Carl, der sich in regem Gedankenaustausch mit einem Freundeskreis von Wissenschaftlern und Schriftstellern intensiv mit aktuellen Problemen der Medizin und Philosophie auseinandersetzte. Gerhart Hauptmann studierte Krankengeschichten von Patienten der Kantonalirrenanstalt in Burghölzli, hörte Vorlesungen des Psychiaters Auguste Forel, traf mit Frank Wedekind und Karl Henkell zusammen und legte am Züricherberg einen Kranz am Grabe Georg Büchners nieder, mit dessen Werk er sich in Erkner eifrig beschäftigt hatte.

Von Zürich aus sandte Hauptmann das Manuskript des „Bahnwärter Thiel" an die in München erscheinende Zeitschrift „Die Gesellschaft. Realistische Wochenschrift für Litteratur, Kunst und öffentliches Leben". Ihr Herausgeber Michael Georg Conrad brachte Hauptmanns Novelle 1888 heraus; in einem Erinnerungsbuch berichtete er 1902 von begeisterten Zuschriften der Leser: „Man habe seit Zola keine bessere Novelle in Deutschland gelesen".[1] Die erste Buchausgabe, erschienen 1892 bei S. Fischer in Berlin, wurde von der Literaturkritik beachtet, denn Hauptmann war inzwischen durch seine Dramen „Vor Sonnenaufgang", „Das Friedensfest", „Einsame Menschen", „Kollege Crampton" ein bekannter Bühnenautor geworden.

In der Zeitschrift für den Verein „Freie Bühne" betont *Felix Hollaender* in seiner Rezension Hauptmanns Abweichen von der Novellentradition des Cervantes und Paul Heyse: „Nicht Ereignisse wollte er darstellen, sondern Charaktere entwickeln." „Bahnwärter Thiel" enthalte eine „Charakterstudie großen Stils". Als Eigenart der Novelle bezeichnet Hollaender die „Kontrastierung grober Sinnlichkeit und übergeistigter, fast religiöser Liebe, die in mystische Stimmungen überschlägt"; das „sexuelle Problem" wird diesem Zusammenhang zugeordnet (Neuhaus, 1974: 33 f.). „Die Neue Zeit. Revue des geistigen und öffentlichen Lebens" veröffentlicht 1893 eine mit E. B. gezeichnete Besprechung aus sozialistischer Sicht. Hervorgehoben wird zunächst die Alltäglichkeit der Handlung. Als „Kernpunkt der Erzählung" erscheint die „moralische Impotenz Thiels", die für die Mißhandlung des kleinen Tobias und für die seinen Tod verschuldende Gleichgültigkeit Lenes verantwortlich gemacht wird. E. B. sieht im „Bahnwärter Thiel" eine „Schilderung seelischer Erkrankung" und bedauert, daß ein Autor, den er „auf der Seite der Kämpfer für eine neue Gesellschaft" begrüßt, „das Gesunde, das unsere Zeit bietet, zu vergessen scheint". Nach Auffassung des Rezensenten muß der Dichter „mehr als ein bloßer Kliniker" sein (Neuhaus, 1974: 38):[2] diese Forderung sollte Hauptmann Zeit seines Lebens immer wieder hören.

Zum ersten Male werden in diesen beiden Rezensionen Probleme angesprochen, die Jahrzehnte später die Literaturwissenschaft ausführlicher und gründlicher behandelt.

In ihrer literatursoziologischen Untersuchung erkennt *Irene Heerdegen* die Berechtigung der Kritik an, die aus der Sicht der deutschen Arbeiterbewegung in der Rezension der „Neuen Zeit" geübt wurde, sie möchte aber darüber hinaus zu einem differenzierteren Urteil gelangen. Als „Vorstoß in den Lebensbezirk der unteren Volksschichten" und im Hinblick auf die Entwicklung des „kritischen Realismus in Deutschland" hält sie die Novelle für „vordienstvoll". In der einfühlsamen Darstellung des Bahnwärters findet sie Hauptmanns Anteilnahme am Geschick der ganzen Schicht, der Thiel angehört. Der Autor

„gibt dem verzweifelten Kampf dieses Mannes um ein menschenwürdiges Dasein überzeugend Ausdruck und rechtfertigt damit den Anspruch seiner Schicht auf Lebensbedingungen, die wahre Befriedigung gewähren und eine Entwicklung seelischer und geistiger Kräfte ermöglichen."

Für Thiels Scheitern macht Irene Heerdegen vor allem die völlige Isolation verantwortlich, in der er auf seinem Posten leben muß. Die Beziehungen des Bahnwärters zur Natur müßten soziale Beziehungen zur Umwelt ersetzen. So kommt die Autorin zu dem Schluß, daß in der Novelle nicht die soziale, sondern die psychologische Problemstellung dominiere. Sie betont jedoch, daß die psychologische nie von der sozialen Problematik getrennt werde: „haben doch die seelischen Nöte des Helden deutlich verfolgbare *soziale* Ursachen".[3]

Fritz Martini bietet in seinem Buch „Das Wagnis der Sprache" eine profunde Würdigung der Erzählung Hauptmanns, indem er, von der detaillierten Interpretation einer zentralen Textstelle ausgehend, ein Gesamtbild des „Bahnwärter Thiel" auf dem Hintergrund der für Hauptmann grundlegenden Vorstellung vom Urdama entwirft. Die ausgewählte Stelle ist im dritten Teil der Novelle zu finden: Nachdem der Bahnwärter die Barriere geschlossen hat, lehnt er sich an die Sperrstange, um den vorbeifahrenden Zug zur Stunde des Sonnenuntergangs abzuwarten; kurz danach kommt ihm zu Bewußtsein, daß er zwei Jahre lang nichts gegen die Leiden seines Ältesten unternommen hat, der damit der Härte seiner Stiefmutter schutzlos preisgegeben war. Martini beschäftigt vor allem das Ineinander von Natur und Technik. Ihre empirische Wirklichkeit werde ins Visionäre überhöht und entschränkt, beide würden „zur Erscheinung eines Übermenschlich-Elementaren, zum Symbol einer umfassenden, geradezu mythischen Vitalität". Die moderne Technik, „Symbol und Wirklichkeit einer Gewalt, die neben die mythische Gewalt der Natur tritt", erscheine nicht als eine vom Menschen geschaffene und gelenkte, sondern als eine ihn überwältigende Macht. „Er wird nicht tätig ihr Herr, sondern er erliegt ihr wie einem Schicksal." Übermacht und Schicksal sei auch die Natur in ihrer Doppelheit von Vitalem und Spirituellem,

„aber sie wird im Sonnenuntergang aus der Seele des Schauenden als etwas in seinem Erglühen Göttliches erfahren, das mit gläubiger Innerlichkeit als Schönheit umfaßt wird".

Die gleichen dynamischen Urkräfte verklärten sich in dem Bild der Landschaft durch die Heilung ins Schöne und erschienen in der Technik als das Dämonische. Diese gegensätzlichen Erscheinungsweisen derselben Kraft nennt Martini die „Antinomie des Heiligen und Zerstörerischen". Thiels Geschichte wird zur „Tragödie des leidenden, überwältigten Menschen" (Martini, 1961: 89f.).

Die literaturhistorische Bedeutung der Novelle bestimmt Martini, indem er im Vergleich mit der Erzählkunst des 19. Jahrhunderts sowohl Gemeinsamkeiten wie Unterschiede herausarbeitet. Besonders bündig stellt Martini diese Bedeutung in seinem Nachwort zur Textausgabe des Reclamverlages heraus. „Bahnwärter Thiel" bezeichne „eine Schwellensituation in der neueren Geschichte des deutschen Erzählens":

- Die Erzählung deute in ihrer novellistischen Struktur auf die Novellentradition des 19. Jahrhunderts zurück und greife deren symbolisches Sprechen auf.
- Sie übersteige das realistische Erzählen durch eine neuartige Verschmelzung der „dinglich-sinnlichen Außenwelt und psychischen Innenwelt".
- Mit der Darstellung des Milieus kleiner Leute, der Triebgebundenheit und Krankengeschichte eines dem Wahnsinn anheimfallenden Menschen nehme sie Forderungen des Naturalismus auf.
- Mit dem Untertitel „Studie" betone sie parallel zum zeitgenössischen Pleinairis-

mus der impressionistischen Malerei die Beobachtung unmittelbar am Objekt und die Absage an schematische Formkonventionen.
- Schließlich nehme sie mit dem Thema des ungesicherten Menschen, in dessen scheinbar festgefügte Alltäglichkeit das Chaotische einbreche, Züge des expressionistischen Erzählens voraus.[4]

In eine andere Richtung als bei Martini weist die Symbolinterpretation bei *Benno von Wiese*. Er sieht die Entwicklung der Novelle seit der Romantik im Zeichen einer Entfaltung von „echter Symbolkraft", die das Zufällige einer Begebenheit ins Gleichnishafte erhebe. Demgemäß gilt das Hauptaugenmerk des Interpreten, der die Wandlungen der deutschen Novelle von Goethe bis Kafka verfolgt, bei Hauptmann dem zentralen Dingsymbol der Bahnstrecke; sie werde zu einem gleichnishaften Ort, wo das Unsichtbare in das Sichtbare einbreche und sich eine reale und geordnete Welt ins Geisterhafte und Chaotische auflöse.

„Gerade die Entmächtigung der bis ins Detail beschriebenen alltäglich-durchschnittlichen Wirklichkeit durch überwirkliche, unbewußte Mächte des Traumes, der Vision, der Seele, der Natur, mit einem Wort: des Irrationalen ist das Thema dieser Novelle." (Wiese, 1956: 271)

Die literaturwissenschaftlichen Ergebnisse von Fritz Martini und Benno von Wiese für den Schulgebrauch verfügbar zu machen, ist ein Anliegen *Werner Zimmermanns*. Er legt Wert auf die Feststellung, daß die Novelle mehr biete als die Geschichte eines Psychopathen:

„Es ist ein Mythos von der furchtbaren Gewalt des Unbewußten und Elementaren, das seine Übermacht auch oder gerade in der technisierten Welt des modernen Menschen erweist."

In seinen „Aufgaben zur Erschließung" spielen Offenbarwerden und Durchbruch dieser elementaren Kräfte eine wichtige Rolle. Zugleich erhalten die Veränderungen in Thiels Bewußtsein besondere Bedeutung. Für den Aufbau der Novelle wird das krasse Spannungsgefälle zwischen dem ersten und letzten Absatz der Erzählung herausgestellt, in einer Strukturskizze das äußere und innere Geschehen in zwei Kurven visualisiert. Der Verbindung mit dem dramatischen Werk des Autors dienen Vergleiche mit „Fuhrmann Henschel" unter den Gesichtspunkten der Geschlechterbeziehung und des Menschenbildes; zur literaturgeschichtlichen Einordnung wird der Vergleich mit Georg Büchners „Lenz" unter dem Aspekt des ausbrechenden Wahnsinns angeregt (Zimmermann, 1966: 85 u. 79).

Für die 10. Jahrgangsstufe der Hauptschule entwirft *Reiner Poppe* eine Unterrichtskonzeption für den „Bahnwärter Thiel", ihr Rahmenthema heißt: „Soziale und existenzielle Grenzsituationen des Menschen aufgrund seiner Fremdbestimmtheit in einer zunehmend technisierten Umwelt –

dargestellt an ausgewählten Beispielen der Literatur (aus der Welt der Arbeit)". Poppe konzediert, daß man Hauptmanns Novelle nicht zu den Texten der „Arbeitswelt" zählen könne, die in seiner Reihe dominieren; er fordert, den „Bahnwärter Thiel" als „frühes Beispiel der Auseinandersetzung mit einer durch den technischen Zugriff sich verwandelnden Welt zu begreifen". Thiel sei ein Vorläufer der vom technischen Fortschritt vereinnahmten Menschen, die in der Literatur der Arbeitswelt dargestellt würden (Poppe, 1976: 73 u. 75).

Unabhängig von der bereits dargelegten literarhistorischen Bedeutung der Novelle muß die *didaktische Analyse* von der Frage ausgehen, welche Gesichtspunkte eine Empfehlung für den heutigen Deutschunterricht gestatten.

„Bahnwärter Thiel" besitzt Eigenschaften, die den Zugang des Lesers erleichtern: eine geringe Seiten- und Personenzahl, eine alltägliche und zugleich sensationelle Handlung; die Sprache wirkt farbig, anschaulich, vieldeutig; ohne Rückblenden oder Einschübe wird geradlinig erzählt; der Aufbau ist durch eine dramatische Steigerung zum Schluß hin gekennzeichnet. Für den Arbeitsunterricht lohnt sich die Beschäftigung mit der Hintergründigkeit in der Sprache und in der Motivierung des Doppelmordes an Ehefrau und Kind sowie die Auseinandersetzung mit dem Problemgehalt, der Frage nach der Determination menschlichen Handelns durch Milieu, Trieb und Krankheit. Allerdings darf die leichte Zugänglichkeit des Textes nicht darüber hinwegtäuschen, daß eine Lerngruppe, die mit Gewinn die Novelle lesen soll, bestimmte Voraussetzungen erfüllen muß. Es sollten bereits Erfahrungen mit Kurzepik vorhanden sein: sprachliche Verdichtung und Problemgehalt erzählender Literatur muß die Klasse bereits an anderen Beispielen, einer Kurzgeschichte oder Novelle, kennengelernt haben. Sie sollte sprachliche Mittel, wie Bild, Vergleich, Symbol, unterscheiden können. Für die intensivere Analyse von Ausschnitten aus der Novelle ist die Einführung in die Texterschließung eine wichtige Voraussetzung. Die Schüler müssen bereit sein, sich mit psychologischen Vorgängen in literarischer Darstellung zu befassen; sie dürfen sich nicht mit der äußeren Handlung und ihren krassen Details begnügen, sondern müssen diese zum Anlaß nehmen, nach den dahinterliegenden tieferen Gründen und Zusammenhängen zu suchen. Schließlich bedarf es einer Aufgeschlossenheit für ethische Wertung, um die in der Novelle aufgeworfenen Fragen über Erziehung, Zusammenleben der Geschlechter und Verantwortlichkeit des Menschen für sein Handeln zu diskutieren. Alle diese Gründe erfordern einen Leser an der Schwelle zum Erwachsenenalter, nicht unter 16 Jahren. Die folgenden Darlegungen gelten einer Behandlung der Novelle in der *10. Jahrgangsstufe des Gymnasiums.*

Da die meisten Lerngruppen vor Abschluß der pubertären Entwicklung von einer mehrwöchigen Beschäftigung mit demselben literarischen Werk überfordert werden, soll hier eine didaktische Konzeption ermittelt werden, die auf eine literaturhistorische Totalanalyse verzichtet. Zur Aktivierung der Klassen gilt es, eine Thematik zu finden, die bei Sechzehnjährigen allgemeines Interesse beanspruchen kann und die Schüler zur selbsttätigen Bewältigung von Teilaufgaben befähigt. Ein solches Thema ist für „Bahnwärter Thiel" die *Genese eines Verbrechens* unter den folgenden Aspekten:
1) Wie wird der Täter dargestellt? Welches sind seine Motive?
2) Welche erzählerischen und stilistischen Mittel werden eingesetzt?
3) Stellt der Autor die Untat als unvermeidbar dar? Welche Probleme wirft seine Darstellung beim heutigen Leser auf?

Hinter dieser Thematik, gesehen im Zusammenhang einer Kommunikation zwischen Autor und Leser, mögen epochengeschichtliche und gattungsästhetische Probleme zurücktreten.

1. Der Täter und seine Motive

Zu Anfang der Erzählung wird Thiel dem Leser als ein rechtschaffener Mann in geordneten Verhältnissen vorgestellt. Mit dem Tod seiner ersten Frau im Kindbett übernimmt er die Verantwortung für den kleinen Tobias. Daß er sich des Kindes wegen nach Ablauf des Trauerjahres zu einer zweiten Ehe entschließt, erscheint selbst dem zunächst bedenklich gestimmten Pastor als wohlbegründet. Krimogene Züge sind nirgends zu entdecken. Es ist die Persönlichkeit Lenes, der zweiten Ehefrau, und ihre Wirkung, die in dem scheinbar geschlossenen Charakter Thiels Brüche entstehen läßt. Mit ihrer Härte, ihrer „brutalen Leidenschaftlichkeit", ihrer Zank- und Herrschsucht (5) unterwirft sie sich den Ehemann. Je mehr dieser „durch die Macht roher Triebe" (6) von Lene abhängig wird, desto größer werden seine Gewissensbisse. Als Gegenbild erscheint ihm die tote Gattin, denn mit ihr verband ihn eine „mehr vergeistigte Liebe" (6). Im Totenkult für die Verstorbene sucht er eine Kompensation für die Erniedrigung durch die zweite Ehe. Der Riß, der sich auftut, wird durch berufliche Anforderungen vertieft. Als Bahnwärter seit zehn Jahren auf einsamem Posten „im märkischen Kiefernforst", fehlen ihm alle Möglichkeiten, durch mitmenschliche Teilnahme oder soziales Engagement über die innere Krise hinwegzukommen. Statt dessen muß er den Großteil der

Dienstzeit in einem entlegenen Wärterhäuschen absitzen, wo ihn die Erinnerungen an die tote Minna so sehr in ihren Bann schlagen, daß ihm Gesangbuch und Bibel, Ekstase und Visionen in eine Kapelle versetzen.

Mit der Geburt des zweiten Kindes verschlimmert sich die bisher nur untergründig schwelende Ehekrise. Thiels Liebe zu Tobias ruft Lenes Haß auf den Stiefsohn hervor. Ihre Mißhandlungen des Kindes können dem Vater auf die Dauer nicht verborgen bleiben. Außerdem droht der Einbruch der bedrückenden Familienrealität in Thiels kultischen Bereich, als Lene beginnt, einen Acker in der Nähe des Wärterhäuschens zu bearbeiten. In aller Deutlichkeit erkennt Thiel seine „Unterlassungssünden" (21), die Leiden des älteren Sohnes erwecken in ihm zwar Mitleid, Reue und Scham, aber keine Entschlossenheit, Abhilfe zu schaffen. Im Traum erscheint ihm Minna, nicht tröstend, sondern abgewandt, sich von ihm lossagend. Selbst die Aufregungen dieses Traumes bewirken keine Distanzierung von Lene, denn ihre erotische Ausstrahlung erregt in Thiel stets von neuem eine Leidenschaft, die ihn überwältigt (16 und 25).

Wegen Lenes Vernachlässigung der Aufsichtspflicht gegenüber Tobias, dessen Gefährdung in unmittelbarer Nähe der Bahnstrecke sie nicht erkennt, geschieht das Zugunglück, das den Tod des Jungen herbeiführt. Da Tobias das einzige lebende Wesen ist, dem Thiel sich tief innerlich verbunden fühlt, da der Junge zudem das Vermächtnis der toten Gattin darstellte, die eine immer stärkere Macht über sein Denken und Fühlen gewinnt, muß dieses Unglück den Bahnwärter in allen Fasern erschüttern. Der bisher latente Antagonismus zur übermächtigen Frau wird plötzlich manifest und erreicht schreckliche Dimensionen: Thiel faßt den Entschluß, Lene zu töten; er ahnt, daß er wahnsinnig wird, will dagegen ankämpfen, vermag es jedoch nicht und kann gerade noch innehalten, als er sich dabei ertappt, wie seine Hände Lenes Kind erwürgen wollen. Er bricht zusammen, muß nach Hause getragen werden, wirkt aber mit seinen geballten Fäusten selbst im Zustand der Bewußtlosigkeit auffällig aggressiv. In der Nacht tötet er Frau und Kind und wird am nächsten Tag „nach der Irrenabteilung der Charité überführt" (40).

Die Geisteskrankheit, die sich in der wahnhaften Fixierung auf die tote Gattin anbahnt, unterscheidet Thiel von jedem Täter, der mit kühler Überlegung und berechnendem Kalkül zu Werke geht. Trotzdem wird er von Motiven geleitet, die auch bei geistig nicht gestörten Menschen eine Rolle spielen müßten. Mißhandlung eines Kindes und zu seinem Tode führende, grob fahrlässige Verletzung der Aufsichtspflicht würden wohl auch eine andere Ehe zerrütten. Im Falle Thiels kommt erschwerend hinzu, daß der Vater im mißhandelten Sohn eine Wiederholung seiner eigenen Unterdrückung vor Augen sieht. Die sexuelle Triebbindung an die ihn beherrschende Frau macht ihn eine Zeitlang handlungsunfähig, bis das Zugunglück ein maßloses Racheverlangen in ihm auslöst.

Hauptmanns literarische Darstellung eines Mörders wird von einer neueren psychologischen Analyse weitgehend bestätigt. *Paul Ghysbrecht* führt in seinem Buch „Psychologische Dynamik des Mordes" aus, daß dem Mord „sexuelle, soziale und existentielle Frustrationen" zugrundelägen sowie die „Unfähigkeit des Menschen zu schöpferischen und sinngebenden sozialen Beziehungen". Erniedrigt werde die Frustrationsschwelle durch bestimmte Lebenskrisen, auch durch Krankheit, geistige oder soziale Minderwertigkeit. Im sogenannten Leidenschaftsdelikt bestehe die Bindung zwischen Täter und Opfer nicht in Liebe und Zuneigung, sondern Begierde und sexueller Habgier. Zu den Motiven für solche Delikte zählt Ghysbrecht u. a. Gefühle der Benachteiligung durch den Partner sowie verletztes Ehrgefühl.

„Die Unfähigkeit zur Koexistenz, die als die wesentliche Ursache von Mordhandlungen anzusehen ist, liegt fast immer in der Charakterstruktur oder in einem Krankheitsprozeß des Täters begründet. Der Kranke sucht seinen Konflikt mit der Umwelt, den er anders nicht lösen kann, durch die Tötung des anderen zu beenden." (Ghysbrecht, 1967: 11, 54, 57, 180)

Als Zusammenfassung dieses Teils seien elf Lernziele aufgeführt, die dem Unterricht zur Orientierung dienen.

Die Schüler sollen erkennen,
- daß Thiels Charakter bis zur zweiten Eheschließung keine krimogenen Züge aufweist
- daß Thiel „durch die Macht roher Triebe" von Lene abhängig wird
- daß die bedrückenden Probleme der zweiten Ehe Thiels Totenkult mit Minna bewirken und fördern
- daß die berufliche Isolation Thiels einer Lösung der Eheprobleme im Wege steht
- daß Lenes Haß auf Tobias nach der Geburt ihres Kindes die Spannungen in der Ehe verschärft
- daß Thiels sexuelle Triebgebundenheit sein Einschreiten gegen Lenes Mißhandlungen des älteren Sohnes verhindert
- daß Lenes Verletzung der Aufsichtspflicht das Zugunglück verursacht, das Tobias das Leben kostet
- daß Zugunglück und Tobias' Tod in Thiel Wahnsinn und Mordabsichten gegen Lene auslösen
- daß Thiels Morde die Untaten eines Wahnsinnigen sind
- daß seine Motive aus einer Ehe ohne Koexistenz und Gleichberechtigung der Gatten resultieren
- daß Hauptmanns literarische Darstellung eines Mörders mit Ergebnissen der Psychologie weitgehend übereinstimmt.

2. Erzählerische Mittel (Rahmen, Leitmotive bei Bötjer Basch)

Von seinen frühen bis zu seinen späten Bühnenwerken bereitet der Dramatiker Hauptmann den Tod der Hauptpersonen von langer Hand und auf vielfache Weise vor. (Künzel, 1962: 203–205) Diese kunstvolle *Technik der Vordeutung* hat der Autor auch im Bereich der Epik verwendet, sie ist bereits im „Bahnwärter Thiel" ausgebildet, wie die folgenden Beispiele belegen werden.

Im objektiv berichtenden ersten Absatz der Erzählung wird gesagt, daß Thiel ein gesunder Mann war, den nur zwei Dienstunfälle in zehn Jahren ans Bett fesselten. Untergründig aber kündigt sich bereits die Krankheit an, allerdings in einer Weise, die dem Leser eine genauere Information zunächst vorenthält. Thiel erscheint als ein Gefährdeter: wiederholt schon hat ihm seine berufliche Beschäftigung mit der Eisenbahn Unglück gebracht, für den aufmerksamen Leser ein Grund zur Besorgnis für den weiteren Lebenslauf des Bahnwärters.

Träume haben in Hauptmanns Dramen, so in „Hanneles Himmelfahrt" oder „Elga", eine wichtige vordeutende Funktion. Genauso ist es hier mit Thiels Traum von seiner toten Frau, die am Bahnwärterhäuschen vorüberhastet und „in Tücher gewickelt, etwas Schlaffes, Blutiges, Bleiches" (23) mit sich trägt. Als Thiel nach dem Zugunglück sein schwer verletztes Kind erblickt, wiederholen sich die Adjektive fast wörtlich:

„Er schrickt zurück – er steht. Aus dem Tanze der Glühwürmchen tritt es hervor, blaß, schlaff, blutrünstig. Eine Stirn, braun und blau geschlagen, blaue Lippen, über die schwarzes Blut tröpfelt." (31)

Die braune Farbe erinnert an eine Stunde des Glücks, die der Vater mit Tobias auf einer Waldwanderung verbrachte. Der Junge trug damals ein braunes Plüschmützchen (26) und fand in einem Birkenwäldchen Blumen:

„Stücke blauen Himmels schienen auf den Boden des Haines herabgesunken, so wunderbar dicht standen kleine blaue Blüten darauf." (28)

Der Zeichencharakter des Farbklanges Braun und Blau schlägt dann in der Verbindung mit dem „schwarzen Blut" des Kindes vom Glück zum Verderben um und verfestigt sich in dieser neuen Bedeutung: mit den Worten „ich will sie wieder braun und blau schlagen" (34) schwört Thiel Lene den Tod; Lene verfärbt sich, als der tote Tobias gebracht wird: „ihr Gesicht war bläulichweiß, braune Kreise lagen um ihre Augen" (37). Angesichts des Wahnsinnigen, der „das braune Pudelmützchen" liebkost und in die Charité mitnimmt, ist die Farbe schließlich ein doppeldeutiges Zeichen für Beglückung und Zerstörung zugleich.

Lenes bläulichweißes und braunes Gesicht bereitet den Leser, der Thiels Verwünschungen nicht vergessen hat, auf das schreckliche Ende vor. Der Bahnwärter, im Gesicht bereits von der geistigen Zerrüttung gezeichnet, bewirkt durch sein Aussehen Erschrecken und Grauen bei seiner Gattin. Sein Zusammenbruch ist ein retardierendes Moment vor der Katastrophe. Diese kündigt sich in der gespenstischen Atmosphäre des Kiefernforstes an, den die Heimkehrenden durchschreiten: das Mondlicht nimmt eine immer blassere Färbung an, je höher der Erdtrabant zu rücken scheint; ein „matter Lichtdunst" malt die „Gesichter der Dahinschreitenden leichenhaft" an (38). Auf dem Hintergrund der Blässe des verunglückten Tobias (31) erhält das vergleichende Adjektiv (leichenhaft) eine unübersehbare Zielgerichtetheit. Von der ermordeten Frau wird mit einem Satz berichtet: „Lene lag in ihrem Blut, das Gesicht unkenntlich, mit zerschlagener Hirnschale" (40). Nicht nur das Gesicht, das in den Vordeutungen mehrfach eine Rolle spielte, ist hier beachtenswert, sondern vor allem das Verbluten. Man erinnert sich, daß die tote Minna in Thiels Traum etwas Blutiges mit sich trug. Selbst bei seinen dienstlichen Verrichtungen kam der Bahnwärter von diesem Traumbild nicht los:

„Zwei rote, runde Lichter durchdrangen wie die Glotzaugen eines riesigen Ungetüms die Dunkelheit. Ein blutiger Schein ging vor ihm her, der die Regentropfen in Blutstropfen verwandelte. Es war, als fiele ein Blutregen vom Himmel.
    Thiel fühlte ein Grauen und, je näher der Zug kam, eine um so größere Angst; Traum und Wirklichkeit verschmolzen ihm in eins." (23)

Hier wird Blut zur Metapher, in der Verbindung mit dem Traum verstärkt sich seine vordeutende Wirkung, die zuerst auf den Unfall mit Tobias hinweist: über die Lippen des Verunglückten tröpfelt „schwarzes Blut" (31). In der Erinnerung an dieses Blut des Jungen schwört Thiel seiner Frau den Tod: mit dem Küchenbeil will er sie erschlagen, was er schließlich wirklich tut (34 und 40).

Die Darstellung des Traumes und der gespenstischen Atmosphäre, die Verwendung von Farben und die Verwandlung von Blut zur Metapher für Tod und Vernichtung bilden ein dichtes Gefüge von Beziehungen und Vordeutungen auf das schreckliche Ende der Erzählung. Der Leser wird nicht unvorbereitet mit der Katastrophe konfrontiert, sondern er wird Schritt für Schritt behutsam geführt; allerdings muß er die Zeichen am Wege beachten und als Warnsignale erkennen. Am Schluß soll ihm dann die Einlieferung des vorher rechtschaffenen Bahnwärters in die Irrenanstalt nach der Ermordung von Frau und Kind als etwas Unausweichliches erscheinen.

Sollen die Schüler mit diesen Zusammenhängen vertraut werden, so müssen sie erkennen, daß

- Thiels Traum wichtige Warnsignale enthält, die den Leser auf die folgenden Ereignisse vorbereiten
- Farben als zeichenhafte Bedeutungsträger für die Struktur der Erzählung dienen
- Blut zu seiner konkreten eine metaphorische Bedeutung erhält
- eine gespenstische nächtliche Atmosphäre die Mordtaten ankündigt
- der Autor mit der sorgfältigen Vorbereitung des Verbrechens seine Unvermeidbarkeit belegen will.

Nach Fritz Martini stellt Hauptmann nicht allein das empirisch Wirkliche, sondern auch das Symbolische dar, beides verbunden zu einer „Einheit von Realismus und Symbolik" (Martini, 1961: 62). Exemplarisch zeigt Martini diese Einheit an der Stelle auf, wo der an der Schranke lehnende Thiel Sonnenuntergang und Vorbeifahrt eines Zuges miterlebt. Seine Deutung, von der bereits die Rede war, kann für die *Einführung in die symbolische Erzählweise Hauptmanns* genutzt werden, allerdings in einer der 10. Jahrgangsstufe entsprechenden Weise. Mit Hilfe der konkreten Arbeit an der Textstelle (vgl. dazu Anhang 3) sollte es möglich sein, mit der Lerngruppe die folgenden Ziele zu verwirklichen:

- Erkennen der wichtigen Funktion, welche die Vergleiche für die Aussage haben
- Erkennen der engen Verknüpfung der Bereiche Natur und Technik in der Darstellung von Kiefernwald und Bahnstrecke
- Erkennen derjenigen Eigenschaften des Zuges, die ansonsten in der bewegten Natur und sogar beim Menschen beobachtet werden
- Erkennen des Gegensatzes zwischen der Naturschönheit des Sonnenuntergangs und der zerstörerischen Gewalt des Zuges
- Erkennen der Passivität Thiels in dieser Szene
- Erkennen der Determinanten, die Thiels Passivität bewirken
- Auffinden der Parallelen zwischen
  Glut und Verwesungslicht des Sonnenuntergangs einerseits und Thiels sexueller Triebfixierung auf Lene sowie dem Verbrechen Thiels andererseits,
  dem „rasenden Tosen und Toben" des Zuges und nachfolgendem Schweigen einerseits und Thiels mordendem Wahnsinn mit dem nachfolgenden Verlöschen seiner Persönlichkeit in der geschlossenen Anstalt andererseits.

3. Probleme für den heutigen Leser

Aus der Charakterisierung des Täters und der Verkettung der vordeutenden Zeichen ergibt sich, daß der Autor Thiels Mord an Frau und Kind als eine unausbleibliche und unvermeidliche Handlung verstanden wissen will. Hauptmann bewegt sich hier in den Bahnen des Naturalismus, der den Menschen als biologisch und soziologisch determiniert verstand. Für den Leser resultiert daraus die Frage: Ist Thiel frei von Schuld, weil übermächtige Determinanten sein Handeln bestimmen und lenken? Das setzt voraus, daß der heutige Leser in allen Punkten den im Text enthaltenen Auffassungen des Erzählers zustimmt. Von den Schülern ist das aber auf Grund ihrer sozialen Erfahrungen kaum zu erwarten. Aus der Position der Gleichberechtigung von Mann und Frau ergeben sich neuartige Gesichtspunkte zur Beurteilung der Lene Thiel; von dem heute üblichen Sexualverhalten der jüngeren Generation her wird Thiels Beziehung zu Lene in einem anderen Licht erscheinen als in der Zeit um 1890 mit ihren starren Moralvorstellungen; von der Mobilität unserer Gesellschaft ausgehend, wird man die berufliche Isolation des Bahnwärters in der Zeit des Kaiserreichs schwerlich als unerbittliches Schicksal akzeptieren. Da manche Fixpunkte, denen Thiel offensichtlich nicht auszuweichen vermag, mittlerweile in Bewegung geraten sind, stellt sich die andere Frage: Muß der heutige Leser Thiel schuldig sprechen, weil er ihm die Verantwortung für sein Tun nicht abnehmen kann?

Die bisher genannten Gesichtspunkte sollten der Lerngruppe erläutert und dann in einer Diskussion erörtert werden. Zur Vertiefung können unterschiedliche Positionen zum Problem der Verantwortung in Textausschnitten aus der Sekundärliteratur herangezogen werden: Stellungnahmen aus der Rezension der „Neuen Zeit" (1893) und die gegensätzliche These von Werner Zimmermann; bedeutend schwieriger und deshalb nur für die besten Schüler der Lerngruppe geeignet sind Fritz Martinis Ausführungen in seinem Nachwort zur Textausgabe des Reclam-Verlags, weil hier Thiels innerer Widerspruch auf die für Hauptmanns Denken konstitutive Antinomie des Lebens zurückgeführt wird (vgl. Anhang 4).

Der Unterricht ist also in dieser Phase auf folgende Ziele ausgerichtet:

Die Schüler sollen
– erkennen, daß die heutige Stellung der Frau, die Beurteilung der Sexualität und die soziale Mobilität wegen der seit 1888 eingetretenen gesellschaftlichen Veränderungen mit den in der Erzählung dargestellten Lebensverhältnissen nicht übereinstimmen;
– bereit sein zu einer ethischen Bewertung des Geschehens in der Erzählung;
– sich Rechenschaft ablegen, von welchen ethischen Prinzipien aus sie ihre Bewertung vornehmen;
– das Problem von Freiheit und Determination bei Thiel erkennen;
– Thiels Verantwortlichkeit diskutieren;
– sich mit ausgewählten Textausschnitten zum Problem der Verantwortlichkeit auseinandersetzen.

4. Hinweise zur Methode

Als Einstieg wird ein *fiktives Interview* mit dem fünfzigjährigen Nobelpreisträger im Jahre 1912 vorgeschlagen; es enthält Informationen über die Entstehungsgeschichte der Novelle, Hauptmanns Leben in Erkner mit seiner Verbindung zur Schriftstellervereinigung „Durch!" und über seinen Aufenthalt in Zürich 1888, außerdem über Hauptmanns Beschäftigung mit Georg Büchner und die in der Erzählung erkennbare Menschendarstellung. Die Interviewform hat hier die Aufgabe, authentische Aussagen Hauptmanns aus autobiographischen und theoretischen Schriften in einen Zusammenhang zu bringen (vgl. Anhang 1). Als beste Darbietungsweise erscheint eine Tonbandaufnahme, besprochen von zwei Schülern, die der Lerngruppe in der ersten Stunde vorgespielt wird. Bilddokumente der Jahre 1885 bis 1889 aus der *Diapositiv-Reihe* „Gerhart Hauptmann" des Instituts für Film und Bild in Wissenschaft und Unterricht, München (R 606), können die biographische Einführung illustrieren.

Zur Erschließung des Charakters Thiels und seiner Familienmitglieder eignen sich vier *Kurzreferate:*
1. Welche Motive lassen Thiel zum Mörder werden?
2. Thiels Mord an seiner Frau ein Leidenschaftsdelikt?
3. Lene Thiel, Charakterbild einer Frau aus der Unterschicht.
4. Tobias Thiel, Lebenslauf eines mißhandelten Kindes.

Während das erste Thema ganz aus dem Primärtext entwickelt werden kann, muß für das zweite Ghysbrechts Buch „Psychologische Dynamik des Mordes" (Ghysbrecht, 1967: 50–66) oder andere psychologische Literatur herangezogen werden. Thema 3 soll den soziologischen Aspekt für die Beurteilung Lenes betonen, während das vierte Referat einen Ausblick auf aktuelle Berichte über Kindsmißhandlung eröffnet. Die Überschneidungen zwischen den Themen sind beabsichtigt, um gegenseitige Ergänzungen und Vertiefungen zu erreichen.

Das Geflecht der Vordeutungen kann durch ein *Arbeitsblatt* exemplarisch sichtbar gemacht werden, wobei die Lerngruppe selbst die Weiterverwendung einzelner Elemente, die der Lehrer hervorgehoben hat, verfolgt (vgl. Anhang 2). Die Erschließung der Textstelle „Thiel an der Schranke" geschieht mit Hilfe von Leitfragen im arbeitsteiligen Verfahren (vgl. Anhang 3). Zur Vertiefung der hier relevanten Gesichtspunkte kann ein weiteres Referatthema angeboten werden: Die Bedeutung der Bahnstrecke im „Bahnwärter Thiel". Als Sekundärliteratur für den Referenten ist Benno von Wieses Interpretation geeignet. Hier bietet sich dem Lehrer zugleich ein Ansatzpunkt für das Eingehen auf die Novellenform.

Für die Problemdiskussion ist das bereits erwähnte Arbeitsblatt mit drei Textausschnitten vorgesehen (vgl. Anhang 4). Die Leitfragen geben lediglich Anstöße zur Auseinandersetzung, sie sollen kein erschöpfender Fragenkatalog sein.

Für den Anschluß der Unterrichtsbehandlung ergeben sich vier Vorschläge zur *Leistungserhebung:*
— Texterschließung eines Ausschnittes aus der Erzählung
— Analyse eines Textes aus der Sekundärliteratur
— Erörterung des Problems Freiheit und Determination, bezogen auf Thiel
— Texterörterung eines Presseberichts über Kindesmißhandlung heute

Anhang

1. Fiktives Interview

I= Interviewer, H = Gerhart Hauptmann

I: Herr Hauptmann, Sie sind der Nobelpreisträger für Literatur des Jahres 1912. Als Fünfzigjähriger blicken Sie auf ein umfangreiches und vielseitiges Werk zurück. Können Sie sich erinnern, welcher Erfolg für Ihr Werden als Autor entscheidend war?

H: Während mein zweiter Sohn geboren wurde, schrieb ich an einer Novelle „Bahnwärter Thiel", die ich im späteren Frühjahr [1887] beendete. Sie wurde von Michael Georg Conrad in München erworben und in seiner Zeitschrift [„Die Gesellschaft"] abgedruckt.
Damit war ich als Schriftsteller in die Welt getreten. [...] Eines Tages erschienen zwei junge Leute, Max Marschalk und Emil Strauß, die in mir den Dichter [...] des „Bahnwärter Thiel" begrüßen wollten.
„Ein Wunder, ein Wunder!" sagte ich zu Mary, als ich die jungen Herren ihr vorstellte.

I: Sie lebten damals mit ihrer Familie in Erkner bei Berlin. Gab es wichtige Gründe für die Wahl dieses entlegenen Wohnorts?

H: Leider trat [...] wieder Bluthusten bei mir auf, woraus sich ergab, daß die ärztliche Verfügung, die mich glücklich vom Militär befreite, auch eine düstere Seite hatte.
Ich mußte aufs Land, das war mir klar, sofern es mit mir nicht schnell bergab gehen sollte. So [...] zogen [wir] in den Berliner Vorort Erkner.
Diesem Wechsel des Wohnorts verdanke ich es nicht nur, daß ich mein Wesen bis zu seinen reifen Geistesleistungen entwickeln konnte, sondern daß ich überhaupt noch am Leben bin. [...] Unser Leben war schön. Natur und Boden wirkten fruchtbar belebend auf uns. Wir waren entlegene Kolonisten.
Die märkische Erde nahm uns an, der märkische Kiefernforst nahm uns auf. Kanäle, schwarz und ohne Bewegung, laufen durch ihn hin, morastige Seen und große verlassene Tümpel unterbrechen ihn, mit Schlangenhäuten und Schlangen an ihren Ufern.

Gerhart Hauptmann: Bahnwärter Thiel

I: Heilung und Genesung in der Natur! Sie können aber doch nicht ohne soziale Kontakte in völliger Abgeschiedenheit gelebt haben!

H: Ich machte mich mit den kleinen Leuten bekannt, Förstern, Fischern, Kätnerfamilien und Bahnwärtern, betrachtete eine Waschfrau, ein Spitalmütterchen eingehend und mit der gleichen Liebe, als wenn sie eine Trägerin von Szepter und Krone gewesen wäre. Ich unterhielt mich mit den Arbeitern einer nahen chemischen Fabrik über ihre Leiden, Freuden und Hoffnungen und fand hier, in nächster Nähe Berlins, besonders auf den einsamen Dörfern, ein Menschenwesen, das sich seit einem halben Jahrtausend und länger unverändert erhalten hatte.

I: Man kann sich nicht vorstellen, daß ein junger Autor keine Verbindung zu Schriftstellern herstellte, zumal in der Nähe Berlins.

H: Von Erkner aus kam ich oft nach Berlin. Und dort war ich in einen weiteren Kreis junger Literaten hineingewachsen. Er schloß sich in einem Verein zusammen. Bezeichnenderweise hieß er „Durch!" Die Harts, Karl Bleibtreu und andere gehörten ihm an.
Wir lasen einander Arbeiten vor, disputierten und hielten Vorträge.
Eine neue Ausgabe von Georg Büchner, besorgt durch Karl Emil Franzos, lag damals vor. Ich besprach sie in unserem Vereine.

I: Empfingen Sie von Büchners Werken bleibende Eindrücke?

H: Georg Büchners Werke [...] hatten mir gewaltigen Eindruck gemacht. Das unvergleichliche Denkmal, das er nach nur dreiundzwanzig Lebensjahren hinterlassen hat, die Novelle „Lenz", das Woyzeck-Fragment hatten für mich die Bedeutung von großen Entdeckungen. Bei dem Kultus, den ich in Hamburg sowohl wie in Erkner mit Büchner trieb, kam in meine Reise nach Zürich etwas von der sakralen Vergeistigung einer Pilgerfahrt. Hier hatte Büchner gewirkt, und hier war er begraben.

I: Für Ihren Bruder Carl und für Sie selbst brachte der Aufenthalt in Zürich 1888 eine Fülle von Anregungen. Es ist wohl kein Zufall, daß Sie in Zürich unter Dr. Forels Leitung Fälle von Geisteskrankheit studierten und gleichzeitig in Thiel ein Beispiel geistiger Zerrüttung literarisch darstellten. Wollten Sie damit den Menschen vor allem in seiner Bedrohung durch die Krankheit zeigen oder ging es Ihnen um eine Universalität der Menschendarstellung?

H: Darf der Dichter den Menschen universell betrachten? Muß er die medizinische Fachunterscheidung von krank und gesund ausschalten? Wieviel ärztliches Fachwissen würde aber allein dieser Prozeß voraussetzen, und, nach seiner Vollziehung, was bliebe übrig? Ein Restermensch? Würde dieser in seiner notwendigen Existenzunfähigkeit noch Objekt der Kunst sein können? Warum nicht ebenso gut der vollkommene Mensch? Das gleiche Unding und von Subalternen gesucht.

I: Herr Hauptmann, ich danke Ihnen für dieses Gespräch.

Nachweis der Zitate
Centenar-Ausgabe, hrsg. von Hans-Egon Hass,
Bd. VII: 1044, 1054, 1027f., 1043, 1054f., 1061;
Bd. VI: 1044. (© Propyläen Verlag, Berlin)

2. Arbeitsblatt: Vorbereitung der Todesfälle

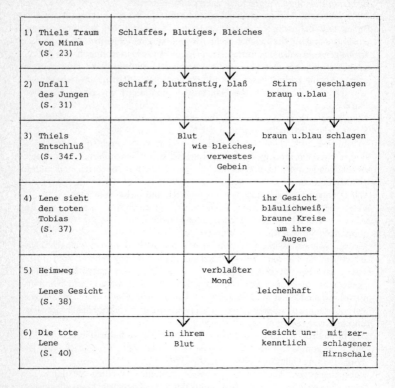

Vorgegeben werden die Eintragungen zu 1 und 2; gestützt auf die
Seitenzahlen der ersten Spalte links können die Schüler das
Blatt vervollständigen.

3. Texterschließung zu „Thiel an der Schranke"
(S. 17, Zeile 35 bis S. 19, Zeile 14)

1. Der Textausschnitt schildert zunächst einen Kiefernwald zur Zeit des Sonnenuntergangs und die Bahnstrecke, die den Forst durchzieht.
Wie werden die *Bereiche der Natur und Technik* zueinander in Beziehung gesetzt?
Was leisten dabei die Vergleiche?
2. Wie wird der *Zug* (ab S. 18, Zeile 32) dargestellt?
Vergleichen Sie dazu die Verwendung des Verbs „Brausen" auf S. 21 und die Darstellung Lenes bei der Arbeit S. 27, Zeile 3 bis 6!

3.1. Dreimal wird *Thiel* genannt. Was haben die drei Aussagen über ihn gemeinsam?
3.2. Welche Beziehung haben die Vergleiche mit der eisernen Netzmasche und dem Spinnengewebe zu Thiel? Siehe dazu S. 16!
3.3. Welche Parallelen ergeben sich in Thiels Leben zu Glut und Verwesungslicht des Sonnenuntergangs sowie zum „rasenden Tosen und Toben" des Zuges mit dem nachfolgenden Schweigen?

4. Arbeitsblatt zum Problem der Determination

1. Moralisches Versagen Thiels

„Lene haßt den Tobias, sie würde ihm in ihrer rohen Art ohne Gewissensbisse ein Leben beständiger Leiden bereiten, ihn auf diese Weise vielleicht langsam hingemordet haben, aber sie ist keine bewußte, keine absichtliche Mörderin. Daß der Knabe eines so jähen Todes stirbt, ist ein Zufall, aber selbst als solcher doch zugleich ein Stück Notwendigkeit, eine natürliche Folge der straffälligen Gleichgiltigkeit Lenes um sein Leben und der moralischen Schwäche seines Vaters, die Lene in ihrer Gleichgiltigkeit bestärkt hat. Wäre Thiel ihr früher energisch entgegengetreten, so würde sie seinem Zuruf wahrscheinlich mehr Beachtung geschenkt haben. Auf diese Weise ist Thiel Mitschuldiger am Tod des ihm hinterlassenen Knaben, wie er Mitschuldiger war an den Mißhandlungen, die derselbe von seiner Stiefmutter erlitten.

Die moralische Impotenz Thiels, zu der der schließliche Paroxismus wiederum in natürlichem Zusammenhange steht, ist der Kernpunkt der Erzählung. Sie ist durchaus wahr geschildert – Fälle, wo sich in einem herkulischen Körper eine zaghafte, jeder energischen Einwirkung gegenüber fast widerstandsunfähige Seele befindet, gehören durchaus nicht zu den Seltenheiten."

Paroxismus: heftiger Anfall, höchste Steigerung einer Krankheit

Aus der Rezension von E. B. in der Zeitschrift „Die Neue Zeit" von 1893. Zitiert nach Volker Neuhaus (Hrsg.): G. Hauptmann, Bahnwärter Thiel. Stuttgart: Reclam 1974. Erläuterungen u. Dokumente: 36

2. Thiel ist für den Tod von Frau und Kind nicht verantwortlich

„Thiel trifft keine Schuld an dieser Tat, er ist vielmehr selbst das Opfer jener schicksalhaften Macht des Elementaren geworden, die den Willen lähmt und das Bewußtsein tötet und so aus dem Menschen selbst ein Stück Natur macht."

Werner Zimmermann: Deutsche Prosadichtungen unseres Jahrhunderts. Bd. 1. Düsseldorf 1966: 86

Aufgaben:

Zu Text 1:
Welche konkreten Vorwürfe werden gegen Thiel erhoben?
Welche Entlastungsgründe enthält die Novelle?

Zu Text 2:
Mit welchen Gründen lehnt Zimmermann eine Schuld Thiels ab?
Halten Sie es es für gerechtfertigt, Thiel als Opfer zu bezeichnen?

3. Verbrechen als Gericht und Rache, begründet im Widerspruch des Lebens

„Hauptmann [. . .] erzählt den unaufhaltsamen Weg eines auf Ordnung, Friedlichkeit und Güte angelegten Mannes zum Mord an seinem Weib und Kind; zum Verbrechen als Gericht und Rache. Er zeigt den Durchbruch der Verzweiflung und den Zusammenbruch eines in seiner innersten Existenz zerstörten Menschen. In dem Geschick des Bahnwärters enthüllt sich eine gnadenlose Wirklichkeit. Der Mensch kann ihr nicht entrinnen. Er ist in ihr und in sich selbst gefangen. Sie ist eine elementare Gewalt in dem, was ihn umgibt, und sie ist eine elementare, im Unbewußten wartende und drohende Gewalt in ihm selbst. Es ist gerade der in seiner Mentalität primitive, einfache Mensch, der ihr ausgeliefert ist. „Es war, als hielte ihn eine eiserne Faust im Nacken gepackt, so fest, daß er sich nicht bewegen konnte, sosehr er auch unter Ächzen und Stöhnen sich frei zu machen suchte." Die Dimension des psychologischen Gestaltens wird hier tiefer gelegt, in Schichten des Unbewußten. Sie wird geweitet, wenn in der Dingwelt, in der der Bahnwärter beheimatet ist und sich sein monotoner Lebenskreis in täglicher Routine vollzieht, die Schicksalszeichen erscheinen. Wenn überhaupt angesichts dieser novellistischen Studie von einer Tendenz gesprochen werden kann, so nur in dem Sinne, daß Hauptmann zum Verstehen dieses Gesicks, zum Mitleiden mit dieser hilflosen und gequälten Kreatur Mensch leiten will, um die sich „leicht gleich einem feinen Spinngewebe und doch fest wie ein Netz von Eisen" ein ausweglosesGeschick gelegt hat. Diese archaisch anmutende Rache- und Opfertragödie mitten im zeitgenössischen Alltag ist ein Zeugnis jenes von Hauptmann immer wieder umkreisten „Urdramas", das mit der Existenz des Menschen, mit dem ewigen unauflöslichen Widerspruch in ihm und im Leben schlechthin gesetzt ist. Es findet in ihm seinen irrationalen, nicht mehr ableitbaren Grund."

Fritz Martini, Nachwort zur Textausgabe des Recam-Verlags. Stuttgart 1974: 43f.

Aufgaben zu Text 3:

– Inwiefern ist Thiels Mord an Lene eine Tat der Rache? Was wird gerächt?
– In welchem Widerspruch lebte Thiel seit seiner Eheschließung mit Lene?
– Welchen tieferen Widerspruch sieht Martini als letzten Grund für das tragische Geschehen in der Novelle?

Hauptmann über seinen Begriff Urdrama

„Ursprung alles Dramatischen ist jedenfalls das gespaltene oder doppelte Ich. Die beiden ersten Akteure hießen homo und ratio, oder auch „du" und „ich". Das primitivste nach außen zur Erscheinung gebrachte Drama war das erste laute Selbstgespräch. Die erste Bühne war nirgend anders als im Kopfe des Menschen aufgeschlagen. Sie bleibt die kleinste und größte, die zu errichten ist. Sie bedeutet die Welt, sie umfaßt die Welt mehr als die weltbedeutenden Bretter."

Centenarausgabe Bd. VI; 932

Anmerkungen

1 M. G. Conrad: Von Emile Zola bis Gerhart Hauptmann. Erinnerungen zur Geschichte der Moderne. Leipzig 1902: 78. Zitiert nach Neuhaus, 1974: 30.
2 Die Neue Zeit, 11. Jahrgang, I. Bd. 1893.
3 Heerdegen, 1958 wird hier zitiert nach Schrimpf, 1976: 277, 274, 276.
4 Nachwort Martinis in der Reclam-Ausgabe der Novelle, RUB 6617.

Die *Textausgabe von Reclam* folgt der Centenarausgabe der Sämtlichen Werke, hrsg. von Hans-Egon Hass, Bd. VI. Auf die Reclam-Ausgabe beziehen sich die Seitenangaben, die in den folgenden Ausführungen den Zitaten beigefügt werden.

Literatur

1. Textausgaben

Das gesammelte Werk. Ausgabe letzter Hand. Abt. 1, Bd. 1. Berlin 1943: 221–261.

Sämtliche Werke in zehn Bänden. Centenar-Ausgabe zum 100. Geburtstag des Dichters. Hrsg. von Hans-Egon Hass. Bd. VI. Berlin, Frankf./M. u. Wien 1963: 35–67.

Hauptmann, Gerhart: Bahnwärter Thiel. Novellistische Studie. Mit einem Nachwort von Fritz Martini. Stuttgart 1974. RUB 6617.

2. Bibliographien

Reichart, Walter A.: Gerhart-Hauptmann-Bibliographie. Bad Homburg v. d. H., Berlin u. Zürich 1969. (Bibliographien zum Studium der deutschen Sprache und Literatur. Hrsg. von Johannes Hansel. Bd. 5).

Tschörtner, H. D.: Gerhart-Hauptmann-Bibliographie. Berlin 1971. (Deutsche Staatsbibliothek Berlin [Ost]: Bibliographische Mitteilungen Bd. 24).

3. Untersuchungen

Ghysbrecht, Paul: Psychologische Dynamik des Mordes. Frankf./M. 1967.

Heerdegen, Irene: Gerhart Hauptmanns Novelle „Bahnwärter Thiel". In: Weimarer Beiträge 4, (1958): 348–360.

Hoefert, Sigfrid: Gerhart Hauptmann. Stuttgart 1974. Sammlung Metzler Bd. 107.

Künzel, Horst: Die Darstellung des Todes in den Dramen Gerhart Hauptmanns und Georg Kaisers. Diss. Erlangen 1962.

Martini, Fritz: „Bahnwärter Thiel". In: Das Wagnis der Sprache. Stuttgart: Klett 1961, 4. Aufl.

Neuhaus, Volker (Hrsg.): Gerhart Hauptmann, Bahnwärter Thiel. Erläuterungen und Dokumente. Stuttgart 1974. RUB 8125.

Ordon, Marianne: Unconscious Contents in „Bahnwärter Thiel". In: Germanic Review 26 (1951): 223–229.

Poppe, Reiner: Gerhart Hauptmann, Bahnwärter Thiel. Unterrichtsbezogene Erläuterungen und Vorschläge. Hollfeld (Ofr.): Beyer 1976. (Analysen und Reflexionen Bd. 23).

Requadt, Paul: Die Bilderwelt Gerhart Hauptmanns in „Bahnwärter Thiel". In: Minotaurus. Dichtung unter den Hufen von Staat und Industrie. Hrsg. von Alfred Döblin. Wiesbaden: Steiner 1953: 102–111.

Schrimpf, Hans Joachim: Gerhart Hauptmann. Darmstadt: Wissenschaftliche Buchgesellschaft 1976. Wege der Forschung Bd. 207.

Schulze, Berthold: Die Eisenbahnstrecke in G. Hauptmanns „Bahnwärter Thiel". Monatsschrift für höhere Schulen 19 (1920): 298–302.

Silz, Walter: Hauptmann. „Bahnwärter Thiel". In: Realism and Reality. Studies in the German Novelle of Poetic Realism. Chapel Hill: University of North Carolina Press 1954: 137–152.

Wiese, Benno von: Gerhart Hauptmann. „Bahnwärter Thiel". In: Die deutsche Novelle von Goethe bis Kafka. Bd. 1. Düsseldorf: Bagel 1956: 268–283.

Zimmermann, Werner: Gerhart Hauptmann. Bahnwärter Thiel. In: Deutsche Prosadichtungen unseres Jahrhunderts. Bd. 1. Düsseldorf: Schwann 1966. Seit 1956 mehrere Auflagen.

Bei Abschluß des Manuskripts lag noch nicht vor:

Krämer, Herbert: Gerhart Hauptmann. Bahnwärter Thiel. München: Oldenbourg 1980.

OTFRIED HOPPE

Hugo von Hofmannsthal: Reitergeschichte

Einleitung

Als Text wird für die folgende Analyse die preiswerte Ausgabe im Fischer Taschenbuch-Verlag Nr. 1357 zugrunde gelegt (abgekürzt zitiert mit Seitenzahl). Sicher ist es aber auch möglich, für die Schüler den Text zu vervielfältigen. Im folgenden wird allerdings von der Taschenbuchausgabe ausgegangen, weil auch auf die anderen Texte Bezug genommen wird, die sie umfaßt: das „Märchen der 672. Nacht" (abgekürzt: „Märchen"), das „Erlebnis des Marschalls von Bassompierre" (abgekürzt: „Bassompierre") und die Nachworte von Margaret Jacobs und Richard Alewyn. Die Benutzung dieser Texte macht es möglich, sich mit der „Reitergeschichte" auf breiterer Informationsbasis analytisch zu beschäftigen, wozu im folgenden weitere Dokumente (zur Vervielfältigung) angeboten werden.

Damit ist schon angedeutet, daß hier nicht eine weitere Interpretation des isoliert oder als Gattungsexemplar verstandenen Textes geliefert werden soll. Wer über die von Alewyn in der Fischerausgabe vorgelegte Interpretation hinaus weitere sucht, der sei auf die leicht zugänglichen von Gilbert, von Wiese, Zimmermann und Kunz hingewiesen. Es scheint mir nach der literaturdidaktischen Diskussion der letzten zehn Jahre nicht mehr vertretbar zu sein, solche Interpretationen zur Grundlage von Unterricht zu machen, in denen die Beobachtung und die Analyse des Textes verquickt sind mit Deutungen, die auf eine allgemeine, von der Geschichte abgelöste Sinnaussage hinauslaufen. Ob man mit einem Text so verfahren will, ist keine fachwissenschaftliche Frage, d. h. die Methodik des Faches schreibt dies nicht so vor – im Gegenteil: die historisch-analytische Beschäftigung mit dem Text muß als vorrangig für die Germanistik angesehen werden; sie ist gerade in den letzten Jahren durch neue Methoden, z. B. der Literatursoziologie, der Ideologieanalyse und der Rezeptionsanalyse, differenziert worden. Welche Arbeit am Text zugrunde gelegt werden soll, ist vielmehr eine didaktische Entscheidung. Im folgenden wird aus didaktischen Gründen eine Strukturanalyse und deren Bezug auf historische Zusammenhänge versucht, die zugleich die Richtung für den Unterricht weisen wollen. Es wird deshalb auch die Trennung von fachlicher Interpretation und vermeintlich didaktisch-methodischer Anwendung aufgegeben, weil diese

Trennung die didaktische Entscheidung des Interpreten nur verschleiert. Das Interesse eines Interpreten am Text und an dem Verständnis des Textes manifestiert sich ohnehin gerade in der Interpretation, nicht erst in einer didaktischen Reflexion.

Im übrigen ist die didaktische Entscheidung gestützt durch das Mißtrauen gegenüber den werkimmanenten oder systematisierenden Interpretationen der „Reitergeschichte"; die Durchsicht einer Menge von Interpretationen hinterläßt den Eindruck, daß der sinnvolle Teil der investierten Arbeit der Analyse und Beschreibung des Textes gilt – die folgende Strukturanalyse basiert auf diesen Arbeiten, ohne daß dies im einzelnen nachgewiesen werden konnte – während die Deutungen oft Auffassungen der Interpreten über Recht und Ordnung, Schmutz und Sauberkeit, Moral und Schuld, Tragik und Verhältnis, Existenz und Gemeinschaft usw. wiedergeben, deren Verbreitung der Wissenschaft nichts nützen und den Schülern eher schaden kann.

„Warum muß der Wachtmeister Anton Lerch sterben? Warum muß er so sterben?"[1] – Diese Fragen stehen so oder leicht variiert hinter fast allen Deutungsversuchen. Man kann sie heute mit großer Wahrscheinlichkeit sehr einfach beantworten: der Wachtmeister Lerch mußte so sterben, weil Hofmannsthal dies aus der ihm bereits vorliegenden Geschichte so übernahm. Die Kritische Ausgabe der Werke gibt eine Tagebucheintragung von Arthur Schnitzler wieder, in der es heißt: „Über Hugo einiges. Seine fast unverständliche Neigung zu literarischen Aneignungen: Bassompierre in der Zeit, s. z. eine Schlachtenzählung in der N. Fr. Pr. (Uhl sagte damals im Schachclub: Ich habe fast wörtlich dasselbe vor kurzem gelesen und weiß nicht mehr wo. Hugo fand es auch merkwürdig, gestand aber nichts zu.) . . ." (Sämtliche Werke XXVII hrsg. von E. Ritter, 1975: 221). Wir haben die Vorlage Hofmannsthals nicht, können aber vermuten, daß seine Arbeit sich nicht prinzipiell von der unterschied, die sich durch den Vergleich mit den Vorlagen an dem „Bassompierre" aufzeigen läßt. Im folgenden wird deshalb von der Hypothese ausgegangen, daß Hofmannsthal den Stoff übernahm, die Struktur der Erzählung aber selbst geschaffen hat.

I. Strukturanalyse der „Reitergeschichte"

Die erste Episode der Geschichte umfaßt den Bericht über die erfolgreichen Gefechte der Schwadron. Sie enthält eine Reihe von Angaben, die allerdings für den heutigen Leser die historischen Zusammenhänge nicht klären können, für Hofmannsthals Zeitgenossen aber sicherlich ausreichen, um einen konkret-historischen Hintergrund in das Bewußtsein treten zu lassen. Das im Text angegebene Datum bezeichnet den Tag vor den Schlachten von Somna-Campagna und Custozza im Befreiungskrieg der Italiener gegen die österreichische Herrschaft. Einige Details sind der Geschichte dieses Krieges entnommen:[2] die Legion Manara, die Pisaner Studenten als Freiwillige, die Namen Lodi, Ada-Brücke, die Tatsache, daß Mailand vorübergehend ohne militärischen Schutz war. M. E. Gilbert weist allerdings nach, daß in der „Reitergeschichte" die Fakten nicht historisch korrekt zusammengestellt sind, sondern aus verschiedenen Phasen dieses Krieges herausgelöst wurden.

Es gibt keinen Anhaltspunkt für eine Überlegung darüber, weshalb Hofmannsthal die Fakten verändert darstellt. Am wahrscheinlichsten ist, daß er die Angaben unverändert seiner Vorlage entnahm, wie dies für die Details ja auch an dem „Bassompierre" nachzuweisen ist.[3] Für die Erzählung haben Angaben dieser Art in jedem Fall die gleiche Funktion, unabhängig davon, ob sie erfunden, gefälscht oder richtig sind: sie konkretisieren das Erzählte und weisen den Erzähler gegenüber dem Leser als jemanden aus, der durch sein Wissen kompetent ist für die Erzählung. Dennoch ist diese erste Episode nicht mißzudeuten in dem Sinne, als handele es sich hier um den Stil der objektiven Kriegsberichterstattung;[4] denn daß die achtzehn gefangenen Studenten „wohlerzogene und hübsche junge Leute mit weißen Händen und halblangem Haar" waren, fiele dabei aus dem Rahmen.

Die zweite Episode, der Ritt der Schwadron durch Mailand, wird in subjektiver Perspektive vorgestellt: „[...] konnte der Rittmeister sich selbst und der Schwadron nicht versagen, in diese große und schöne, wehrlos daliegende Stadt einzureiten" (34). Diese Formulierung referiert nicht nur das Faktum, sondern läßt den Leser teilnehmen an den subjektiven Bedingungen einer Entscheidung, die über den militärischen Auftrag hinausgeht.

Zur Darstellung subjektiver Bewußtseinsvorgänge benutzt Hofmannsthal in dieser Episode zwei sprachliche Formen: 1. er benennt die Bewußtseinsvorgänge: er konnte sich nicht versagen; 2. er bildet sie in der Art der Beschreibung äußerer Eindrücke und Ereignisse ab. Dieser zweiten Form entspricht es, wie Hofmannsthal den Ritt der Schwadron durch Mailand schildert. In der Kleist nachgestalteten Periode wird zunächst die zeitliche Abfolge von Ereignissen aufgehoben durch eine Reihe von Partizipien: hinaufgeschmettert, hinklirrend, zurückgeblitzt usw.; die einzelnen Vorgänge werden dadurch synchron. Außerdem führt Hofmannsthal innerhalb der Periode einige Ereignisketten jeweils bis zum Ende durch: die Aufzählung der Kirchen, die Aufzählung der möglichen Hinterhalte, „zur Porta Venezia hinein, zur Porta Ticinese wieder hinaus." Er parallelisiert aber diese Ketten. Der ganze Ritt durch Mailand erscheint als simultane Einheit, als ein Zustand, der verschiedene Aspekte umfaßt: die Menschen, die Kirchen, die Straßen, die Musik, die Stadttore. Diese Darstellungsweise ist schlüssig nur, wenn nicht ein objektiv beobachtbares Geschehen erfaßt werden soll, sondern eine Apperzeption: das Erlebnis des Rittes durch Mailand. Zwar muß dieser einheitliche Bewußtseinsakt sprachlich als Aufeinanderfolge verschiedener Eindrücke erscheinen, Hofmannsthal läßt ihn aber nicht in Vorgangsphasen zerfallen; denn die Eindrücke erscheinen in der sprachlichen Form bereits so, wie sie das verstehende Subjekt thematisch geordnet hat, nicht so, wie sie von außen her nacheinander evoziert wurden. Die durch die Syntax ausgedrückte Gleichzeitigkeit unterstützt diesen Eindruck.

Der Bewußtseinsvorgang darf weder als Stimmungsbild noch als subjektiv bedingter Impressionismus mißdeutet werden; ein Stimmungsbild ist er nicht, weil kein erzählendes Subjekt da ist, dessen Stimmung in einem „Bild" geschildert würde; und von einer Impression kann nicht gesprochen werden, weil es den festen Punkt des Betrachters gegenüber dem Betrachteten nicht gibt. Im Gegenteil: die Subjekte, die Reiter der Schwadron, nehmen nicht etwas wahr, sondern erleben etwas; dies bedeutet, daß im erlebenden Subjekt das Bewußtsein von sich selbst und von der Außenwelt eine untrennbare Einheit bildet: „vom trabenden Pferde herab funkelnden Auges auf alles dies hervorblickend aus einer Larve von blutgesprengtem Staub" (35).

Mit Tarot[5] gehe ich davon aus, daß auch die erste Episode von Anfang an solche Bewußtseinsvorgänge darstellt. Vergleicht man den ersten langen Absatz (33/34) mit dem Ritt durch Mailand, so fallen die Unterschiede auf: die Gefechte am Morgen werden offensichtlich distanziert erlebt, erscheinen in der chronologischen Folge und halten vor allem die Resultate der einzelnen Unternehmungen fest; der Abschnitt enthält aber schon deutliche Hinweise darauf, daß auch hier – wenn auch weitgehend der militärischen Disziplin angepaßt – als Erlebnisse aufgefaßte Ereignisse dargestellt sind: die Beschreibung der Landschaft mit Prädikaten wie „frei", „glänzend" gibt nicht optische oder akustische, sondern erlebnishafte Apperzeptionen wieder, die das Selbstbewußtsein des Subjekts einschließen; die erlebte Überlegenheit der Schwadron drückt sich in der Formulierung „trieb einen Trupp [. . .] wie Wachteln vor sich her" aus; auch die schon zitierte Beschreibung der gefangenen Studenten der Pisaner Legion hat ihren Stellenwert als erlebter Eindruck und macht dann deutlich, daß sich subjektive Apperzeption ausdrückt: festgehalten ist, was den Soldaten an diesen Freiwilligen auffällt, was der überwiegende Eindruck ist; dieser hält das Ungewohnte des Erlebnisses, nicht das militärisch Wichtige fest.

Einen anderen erlebten Zustand schildert die dritte Episode (35 bis 38): der Wachtmeister Anton Lerch erkennt eine ihn von früher bekannte Frau wieder. Die Episode umfaßt zweierlei: die Begegnung mit dieser Frau und ihre Wirkung auf Lerch. In der Darstellung der Begegnung arbeitet Hofmannsthal mit ähnlichen sprachlichen Mitteln wie in der zweiten Episode, um das Synchrone des Erlebens festzuhalten: durch Partikel und Konjunktionen wird die Gleichzeitigkeit oder Fast-Gleichzeitigkeit angezeigt: nachdem er gerade...; kaum hatte er..., als; während; indem; im Augenblick; aber während...u. ä. Parataktische Reihungen von Sätzen und Attributen verstärken den Eindruck der Gleichzeitigkeit. Aber sie ist doch deutlich unterschieden von der, die den erlebten Ritt der Schwadron durch Mailand darstellt, denn in dieser dritten Episode ist die Apperzeption des Rittmeisters gestreut, das Subjekt erlebt sich nicht mehr voll identisch mit der Situation wie bei dem glanzvollen Siegesritt, sondern in vielerlei Brechungen, die dadurch entstehen, daß frühere Erlebnisse und Vorstellungen künftiger Ereignisse und Erlebnisse in das momentane und situative Erleben hineinreichen. Lerch erlebt die Frau so, wie es zu seinen Erinnerungen paßt – sein momentanes Erlebnis schreibt er selbst als künftiges fest, indem er es ausspricht. „Das ausgesprochene Wort aber machte seine Gewalt geltend" (37).

Die Wirkung des Erlebnisses ist also von der Struktur des Erlebnisses abhängig, nicht von seinem Inhalt: die Frau macht Lerch keinerlei Zugeständnisse, sie erscheint überhaupt nur so, wie Lerch sie erlebt: „Vuic – diesen ihren Namen hatte er gewiß seit zehn Jahren nicht wieder in den Mund genommen und ihren Taufnamen vollständig vergessen –..." (37). Noch deutlicher wird dies an den erlebten Requisiten und Personen, dem Zimmer und besonders dem Mann: dieser wird zum Träger von Vorstellungen künftiger Erlebnisse, die nicht der erlebten Figur, sondern nur dem erlebenden Subjekt, der Phantasie, entspringen (37/38). Hofmannsthal stellt diese von der Realität sich entfernende Apperzeption des Wachtmeisters Lerch sprachlich als nur in der Vorstellung des Wachtmeister existent dar:

„Dem Streifkommando begegnete in den Nachmittagsstunden nichts Neues, und die Träumereien des Wachtmeisters erfuhren keine Hemmungen. Aber in ihm war ein Durst nach unerwartetem Erwerb, nach Gratifikationen, nach plötzlich in die Tasche fallenden Dukaten rege geworden. Denn der Gedanke an das bevorstehende erste Eintreten in das Zimmer mit den Mahagonimöbeln war der Splitter im Fleisch, um den herum alles von Wünschen und Begierden schwärte." (38)

Hofmannsthal konfrontiert die die Apperzeption des Wachtmeisters ausdrücklich mit der Wirklichkeit, die im Bewußtsein Lerchs zurücktritt, da sie keine „erlebbaren" Ereignisse vorweist. Die Episode schließt mit der Feststellung, daß Lerchs Bewußtsein von solchen Erwartungen erfüllt ist, die zugleich seine Apperzeptionen steuern müssen.

Diese Episode hat unterschiedliche Interpretationen erfahren. In die Szene mit der Vuic wird moralisches Fehlverhalten, Laszivität und erotische Verwerflichkeit, Unsauberkeit und Unordnung[6] hineininterpretiert. Die Gründe dafür sollen im letzten Teil der Arbeit untersucht werden; sie liegen nicht im Text, sondern in der Leseerwartung. Es ist weder moralisch noch sonstwie verwerflich, daß ein Soldat im Augenblick des Sieges an die Vorteile und Bequemlichkeiten denkt, die ihm der Sieg einbringen kann. Das Private, Zivile, Bequeme, Erotische, Häusliche werden durch militärisches Handeln, durch den Dienst zwar weitgehend ausgeschlossen, aber Zielpunkt militärischer Bemühungen im Bewußtsein des Einzelnen ist ja nicht immer weiterer militärischer Dienst und Einsatz, sondern der Sieg und damit die Umkehrung der militärischen Strapazen in einen Zustand erhöhter Bequemlichkeit und Gratifikation. Es dürfte an den Vorstellungen des Anton Lerch nicht Böses oder Unmoralisches zu finden sein. Wichtig scheint vielmehr das zu sein, was Hofmannsthal ins Zentrum rückt: der wiederum gegenüber dem Ritt durch Mailand veränderte Bewußtseinsvorgang, die veränderte Bewußtseinsstruktur, in der Gegenwärtiges einerseits als Erlebtes erscheint, andererseits mit Vergangenem und Künftigem so dicht beieinander apperzipiert wird, daß die Zeitgrenzen verschwimmen und das Bewußtsein sich gegenüber der Realität verselbständigt. Es wird schließlich von Erwartungen gesteuert und von eigenen Bildern erfüllt, d. h. unfähig, Realität ungestört aufzunehmen.

Dieser Bewußtseinszustand dokumentiert sich in der folgenden vierten Epoche, dem Ritt des Anton Lerch durch das „elende, scheinbar verödete Nest". Die Darstellung differenziert auch hier nicht zwischen dem, was objektiv vorgeht, und dem, was sich im Bewußtsein des Anton Lerch abspielt.[7] Sie protokolliert vielmehr auch hier den Bewußtseinsvorgang, signalisiert aber doch dessen Distanz von der Realität, ohne diese zu beschreiben. Einmal zeigen dies die Apperzeptionen selbst, die in ihrer Struktur deutliche Merkmale des Traumzustandes aufweisen: die Totenstille, die Verlangsamung aller Bewegungen, die gesichtslosen Gestalten, das Versagen der Pistole, die Schwere und das Nicht-Vorwärtskommen und schließlich besonders deutlich die Erscheinung des eigenen Doppelgängers oder Spiegelbildes; aber ebenso deutlich wird die Tatsache, daß es sich um einen vom Realen entfernten Bewußtseinsvorgang handelt durch den Kontrast: die das Dorf umreitenden Soldaten treffen „mit unbefangenen Gesichtern" wieder auf Lerch.

Die beklemmende Athmosphäre des Bewußtseinszustandes kann deshalb nur als Ganzes vom Leser wahrgenommen werden. Eine symbolische Ausdeutung einzelner Teilelemente scheint weniger angebracht, weil sie das von Hofmannsthal kenntlich gemachte Konzept des sich von Episode zu Episode verändernden Bewußtseinszustandes zerstören würde.[8] Einzelbeobachtungen sind insofern wichtig, als sie vor allem den Kontrast zum Bewußtseinsvorgang der zweiten Episode kennzeichnen, den triumphalen Ritt durch Mailand: Häuser, Einblicke in einzelne Zimmer und Gebäude, Kirchen und Menschen sind solche kontrastreichen Elemente beider Episoden. Die vierte Episode enthält zudem viele beklemmende Tiergestalten anstelle der „halbwüchsigen Mädchen und Buben, die weißen Zähne und dunklen Haare zeigend"; dort das „trabende Pferd", hier das mühsam im Schritt vorankommende Tier.

Wohin also hat sich im Unterschied zur zweiten Episode der Bewußtseinszustand verschoben? In beiden Episoden, so hatten wir festgestellt, bilden das Bewußtsein von der Außenwelt und das Selbstbewußtsein eine Einheit. Das wahrnehmende Subjekt findet seine Identität in der Wahrnehmung. Bei dem Siegesritt durch Mailand manifestiert sich das Bewußtsein in den wahrgenommenen äußeren Objekten, die Gesamtsituation ist sieghaft und schön: die schöne Stadt – die schöne Schwadron. Die Bewußtseinsträger sind in diese Situation eingeschlossen. Dies kehrt sich bei dem Ritt durch das Dorf um: das von der realen Umwelt abgelöste Bewußtsein produziert Bilder, die so stark sind, daß die Realität hinter oder neben diesen Bildern nicht für sich wahrnehmbar wird. Einheitlich ist der Bewußtseinsvorgang also, weil äußere Eindrücke nicht mehr im Unterschied zu den von innen produzierten bewußt werden; wieviel äußere Realität sich in den „Traumbildern" widerspiegelt, wird von Hofmannsthal offengelassen und sollte deshalb nicht zum Gegenstand spekulativer Deutung gemacht werden.

Die letzte Episode entsteht aus dem plötzlichen Abbruch der vorigen: das Traumbild verschwindet, die Realität tritt wieder ins Bewußtsein, Lerch handelt situationsgerecht und erfolgreich. Knüpft damit die Darstellung des erfolgreichen Gefechtes unmittelbar an die erste Episode an? Der Textvergleich kann auch hier die Unterschiede der Bewußtseinsvorgänge deutlich machen. Eine der militärischen Operationen der ersten Szene ist wie folgt dargestellt:

„Vor einer schönen Villa, deren Zufahrt uralte Zypressen flankierten, meldete die Avantgarde verdächtige Gestalten. Der Wachtmeister Anton Lerch saß ab, nahm zwölf mit Karabinern bewaffnete Leute, umstellte die Fenster und nahm achtzehn Studenten der Pisaner Legion gefangen, wohlerzogene und hübsche junge Leute mit weißen Händen und halblangem Haar". (33)

Der in diesem Satz sich spiegelnde Bewußtseinsvorgang läßt deutliche Planung und Ausführung erkennen, er begreift die Gesamtsituation und das kontrollierte Handeln in der Situation. Zum Vergleich ein Satz aus der Schlußperiode:

„Im stärksten Galopp eine Erdwelle hinansetzend, sah der Wachtmeister die Schwadron schon im Galopp auf ein Gehölz zu, aus welchem feindliche Reiter mit Piken eilfertig debouchierten; sah, indem er, die vier losen Zügel in der Linken versammelnd, den Handriemen um die Rechte schlang, den vierten Zug sich von der Schwadron ablösen und langsamer werden, war nun schon auf dröhnendem Boden, nun in starkem Staubgeruch, nun mitten im Feinde, hieb auf einen blauen Arm ein, der eine Pike führte, sah dicht neben sich das Gesicht des Rittmeisters mit weit aufgerissenen Augen und grimmig entblößten Zähnen, war dann plötzlich unter lauter feindlichen Gesichtern und fremden Farben eingekeilt, tauchte unter in lauter geschwungenen Klingen, stieß den Nächsten in den Hals und vom Pferd herab, . . ." (42).

Man kann hier kaum von *einem* Bewußtseinsvorgang sprechen; einzelne situative Momente treten ins Bewußtsein, werden dort aber nicht zu einem Zusammenhang integriert, sondern jeder neue Eindruck tritt in rascher Folge an die Stelle des vorigen. Auch so handelt Lerch erfolgreich, aber ohne Plan und Übersicht, jeweils auf einen äußeren Reiz mit einem äußeren Reflex reagierend.

Hofmannsthal setzt in dieser letzten Episode wieder verschiedene sprachliche Formen zur Darstellung des Bewußtseins ein. Auf die sprachliche Nachzeichnung der Bewußtseinsbruchstücke, in denen sich das Gefecht widerspiegelt, folgt eine Schilderung des Kampfplatzes, die wiederum im deutlichen Kontrast zur Landschaftsschilderung der ersten Episode steht: es scheint alles wie in Blut getaucht. In dieser „Momentaufnahme" ist aber der vorige Bewußtseinszustand überwunden: wenn auch auf ein wesentliches Merkmal reduziert, erscheint die Situation wieder als zusammenhängend. Die dadurch gewonnene Perspektive benötigt Hofmannsthal, um in der folgenden Szene mehrere handelnde Subjekte zeigen zu können: der Wachtmeister reitet von Zug zu Zug, er macht Meldung, der Rittmeister gibt Befehle, der Leutnant und sechs Kürassiere versenken die erbeutete Haubitze. Bewußtseinsvorgänge werden dabei überwiegend benannt und so mit der beschriebenen äußeren Handlung konfrontiert. Lerch ist befangen in den verselbständigten, unkoordinierten Vorgängen in seinem Bewußtsein; diese machen ihn einerseits zum integrierten Teil der Schwadron: die Eskadron war „nicht eigentlich unruhig", es herrschte „eine nicht ganz gewöhnliche Stimmung", von einer „Erregung" ist die Rede, „solche Reiter und Sieger verlangten sich innerlich, nun im offenen Schwarm auf einen neuen Gegner loszugehen, einzuhauen und neue Beutepferde zu packen." Andererseits ist nach dem Befehl des Rittmeisters

Lerchs „Bewußtsein von der ungeheuren Gespanntheit dieses Augenblicks fast gar nicht erfüllt, sondern von vielfältigen Bildern einer fremdartigen Behaglichkeit ganz überschwemmt . . ." (44) – im Gegensatz zu der übrigen Schwadron, die „totenstill" steht, also die Gespanntheit des Augenblicks voll erfaßt. Lerchs unkoordinierte Bewußtseinsvorgänge hindern ihn nun vollends, die äußere Situation zu erfassen: in seinem Blick drückt sich etwas „Gedrücktes", „Hündisches" und devotes Zutrauen aus; aber „aus einer ihm selbst völlig unbekannten Tiefe seines Innern stieg ein bestialischer Zorn gegen den Menschen da vor ihm auf, der ihm das Pferd wegnehmen wollte, ein so entsetzlicher Zorn über das Gesicht, die Stimme, die Haltung und das ganze Dasein dieses Menschen, . . ." (44/45).

Lerch ist unfähig, zu handeln oder auch nur zu reagieren und den Befehl auszuführen. Er ist damit an die Situation ausgeliefert und stirbt. Und Hofmannsthal betont, daß er nicht bereit ist, dem Leser diesen Tod aus der Sicht des Rittmeisters plausibel zu machen; dessen Motive läßt er ausdrücklich im Zweifel, woraus die Interpreten die Aufforderung herausgelesen haben, nun selbst solche Motive zu erfinden.

Fragen wir abschließend bei dieser Analyse noch einmal nach der Ursache für die Verschiebung der Bewußtseinszustände bis hin zur Handlungsfähigkeit in der konkreten Situation: es ist nicht ein gestörtes pathologisches Bewußtsein, das Hofmannsthal hier schildert; die Abfolge der Episode beginnt mit dem normalen, der äußeren Situation angepaßten Bewußtseinszustand; die am Ende mangelnde Anpassung entwickelt sich aus der erfolgreichen Anpassung; das Bewußtsein wird aufgrund des Erfolges der von ihm reibungslos gemeisterten äußeren Situation nicht mehr voll beansprucht, es wendet sich auf sich selbst, beschäftigt sich mit eigenen Inhalten, mit Überliefertem, mit Erinnertem und mit Projektionen. Von daher wird es aber dann mit in Anspruch genommen. Die Apperzeption der äußeren Wirklichkeit tritt mehr und mehr zurück und unterliegt mehr und mehr der Steuerung durch die Dispositionen des Bewußtseins, die sich aus der überschüssigen Beschäftigung mit den eigenen Inhalten ergeben. Vergleicht man die „Reitergeschichte" mit dem „Märchen", so zeigen sich gerade in dieser Verschiebung der Bewußtseinszustände deutlich die Parallelen mit dem Unterschied, daß in der Reitergeschichte der Ausgangszustand nicht beschrieben wird als Zustand des Erben, der eine fertige Welt von seinem Vater übernimmt und dessen Bewußtsein sich mehr und mehr in der Beseelung dieser übernommenen Welt verfängt. In der Reitergeschichte entspricht dieser Ausgangsposition der Zustand des Sieges, der das Bewußtsein freisetzt für Erinnerungen und Projektionen eines „besseren" Lebens.

Die Befangenheit des Bewußtseins in seine eigenen Inhalte verleiht dem

Subjekt einerseits traumhafte Sicherheit: es handelt erfolgreich in der Realität, weil es diese nur so wahrnimmt, wie es seiner eigenen Erwartung entspricht, also reduziert, Schwierigkeiten und Widerstände ignorierend. Dies kann aber nur solange gelingen, als die Realität sich den Bildern des Bewußtseins nicht völlig entzieht. Wenn dieser Zustand erreicht ist, erfolgt der Zusammenbruch; das Bewußtsein verliert die Orientierung in der äußeren Situation, und der Tod tritt ein infolge einer scheinbar kurzen Unaufmerksamkeit. – Es dürfte zur Klärung dieser Strukturanalyse der „Reitergeschichte" im Unterricht hilfreich sein, das „Märchen" ebenfalls in seiner fast parallelen Struktur zu beschreiben. – Daß auch der „Bassompierre" einer solchen Analyse zugänglich ist, ergibt sich schon daraus, daß auch in dieser Erzählung die einheitliche Perspektive durchgehalten ist: wir erfahren als Leser alles nur so, wie es der Erzähler, nämlich Bassompierre, aus seiner Erinnerung darstellt; und d. h. so, wie es sich ihm dargestellt hat. Er selbst aber ist in den einzelnen Episoden dieser Geschichte in unterschiedlichem Maße in das Geschehen hineingezogen; seine Darstellungsweise ist also geprägt von den verschiedenen Bewußtseinszuständen, die die Beteiligung an dem Erlebnis in ihm hervorgerufen haben; was er erlebt hat, ist für den Leser nur an diesen Bewußtseinszuständen ablesbar.

II. Subjektiver Stil und innere Realität

Wir sind bei der Analyse des Textes davon ausgegangen, daß Hofmannsthal die „Reitergeschichte" nicht erfunden, sondern bearbeitet hat. Der Vergleich mit dem „Bassompierre" läßt vermuten, daß es auch in dieser Erzählung nicht sein Interesse war, eine Geschichte zu erfinden, deren Handlungslogik genau und bis zum Ende so durchstrukturiert ist, daß der Leser von daher Antwort auf seine psychologischen oder moralischen Warum-Fragen bekommt. Und auch das „Märchen", das Hofmannsthal offensichtlich selbst „erfunden" hat, wenn auch im Rahmen vorgegebener Erzählmuster, macht durch seinen Schluß deutlich, daß es nicht um die durchkonstruierte Ursache – Folge – Sequenz geht; denn der Tod des Kaufmannssohnes ist nicht die Folge einer Ursache, sondern erscheint, wie der Tod Lerchs, oberflächlich gesehen, eher als Resultat der momentanen Unaufmerksamkeit, bei genauerer Analyse aber als die aus bestimmten Bewußtseinsvorgängen entstandene Orientierungslosigkeit in einer bedrohlichen Situation.

Hofmannsthals Interesse richtet sich nicht auf die Frage, *warum* jemand etwas Bestimmtes tut oder erleidet, sondern was eigentlich vorgeht, wenn etwas geschieht. Dies läßt sich in der Abfolge von Zuständen beschreiben. Jeder Zustand aber hat zwei Aspekte: den der Realität und den der Existenz mit ihren verschiedenen Graden der Bewußtheit von sich selbst und von der Realität. Diese Bewußtheitsgrade und die Möglichkeit ihrer literarischen Darstellung sind Thema der „Reitergeschichte" ebenso wie des „Märchens" und des „Bassompierre".

Diese Folgerung aus der Analyse der „Reitergeschichte", die durch Hinweise auf die beiden anderen Erzählungen gestützt wird, läßt sich begründen mit biographischen und geistesgeschichtlichen Informationen.

Hofmannsthals Erzählungen sind nicht ohne jene Gruppe von Literaten zu sehen, die sich selbst als ‚Das Junge Wien' verstanden. Sie fanden etwa 1890 zusammen; ihr Selbstverständnis ist ständig in der Diskussion begriffen, es pendelt von einer vermeintlichen Begeisterung für den Naturalismus – repräsentiert durch Ibsen – zu dessen vermeintlichen Überwindung. Begriffe wie Nihilismus, Satanismus und Symbolismus, Dekadenz, fin de siècle werden aufgegriffen, um ein nicht genau präzisiertes Selbstverständnis zu kommunizieren. Die Bewegung manifestiert sich insgesamt stärker in der Literaturkritik als in eigenen poetischen Werken, was durchaus dem Niveau der historischen Selbstreflexion entspricht; das Wissen um die Literatur und die analytischen Kenntnisse ihrer Produktion dominieren und begünstigen die Form der Literaturanalyse als Mittel der Kommunikation mit Gleichgesinnten und mit einem literarisch interessierten Publikum.

Unter den vielen programmatischen Texten dieser Bewegung wähle ich den Aufsatz von Hermann Bahr über den Begriff der Moderne[9] aus. Dieser Aufsatz gehört zu den Texten, die als Basis der Bewegung angesehen werden können; er markiert in der Nähe zum Naturalismus und in der Abgrenzung von diesem sehr gut die geistesgeschichtliche Diskussion der Gruppe, er kommt ohne bildungsgeschichtliche Überfrachtungen aus, wirkt – bei allem Pathos – unmittelbar und dürfte deshalb wohl auch Schüler zu analytischen Auseinandersetzungen anregen; schließlich bietet er Schlüsselformulierungen zum Verständnis der „Reitergeschichte", stellt aber zugleich einen deutlichen Kontrast zur Reflektiertheit der Hofmannsthalschen Position dar und kann so dazu dienen, die Erzählung genauer zu verstehen (der Text wird hier also vollständig nachgedruckt in der didaktischen Absicht, er möge auf die eine oder andere Weise dem Schüler zugänglich werden).

Hermann Bahr: Die Moderne

Moderne Dichtung, Band 1, Heft 1, Nr. 1, 1. Januar 1890, S. 13–15. (© H. Bauer-Verlag, Wien)

Und ich wanderte durch die sandige Ebene des Nordens. Und ich klomm nach dem ewigen Eise der Alpen. Und aus der großen Stadt floh ich in die Wüste pyrenäischer Schneefelder und ich irrte am Meere, wo sich die Flut bäumt. Und überall war nur Klage und Noth, schrill und herzzerreißend. Und nirgends war weder Trost noch Rath, hoffnungslos.

In die Bücher bin ich getaucht, was die Weisen verkündigen, und an den Herzen habe ich gehorcht, was die Sehnsucht schlägt. Überall habe ich gefragt, mit dieser bebenden, hungrigen Begierde. Und nirgends war Antwort.

Es geht eine wilde Pein durch diese Zeit und der Schmerz ist nicht mehr erträglich. Der Schrei nach dem Heiland ist gemein und Gekreuzigte sind überall. Ist es das große Sterben, das über die Welt gekommen?

Es kann sein, daß wir am Ende sind, am Tode der erschöpften Menschheit, und das sind nur die letzten Krämpfe. Es kann sein, daß wir am Anfange sind, an der Geburt einer neuen Menschheit, und das sind nur die Lawinen des Frühlings. Wir steigen ins Göttliche oder wir stürzen, stürzen in Nacht und Vernichtung – aber Bleiben ist keines.

Daß aus dem Leide das Heil kommen wird und die Gnade aus der Verzweiflung, daß es tagen wird nach dieser entsetzlichen Finsternis und daß die Kunst einkehren wird bei den Menschen – an diese Auferstehung, glorreich und selig, das ist der Glaube der Moderne.

Ja, es ist ein Glaube, ein demüthiger, unversicherter Glaube, ohne Bürgschaft. Man kann sagen: es ist das Ende. Morgen bricht die Welt. Lasset uns genießen, in Rausch und Wollust, vor der Sintflut!

Ja, wir sind wehrlos in unserer einfältigen Sehnsucht gegen den Witz der Klugen.

Wir haben keinen Beweis und keine Botschaft als nur das Versprechen des Gottes in unserer Brust. Wen er ausgewählt hat, der ist mit uns. Die Feinde können wir nur mitleidig tödten.

Wir haben keine andere Wissenschaft als daß kein Leben ist außer dem Glauben. Wir gehorchen ihm aus Trotz gegen den Mord. Wir machen diese sehr einfache Probe: wenn wir den Hahn nicht zu senken und die Phiole nicht zu leeren vermögen, trotz alledem, dann muß die Wahrheit sein in ihm.

Die Moderne ist nur in unserem Wunsche und sie ist draußen überall, außer uns. Sie ist nicht in unserem Geiste. Sondern das ist die Qual und die Krankheit des Jahrhunderts, die fieberische und schnaubende, daß das Leben dem Geiste entronnen ist. Das Leben hat sich gewandelt, bis in den letzten Grund, und wandelt sich immer noch aufs neue, alle Tage, rastlos und unstät. Aber der Geist blieb alt und starr und regte sich nicht und bewegte sich nicht und nun leidet er hilflos, weil er einsam ist und verlassen vom Leben.

Darum haben wir die Einheit verloren und sind in die Lüge gerathen. In
uns wuchert die Vergangenheit noch immer und um uns wächst die Zukunft.
Da kann kein Friede sein, sondern nur Haß und Zwietracht, feindselig und
voll Gewaltthat.
 Der Körper fehdet wider den Geist, der Körper der neuen Gesellschaft
seit hundert Jahren. Er hat Triebe gezeugt und Wünsche, ungekannt zuvor
und unverstanden noch heute, weil der Geist gering blieb, geduckt und
krüppelig. Es ist nicht der neue Leib, der uns schmerzt, sondern daß wir
seinen Geist noch nicht haben.
 Wir wollen wahr werden. Wor wollen gehorchen dem äußeren Gebote und
der inneren Sehnsucht. Wir wollen werden, was unsere Umwelt geworden.
Wir wollen die faule Vergangenheit von uns abschütteln, die, lange verblüht,
unsere Seele in fahlem Laube erstickt. Gegenwart wollen wir sein.
 Die Vergangenheit war groß, oft lieblich. Wir wollen ihr feierliche Grab-
reden halten. Aber wenn der König bestattet ist, dann lebe der andere König!
 Wir wollen die Fenster weit öffnen, daß die Sonne zu uns komme, die
blühende Sonne des jungen Mai. Wir wollen alle Sinne und Nerven aufthun,
gierig, und lauschen und lauschen. Und mit Jubel und Ehrfurcht wollen wir
das Licht grüßen, das zur Herrschaft einzieht in die ausgeräumten Hallen.
 Es ist nicht wahr, daß es große Thaten braucht und einen gewaltigen
Messias. Es braucht nur eine schlichte und einfältige Liebe zur Wahrheit.
Nur der hochmüthige Stolz werde gejätet, der mit Verstand den Sinnen wi-
derstehen will.
 Draußen, in dem Gewordenen von heute ist die Erlösung. Innen, in dem
Ueberlieferten von gestern, ist der Fluch. Wir wollen wallfahrten aus der
engen, dumpfen Klause nach den hellen, weiten Höhen, wo die Vögel singen,
Pilgrime der Sinne.
 Ja, nur den Sinnen wollen wir uns vertrauen, was sie verkündigen und
befehlen. Sie sind die Boten von draußen, wo in der Wahrheit das Glück ist.
Ihnen wollen wir dienen.
 Jeden Wunsch, in dem sie sich leise regen, wollen wir verzeichnen. Jede
Antwort, die sie der Welt geben auf jedes Ereignis, wollen wir lernen. Jeden
Ton wollen wir behalten.
 Bis der neue Geist wird, in welchem der alte vernichtet und nur die Wirk-
lichkeit ist. Bis dieser fremde Leib, dieser ungeheure Riesenleib, der da
draußen ächzt und stöhnt, seine Seele in uns geformt, ungeheuer und uner-
meßlich, ins gigantische gleich ihm. Bis die Lüge in uns, das Anderssein, anders als der Dampf und das Elektrische, erwürgt ist.
 Wir haben nichts als das Außen zum Innen zu machen, daß wir nicht länger Fremdlinge sind, sondern Eigenthum erwerben. Aber wir müssen uns reinigen zuvor, für die künftige Einwanderung, reinigen von den Tyrannen. Es darf
keine alte Meinung in uns bleiben, kein Betrug der Schule, kein Gerücht, das
nicht Gefühl ist. Es muß ausgeholzt werden, daß der Morgenwind der Freiheit
durchstreichen kann, der die Saat herweht. Die Axt muß mörderisch übers Gestrüpp
 Dieses ist die große Sorge, die Noth thut, daß wir uns den Trümmerschutt der

Ueberlieferung aus der Seele schaffen und rastlos den Geist aufwühlen, mit grimmen Streichen, bis alle Spur der Vergangenheit vertilgt ist. Leer
90 müssen wir werden, leer von aller Lehre, von allem Glauben, von aller Wissenschaft der Väter ganz leer. Dann können wir uns füllen.

Aber der Segen, der uns erfüllen wird, kommt von außen, ein Geschenk des Lebens. Wir brauchen uns nur zu öffnen. Wenn wir ihm nur unseren Schooß in liebender Hingebung gewähren, dann keimt die Frucht.

Wir sollen nicht ringen und leiden in's Unmögliche. Demüthig sollen wir uns bescheiden mit der Wahrheit neben uns. Sie ist da, draußen; wir wollen sie einführen in die Seele – der Einzug des auswärtigen Lebens in den inneren Geist, das ist die neue Kunst.

Aber dreifach ist die Wahrheit, dreifach das Leben, und dreifach darum
100 ist der Beruf der neuen Kunst. Eine Wahrheit ist der Körper, eine Wahrheit in den Gefühlen, eine Wahrheit in den Gedanken. Die Körper wollen wir schauen, die einzelnen und die ganzen, in denen die Menschheit lebt, wollen forschen, welchen Gesetzen sie gehorchen, welche Schicksale sie erfahren, von welchen Geburten, nach welchen Toden sie wandern, wollen es aufzeichnen, wie es ist. Die Gefühle wollen wir suchen, in unserer Brust und in den fremden, welche nur irgendwo seufzen, träumen oder schnauben, wollen sie in Retorten setzen, in Dampf gehitzt und wieder erkältet, mit anderen gebunden und vermischt, in ihre Gase zerkocht, wollen es anmerken, wie sie sind. Und wenn dann die Zeichen und Marken in den Gehir-
110 nen wandeln, sich begegnen und umarmen, zu Reihen gesellen und in Reigen verschlingen, wenn die in die Seelen getretene Wahrheit sich ins Seelische verwandelt, die seelischen Sprachen annimmt und deutliche Symbole schafft, wenn endlich alles Außen ganz Innen geworden und dieser neue Mensch ein vollkommenes Gleichnis der neuen Natur ist, wieder ein Ebenbild der Gottheit nach so langer Entstellung, dieses neuen Geist wollen wir dann aussagen, was er für Meinungen und Befehle hat.

Wir haben keine großen Worte und Wunder sind uns versagt. Wir können kein Himmelreich versprechen. Wir wollen nur, daß das Lügen aufhöre, das tägliche Lügen, in den Schulen, von den Kanzeln, auf den Thronen, welches
120 häßlich und schlecht ist.

Wir haben kein anderes Gesetz als die Wahrheit, wie jeder sie empfindet. Der dienen wir. Wir können nichts dafür, wenn sie rauh und gewaltthätig ist und oft höhnisch und grausam. Wir sind ihr nur gehorsam, was sie verlange. Manchmal verwundert es uns selbst und schreckt uns, wir können uns aber nicht helfen.

Dieses wird die neue Kunst sein, welches wir so schaffen. Und es wird die neue Religion sein. Denn Kunst, Wissenschaft und Religion sind dasselbe. Es ist immer nur die Zeit, jedesmal in einen anderen Teig geknetet.

Vielleicht betrügen wir uns. Vielleicht ist es nur Wahn, daß die Zeit sich
130 erneut hat. Vielleicht ist es nur der letzte Krampf, das überall stöhnende, der letzte Krampf vor Erstarrung in das Nichts.

Aber wenigstens wäre es ein frommer Betrug, weil er das Sterben leicht macht.

Oder ist es die Völlerei, die wir wählen sollen, und die Unzucht, zur Betäubung?

Bahrs Diagnose der Zeit bleibt zunächst im Rahmen des naturalistischen Zeitverständnisses:[10] man befinde sich in einer „entsetzlichen Finsternis", bedürfe des „Heilands", hoffe auf „die Auferstehung, glorreich und selig"; die Zeit verpflichte zur schonungslosen Offenlegung der Wahrheit, dies bedeute noch nicht die Rettung, sondern die Selbstbescheidung: man warte auf die Zukunft, auf die neue Literatur, die den neuen Menschen bringen soll. Bahr wendet sich allerdings in einem Punkt entschieden von der naturalistischen Programmatik ab: die Wahrheit, die von den Naturalisten für die Kunst verpflichtend gemacht wird, war die der „Realität"; die Verlogenheit, die Lebenslüge und ihre sozialen und psychologischen Bedingungen sollten aufgedeckt werden. Bahr gibt diesen Anspruch auf „objektive Wahrheit", auf jene „Wahrhaftigkeit, die sich gegenüber der Realität der Außenwelt zu bewähren hatte", (Wunberg, 1976: LV) auf und ersetzt sie durch die subjektive: „Wir haben kein anderes Gesetz, als die Wahrheit, wie jeder sie empfindet" (Zeile 121). Die Wahrheit also wird im Sinne schonungsloser Bestandsaufnahme einer Zeit verstanden, die als Endzeit und damit zugleich als möglicher Neubeginn „empfunden" wird, aber die Dichtung kann diesen Beitrag nur leisten, „wenn die in die Seelen getretene Wahrheit sich ins Seelische verwandelt, die seelischen Sprachen annimmt und deutliche Symbole schafft, wenn endlich alles Außen ganz Innen geworden und dieser neue Mensch ein vollkommenes Gleichnis der neuen Natur ist (Zeile 111 ff.)." Die Aufgabe der Dichtung wird also die subjektive Wahrheit. Die literarische Methode ist die der Empfindung. Die „dreifache Wahrheit" (Zeile 99 ff.), die des Körpers, die in den Gefühlen und in den Gedanken, verwandelt sich in die Wahrheit von Schicksalen, von Gefühlszuständen und deren Veränderungen, von seelischen Prozessen. In diesen ist die äußere Realität überwunden, die „seelische" Realität ist die allein interessante

An dieser Programmatik der subjektiven Wahrheit ist die Nähe zu Hofmannsthals „Reitergeschichte" abzulesen: das Interesse an seelischen Zuständen, an der Gesetzmäßigkeit von Übergängen zwischen einzelnen Zuständen, an der Reduktion des Äußeren auf das Innere eines Subjekts. Wir haben dies in den Bewußtseinsvorgängen der „Reitergeschichte" nachzuzeichnen versucht. Dennoch ist damit Hofmannsthals Position nur teilweise bestimmt. Er verfällt nicht dem Pathos von Bahr, sondern handhabt das Programm distanziert; er verliert sich nicht im Empfinden von seelischen Zuständen, sondern er führt dieses Empfinden vor; er reduziert nicht nur das Äußere auf das Innere, sondern er konfrontiert dieses Innere dann mit einem Äußeren, an dem es „scheitert". Mit anderen Worten: Hofmannsthal macht aus dem universellen Programm der „Moderne" ein literarisches *Thema,* und er zeigt, indem er das Programm vorführt, zugleich dessen Grenzen auf.

In seinem 1893 publizierten Aufsatz über D'Annunzio bestimmt Hofmannsthal den Begriff der „Moderne" mit der auch für seine Erzählungen charakteristischen Distanz und Reflektiertheit:[11]

> Es ist, als hätte die ganze Arbeit dieses feinfühligen, elektrischen Jahrhunderts darin bestanden, den vergangenen Dingen ein unheimliches Eigenleben einzuflößen. Jetzt umflattern sie uns, Vampyre, lebendige Leichen, beseelte Besen des unglückseligen Zauberlehrlings! Wir haben aus den Todten unsere Abgötter gemacht; Alles, was sie haben, haben sie von uns; wir haben ihnen unser bestes Blut in die Adern geleitet; wir haben diese Schatten umgürtet mit höherer Schönheit und wundervollerer Kraft, als das Leben erträgt;
> 20 mit der Schönheit unserer Sehnsucht und der Kraft unserer Träume. Ja alle unsere Schönheits- und Glücksgedanken liefen fort von uns, fort aus dem Alltag, und halten Haus mit den schöneren Geschöpfen eines künstlichen Daseins, mit den schlanken Engeln und Pagen des Fiesole, mit den Gassenbuben des Murillo und den mondänen Schäferinnen des Watteau. Bei uns aber ist nichts zurückgeblieben als frierendes Leben, schale, öde Wirklichkeit, flügellahme Entsagung. Wir haben nichts als ein sentimentales Gedächtniß, einen gelämten Willen und die unheimliche Gabe der Selbstverdoppelung. Wir schauen unserem Leben zu; wir leeren den Pokal vorzeitig und bleiben doch unendlich durstig: denn, wie neulich Bourget schön und traurig gesagt hat, der Be-
> 30 cher, den uns das Leben hinhält, hat einen Sprung, und während uns der volle Trunk vielleicht berauscht hätte, muß ewig fehlen, was während des Trinkens unten rieselnd verlorengeht; so empfinden wir im Besitz den Verlust, im Erleben das stete Versäumen. Wir haben gleichsam keine Wurzeln im Leben und streichen, hellsichtige und doch tagblinde Schatten, zwischen den Kindern des Lebens umher.
>
> Wir, wir! Ich weiß ganz gut, daß ich nicht von der ganzen großen Generation rede. Ich rede von ein paar tausend Menschen, in den großen europäischen Städten verstreut. Ein paar davon sind berühmt; ein paar schreiben seltsam trockene, gewissermaßen grausame und doch eigenthümlich rührende
> 40 und ergreifende Bücher; einige, schüchtern und hochmüthig, schreiben wohl nur Briefe, jene Briefe, die man fünfzig, sechzig Jahre später zu finden und als moralische und psychologische Dokumente aufzubewahren pflegt; von einigen wird gar keine Spur übrigbleiben, nicht einmal ein traurig-boshaftes Aphorisma oder eine individuelle Bleistiftnotiz, an den Rand eines vergilbten Buches gekritzelt.
>
> Trotzdem haben diese zwei- bis dreitausend Menschen eine gewisse Bedeutung: es brauchen keineswegs die Genies, ja nicht einmal die großen Talente der Epoche unter ihnen zu sein; sie sind nicht nothwendigerweise der Kopf oder das Herz der Generation: sie sind nur ihr Bewußtsein. Sie fühlen
> 50 sich mit schmerzlicher Deutlichkeit als Menschen von heute; sie verstehen sich untereinander, und das Privilegium dieser geistigen Freimaurerei ist fast das einzige, was sie im guten Sinne vor den übrigen voraus haben. Aber aus dem Rothwälsch, in dem sie einander ihre Seltsamkeiten, ihre besondere

Sehnsucht und ihre besondere Empfindsamkeit erzählen, entnimmt die Geschichte das Merkwort der Epoche.

Was von Periode zu Periode in diesem geistigen Sinn „modern" ist, läßt sich leichter fühlen als definieren; erst aus der Perspective des Nachlebenden ergibt sich das Grundmotiv der verworrenen Bestrebungen. So war es zu Anfang des Jahrhunderts „modern", in der Malerei einen falsch verstandenen Nazarenismus zu vergöttern, in der Poesie, Musik nachzuahmen, und
60 im Allgemeinen, sich nach dem „Naiven" zu sehnen: Brandes hat diesen Symptomen den Begriff der Romantik abdestilliert. Heute scheinen zwei Dinge modern zu sein: die Analyse des Lebens und die Flucht aus dem Leben. Gering ist die Freude an Handlung, am Zusammenspiel der äußeren und inneren Lebensmächte, am wilhelm-meisterlichen Lebenlernen und am shakespearischen Weltlauf. Man treibt Anatomie des eigenen Seelenlebens oder man träumt Reflexion oder Phantasie, Spiegelbild oder Traumbild. Modern sind alte Möbel und junge Nervositäten. Modern ist das psychologische Graswachsenhören und das Plätschern in der reinphantastischen Wunderwelt.
(© S. Fischer Verlag, Frankfurt/M.)

Trotz seiner Distanz sind Hofmannsthal selbst und die Gruppe des ‚Jungen Wien' zu den zwei- bis dreitausend Menschen zu rechnen, die das Bewußtsein ihrer Generation sind und sich dieses Gefühl vor allem gegenseitig mitteilen. Es gehört gerade zu den „Empfindsamkeiten" dieser Gruppe, daß sie nicht plant und handelt, sondern sich selbst beobachtet und reflektiert, ein „Bewußtsein" kultiviert. Der von Bahr angezeigte Weg der subjektiven Wahrheit, der Verlagerung von außen nach innen, wird von Hofmannsthal beschrieben als Verlust der Realität, als Produktion einer Pseudorealität; um diese zu erschaffen und zu kultivieren, haben „wir" alle Kräfte eingesetzt, und alle Kräfte sind von dieser Tätigkeit in Anspruch genommen.

Was die Gruppe des ‚Jungen Wien' vor allem geschichtsphilosophisch und ästhetisch als ihr Selbstverständnis empfand und formulierte, muß heute auch im Rahmen der politischen und sozialhistorischen Entwicklung gesehen werden. Ich gebe im folgenden hierzu einzelne Hinweise; dabei folge ich der Untersuchung von Wolfram Mauser 1977.[12]

Das „gehobene" Bürgertum kompensiert in Wien (wie auch sonst in Europa) die nicht eingelösten Ansprüche an politischer und wirtschaftlicher Geltung durch die Betonung der Werte, über die es vorzugsweise verfügt: Bildung, Kunst und Lebensart. Für die Gruppe des ‚Jungen Wien' kommt ein zweites Moment dazu: sie bildet sich ausschließlich aus Söhnen des gehobenen Bürgertums, die aufgrund ererbter Geldmittel keinen Beruf zum Gelderwerb ausüben müssen – dies trennt sie vom übrigen Bürgertum; andererseits ist ihnen der Zugang zu höchster gesellschaftlicher Anerkennung versagt, weil diese in der Monarchie dem Adel vorbehalten bleibt. In dieser Zone, in der sie nach oben nicht aufsteigen können, während sie gleichzeitig durch das nachrückende „neureiche" Bürgertum sich bedroht fühlen, geben sie der Tendenz zur Isolation, ja Regression nach und entwickeln den konsequenten Subjektivismus: dieser erlaubt es ihnen, sich auf dem Gebiet der Bewußtseinskultivierung allen anderen überlegen zu fühlen, es schließt sie aber auch von der aktiven politischen Tätigkeit zur Wahrung ihrer Interessen und vom solidarischen Handeln mit anderen aus. Die Gruppe mit ihrem kultivierten konservierenden Literatur- und Kunstbetrieb ist deshalb für den einzelnen die sich bietende Möglichkeit der gesellschaftlichen Identitätsbildung.

„Der Prozeß der Identitätsfindung, der mit diesem Lebensstil eingeleitet war, mußte – trat keine Revision ein – zu Persönlichkeitsstrukturen besonderer Art und angesichts der Realitätsblindheit des Bildungsideals zu Konflikten führen, die mit Hilfe der eigenen Orientierungsdaten nicht lösbar waren" (Mauser, 1977: 90f.).

„Die Behandlung von Problemen, die sich aus der als Widerspruch erfahrenen Unvereinbarkeit zwischen der Verwirklichung hochgestochener Bildungsvorstellungen und den Bedürfnissen nach einem in zwischenmenschlicher Hinsicht erfüllteren Leben ergab, erklärt die Besonderheit dieser Literatur; vor allem ihr Interesse an Seelischem, an der ‚Fracht' auf den Nerven, am Sensitiven und am Psychologischen" (ebd.: 95).

„Es ist charakteristisch für die Vertreter des ‚Jungen Wien', daß sie die Konflikte, mit denen sie sich konfrontiert sahen, als Probleme des Lebens deuteten, ohne ihren Zusammenhang mit bestimmten wirtschaftlich-politischen Vorgängen zu erkennen" (ebd.: 97).

Auf dem Hintergrund solcher Informationen wird deutlich, wie stark Hofmannsthal den „Zustand" seiner Gruppe und Person nicht nur theoretisch erfaßte, wie im oben zitierten D'Annunzio-Aufsatz; auch seine Erzählungen lassen sich verstehen als literarische Thematisierungen dieses Bewußtseins. Das „Märchen" erscheint fast wie eine Parabel: es führt den von seinen Schätzen umgebenen Erben vor, zeigt sein in der Beseelung der eigenen Welt sich erschöpfendes Leben, das vom Gedanken an den eigenen Tod erfüllt und begrenzt wird; die Diener sind in diesen Prozeß der Kultivierung eingeschlossen, erscheinen also auch nur als Partikel des Bewußtseins des Kaufmannssohnes; als dieser seine von ihm beseelte Welt verläßt, um sie vor einer Bedrohung von außen zu schützen, verfängt er sich zunehmend mehr in den vertrauten Projektionen, mit denen er sich eine für ihn fremde Umwelt anzueignen versucht, bis er, im Zustand der Orientierungslosigkeit durch ein spontanes Mitgefühl verleitet, sich einer kurzen unwillkürlichen Geste hingibt, die seinen Tod bedeutet. Das „Märchen" ist allerdings kein moralisches Gleichnis, sondern eines der literarischen Programmatik; der „moderne" Bewußtseinszustand erscheint als Thema der Literatur, er wird in der parabelhaften Welt des Märchens entfaltet, aber über den Punkt hinaus, in dem es ihm erlaubt wäre, in seiner eigenen Erfüllung zu „sterben". Der Bewußtseinszustand wird auch da entfaltet, wo er mit einer Realität konfrontiert wird, die nicht schon auf das „Innen", das Seelische, reduziert ist. Das häßliche Sterben widerspricht dem schönen Leben, die Orientierungslosigkeit am Ende widerspricht der solipsistischen Verfügung über die auf die subjektive Aneignung reduzierte Welt; aber dieser Widerspruch bleibt innerhalb der Grenzen der Subjektivität, es gibt keine Einsicht, keine Alternative, keinen neuen Anfang. Hofmannsthal führt das Thema „Subjektivismus" so weit, daß an den Konsequenzen deutlich wird, daß der Subjektivismus am Leben scheitert. Zugleich bestätigt er den Subjektivismus, denn noch das Scheitern des Sterbens bleibt subjektiv; es ist in der Erzählung streng an die subjektive Perspektive gebunden.

Nicht nur das literarische Programm der „Moderne", auch seine Grenzen macht Hofmannsthal also zum Thema seiner Literatur. Daraus ergibt sich Distanziertheit und Reflektiertheit, die gerade vermittels der strengen Stilisierung der subjektiven Perspektive auch in der „Reitergeschichte" erreicht wird. Auch der Wachtmeister Lerch erschafft sich eine Welt, die auf zwei Dinge reduziert ist: hübsche Möbel und überfeine Nerven; diese sind allerdings aus seiner Welt genommen, entsprechend seinen Bewußtseinsinhalten. Die Kette von Zuständen reicht in der „Reitergeschichte" weiter zurück als im „Märchen": die Geschichte nimmt ihren Ausgang bei einem Bewußtseinszustand, in dem Bewußtsein und äußere Realität im erfolgreichen Handeln bruchlos zusammenpassen. Aus dem Bewußtsein des Erfolgs entwickelt sich konsequent die Abfolge der Bewußtseinszustände in den einzelnen Episoden der Geschichte, Subjektivität wird auch hier zugleich Thema und literarisches Programm, verwirklicht vor allem in der Abfolge der literarischen Formen der subjektiven Perspektive. Die durchgehende Stilisierung rückt damit ins Blickfeld des Lesers. Sie kann durch moralisch, ethisch, philosophisch, soziologisch, psychologisch, existenziell oder ähnlich gestellte Fragen wie die, mit denen Alewyn seine Interpretation beginnt, nur zerstört werden. Von Hofmannsthal selbst ist jedenfalls bezeugt, daß ihn bei der Arbeit an den sogenannten Novellen vor allem die Form und die Möglichkeit der Stilisierung interessierte:

„Ich bin mit einer Novelle so ziemlich fertig und fange gleich wieder eine an. Ich glaube, daß ich jetzt, wie durch einen Schleier, das aufs Wesen gehende Kunstgesetz für die Novelle (oder für eine bestimmte Art von Novelle) ahne, das Kunstgesetz, dessen voller Besitz einem möglich machen muß, eine ganze Prosadichtung durch und durch als Form zu erkennen [...]" (Brief an Hermann Bahr vom 13. Juli 1896, Briefe I: 206)

„Ich schreib' Prosa, was in Deutschland bekanntlich eine ziemlich unbekannte Kunst ist und wirklich recht schwer, sowohl das Anordnen des Stoffes wie das Ausdrücken. Aber man muß es lernen, denn entbehren kann man keine Kunstform, denn man braucht früher oder später jede, weil jede manches auszudrücken erlaubt, was alle anderen verwehren." (Brief an die Eltern vom 30. 08. 1898, Briefe I: 265)

In einem späteren Brief von 1919 bezeichnet Hofmannsthal die „Reitergeschichte" und den „Bassompierre" als Schreibübungen.

Man kann deshalb den „Bassompierre" wie eine Variation desselben Themas verstehen. Variiert ist vor allem – der Vorlage folgend – die Erzählperspektive; sie ist gebunden an die mitbeteiligte Figur des Marschalls, der zunächst der inneren Welt der Krämerin teilnahmslos gegenübersteht, dann aber, je mehr er in das Erlebnis hineingezogen wird, sich desto mehr von seiner realen Welt entfernt. Auch in dieser Erzählung ist die durchgehende Stilisierung das auffällige Merkmal; die subjektive Perspektive des „Bassompierre" ist streng durchgehalten, sie erscheint insofern „objektiviert", als er aus der Erinnerung erzählt. Zerstört werden muß diese Stilisierung des Subjektivismus von einem Leser, der von dem Text Antworten auf die Frage erhofft, warum die Krämerin das Abenteuer mit dem Marschall sucht, welchen Inhalt das nur beobachtete, nicht gehörte Gespräch ihres Gatten hatte usw.[13] Die Fragen, die dem Experimentalcharakter der Texte, also auch der „Reitergeschichte", angemessen gestellt werden müssen, richten sich viel eher auf das in diesen Texten verwirklichte und zugleich in seinen Grenzen vor Augen geführte Programm des Subjektivismus: Warum behält Hofmannsthal die Richtung der streng subjektiven Literatur bei, wenn er deutlich sieht, daß es jenseits der ererbten und subjektiv beseelten Bildungswelt eine andere Realität gibt, die vor allem auch als andere soziale Realität in Erscheinung tritt? Weshalb führt die genaue Analyse des modernen Bewußtseins zwar zu der Feststellung, daß dieses in den eigenen Inhalten gänzlich befangen sei, nicht aber auch zu der Forderung, es aus dieser Befangenheit zu befreien und sich mit allen Kräften mit der Realität auseinanderzusetzen? Warum führt die reflektierte Programmatik der Moderne bei den Vertretern des ‚Jungen Wien' nicht folgerichtig zum politischen Engagement und zur sozialkritischen Literatur? Fragen dieser Art führen kaum zu schlüssigen Antworten; in didaktischer Hinsicht ist die Beantwortung solcher Fragen auch weniger wichtig, als daß sie überhaupt gestellt werden und daß die Schüler lernen, mit solchen Fragen eine Beziehung zwischen Literatur und Realität in den Griff zu bekommen. Die Alternativen zum Subjektivismus: das politische Engagement, die wissenschaftliche, zugleich engagierte Beschäftigung mit der sozialen Realität, die engagierte Schriftstellerei waren den Autoren des ‚Jungen Wien' bekannt. Aber die Bindung der einmal gewonnenen Identität als Autor, als Mitglied einer Gruppe von Literaten, die materielle

Unabhängigkeit und sicher auch die nicht unbornierte, durch immer wieder andere publizistische Formulierungen bestätigte Selbsteinschätzung, eine kleine Elite zu sein, die das Bewußtsein einer Generation entwickelt hatte und aushielt[14] – alles dies zusammen kann als Grund dafür vermutet werden, daß Hofmannsthal versuchte, den Weg der subjektiven Literatur weiter zu entwickeln, statt ihn zu verlassen.

„Existenzielle Krisen" sollte man weniger dafür verantwortlich machen. Es scheint eine bisher offene Frage zu sein, ob die Stilisierung schon das eigene Erleben bestimmte oder erst deren Mitteilung; die Briefe Hofmannsthals, z. B. aus seiner Militärzeit, lassen beides zu, schließen aber das unmittelbar in existenzielle Not führende Erleben der für ihn völlig fremden Welt der Garnison in der verelendeten Provinz fern von Wien aus.[15] Als Beispiel kann ein Brief an Leopold von Andrian, einen Literaten des ‚Jungen Wien' und Freund Hofmannsthals, gelten; dieser Text wird zu den „Quellen" der „Reitergeschichte" gerechnet.

An Leopold Freiherrn
von Andrian zu Werburg

Göding

Mein lieber Poldy,

Deinen letzten Brief hab' ich sehr gut verstanden. Was Du von dem groben Stilisieren sagst, dem bin ich vielleicht nahegekommen, aber diese einsamen Monate haben mich davon ganz weggeführt. Den ganzen Sommer hab' ich nur an dem Wechsel von Himbeeren, Pfirsichen und Melonen nach Tisch erlebt. Etwas sehr Merkwürdiges war es, stundenlang in einem winzig kleinen Garten zu sitzen, in der staubig dunstigen Abenddämmerung: der Garten ist so groß wie ein mittelgroßer Salon und ist nur ein vergitterter, vertretener Rasenfleck. In der Mitte steht ein Vogelhaus mit 2 schmutzigen Tauben und 2 zornigen Nußhähern, die verwundete Füße haben. Und auf dem Rasen sind 10 oder 12 Kinder von Wachtmeistern, 2–7 Jahre alt, und 15 Hunde, alle häßlich, Mischungen von Terriers und Bauernkötern, übermäßig dicke Hunde, läufige Hündinnen, ganz junge, schon groß, mit weichen, ungeschickten Gliedern, falsche Hunde, verprügelte und demoralisierte, auch stumpfsinnige, alle schmutzig, mit häßlichen Augen, nur wundervollen weißen Zähnen. Darin lagen alle Mächte des Lebens und seine ganze erstickende Beschränktheit, daß es von sich selbst hypnotisiert ist.

Lieber Poldy, schreib mir bald wieder, ich bin so froh über jeden Brief.

Grüß die Franckensteins von mir. Ich schreib' ihnen nur nicht, weil ich so gar nichts zu erzählen hab' und mir die Welt draußen gar nicht mehr genug lebendig machen kann, um nachzudenken. Leb wohl.

Wirklich der Deine
Hugo

(Briefe I: 163 f., © S. Fischer Verlag, Frankfurt/M.)

Das Stichwort für den gesamten Brief steht am Anfang; Hofmannsthal entnimmt es der Korrespondenz mit Andrian (weshalb es ohne dessen Brief nicht ganz klar wird) und bezieht es auf seine eigene Situation: das Stichwort „von dem groben Stilisieren". Hofmannsthal distanziert sich davon und gibt dafür einen Beleg, die Schilderung des Gartens mit dem Vogelhaus, den Kindern, den Hunden; „etwas sehr Merkwürdiges war es [...]", – merkwürdig, wenn man das Thema „stilisieren" behandelt. Es bleibt offen, ob Hofmannsthal den Garten bereits so stilisiert beobachtete oder ob er die Beobachtung im Kontext der literarischen Korrespondenz stilisierte. Als Stilisiertes jedenfalls, nicht als existenziell bedrohlich Erlebtes ist ein Teil dieser Schilderung in die „Reitergeschichte" übernommen worden.

III. Wie leer ist eine Leerstelle? Zur didaktischen Begründung der historisch orientierten Textbehandlung

Mit dem Begriff der „Leerstelle" wird in der Rezeptionstheorie ein bekanntes Phänomen bezeichnet: der Text bietet dem Leser Informationen, verknüpft diese Informationen aber nur teilweise, so daß der Leser sich aufgefordert fühlt, die fehlenden Verknüpfungen selbst herzustellen, dazu Informationen zu erfinden, Handlungsmotive zu erschließen, von Ergebnissen auf Handlungen und Ereignisse zurückzuschließen, Entwicklungen zu rekonstruieren oder auch nach dem Sinn des Textes zu fragen. Je enger der Leser an die Informationen und an die Deutung der Zusammenhänge durch den Autoren gebunden wird, desto geringer ist sein Spielraum. Je „leerer" aber eine Leerstelle ist, desto mehr kann der Leser auffüllen, desto stärker fühlt er sich aufgerufen, im Text enthaltene Informationen in einen von ihm entworfenen Zusammenhang einzubauen, um seine „Füllung" plausibel zu machen. Bedenklich wird dieses Verfahren, wenn es bei verschiedenen Interpreten zu heterogenen Ergebnissen führt und wenn dabei die im Text enthaltenen Informationen sich als scheinbar beliebig interpretierbar erweisen. Dann ist der Verdacht berechtigt, daß an der Struktur des Textes vorbeigedeutet wird. Eine Leerstelle entsteht dann dadurch, daß der Leser mit Erwartungen an den Text herangeht, die dem Text nicht angemessen sind, so daß sich die Leerstelle aus dem Unterschied von Lesererwartung und Textstruktur ergibt. Der Leser kann sie nun fast nach Belieben, also mit nur gelegentlichen und auswählenden Hinweisen auf den Text mit solchen Vorstellungen füllen, die seiner bisherigen

Erfahrung im Umgang mit Leerstellenfüllungen entnommen sind, die er z. B. im Literaturunterricht oder im Studium gelernt hat.[16]

Die Interpretationen von Hofmannsthals „Reitergeschichte" scheinen zum großen Teil diese Fehlform zu präsentieren. Die von Alewyn an den Anfang seiner Interpretation gestellten Fragen markieren genau das, was fast alle Interpreten als *die* Leerstelle des Textes empfunden zu haben scheinen: sie suchen nach Motiven einer Handlung, bzw. nach Erklärungen für ein Erleiden. Dabei gehen sie davon aus, daß der Autor irgendwo in seinem Text die Information versteckt habe, die der Leser zur Beantwortung seiner Fragen heranziehen müsse. Gesucht werden diese Hinweise vor allem da, wo der Deutungsspielraum relativ groß erscheint, weil Hofmannsthal selbst auf objektive Zuordnungen verzichtet: in der Szene mit der Vuic und in der Beschreibung des Rittes durch das Dorf. *Eine* Leerstelle soll gefüllt, der Text insgesamt gedeutet werden, indem man vor allem andere Leerstellen so füllt, daß die Füllung insgesamt plausibel erscheint.[17]

Alewyns Interpretation der „Reitergeschichte" zeigt auch dieses Verfahren deutlich, dabei geht der Interpret behutsam vor, legt sich nicht fest, sondern deutet vielfach die ihm richtig erscheinende Füllung nur z. B. in Form von Fragen an. Wesentlich direkter geht dabei Benno von Wiese (1964: 301 f.) zu Werke:

„Die Schwadron muß einen Reinigungsvorgang erleiden, und dafür hat der unvermeidliche Tod des Wachtmeisters stellvertretende Bedeutung. So wird in Wahrheit hier nicht eine weitgehend entschuldbare Insubordination bestraft, auch nicht in erster Linie ein psychologischer Gegensatz zwischen den beiden Männern ausgetragen, sondern ein Gericht vollzogen, dessen eherne Notwendigkeit sich dem Leser nur aus dem Zusammenhang des ganzen Geschehens enthüllt. Daß es hier um Reinigung geht, versteht man nur dann, wenn man das ganze Ausmaß der vorausgegangenen Befleckung kennt. Nur dann verliert die Erschießung des Wachtmeisters die grausame und ungerechte Kälte, die ihr sonst anhaften muß. Was wie ein Akt der Willkür aussieht, was sich auch ‚moralisch' eigentlich in keiner Weise rechtfertigen läßt, es gewinnt seine Legitimation aus der metaphysischen Tiefe des Lebens, die Hofmannsthal in dieser Novelle mit seiner symbolisierenden Stilgebung gestaltet hat."

Ohne die differenzierte Interpretation Alewyns mit der von Wiese in eins setzen zu wollen – gemeinsam ist beiden die Methode des Vorgehens: sie konfrontieren den Text der „Reitergeschichte" mit ihren erlernten Fragen: Warum geschieht etwas in einem Text? Warum handelt eine Person so? Warum vollzieht sich das Geschehen so? Und hinter diesen Fragen steht als Motiv die unausgesprochene: was will uns der Dichter mit diesem Text sagen?[18] Mit diesen Fragen konstruieren die Interpreten notwendigerweise einen Abstand zu dem Text, sie messen ihn an der im Text nicht angelegten Absicht, solche Fragen zu beantworten; also entsteht zwischen ihren

Fragen mit der darin enthaltenen Erwartung und der auch von ihnen beobachteten Textstruktur ein Zwischenraum, eine Leerstelle, die nicht der Autor zu verantworten hat und die der Text gar nicht füllen möchte.

Die konsequente Beobachtung der Textstruktur muß m. E. die stringente Stilisierung der subjektiven Erzählweise als Absicht des Autors zur Geltung kommen lassen. Dies schließt dann Fragen und Antworten aus, die nach objektivierten Motiven und Gründen suchen.

Die Sekundärliteratur zur „Reitergeschichte" bietet eine breite Palette von Deutungen der immer gleichen falschen Leerstelle an: tiefenpsychologische,[19] soziologische,[20] biographische,[21] tragische,[22] metaphysische,[23] moralische,[24], atmosphärische.[25] Die meisten Interpreten helfen sich ähnlich wie Alewyn und von Wiese: durch das Verhalten des Wachtmeisters sei etwas in Unordnung geraten, das durch die Bestrafung von seiten des Rittmeisters wieder in Ordnung gekommen sei. Viele Interpreten sehen dabei in der Schwere und Brutalität der Strafe ein Indiz dafür, daß das Fehlverhalten des Wachtmeisters weit schwerer sei, als es auf den ersten Blick erscheine: religiöse, moralische, kosmische, tragische, soziale und tiefenpsychologische Abgründe tun sich dem Interpreten auf.

Wenn hier empfohlen wird, diesen Weg der Interpretation nicht einzuschlagen, sondern von der beobachtbaren Textstruktur aus auf die historische Bedingung des Textes zurückzufragen, so liegt dem nicht nur das Mißbehagen an der Beliebigkeit dieser meist ja auch didaktisch gemeinten Deutungen zugrunde. Abzulehnen ist vielmehr die Reproduktion von klischierten, allgemein menschlichen oder speziellen moralischen, religiösen und ähnlichen Verstehenskategorien, die – abgehoben von der tatsächlichen Ethik und Moral der Jugendlichen – sich als ideologischer Apparat verfestigen, der durch fortwährende Einübungen im Literaturunterricht und darüberhinaus als bequem zu handhabende Manipulationsmasse zur Verfügung steht. Solches ‚Verstehen' ist schlimmer als gar keins, denn es verhindert durch die Pseudo-Applikation[26] (was will mir der Dichter mit diesem Text sagen?) jede Auseinandersetzung mit dem Text und damit jeden Lernfortschritt. Die didaktischen Konsequenzen dieser Kritik müssen allerdings deutlich gesehen werden: wenn auf den universell auf jeden Text anwendbaren Fragenkanon verzichtet wird, wenn die Diskussion des Textes im historischen Zusammenhang an die Stelle des scheinbar unmittelbar bedeutsamen Interpretierens treten soll, ergeben sich methodische Schwierigkeiten und hohe didaktische Anforderungen an den Literaturunterricht; denn mit der unmittelbaren Interpretation entfällt auch der unvorbereitete, jederzeit mögliche Umgang mit dem einzelnen Text;

stattdessen werden die Erarbeitung von Zusammenhängen, die methodischen Fähigkeiten, Texte unterschiedlicher Art zu verstehen und aufeinander zu beziehen, im Unterricht erforderlich ebenso wie die Bereitschaft, die eigene Zeit und sich selbst in ihr historisch-analytisch sehen zu wollen. Die vorliegende Beschäftigung mit Hofmannsthals „Reitergeschichte" konnte im vorgegebenen Rahmen des Sammelbandes nur erste Ansätze für ein solches Verfahren vorstellen.

Das methodische Vorgehen im Unterricht sollte in jedem Falle so geplant werden, daß die Schüler nicht erst in Versuchung geraten, mit der Fragestellung: was will mir der Dichter sagen? vor sich hin zu moralisieren. Dazu gibt es verschiedene Möglichkeiten.

1. Bei einem durchweg literaturgeschichtlich orientierten Unterricht kann der Text „realistischen" Texten (Novellen) gegenübergestellt werden, wenn die Schüler dabei verschiedene Darstellungsformen im jeweiligen Zusammenhang mit der Erzählerperspektive analysieren.

2. Bei einem Unterricht, der stärker von der Erarbeitung einzelner Texte ausgeht, empfiehlt es sich, mit den hier nachgedruckten theoretischen Äußerungen von Bahr und Hofmannsthal zu beginnen; die dabei erarbeiteten Begriffe und Verstehensmöglichkeiten sollten dann evtl. zunächst auf das „Märchen" bezogen werden, weil sich von daher die Struktur der „Reitergeschichte" als Stilisierung des Subjektivismus leichter untersuchen läßt.

Als Ziel beider Verfahren kann die Entwicklung solcher Fragen, wie sie hier am Ende des Abschnittes II stehen, und die Beschäftigung mit ihnen angesehen werden, was sinnvoll nur im Rahmen eines historisch orientierten Literaturunterrichts möglich scheint.

Anmerkungen

1 Alewyn, 1973: 82.
2 Sie sind zusammengestellt von Gilbert, 1956; auf die historischen Zusammenhänge geht auch Durr, 1972 ein.
3 vgl. den Text, die Vorlagen und die Nachworte in der Fischer-Ausgabe.
4 So z. B. Schunicht, 1965: 284.
5 Tarot, 1970: 334 ff. Die Problematik seines methodischen Ansatzes muß ich hier ausklammern (vgl. dazu Schäfer-Weiss, 1971: 129 ff.), seiner genauen Strukturanalyse stimme ich in den meisten Punkten zu, allerdings ohne seine daraus entwickelten und durch Parallelen in Hofmannsthals Werk gestützten Deutungen übernehmen zu wollen. Wahrnehmung und Wirklichkeitsbewußtsein sind auch von Mollenhauer, 1977 thematisiert; ich kann seiner Analyse

nicht folgen, da er die Erzählperspektive außer acht läßt und deshalb zwischen objektiv dargestellter Wirklichkeit und subjektiv bedingter Wahrnehmung im Text glaubt unterscheiden zu müssen. Die beiden ersten Episoden und der Schluß werden von Rieder, 1971 als Ebenen der Wirklichkeit aufgefaßt.
6 So besonders von Wiese, 1964: 291 ff. Tarot spricht von der „falsch angesetzten Ursache für die Veränderung Lerchs. Man verlegt die Ursache in das kleinbürgerliche Milieu statt in das Subjektinnere des Wachtmeisters" (Tarot, 1970: 341).
7 Anders interpretiert Mollenhauer, 1977: 291; für ihn bietet die Schilderung objektive „Bilder des Schreckens", die Lerch nicht wahrnimmt.
8 Vgl. z. B. die Interpretation Alewyns, 1973: 87 ff.
9 Der Text wird zitiert nach Wunberg, 1976, Bd. I: 30 ff.
10 Vgl. zum folgenden Wunberg, 1976, Bd. I: LIV ff.; über den geistesgeschichtlichen Zusammenhang von utopischer Sozialschwärmerei und subjektivistischer Wendung nach Innen ausführlich Wunberg 1969.
11 Der Versuch des jungen Hofmannsthal, die Grenzen der Programmatik zu erreichen, zeigt sich in vielen literarischen Ausformungen; vgl. Böschenstein, 1974; Campe, 1978. – Der Text wird zitiert nach Wunberg, 1976, Bd. I; 406 ff.
12 Sie wird ergänzt durch die Studien von Wunberg, 1969; Althaus, 1976 und Müller, 1977.
13 Vgl. Alewyn, 1973: 95 ff.
14 Hinzu kommt die verbreitete Minderwertigkeit alles Politischen gegenüber der Literatur, die allerdings in dieser Zeit von Politikern in Frage gestellt wird; ein interessantes Dokument dieser Auseinandersetzungen bildet Michael Georg Conrad: Die Sozialdemokratie und die Moderne (1891), abgedruckt in Wunberg, 1971, dessen Textsammlung darüber hinaus wichtige Quellen bietet; ebenso Ruprecht, E. und Bänsch, D. (Hrsg.): Literarische Manifeste der Jahrhundertwende 1890 bis 1910. Stuttgart 1970.
15 Vgl. die kritische Würdigung von Hofmannsthals Briefen bei Reich-Ranikki, 1974.
16 Zu dieser Problematik: Nündel u. Schlotthaus, 1978. Wie stark das einmal entworfene Bild des Dichters die Rezeption und die Interpretationen bestimmt hat, stellt Wunberg, 1972 dar.
17 Alewyn, 1973: 95 ff. bietet dazu ein überzogenes Beispiel, das sich auch zur Demonstration im Unterricht eignet: er konstruiert bei seiner Interpretation des „Bassompierre" mit seinen Fragen so viele falsche Leerstellen, daß er vom Text selbst kaum mehr übrig läßt als den vagen Eindruck einer mißlungenen Kriminalgeschichte.
18 Zur Kritik an diesem Verfahren vgl. Schunicht, 1974: 72. Programmatisch für die Suche nach dem verborgenen Sinn ist eine Formulierung Alkers (1962: 313): „Hofmannsthals Zentrum ist so tief gelagert, daß die vorgenommenen Bohrungen die eigentliche Kernsubstanz seines Weltgefühls nicht erreichen."
19 Z. B. de Haay, 1965 (mit Hilfe der Theorie von C. G. Jung), Wunberg, 1965 (mit der These der nicht akzeptierten Ich-Spaltung), Donop, 1969, Mollenhauer, 1977 (unter Berufung auf Hofmannsthals Ad me ipsum).

20 Z. B. Durr, 1972.
21 An biographische Zeugnisse knüpfen an Gilbert, 1956, Alewyn, 1973, Mollenhauer, 1977.
22 Kunz, 1977.
23 Z. B. Zimmermann, 1956, von Wiese, 1964, Träbing, 1969, Heimrath, 1971 (das Thema sei die falsche Einstellung zum Leben), Mollenhauer, 1977 („Sehen ist Verpflichtung").
25 Schmidt, 1974.
26 Zu dieser didaktischen Problematik vgl. Hoppe, 1976: 27 ff.

Literatur

1.

Hofmannsthal, Hugo von: Reitergeschichte. Fischer Taschenbuch 1357. Frankfurt/M. 1973.
ders.: Briefe I 1890–1901. Berlin 1935.
ders.: Sämtliche Werke XXVII, hrsg. von Ellen Ritter. Frankfurt/M. 1975.

2.

Alewyn, R.: Nachwort. In: H. v. Hofmannsthal: Reitergeschichte. Frankfurt/M. 1973.
Alker, E.: Die surreale Komponente in der Dichtung H. v. Hofmannsthals. In: Akad. d. Wiss. u. Lit. Jahrbuch 1962.
Althaus, H.: Zwischen Monarchie und Republik. München 1976.
Beutin, W. u. a.: Deutsche Literaturgeschichte. Stuttgart 1979.
Böschenstein, B.: Der junge Hofmannsthal heute. In: Etudes Germaniques 29 (1974): 154 ff.
Campe, R.: Ästhetische Utopie – Jugendstil in lyrischen Verfahrensweisen der Jahrhundertwende. In: Sprachkunst 9 (1978): 59 ff.
Donop, W. R.: Archetypal Vision in Hofmannsthal's Reitergeschichte. In: Germ. Life a. Letters (New Series) 22 (1969): 126 ff.
Durr, V. O.: Der Tod des Wachtmeisters Anton Lerch und die Revolution von 1848. In: The Germ. Quaterly 45 (1972): 33 ff.
Fiedler, Th.: Hofmannsthals „Reitergeschichte" und ihre Leser. In: German.-rom. Monatsschr. N. F. 26 (1976): 140 ff.
Gilbert, M. E.: Hugo von Hofmannsthals „Reitergeschichte". In: Der Deutschunterricht 8 (1956) H. 3: 101 ff.
Haay, R. de: Zur Interpretation von Hofmannsthals „Reitergeschichte". In: Duitse kroniek 17 (1965): 44 ff.
Heimrath, U.: Hugo von Hofmannsthals „Reitergeschichte". In: Wirk. Wort 21 (1971): 313 ff.
Hoppe, O. (Hrsg.): Kritik und Didaktik des literarischen Verstehens. Kronberg 1976.

Jacobs, M.: Nachwort. In: H. v. Hofmannsthal: Reitergeschichte. Frankfurt/M. 1973.

Kunz, J.: Die deutsche Novelle im 20. Jahrhundert. Berlin 1977.

Mauser, W.: Hugo von Hofmannsthal. München 1977.

Mollenhauer, P.: Wahrnehmung und Wirklichkeitsbewußtsein in Hofmannsthals Reitergeschichte. In The Germ. Quaterly 50 (1977): 283 ff.

Müller, K. J.: Das Dekadenzproblem in der österreichischen Literatur um die Jahrhundertwende. Stuttgart 1977.

Nündel, E./Schlotthaus, W.: Angenommen: Agamemnon. Wie Lehrer mit Texten umgehen. München 1978.

Reich-Ranicki, M.: Hofmannsthal in seinen Briefen. In: Neue Rundschau 85 (1974): 138 ff.

Rieder, H.: Hugo von Hofmannsthals „Reitergeschichte". In: Marginalien zur poetischen Welt. Festschrift für Robert Mülher. Berlin 1971.

Schäfer-Weiss, D.: Auf der Suche nach der verborgenen Einheit. Neue Wege der Hofmannsthalforschung. In: Göttingische Gelehrte Anzeigen. 223–224 (1971–72): 120 ff.

Schunicht, M.: Die frühen Erzählungen Hugo von Hofmannsthals. In: Germ.-roman. Monatsschr. N. F. 15 (1965): 275 ff.

Schmidt, H.: Zum Symbolgehalt der Reitergeschichte Hofmannsthals. In: Views a. Reviews of Modern Germ. Lit. Festschrift für Adolf D. Klarmann. München 1974.

Tarot, R.: Hugo von Hofmannsthal. Tübingen 1970.

Träbing, G.: Hugo von Hofmannsthals „Reitergeschichte". In: Deutsche Vierteljahresschrift 43 (1969): 707 ff.

Volke, W.: Hugo von Hofmannsthal in Selbstzeugnissen und Bilddokumenten. Reinbek 1967.

Wiese, B. von: Die deutsche Novelle von Goethe bis Kafka. Bd. I. Düsseldorf 1964.

Wunberg, G.: Der frühe Hofmannsthal. Stuttgart 1965.

ders.: Utopie und fin de siècle. In: Deutsche Vierteljahrsschrift 43 (1969): 685 ff.

ders. (Hrsg.): Die literarische Moderne. Frankfurt/M. 1971.

ders.: Öffentlichkeit und Esoterik. In: F. van Ingen u. a. (Hrsg.): Dichter und Leser. Groningen 1972.

ders. (Hrsg.): Das Junge Wien. Bd. I–II. Tübingen 1976.

Zimmermann, W.: Deutsche Prosadichtungen der Gegenwart. Teil I. Düsseldorf 1956.

MICHAEL KREJCI

Thomas Mann: Tristan

Die Zeit um die Jahreswende 1900/1901 war für Thomas Mann eine Zeit quälender Ungewißheit über Annahme oder Ablehnung des „Buddenbrooks"-Manuskriptes durch den S. Fischer Verlag. In diesen Monaten reifte die Idee zur Erzählung „Tristan", die dann auch bald verwirklicht wurde. Dabei kam der Autor offenbar gut voran; denn am 13. Februar 1901, eine gute Woche nachdem sich Fischer bereit erklärt hatte, die „Buddenbrooks" unverändert herauszubringen, schrieb Thomas Mann an seinen Bruder Heinrich, er habe eine „Burleske" in Arbeit, „die wahrscheinlich Tristan heißen soll". Und er bekräftigte: „Das ist echt! Eine Burleske, die Tristan heißt!" Aus einem weiteren Brief vom 1. 4. 1901 geht hervor, daß diese Arbeit um jene Zeit kurz vor ihrem Abschluß stand. Sie wurde dann wahrscheinlich im Mai oder Juni 1901 beendet. Im Frühjahr 1903 erschien dann die „burleske" Erzählung „Tristan" nach einigen verlegerischen Schwierigkeiten in einem Novellenband gleichen Titels, für den bereits im Dezember desselben Jahres ein Neudruck notwendig wurde. Sie liegt inzwischen in zahlreichen Ausgaben vor. Hier wird die Reclam-Ausgabe (RUB 6431) zugrunde gelegt.

1. Gegenstandsanalyse

Zunächst sei der Inhalt der Erzählung knapp vergegenwärtigt: Der laute und robuste norddeutsche Großkaufmann Klöterjahn bringt seine stille, zarte Frau Gabriele in das von einer bunten Schar Patienten bevölkerte Gebirgssanatorium Einfried, damit sie dort ihr angeblich harmloses Luftröhrenleiden auskuriert. Sie war davon ergriffen worden, nachdem sie ihren kräftigen Sohn Anton geboren hatte. Gabriele Klöterjahn entstammt einer alten Patrizierfamilie und ist künstlerisch veranlagt. Sie erregt in Einfried schon wegen ihres Äußeren allgemeines Aufsehen. Besonders der einzelgängerisch-kauzige Schriftsteller Detlev Spinell, der bisher einen einzigen Roman „von mäßigem Umfange" verfaßt hat, wendet sich ihr zu. Er, der von den anderen Sanatoriumsgästen seines Aussehens wegen „der verweste Säugling" genannt wird und wirklichkeitsfern und schönheitsselig in Einfried dahinlebt, gewinnt zunehmend das Vertrauen der zerbrechlich-schönen Frau. Sie erzählt von ihrer Jugend, von ihrem Vater, der mehr Künstler als Kaufmann war, und von ihrer ersten Begegnung mit Klöterjahn im Garten des väterlichen Hauses. Unter dem Einfluß Spinells entfremdet sie sich mehr und mehr von Mann und Kind. Ihr Zustand bessert sich nicht, weswegen ihr von den Ärzten auch untersagt wird, Klavier zu spielen. Als für die Gäste des Sanatoriums eine Schlittenpartie veranstaltet wird, nehmen Gabriele wie auch Spinell nicht teil. Im Konversationszimmer des Hauses überredet der Schriftsteller Gabriele, ihm aus den „Nocturnes" von Chopin und dann aus dem Klavierauszug von Wagners „Tristan und Isolde" vorzuspielen. Das Sehnsuchts-, das Liebes- und das Todesmotiv erklingen. Beide sind ergriffen von den „trunkenen Gesängen des Mysterienspiels". Sie finden zueinander im Medium der Musik „in einer imaginären Sphäre, die gleichwohl seelische Wirklichkeit ist" (Rasch, 1964: 455). Als Spinell geht, wendet er sich noch einmal um, kniet nieder und faltet die Hände wie im Gebet. Zwei Tage später verschlechtert sich Gabrieles Zustand zusehends. Herr Klöterjahn wird telegrafisch herbeigerufen und kommt mit Sohn und Kindermädchen angereist. Spinell, dem der laute Klöterjahn ebenso zuwider ist wie dessen von Lebenskraft strotzender Sohn, schreibt einen langen Brief an Gabrieles Mann. Er wirft ihm darin vor, jener habe deren von Anfang an todbestimmte Schönheit nie erkannt, sondern lediglich von ihr Besitz ergriffen, sie ausgenützt und entweiht. Er hasse ihn und sein Kind als Vertreter des gemeinen, lächerlichen und dennoch triumphierenden Lebens, das „den ewigen Gegensatz und Todfeind der Schönheit" darstelle. Zugleich rühmt sich Spinell, es sei sein Verdienst, wenn Gabriele jetzt „stolz und selig unter dem tödlichen Kuß der Schönheit vergeht". Auf diesen Brief hin stellt Klöterjahn den Schriftsteller wütend zur Rede. Mitten in die Auseinandersetzung hinein trifft die Nachricht, daß Gabriele, als sie „ein Stückchen Musik" vor sich hinsummte, einen Blutsturz erlitten hat und stirbt. Klöterjahn, in dem „ein warmes, gutes, menschliches und redlichen Gefühl" hervorbricht, eilt zu ihr. Spinell hingegen trinkt einen Kognak und unternimmt einen Spaziergang in den Park, wobei er seinerseits „ein Stückchen Musik" vor sich hinsummt, das Sehnsuchtsmotiv aus „Tristan und Isolde". Dabei trifft er im Schein der untergehenden Sonne auf das Kindermädchen mit dem von animalischem Wohlbefinden erfüllten, jauchzenden Anton Klöterjahn jun. Er macht kehrt und geht fort „mit den gewaltsam zögernden Schritten jemandes, der verbergen will, daß er innerlich davonläuft".

Betrachtet man den Aufbau, so ergibt sich, daß der Text in zwölf Erzählabschnitte gegliedert ist, die in Anlehnung an Karsten Witte (1968: 660) etwa so gekennzeichnet werden können:

Thomas Mann: Tristan

1. Sanatorium Einfried (3–5)
2. Ehepaar Klöterjahn (5–7)
3. Gabrieles Geschichte, von ihrem Mann erzählt (7–10)
4. Spinell (10–11)
5. Spinell und das Ehepaar Klöterjahn; erstes Kennenlernen (12–13)
6. Gabriele und Spinell; näheres Kennenlernen (13–18)
7. Gabrieles Geschichte, von ihr selbst erzählt (18–24)
8. Spinell und Gabriele als „Tristan und Isolde" (24–35)
9. Klöterjahn und Sohn (35–37)
10. Gabrieles Geschichte, in Spinells Brief erzählt (37–42)
11 Auseinandersetzung zwischen Klöterjahn und Spinell; Gabrieles Tod (42–47)
12. Spinell und Anton Klöterjahn (47–49)

Witte (1968: 660 f.) weist darauf hin, daß die Erzählung streckenweise vom Dialog bestimmt wird, wodurch die Erzählabschnitte zu Szenen werden, die sich nach dramatischer Tektonik zu einem Stück fügen. Der Erzähler fungiere darin als Spielleiter. Witte entwickelt von daher ein „dramatisches Schema der Novelle":

1. Prolog
2.–4. Exposition
5.–7. Konflikt
8. Klimax
9.–11. Katastrophe
12. Epilog

Er betont, daß die klassische Dreizahl die Proportionen des Aufbaus bestimmt: „Drei Einzelszenen (1, 8, 12) schließen in sich drei Gruppen von drei Szenen ein, in denen dreimal Gabrieles Geschichte von drei verschiedenen Erzählern berichtet wird." (Witte, 1968; 661). Dieser Beschreibung des Aufbaus sei nur noch ergänzend hinzugefügt, daß die den Höhepunkt bringende Tristan-Szene (Erzählabschnitt 8) exakt in der Mitte des Textes beginnt (24 bei 49 Seiten der Reclam-Ausgabe). Sie bildet also auch formal die Kernszene, um die herum der Autor die Handlung komponiert hat.

Fragt man nach dem Thema der Novelle, so bieten sich Gegensatzpaare wie Leben und Kunst, Leben und Schönheit, konkretisiert im Gegensatz Bürger und Künstler, an, Antagonismen also, wie sie gerade im Werk des frühen Thomas Mann immer wieder zu finden sind. Dabei erfahren diese Gegensätze in „Tristan" eine besondere Akzentuierung. Nicht die Spannung zwischen Kunst und Leben (Künstler und Bürger) schlechthin bildet das Thema, sondern die zwischen lebenskräftig-erfolgreich-produktivem Bürger einerseits und lebensschwach-erfolglos-unproduktivem Künstler andererseits. Ersterer personifiziert im Großkaufmann Klöterjahn und auch schon in seinem Sohn Anton, letzterer mit unterschiedlicher Ausprägung gestaltet in Gabriele Klöterjahn und Detlev Spinell. Gabriele ist an der Entfaltung ihrer durchaus vorhandenen künstlerischen Anlagen durch ihre lebensbejahende Verbindung mit dem Bürger Klöterjahn und durch die daraus schließlich resultierende Krankheit gehindert worden. Spinell hat die auch bei ihm im Ansatz vorhandenen künstlerischen Qualifikationen nicht zu entfalten vermocht, weil er lebensfeindlich und menschenfern in sterilem Ästhetizismus dahinexistiert. Gabriele, die potentiell große Künstlerin, die an das Leben mit seinen Wirklichkeiten verlorengeht, Spinell, der potentielle Künstler, der sich an die Schönheit und in Unwirklichkeiten verliert.

Versteht man das antagonistische Thema im Text derart durch Personen verkörpert, so ist die Frage, ob Gabriele Klöterjahn oder Detlev Spinell die Hauptfigur der Novelle darstelle, in dieser Form gar nicht zu beantworten. Beide stehen, aufeinander bezogen, als unterschiedliche Personifikationen des Künstlers, der aus jeweils anderer Haltung zum Leben nicht zu wahrem Künstlertum gelangt, im Zentrum der Erzählung. Mit wechselnder räumlicher Distanz, die in der Entrücktheit der Tristan-Szene am weitesten ist, sind sie umgeben von einer Reihe weiterer Figuren. Es sind dies die Ärzte, das Personal und die übrigen Patienten von Einfried als Vertreter einer gelegentlich schon unwirklichen Zwischenwelt zwischen Leben und Tod, und insbesondere drei weitere Figuren, nämlich der ältere und der jüngere Klöterjahn und dessen Kindermädchen als Vertreter des wirklichen Lebens draußen. In der von Schwachheit und Krankheit erfüllten und von „Todesschönheit" angehauchten Zwischenwelt treten sie kraftstrotzend, gesund und mit einer den Schönheitssinn verletzenden Lebendigkeit auf, angesichts derer Spinell schließlich nur die Flucht bleibt.

Im Gegensatz zu Rilla (1955: 273), der in Detlev Spinell die Hauptfigur sieht, „die Figur, auf die es ankommt, [...] um derentwillen die Erzählung geschrieben wurde", aber auch im Gegensatz zu Kirchberger (1961: 283), die Gabriele Klöterjahn als die Hauptfigur ansieht, wird hier also von einer Figurenkonstellation ausgegangen, die keiner der beiden genannten Personen eine Vorrangstellung eingeräumt. Eine solche Auffassung verträgt sich durchaus mit der Haltung, die der Erzähler gegenüber beiden einnimmt. Zwar gilt seine Sympathie offensichtlich Gabriele Klöterjahn. Sie ist die einzige Person im Text, der er kaum mit Ironie begegnet und auf die sein Spott nicht abzielt, während Spinell immer wieder Gegenstand seiner Ironie und Ziel seines Spottes ist. Das muß aber keineswegs eine Rangordnung im Figurengefüge bedeuten. Es entspräche durchaus dem frühen Thomas Mann, zwei Möglichkeiten des künstlerischen Scheiterns im und am Leben zu sehen, diese auch als

Eventualitäten für sich selbst zu erkennen, der einen, ohne sie zu bejahen, eher verstehend gegenüberzustehen und sich von der anderen spöttisch zu distanzieren. Die Gefahr für den Künstler, sich an das bürgerliche Leben zu verlieren, wäre dann ebenso groß wie jene, einer lebensfernen Schönheitstrunkenheit zu erliegen (Gleichrangigkeit der beiden Hauptfiguren). Einem Verfall an das Leben wäre aber dann immer noch eher mit Verständnis zu begegnen (positive Einstellung des Erzählers zu einer der Hauptfiguren, Gabriele Klöterjahn).

Paul Rilla (1955: 280) formuliert das so:

„Der realistische Erzähler Thomas Mann erkennt die bürgerliche Wirklichkeit als kunst- und geistesfeindlich. Doch er erkennt, daß sie immer noch stärker ist als ein Künstlertum, welches ihr nichts entgegenzustellen hat als eine ästhetische Selbstbefriedigung, die überhaupt an keine Wirklichkeit rührt. [...] Er (Thomas Mann) trifft im ‚Tristan' die gesellschaftliche Leere der bürgerlichen Welt mit überlegenem Witz, aber er trifft sie am schärfsten in ihrem ästhetischen Widerspiel. Denn die künstlerische Dekadenz bleibt das ästhetische Widerspiel der bürgerlichen Dekadenz, doppelt unfruchtbar, weil ihre Bürgerverachtung nur die Ohnmacht ist, mit der Wirklichkeit fertigzuwerden, und nur der Drang, vor der bürgerlichen Leere in eine entleerte Kulissenwelt des schönen Scheins, der tristen Scheinbarkeit zu entfliehen."

Nun entspräche es sicher nicht Thomas Manns künstlerischer Qualität, wollte man annehmen, er habe um einen so gesehenen thematischen Kern Personen erfunden und Handlungen arrangiert und so das Problem Leben und Kunst inszeniert. Vielmehr ist Lang (1967: 93) zuzustimmen, der meint, ein solches Vorgehen des Autors zu vermuten, hieße, ihn zu einem „literarischen Konstrukteur" abstempeln. Obwohl, wie so oft bei Thomas Mann, auch in „Tristan" eine Vielzahl von Eindrücken und Vorbildern aus der zeitgenössischen wie literar- und musik- und kunsthistorischen Realität mittels der für ihn typischen Montagetechnik verarbeitet sind, darf der künstlerische Entstehungsprozeß auch dieser Erzählung nicht so mißverstanden werden, als habe Thomas Mann im Text eine primäre Idee unter sekundärer Zuhilfenahme realistischer Eindrücke und Vorbilder konkretisiert oder auch umgekehrt primäre Realitätserfahrungen idealisierend gestaltet. Vielmehr ist ein integrativer Schaffensprozeß anzunehmen, in welchem dem Autor Idee und Realität stets simultan gewärtig waren. Bei keiner der beiden genannten Vorgehensweisen wären nämlich Personen entstanden, die wie die des „Tristan" Menschen von Fleisch und Blut sind. Letzteres gilt nicht nur für so lebensecht gestaltete Figuren wie die des Großkaufmanns Klöterjahn, seines Sohnes Anton und auch die des Kindermädchens. Gerade diese „Person", die stets „Rot, Gold und Schottisch" gekleidet ist, so daß sie bei Klöterjahns Vorliebe für alles Britische und seiner Neigung zum

Dienstpersonal geradezu schon als die künftige Frau Klöterjahn verstanden werden kann, ist bereits mit wenigen sprachlichen Mitteln so lebensnah gestaltet, daß ihre Vernachlässigung in bisherigen Interpretationen verwundern muß. Ein Mensch aus Fleisch und Blut ist, bei aller stilisierten Darstellung ihrer fragilen Schönheit (Femme enfant, vgl. Rasch, 1964: 431 f.), aber auch Gabriele, und ein solcher ist, obwohl er auf den ersten Blick eher wie die Karikatur eines Schöngeistes wirkt, auch Detlev Spinell. Thomas Mann selbst charakterisiert ihn einmal als „entschieden komische Figur", als „Ästhet" mit einem „skurillen Schönheitssinn" (Brief an Norbert Jobst, 24. 3. 1953).

An dieser Figur sei das soeben über die Personendarstellung Gesagte verdeutlicht. Mit dem ihm eigenen exakten Realismus, der freilich auch „stets ein Symbolismus" ist (Rasch, 1964: 465), mit der für ihn schon als charakteristisch bezeichneten Montagetechnik (vgl. Young, 1975), hat der Autor in dieser Figur Vorbilder aus Literatur und Gegenwart zu einer integrativen Einheit verschmolzen. Da sind zum einen die Zeitgenossen und Freunde Arthur Holitscher und Peter Altenberg zu nennen, von denen der erstere dem Autor, als er sich in Spinell wiedererkannt hatte, „spinnefeind" war, und das trotz der „zuverlässig freundschaftlichen Gesinnung" der Widmung durch Thomas Mann (Brief an Ida Herz, 23. 5. 1932). Darüber hinaus wird in der Sekundärliteratur als Vorbild aber auch auf E. T. A. Hoffmanns Figur Dr. Mirakel in „Rat Krespel" sowie auf Bezüge zu Heinrich Manns „Doktor Biebers Versuchung" hingewiesen (Kirchberger, 1961: 289 f. u. Wysling, 1968: XXIIf.). Obwohl also das Ergebnis einer künstlerischen Montage, wirkt Spinell beim Lesen keineswegs wie eine Konstruktion. Er ist vielmehr sogar so lebenig-realistisch gestaltet, daß Henry Olsen (1965) als medizinischer Diagnostiker anhand einer Vielzahl von Symptomen, die Thomas Mann exakt dargestellt hat, jene Krankheit zu bestimmen vermochte, derentwegen Spinell sich in Einfried aufhält und die er gegenüber Gabriele aus begreiflichen Gründen verschweigt: Akromegalie, die sich zur Dystrophia adiposo-genitalis entwickelt hat und die mit Impotenz verbunden ist (vgl. Rilla, 1955: 279)! Berücksichtigt man diese aufgrund der lebendig-realistischen Darstellung gewonnene Diagnose, dann gewinnt die Erzählung mit dem Titel „Tristan" und den dadurch hervorgerufenen literarhistorischen Assoziationen besondere Delikatesse. Gleiches gilt für die allein mystische Vereinigung der beiden Hauptfiguren in der Tristan-Szene wie auch für das zweikampfartige Aufeinandertreffen Klöterjahn (nddt. Klöten – Pluralform von Hoden) – Spinell („Name irgendeines Minerals oder Edelsteines"). Von daher ist vielleicht auch Holitschers oben erwähnte Reaktion verständlich, von der Thomas Mann schreibt: „Ich wollte ihm eben beteuern, daß es nicht persönlich gemeint sei, und zuerst ging er auch mit liberalem Händedruck darauf ein, nachher aber war es stärker als er." (Brief an Ida Herz, 23. 5. 1932).

Innerhalb des Handlungsverlaufes sind vier Szenen besonders herausragend: die Brunnenszene, die Tristanszene, die Auseinandersetzung Klöterjahn – Spinell und die Schlußszene. Erstere wird in der Rückschau aus der Sicht von drei Personen dargestellt: zunächst wirklichkeitsnah aus jener Gabrieles (21–24), in Verbindung damit bereits teilweise aus der Sicht Spinells, der Gabrieles Darstellung immer wieder ins Märchenhafte umstilisiert, bis er schließlich seine Version auch schriftlich niederlegt (38 f.), und schließlich aus der handfest-realistischen Sicht Herrn Klöterjahns (46). Wolfdietrich Rasch, der den Springbrunnen als „das zentrale Symbol der ganzen Erzählung" ansieht, „ein Symbol des Lebens in seiner Totalität, weil er Aufstieg und Niedergang, Leben und Tod gleichermaßen in sich vereint" (1964: 464; vgl. Sørensen, 1965; 87 ff. und Witte, 1968: 665 ff.) zeigt eindrucksvoll, daß diese Brunnenszene in der Version Spinells eine typische Jugendstilszene ist. Er meint, daß es in der bedeutenden Prosadichtung um 1900 nur wenige Stellen gebe, die so unmittelbar an ein Bild oder an eine Zeichnung des Jugendstils, etwa an ein Blatt von Vogeler oder Fidus, erinnern. Thomas Mann habe hier vermutlich eine solche Vorlage verwendet. Zugleich hebt Rasch (ebd.) aber hervor, daß der Autor ein „ambivalentes Verhältnis" zum Jugendstil habe. Er habe „am Jugendstil inneren Anteil und zugleich ironischen Abstand von ihm, einen kritischen Vorbehalt". Ähnlich äußern sich Hermand (1964: 444), der in den Jugendstil-Elementen bei Thomas Mann eine „deutliche Wendung ins Karikaturistische" erkennt; und auch Karthaus (1971:113) betont, daß Thomas Manns Frühwerk „keineswegs bruchlos" im Jugendstil aufgehe.

Als „ambivalent" ist auch das Verhältnis Thomas Manns zu Richard Wagner und der Neoromantik zu bezeichnen, in deren Stil die Tristan-Szene gefaßt ist, die man auch als imaginäre Liebesszene bezeichnen kann. Sie verläuft entsprechend der Abfolge des zweiten Aktes der Oper „Tristan und Isolde". Thomas Mann selbst schrieb dazu: „Es war die Zeit der Maienblüte meiner Begeisterung für das ‚Opus metaphysicum', und ich habe mich da wohl wirklich etwas gehen lassen. Aber Musikbeschreibung war immer meine Schwäche (und Stärke?)." (Brief an F. H. Weber, 20. 3. 1953). Entsprechend unterschiedlich wird die Szene auch in der Sekundärliteratur gewertet. Lang (1967: 95) meint „die Wahl der Wagner-Oper als Mittelpunktszene und als Titel (sei) ein schlechthin genialer Griff" und die Darstellung in der fraglichen Szene sei „ohne Ironie, ohne Versteckspiel mit dem Leser, geradezu hymnisch" (ebd.: 108 f.).

Rasch (1964: 454) erkennt „in der Klavierszene mit der Tristan-Musik" Intérieur-Bilder der Jugendstilzeit, betont die „unüberhörbaren Anklänge an die christliche Vorstellungswelt und ihre Sprache" (ebd.: 63) und sieht eine ernste Vergegenwärtigung der erotischen Todesmystik Wagners (ebd.: 458). Witte (1968: 668) hingegen spricht von einer „Tristan-Burleske" und meint, die Übernahmen aus Wagners Libretto in die Tristan-Szene hätten parodistischen Charakter.

Ohne Zweifel aber handelt es sich bei dieser Szene um die Kernszene der Erzählung, in welcher die Handlung, die Lang (1967: 107f.) als „Verführung Gabrieles zum Tode" auffaßt, kulminiert und in der auch die sprachliche Gestaltung von höchster Dichte ist. Wie kunstvoll dabei die Wagnerische Textvorgabe verarbeitet wurde, könnte anhand der folgenden Gegenüberstellung deutlich werden (nach F. W. Young, 1975: 116f.; vgl. hierzu auch Lang, 1967: 108ff.):

Th. Mann „Tristan" (RUB 6431: 32, 11–25)	R. Wagner „Tristan und Isolde" II. Aufzug (RUB 5638: 36–42)
11–12 Hörnerschall verlor sich in der Ferne. Wie?	36, 1–2 Isolde: Hör'st du sie noch? Mir schwand schon fern der Klang.
(oder war es das Säuseln des Laubes?)	36,9–11 I: dich täuscht des Laubes säuselnd Getön', das lachend schüttelt der Wind.
12–16 Das sanfte Rieseln des Quells?	37, 1–3 I: des Quelles sanft rieselnde Welle rauscht so wonnig daher
‚Schon' (hatte die Nacht) „ihr Schweigen durch Hain und Haus" ‚gegossen', und ((kein ‚flehendes' Mahnen vermochte dem Walten der Sehnsucht mehr Einhalt zu tun.))	I: Schon goß sie ihr Schweigen durch Hain und Haus
	40, 4–7 Brangäne: O hör mein Flehen! Der Gefahr leuchtendes Licht, nur heute heut! die Fackel dort lösche nicht!
((Das heilige Geheimnis vollendete sich.))	40,8–18 I: Die im Busen mir die Gluth entfacht, die mir das Herze brennen macht, die mir als Tag der Seele lacht, Frau Minne will es werde Nacht, daß hell sie dort leuchte, wo sie dein Licht verscheuchte.
16–20 Die Leuchte erlosch,	40 Bühnenanweisung: Sie wirft die Fackel zur Erde,

	mit einer seltsamen, plötzlich gedeckten Klangfarbe senkte das Todesmotiv sich herab, und in jagender Ungeduld ließ die Sehnsucht ihren weißen Schleier dem Geliebten entgegenflattern, der ihr mit ausgebreiteten Armen durchs Dunkel nahte.	40	wo sie allmählich verlischt. Bühnenanweisung: Sie winkt mit einem Tuche, erst seltener, dann häufiger und endlich, in leidenschaftlicher Ungeduld, immer schneller ...
21–22	((O ‚überschwenglicher' und unersättlicher Jubel der Vereinigung im ewigen Jenseits der Dinge!))	41,33 42,2	Tristan und Isolde: ... ungeahnte, nie bekannte, überschwänglich hoch erhab'ne! Lustentzücken! Himmelhöchstes Weltentrücken!
22–25	Des quälenden Irrtums entledigt, den Fesseln des Raumes und der Zeit entronnen, ((verschmolzen das Du und das Ich, das Dein und Mein sich zu ‚erhabener' Wonne.))	42,3–5 41,36	T/I: Mein Tristan! Mein Isolde! Tristan! Isolde! Mein und dein! Immer ein! Ewig, ewig ein! erhabne

Übernahme längerer Passagen „..."
Übernahme einzelner Wörter ‚...'
Textparaphrase (...)
Gedankliche Anlehnung ((...))

Hiervon zu sagen, Thomas Mann parodiere Wagner, wie Witte (1968: 62) dies tut, geht sicher zu weit. Man muß wohl (auch unter Berücksichtigung der oben wiedergegebenen Äußerung des Autors gegenüber F. H. Weber) eher Geerdts (1966: 200) zustimmen, der sagt: „inmitten der ironischen Distanzierung, die der Autor seinen Geschöpfen angedeihen läßt, hebt sich die Bewunderung für den musikalischen Ausdruck Wagners als Apotheose romantischer Kunst heraus."

Ganz anderer Art ist demgegenüber die Szene der Auseinandersetzung Klöterjahn – Spinell (42–47), die man durchaus auch als „Duellszene" bezeichnen kann. Spinell hat Klöterjahn gefordert. Sein Brief ist eine einzige, große Herausforderung und Aufforderung zum Kampf, in welchem er Klöterjahn als dem „Stärkerern" (41,36) „nur eines entgegenzustellen hat, das erhabene Gewaffen und Rachewerkzeug der Schwachen: Geist und Wort" (41,3–42,1). Gerade diese Waffen aber, das weiß Spinell ganz genau, sind nicht jene des Herrn Klöterjahn. Das Duell ist also – und das macht zu einem Großteil die zunächst erheiternde Wirkung dieser Szene aus – ein Duell mit ungleichen Waffen. Während Spinell sich auf „Geist und Wort" verläßt und sich damit durchaus überlegen fühlt, setzt Klöterjahn dem sein mehrfach betontes rechtes Gefühl („Ich habe das Herz auf dem rechten Fleck", 45,23; 46,5 und 17), aber auch Kraftmeierei (45,25) sowie zahlreiche Verbalinjurien entgegen. Das Erheiternde dieser Duell-Szene rührt aber nicht nur aus der Ungleichheit der Waffen. Es ist eine jener unzähligen Szenen der Weltliteratur, in denen Ehemann und Nebenbuhler aufeinanderprallen und in denen der Ehemann die Rolle des Tölpels spielt, wobei allerdings hier bei Thomas Mann auch der Nebenbuhler eine kläglich-erheiternde Rolle einnimmt. Der Schwärmer und Ästhet Spinell, der sich zunächst auf Geist und Wort berief, steht schließlich unter dem Eindruck des wütend polternden Klöterjahn wie ein abgekanzelter Schuljunge da. Paul Rilla (1955: 280) formuliert das so: „[...] der Witz ist der, daß ein Ästhetentum, welches das Licht der Wirklichkeit scheut, gerade von der allergewöhnlichsten Wirklichkeit überfahren wird."

Besonders mit dieser Verspottung des „Künstlers aus Lebensangst und Lebensschwäche" (Rilla, 1955: 277), der den Schönheitskult, den Wagner-Kult und den Todeskult der Jugendstilzeit verkörpert, aber auch durch die Verspottung des Großkaufmanns Klöterjahn, der das im praktischen Leben erfolgreiche Bürgertum repräsentiert, gewinnt die Erzählung in dieser Szene wieder burleske Züge. Die beiden hier miteinander Streitenden sind „Repräsentanten einer Polarität der Epoche" (Rasch, 1964: 464), denen gegenüber Thomas Mann den „gleichen ironischen Vorbehalt" hat (Matter, 1976: 433). Die Szene gewinnt schließlich, und das verstärkt ihren burlesken Charakter, auch noch parodistische Züge, wenn man sie gedanklich mit dem Schluß der Wagner-Oper in Verbindung bringt, wo Tristan in den Armen Isoldes stirbt, König Marke auftritt, um die Liebenden verständnisvoll zu vereinen, und Isolde im Liebestod vergeht: Hier nun ein impotenter Spinell – Tristan, der keineswegs in den Armen der Geliebten stirbt, eine Gabriele – Isolde, die in ihrem Krankenzimmer mit dem Sehnsuchtsmotiv auf den Lippen endet, und ein verständnisloser Klöterjahn – Marke, der mit dem Rechtsanwalt droht! Thomas Manns ambivalentes Verhältnis zu Wagner, gekennzeichnet sowohl durch enthusiastische Anteilnahme wie auch durch kritischen Abstand (vgl. Koppen, 1971), kann kaum deutlicher werden als durch die Kontrastierung der Tristan-Szene einerseits und der so verstandenen Auseinandersetzungsszene andererseits.

Gabriele Klöterjahn stirbt. Ihr Mann, dem jetzt trotz aller vorangegangener Ironie durchaus die Sympathie des Erzählers gilt („[...] man sah, wie ein warmes, gutes, menschliches und redliches Gefühl aus ihm hervorbrach." 47,9 f.), eilt in ihren letzten Augenblicken zu ihr. Spinell hingegen nimmt nach der „so jäh unterbrochenen Visite" einen Kognak zu sich, streckt sich auf dem Sofa aus, findet aber („Man ist nicht geschaffen für so plumpe Erlebnisse wie dieses da!" 47,34 f.) keine Ruhe. Schließlich gelangt er „durch einen seelischen Vorgang, dessen Analyse zu weit führen würde" (47 f.) zu dem Entschluß, sich ein wenig im Freien zu ergehen. Am Fenster des Sterbezimmers Gabrieles bleibt sein Blick „eine Weile ernst, fest und dunkel" haften (48,8 f.), dann aber geht er gesenkten Hauptes weiter und summt ein Stückchen Musik vor sich hin, das Sehnsuchtsmotiv. Hier (48,27) setzt „plötzlich" die Schlußszene ein. Die Szene der Verklärung des kleinen Anton, oder, wie Geerdts es formuliert (1966: 192) die „ironische Apotheose des Kindes Anton Köterjahn", vor dem Spinell die Flucht ergreift, „die Flucht vor dem Leben", wie Rilla (1955: 276) schreibt. Es ist ein eindeutig burlesker Abschluß. Das Bild des kleinen Klöterjahn im „Wägelchen" vor der „Gloriole der Sonnenscheibe" (48 f.) erinnert an glorifizierende Fürsten-Jupiter-Darstellungen auf Deckengemälden in Repräsentationsräumen barocker Residenzen.

Aber auch hier sind sowohl innere Anteilnahme wie auch ironische Distanz des Autors spürbar. Er läßt diesen kleinen sol invictus, nachdem er zunächst sein Äußeres recht wohlwollend beschrieben hat, in einen wildkreischenden Jubel der Lebenslust ausbrechen, läßt ihn „wilde Heiterkeit" verspüren, von einem „Anfall von animalischem Wohlbefinden" gepackt werden, klappern und den Mund so aufreißen, „daß man seinen ganzen rosigen Gaumen" sieht; er läßt ihn sich also ganz unfürstlich und ungöttlich betragen. Es ist dies Bejahung und zugleich Verspottung des kraftvolleren Lebens, vor dem der gleichfalls dem Spott preisgegebene schwächliche Künstler Spinell auf groteske Weise davonläuft.

2. Didaktisch-methodische Analyse

Wenn im Rahmen der nun anzustellenden didaktisch-methodischen Überlegungen zunächst die Frage nach den Zielsetzungen gestellt wird, die mit Thomas Manns „Tristan" im Unterricht erreichbar erscheinen, woran sich dann das Nachdenken über methodische Möglichkeiten anzuschließen hat, so ist auf diese Frage eine Vielzahl von Antworten möglich, wenn sie, wie hier, zunächst ohne weitere Bedingungen gestellt ist. Bekanntlich schränkt sich diese Zahl der zunächst denkbaren Unterrichtsziele aber rasch ein, sofern man bei der Zielentscheidung als unterrichtsrelevante Gegebenheiten die Lernvoraussetzungen der Schüler (Motivation, Bedürfnisse, Interessen, Kenntnisse, Fähigkeiten, Fertigkeiten etc.) und die Lehrvoraussetzungen des Unterrichtenden (Lehrplananforderungen, verfügbare Zeit, einsetzbare Materialien etc.) berücksichtigt. Da diese Voraussetzungen zumeist von Unterrichtssituation zu Unterrichtssituation verschieden sind, erscheint hier eine Auswahl aus der zunächst denkbaren Vielzahl von unterrichtlichen Zielsetzungen zu „Tristan" vorerst nicht möglich. Wenn diese Auswahl dennoch vorgenommen wird, so aus der Überzeugung heraus, daß ellenlange (und dennoch meist beliebig verlängerbare) Auflistungen von Lernzielen dem Praktiker wenig hilfreich sind. Als Auswahlkriterium für Lernziele und in Verbindung damit für unterrichtsmethodische Vorschläge wird hier zum einen eine Lehrvoraussetzung, nämlich die Mediensituation angewendet. Das bedeutet: Es werden solche Zielsetzungen bevorzugt für deren Erreichung ergänzende Materialien besonders leicht zu beschaffen sind. Der Praktiker wird dieses pragmatisch-ökonomische Vorgehen, das den Theoretiker sicher nicht befriedigt, zu schätzen wissen, zumal ihm in der Reclam-Reihe „Erläuterungen und Dokumente" (RUB 8115) ein leicht zugänglicher Materialiensatz zu Thomas Mann „Tristan" vorliegt.

Zunächst seien aber einige Überlegungen zur voraussichtlichen Motivationslage der Schüler angestellt, die, wie stets bei unterrichtsplanerischen Überlegungen, gleichfalls als Auswahlkriterium für die Lernzielentscheidung (mit allen ihren auch methodischen Konsequenzen) zu berücksichtigen ist. Wilhelm Lang (1967: 111) machte im Rahmen eines wertenden Vergleichs „Tonio Kröger" – „Tristan" einige für unseren Zusammenhang interessante Bemerkungen: „‚Tonio Kröger' stellt deutlich und fast allgemein verständlich ein persönliches Problem dar, enthält ein Bekenntnis und wirkt als ‚dokument humain'; man spürt den unmittelbaren Lebensbezug und bekommt Aufschluß über einen Menschen, nämlich Th. Mann. ‚Tristan' läßt ähnliches anklingen, aber weder die Situation Frau Klöterjahns noch die Probleme Spinells sind so grundsätzlich allgemein interessierend und aufschlußreich. Sie sind einmalig und schwer nachvollziehbar; das ‚quid hoc ad me' darin ist sehr viel schwerer aufzuspüren; der Fall Klöterjahn ist nicht unserer, und Spinell bleibt Karikatur."
Der Lehrer, der dem zustimmt, wird die primäre Motivation seiner Schüler beim unterrichtlichen Umgang mit „Tristan" keineswegs hoch einschätzen und dies bei seinen Ziel- und Methodenentscheidungen berücksichtigen.
Ausgehend von der zunächst anzunehmenden weitgehend unreflek-

Thomas Mann: Tristan

tierten Distanz des Schülers zum Text, ergäbe sich dann als Zielsetzung

(Z 1) die Schüler sollen eine *begründete* kritische Einstellung zum „Tristan"-Text gewinnen, die zustimmend, aber auch ablehnend sein kann.

Dies impliziert dann weitere Zielsetzungen und methodische Folgerungen, nämlich:

(Z 2) den Inhalt des Textes erfassen,
(Z 3) charakteristische Formmerkmale erkennen,
(Z 4) Einblick in die Entstehungsbedingungen des Textes gewinnen,
(Z 5) seinen thematischen Kern erschließen und reflektieren,
(Z 6) Rückschlüsse auf Intentionen des Autors ziehen,
(Z 7) Gestaltungstechniken des Autors exemplarisch kennenlernen,
(Z 8) Beziehungen zwischen Entstehungsbedingungen, Inhalt, Form, Thema und Intentionen ermitteln und erörtern,
(Z 9) Wirkungen des Textes feststellen, beschreiben und diskutieren.

Für die Erreichung dieser Unterrichtsziele erscheint die schon erwähnte, von Ulrich Dittmann bearbeitete Materialiensammlung „Erläuterungen und Dokumente zu Thomas Manns ‚Tristan'" (RUB 8115) jeweils in unterschiedlichem Maße, aber insgesamt geeignet. Die dort gegebenen „Texterläuterungen" (S. 3–39) sind für die inhaltliche Erfassung hilfreich und verweisen zudem auf charakteristische Formmerkmale (Z 2 und 3). Das Kapitel „Entstehungsgeschichte" (Z 4) bringt über die Darstellung der Entstehung des „Tristan" (S. 39f.) hinaus autobiographische Zeugnisse in Gestalt von Auszügen aus Briefen Thomas Manns (S. 40–42) und als zeitgenössisch-wertende Stimme über den Dichter eine Aussage von Ludwig Thoma (S. 43).

Zur Erreichung von Z 5 sei auf den Abschnitt „Die Künstlerexistenz" (S. 79–84) verwiesen, die neben einem entsprechenden Text aus Arthur Holitschers Autobiographie „Lebensgeschichte eines Rebellen" (S. 79–81) und einer dazu kontrastierenden Textpassage aus „Tonio Kröger" (S. 81f.) Auszüge aus Thomas Manns Wagner-Essay aus dem Jahre 1933 (S. 82f.) und ergänzend einen autobiographischen Entwurf des Autors von 1907 bringt (S. 83f.). Was Thomas Manns Äußerungen über den Künstler betrifft, so sei hier besonders auf das einschlägige Kapitel bei Ernst Nündel (1972: 48ff.) aufmerksam gemacht.

Rückschlüsse auf die Intentionen des Autors (Z 6), insbesondere auf seine kritische Absicht, werden durch die „Texterläuterungen" (S. 3–39) erleichtert. Als Ergänzung hierzu sei hingewiesen auf den schon erwähnten autobiographischen Entwurf (S. 83f.), welcher selbstkritische Einstellung und Kritik an der Selbstüberschätzung mancher zeitgenössischer Künstler dokumentiert, sowie auf die gegenüber Richard Wagner kritischen Äußerungen in den Auszügen aus den „Buddenbrooks" (S. 71) und in den weiteren Ausschnitten aus dem Gesamtwerk (S. 74 ff.).

Was das exemplarische Kennenlernen der Gestaltungstechniken des Autors betrifft (Z 7), so geben die „Texterläuterungen" (S. 3–39) nützliche Hinweise zum Einsatz von Leitmotiven (S. 11 f., 26, 71 f.) sowie zur Verarbeitung von Vorbildern (S. 16 und 22) und von literarischen Vorlagen, insbesondere Wagners „Tristan und Isolde" (S. 26–29). Noch ergiebiger ist hierfür das Kapitel „Stoffliche Anregungen" (S. 44–67).

Für das Ermitteln von Beziehungen zwischen den Entstehungsbedingungen des Textes, seinem Inhalt, seiner Form, seinem Thema und den Intentionen des Autors (Z 8) stellt das zu Z 2–7 Erarbeitete seinerseits Ausgangsmaterial dar.

Wirkungen des Textes, die zu beschreiben und zu diskutieren sind (Z 9), ermitteln die Schüler durch Selbstbeobachtung und durch Erfahrungsaustausch im Klassen- bzw. Gruppengespräch. Dokumente über Aufnahme und Wirkung von Thomas Manns „Tristan" fehlen leider in der hier zugrundegelegten Materialiensammlung.

Es bedarf sicher keiner weiteren Erwähnung, daß aus der Sicht des „Tristan"-Textes mit seiner ironisch-kritischen Distanz zum Ästhetentum eine ästhetisierende, auf Identifikation abzielende Betrachtung des Textes im Unterricht ausgeschlossen sein sollte. Sie wäre auch im Hinblick auf die angestrebte Zielsetzung (Z 1) und auf die zu erwartende Motivationslage der Schüler eine ungeeignete Methode.

Dem angestrebten Ziel einer begründeten kritischen Einstellung zum Text, sei sie nach sorgfältiger Prüfung letztlich zustimmend oder ablehnend, kann nur eine behutsame, zunächst analysierende, dann aber wiederum synthetisierende Vorgehensweise entsprechen, die zuerst den zahlreichen Aspekten des Textes im einzelnen (Z 2–7), schließlich aber auch im ganzen (Z 8) Rechnung zu tragen versucht und die auch den Leser als wesentliche und zugleich variable Konstituente des literarischen Prozesses mit einbezieht (Z 9). Jakob Lehmann (1973: 5) formuliert letzteres so: „Unser eigener Standpunkt bei der Interpretation muß – da auch er historischem Wandel unterliegt – gleichfalls mitreflektiert werden; jede Generation sucht *ihren* Zugang zu einem Werk."

Hinter Vorstellungen wie diesen steht nicht nur das Leitbild des mündigen Lesers; es ergeben sich hieraus auch wiederum unterrichtsmethodische Konsequenzen: Wer nämlich als Lehrer den Schüler in seiner Leserrolle ernst nimmt und ihm in seiner Entwicklung zum mündigen Leser helfen will, der kann nicht anders als einen schülerorientierten, offenen Literaturunterricht – mit allen seinen Chancen aber freilich auch Risiken – praktizieren.

Für einen solchen offenen Literaturunterricht ein geschlossenes Konzept anzubieten, wäre nun freilich ein Widerspruch in sich selbst. Deshalb werden hier einzelne Elemente für Unterrichtsplanung angeboten, die entsprechend den Gegebenheiten der jeweiligen konkreten Unterrichtssituation ausgewählt und situationsadäquat strukturiert werden können. Der für dieses Angebot hier verwendete Grobraster Textbegegnung-Textrezeption-Textanalyse-Textdiskussion dient lediglich als Ordnungshilfe, will also keine starre Gliederung des Unterrichts sein.

1. *Textbegegnung*

Textangebot durch den Lehrer, Begründung, erste Gespräche über den Text.

Lesen des ersten Erzählabschnitts (3–5): Lehrervortrag unter besonderer Berücksichtigung ironischer Passagen.

Sammeln und Besprechen erster Reaktionen auf den vorgelesenen Textabschnitt.

Lesen von Seite 5, 3–8 (Eintreffen von Herrn und Frau Klöterjahn in Einfried).

Überlegungen zur bisher erkennbaren Personenkonstellation und zum vermeintlichen Fortgang der Erzählung (Textantizipation).

Anfertigung einer Tafelskizze (oder besser Overhead-Skizze), die im Verlaufe des weiteren Unterrichts ergänzt bzw. variiert wird, so daß sie die wichtigsten Personen in ihren Beziehungen und im Wandel dieser Beziehungen veranschaulichen und auch die Erzählhaltung des Autors verdeutlichen kann. (vgl. dazu die Abbildungen)

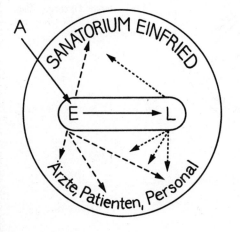

1. Erzählabschnitt (3–5)
A = Autor
E = Erzähler
L = Leser
Der Erzähler, der Mitglied der Sanatoriumsgesellschaft ist, macht auch den Leser zum Mitglied dieser Gesellschaft (Vgl. Lehnert, 1969; 274f.)
- - -▶ (z. T. demonstrative) Hinweise des Erzählers
····▶ Aufmerksamkeit des Lesers

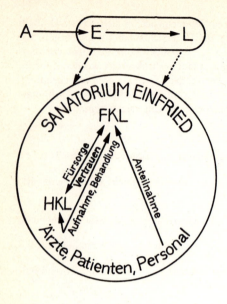

2. Erzählabschnitt (5–7)
Der Erzähler berichtet dem Leser von der Ankunft Herrn Klöterjahns (HKL) und dessen Gattin (FKL) in Einfried.
Zeitwechsel Präsens → Präterium

– – –▶ Darstellung des Erzählers
····▶ Aufmerksamkeit des Lesers

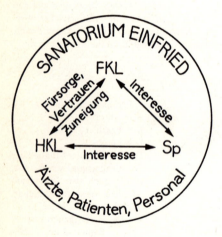

5. Erzählabschnitt (12–13)
Die Dreiecksbeziehung Herr Klöterjahn (HKL), Frau Klöterjahn (FKL) und Spinell (Sp) entwickelt sich.
Noch ist die Beziehung FKL–HKL durch Fürsorge, Vertrauen und Zuneigung gekennzeichnet.

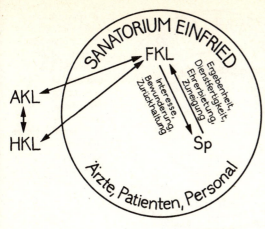

6. Erzählabschnitt (13–18)
Spinell begegnet Frau Klöterjahn mit Ergebenheit, Dienstfertigkeit, Ehrerbietung und auch schon mit unmißverständlich geäußerter Zuneigung (18).
Frau Klöterjahn zeigt gegenüber Spinell Interesse, Bewunderung aber auch Zurückhaltung (Ablenkung auf Frl. Osterloh, 18).
AKL = Anton Klöterjahn

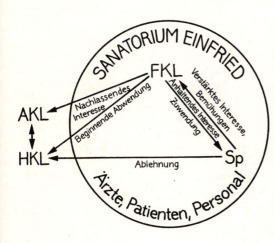

7. Erzählabschnitt (18–24)
Frau Klöterjahn wendet sich zunehmend Spinell zu, der an ihr verstärktes Interesse zeigt und sich um sie bemüht.
Ihr Interesse an Mann und Kind läßt nach, die Abwendung beginnt.
Spinell äußert sich kaum verhüllt ablehnend über Herrn Klöterjahn (Jahrmarktherkules, Schlächterbursche, Namenskritik).

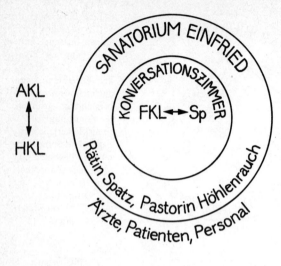

8. Erzählabschnitt (24–35)
Frau Klöterjahn und Spinell alleine im Konversationszimmer.
Tristan-Szene = imaginäre Liebesszene.
»... den Fesseln des Raumes und der Zeit entronnen, verschmolzen das Du und das Ich ...« (32)

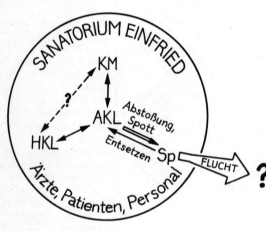

12. Erzählabschnitt (Schlußszene, 48–49)
Spinell begegnet nach dem Tode Gabrielens im Park dem Kindermädchen (KM) mit dem kleinen Anton. Ihm steht gewissermaßen eine Trias von kraftstrotzender Bürgerlichkeit gegenüber deren Exponent das Kind ist, von dem er sich verspottet und abgestoßen fühlt. Entsetzt ergreift er »innerlich« die Flucht, vermutlich in die imaginäre Welt der Schönheit.

2. Textrezeption

Häusliche Lektüre des Textes; Hilfen: Texterläuterungen in RUB 8115, S. 3–39.

Schriftliche Fixierung von Auffälligem, von Fragen, Meinungen, Urteilen etc. (unmittelbare Reaktionen des Lesers auf den Text).

Thomas Mann: Tristan 95

3. Textanalyse

Besprechung der unmittelbaren Reaktionen auf den Text.

Knappe Zusammenfassung des Inhalts: Ort, Zeit, Personen, Personenkonstellation, Geschehen/Handlung, Beweggründe.

Personencharakteristik: Individuelle Eigenarten Gabriele Klöterjahns, Spinells, Herrn Klöterjahns.

Einführung der Personen durch den Erzähler; seine Einstellung ihnen gegenüber.

Anfänge und Entwicklung der Beziehungen:
    Frau Klöterjahn – Herr Klöterjahn,
    Frau Klöterjahn – Spinell,
    Spinell   – Herr Klöterjahn.

Die Personen als Verkörperung von Typen:
    Herr Klöterjahn, ein erfolgreicher Bürger;
    Frau Klöterjahn, eine potentielle Künstlerin, die sich nicht entfalten konnte;
    Frau Klöterjahn als Frauentyp;
    Spinell, ein wirklichkeitsfremder Schöngeist und unproduktiver Künstler.

Die Brunnenszene in der Darstellung Gabriele Klöterjahns, Spinells, Herrn Klöterjahns.
Die Brunnenszene als Jugendstilszene; fächerübergreifender Unterricht.

Die Tristan-Szene als imaginäre Liebesszene.
Die Tristan-Szene als Kernszene der Erzählung (Höhe- und Wendepunkt).

Die Funktion der Musik (Chopins und Wagners) in der Tristan-Szene; Einspielung der Musik; fächerübergreifender Unterricht. Musikbeschreibung in der Tristan-Szene; Vergleich des Thomas-Mann-Textes mit dem Wagner-Text und der Wagnerschen Musik.

Spinells Brief als Selbstzeugnis und als Handlungselement.

Die Auseinandersetzung Spinell – Klöterjahn: „Duell" zweier komischer Figuren; ironische Haltung des Erzählers ihnen gegenüber; Intentionen des Autors.

Klöterjahn und Spinell in der Todesstunde Gabrielens.

Die Schlußszene: Spinells groteske Flucht vor dem Leben.

„Tristan" als Bürger-, Künstler- und Zeitkritik.
„Tristan" als zeitbedingtes Werk: Tuberkulose-Thematik, Wagner-Begeisterung,

bürgerliche Welt, künstlerische Unsicherheit und neue Stilrichtungen, Optimismus und Pessimismus (Schopenhauer), Vitalität und Lebensschwäche (Nietzsche) etc.

Motive und Montagen in der Erzählung „Tristan": Das „blaue Äderchen" Gabrielens als Leitmotiv; Verarbeitung literarischer Vorlagen und zeitgenössischer Vorbilder.

Thomas Manns „Tristan" im Umkreis seiner weiteren Werke:
„Buddenbrooks", „Tonio Kröger", „Tod in Venedig"; Vergleich des Künstlerbildes.

4. *Textdiskussion*

Einer abschließenden Diskussion kommt vor allem die Aufgabe zu, im Anschluß an das häufig analysierende Vorgehen nun verstärkt synthetisierend die unterrichtlichen Zielsetzungen Z 8 und Z 9 (s. S. 89) zu erreichen, worauf freilich auch schon in vorangehenden Unterrichtsabschnitten hingearbeitet wird.

Es sollen also in besonderem Maße „Beziehungen zwischen Entstehungsbedingungen, Inhalt, Form, Thema und Intentionen" erkannt und zusammenfassend erörtert werden. Darüber hinaus sind, wiederum zusammenfassend, „Wirkungen des Textes" festzustellen und wertend zu besprechen.

Im Sinne eines offenen Literaturunterrichts sollte diese Diskussion als offenes Gespräch erfolgen, in welchem auch der Lehrer seine Meinungen und Wertungen darlegt, diese aber niemand aufzwingt. Den Schülern bleibt dann die Freiheit eines eigenen, nun aber begründeten Urteils über Thomas Manns Erzählung „Tristan".

Literatur

1.

Mann, Th.: Tristan, Novelle. (Mit einem Nachwort von R. K. Goldschmidt-Jentner) Stuttgart: Reclam Verlag 1977 (RUB 6431).

2.

Baumgart, R.: Das Ironische und die Ironie in den Werken Thomas Manns. München: Hanser Verlag 1964.

Berendson, W. A.: Ein Blick in die Werkstatt. In: Neue Rundschau. Sonderheft Thomas Mann. 1945: 177–180.

Brinkmann, K.: Erläuterungen zu Thomas Manns Novellen Tristan, Tonio Kröger, Mario und der Zauberer. Hollfeld: C. Bange Verlag o. J. (1962).

Dellin, M G.: Tristan und seine literarischen Folgen. In: Opernwelt 3 (1962) H. 7/8: 25–27.

Diersen, J.: Untersuchungen zu Thomas Mann. Die Bedeutung der Künstlerdarstellung für die Entwicklung des Realismus in seinem erzählerischen Werk. Berlin: Rütten u. Loening Verlag, 1959.

Dittmann, U.: Erläuterungen und Dokumente zu Thomas Mann Tristan. Stuttgart: Reclam Verlag 1971 (RUB 8115).

–,–,: Tristan. In: Kindlers Literatur Lexikon. Bd. XI, Zürich: Kindler Verlag 1970: 9567–9569.

Dormagen, P. u. a.: Handbuch der modernen Literatur im Deutschunterricht. Prosa-Drama-Hörspiel. Frankfurt: Hirschgraben Verlag ⁵1972.

Eichner, H.: Thomas Mann und die deutsche Romantik. In: W. Paulsen (Hrsg.): Das Nachleben der Romantik in der modernen deutschen Literatur. Heidelberg: Stiehm Verlag 1969: 152–173.

Geerdts, H. J.: Thomas Manns „Tristan" in der literarischen Tradition. In: G. Wenzel (Hrsg.): Betrachtungen und Überblicke zum Werk Thomas Manns. Berlin/Weimar: Aufbau Verlag 1966: 190–206.

Golther, W.: Tristan und Isolde in der französischen und deutschen Dichtung des Mittelalters und der Neuzeit. Berlin/Leipzig: W. de Gruyter Verlag 1929.

Haug, H.: Erkenntnisekel. Zum frühen Werk Thomas Manns. Tübingen: Niemeyer Verlag 1969 (Studien zur Deutschen Literatur, Bd. 15).

Heller, E.: Thomas Mann. Der ironische Deutsche. Frankfurt: Suhrkamp Verlag 1975.

Hermand, J.: Peter (sic!) Spinell. In: Modern Language Notes 79 (1964): 439–447.

Jacobson, A.: Nachklänge Richard Wagners im Roman. Heidelberg: Carl Winter Verlag 1932.

Jost, D.: Literarischer Jugendstil. Stuttgart: Metzler Verlag 1969 (Sammlung Metzler Nr. 81).

Karthaus, U.: Humor – Ironie – Satire. In: Der Deutschunterricht 23 (1971) H. 6;104–120.

Kirchberger, L.: Thomas Mann's „Tristan". In: Germanic Review 36 (1961): 282–297.

Koopmann, H.: Thomas Mann. In: B. v. Wiese (Hrsg.): Deutsche Dichter der Moderne. Berlin: E. Schmidt Verlag ³1975: 70–94.

–, –: Thomas Mann. Konstanten seines literarischen Werkes. Göttingen: Vandenhoeck und Ruprecht Verlag 1975.

–, –: Thomas Mann und Schopenhauer. In: P. Pütz (Hrsg.): Thomas Mann und die Tradition. Frankfurt: Akad. Verlagsgesellschaft Athenaion 1971: 180–200.

Koppen, E.: Vom Décadent zum Proto-Hitler. Wagner-Bilder Thomas Manns. In: P. Pütz (Hrsg.): Thomas Mann und die Tradition. Frankfurt: Akad. Verlagsgesellschaft Athenaion 1971: 201–224

Kurzke, H.: Thomas Mann Forschung 1969–1976. Ein kritischer Bericht. Frankfurt: S. Fischer Verlag 1977.

Lang, W.: ‚Tristan' von Thomas Mann. Genese – Analyse – Kritik. In: Der Deutschunterricht 19 (1967) H. 4; 93–111.

Lämmert, E.: Doppelte Optik. Über die Erzählkunst des frühen Thomas Mann. In: K. Rüdinger (Hrsg.): Literatur, Sprache, Gesellschaft. München: Bayer. Schulbuchverlag 1970: 50–72 (Dialog Schule und Wissenschaft, Deutsche Sprache und Literatur, Bd. 11).

Lehmann, J. (Hrsg.): Umgang mit Texten. Beiträge zum Literaturunterricht. Bamberg: C. C. Buchners Verlag 1973.

Lehnert, H.: Thomas Mann. Fiktion, Mythos, Religion. Stuttgart/Berlin/Köln/Mainz: Kolhammer Verlag 1965.

–, –: Thomas Mann Forschung. Ein Bericht. Stuttgart: Metzler Verlag 1969.

–, –: „Tristan", „Tonio Kröger" und „Der Tod in Venedig": Ein Strukturvergleich. In: Orbis Litterarum 24 (1969): 271–304.

–, –: Die Künstler-Bürger-Brüder. Doppelorientierung in den frühen Werken Heinrich und Thomas Mann. In: P. Pütz (Hrsg.): Thomas Mann und die Tradition. Frankfurt: Akad. Verlagsgesellschaft Athenaion 1971: 14–51.

Matter, H.: Die Erzählungen. In: P. Fix u. a.: Das erzählerische Werk Thomas Manns. Berlin/Weimar: Aufbau Verlag 1976: 431–534.

Meyer, H.: Das Zitat in der Erzählkunst. Zur Geschichte und Poetik des europäischen Romans. Stuttgart: Metzler Verlag ²1967.

Neumeister, E.: Thomas Manns frühe Erzählungen. Der Jugendstil als Kunstform im frühen Werk. Bonn: Bouvier Verlag ³1977.

Nündel, E.: Die Kunsttheorie Thomas Manns. Bonn: Bouvier Verlag 1972 (Abhandlungen zur Kunst-, Musik- und Literaturwissenschaft Band 122).

Olsen, H.: Der Patient Spinell. In: Orbis Litterarum 20 (1965): 217–221.

Pfeiffer, J.: Thomas Mann, Tristan. In: J. Pfeiffer: Wege zur Erzählkunst. Hamburg: Wittig Verlag ⁶1964: 97–105.

Pütz, P.: Kunst und Künstlerexistenz bei Nietzsche und Thomas Mann. Zum Problem des ästhetischen Perspektivismus in der Moderne. Bonn: Bouvier Verlag ²1975.

–, –: Thomas Mann und Nietzsche. In: P. Pütz (Hrsg.): Thomas Mann und die Tradition. Frankfurt: Akad. Verlagsgesellschaft Athenaion 1971: 225–249.

Rasch, W.: Thomas Manns Erzählung „Tristan". In: W. Foerste/K. H. Borck (Hrsg.): Festschrift für Jost Trier. Köln: Böhlau Verlag 1964.

Requad, P.: Jugendstil im Frühwerk Thomas Manns. In: Deutsche Vierteljahrsschrift 40 (1966): 206–216.

Rilla, P.: Thomas Manns Novelle ‚Tristan'. In: P. Rilla: Essays. Berlin: Henschel Verlag 1955.

Schröter, K.: Thomas Mann. Hamburg: Rowohlt Verlag 1964 (Rowohlts Monographien 93).

Sørensen, B. A.: Die symbolische Gestaltung in den Jugenderzählungen Thomas Manns. In: Orbis Litterarum 20 (1965): 85–97.

Sudhof, S.: Heinrich Mann. In: B. v. Wiese (Hrsg.): Deutsche Dichter der Moderne. Berlin: E. Schmitt Verlag ³1975: 95–117.

Wirtz, E. A.: Zitat und Leitmotiv bei Thomas Mann. In: German Life and Letters 7 (1953/54): 126–136.

Witte, K.: „Das ist echt! Eine Burleske!" Zur Tristan-Novelle von Thomas Mann. In: The German Quarterly 41 (1968): 660–672.

Wysling, H.: Thomas Mann heute. Sieben Vorträge. München. Francke Verlag 1976.

–, – (Hrsg.): Dichter über ihre Dichtungen. Thomas Mann. Teil I, 1889–1917. München: Heimeran Verlag; Frankfurt: S. Fischer Verlag 1975.

–, – (Hrsg.): Thomas Mann – Heinrich Mann: Briefwechsel 1900–1949. Frankfurt: S. Fischer Verlag 1968.

Young, F. W.: Montage and Motif in Thomas Mann's „Tristan". Bonn: Bouvier Verlag 1975 (Abhandlungen zur Kunst-, Musik- und Literaturwissenschaft Bd. 183).

Žmegač, V.: Die Musik im Schaffen Thomas Manns. Zagreb 1959: Philos. Fakultät der Universität (Zagreber Germanistische Studien, H. 1).

ORTWIN BEISBART

Thomas Mann: Tonio Kröger

I. Gegenstandsanalyse

1. Zum Umkreis der Erzählung

Die Erzählung „Tonio Kröger" gehört zu den kleineren Werken Thomas Manns, die am häufigsten interpretiert, zu Deutungen von Leben und Werk ihres Autors herangezogen werden; auf sie kam Mann häufig selbst zu sprechen (Matter, 1976: 471–478). Gründe dafür sind in der Entstehungsgeschichte und der Stellung der Erzählung im Frühwerk des Autors zu finden.

„Tonio Kröger" erschien 1903 in der „Neuen Deutschen Rundschau" und im gleichen Jahr in Manns zweitem Erzählband „Tristan", für den unser Text der zuletzt fertiggestellte Beitrag war. Doch beruhte gerade er auf weit zurückliegenden Vorarbeiten, etwa seit 1899/1900. Verfolgt man anhand der erschlossenen Quellen (Wysling, 1967: 48–63) die Entstehungsgeschichte, so ist der thematische Kern zunächst das Leiden Tonios: „T. K. von Temperament sanftmütig und gutdenkend, von der psychologischen Erkenntnis aufgerieben" (Notizbuch Herbst 1899). Später schieben sich Erinnerungen „bitter-wehmütigen Charakters" (Briefw., 1969: 8) in den Vordergrund, Reminiszenzen an Storm, die die Kapitel I, II und VIII bestimmen werden. Und am 13. 2. 1901 (ebd.: 14) schreibt er an den Bruder, er habe „eine längst geplante Novelle mit dem unschönen aber spannenden Titel ‚Litteratur' (Illae lacrimae!)" in Arbeit. Bestimmend ist diese Spannung zwischen „Erinnerungswehmut" und „Problem der Artistik" (Wysling, 1967: 50) bis zur Fertigstellung geblieben, diese Mischung aus „Storm und Nietzsche" (Mann, XII: 92; 106).

Notwendig wird man zunächst auf deutliche biographische Elemente hingewiesen, die in der Erzählung auftauchen[1], so ein Aufenthalt in Lübeck (in der Volksbibliothek, die Begegnung mit dem Polizisten), in Aalsgard (1899), Erinnerungsmotive aus der Jugendzeit, räumliche (Walnußbaum, Springbrunnen, das Haus), persönliche (Vater, Mutter, der Freund, der nun Hans Hansen heißt, wohl auch die anderen Figuren mit Ausnahme von Lisaweta), Begegnungen mit dem Süden und seinem Charakter aufgrund von längeren Aufenthalten in Italien. Doch ist die literarische Verarbeitung, sind die in diese Zeit fallenden Arbeiten und Erfahrungen von entscheidender Bedeutung.

Immer wieder ist es die Frage, wie sich normales, bürgerliches Leben mit künstlerischer, das heißt artistischer, seelenzergliedernder Darstellungskunst verträgt. Haben schon die Buddenbrooks – besonders in der Figur des noch kindlichen Hanno – diesen Umkreis angeschnitten, so begegnen nun eine Reihe von Erwachsenen, von Künstlern, die in extremer Weise den Kreis dieser Spannung ausschreiten: Detlev Spinell, der Literat, der kalte Menschenverächter, repräsentiert in „Tristan" (1903)² die negative Seite ebenso wie Detlev in der Studie „Die Hungernden" (1903), der voller Sehnsucht in die ihm verschlossene Welt der Normalität schaut – die Parallelen zu „Tonio Kröger" (Kap. VIII) sind deutlich: „‚Wir Einsamen', so hatte er irgendwo einmal in einer bekenntnisstillen Stunde geschrieben, ‚[. . .] wir alle hegen eine verstohlene und verzehrende Sehnsucht in uns nach dem Harmlosen, Einfachen und Lebendigen [. . .]'" (Mann, VIII, 265).³

Noch einmal in schroffer Gegenüberstellung sind die zwei Welten in der Erzählung „Beim Propheten" (1904), in den Figuren des „Propheten" und des „Novellisten" verkörpert, den Repräsentanten der artistischen Antibürgerlichkeit und der bürgerlichen, schriftstellerischen Lebensform, zu der der Autor Thomas Mann in diesen Jahren endgültig hinfindet, bestärkt durch den auch materiellen Erfolg der Buddenbrooks, durch seine bürgerliche Heirat (1904). Wie stark Existentiell-Persönliches Thematik und Gestaltung der Erzählungen dieser Jahre prägen, zeigt auch die ironischdistanzierte Lebensskizze „Im Spiegel" (1907), die die Spannung auf ein zeitgemäß erwartbares biographisches Muster überträgt: Thomas Mann stellt sich hier dar als den, der aufgrund seines Lebensweges notwendig hätte scheitern müssen, ohne Abitur, mit schriftstellerischen anstatt beruflich praktischen Ambitionen, auf Reisen vagabundierend, wegen häufiger Krankheit vorzeitig aus dem Militärdienst entlassen. Darauf fährt er fort:

„Ich [. . .] setzte in Zivilkleidern mein fahrlässiges Leben fort. Eine Zeitlang war ich Mitredakteur des ‚Simplizissimus' – man sieht, ich sank von Stufe zu Stufe. Ich ging in das vierte Jahrzehnt meines Lebens.

Und nun? Und heute? Ich hocke verglasten Blicks und einen wollenden Schal um den Hals mit anderen verlorenen Gesellen in einer Anarchistenkneipe? Ich liege in der Gosse, wie sich's gebührte?

Nein. Glanz umgibt mich. [. . .] Und wieso das alles? Wodurch? Wofür? Ich habe mich nicht geändert, nicht gebessert. [. . .]

Ich weiß, was ein Dichter ist, denn bestätigtermaßen bin ich selber einer. Ein Dichter ist, kurz gesagt, ein auf allen Gebieten ernsthafter Tätigkeit unbedingt unbrauchbarer, einzig auf Allotria bedachter, dem Staate nicht nur nicht nützlicher, sondern sogar aufsässig gesinnter Kumpan, [. . .] in jedem Betrachte anrüchiger Scharlatan, der von der Gesellschaft nichts anderes sollte zu gewärtigen haben [. . .]

als stille Verachtung. Tatsache aber ist, daß die Gesellschaft diesem Menschenschlage die Möglichkeit gewährt, es in ihrer Mitte zu Ansehen und höchstem Wohlleben zu bringen.
Mir kann es recht sein; ich habe den Nutzen davon. [...]" (Mann, XI: 330)

Was hier aus einer bereits gesicherten Position, ohne für den Dichter auch nur eine höhere moralische Aufgabe zu reklamieren, kalt lächelnd gesagt ist, klingt in „Tonio Kröger" betroffener, unmittelbarer und engagierter. Der wichtige Brief aus der Entstehungszeit belegt es:

„Wenn der Frühling kommt, werde ich einen innerlich unerhört bewegten Winter hinter mir haben. Depressionen wirklich arger Art mit vollkommen ernst gemeinten Selbstabschaffungsplänen haben mit einem unbeschreiblichen, reinen und unverhofften Herzensglück gewechselt, mit Erlebnissen die sich nicht erzählen lassen, und deren Andeutung natürlich wie Renommage wirkt. Sie haben mir aber Eines bewiesen, diese sehr unlitterarischen, sehr schlichten und lebendigen Erlebnisse: nämlich, daß es in mir doch noch etwas Ehrliches, Warmes und Gutes giebt und nicht bloß ‚Ironie‘, daß in mir doch noch nicht Alles von der verfluchten Litteratur verödet, verkünstelt und zerfressen ist. Ach, die Litteratur ist der Tod! [...]" (Briefw., 1969: 13)[4]

Die Parallelen zu Tonio Kröger (29 ff.) sind offenkundig. So ist es nicht verwunderlich, daß Thomas Mann selbst zeitlebens auf diese Erzählung, ihre für ihn befreiende Wirkung, zurückkam.

Mindestens ebenso wichtig wie solche biographischen Bezüge sind jedoch die geistigen Einflüsse, mit denen der Autor in dieser Zeit lebt, denkt und schreibt.

Thomas Mann, Sohn aus großbürgerlicher Familie, lebt und repräsentiert das Bürgerliche, zu dem Kunst durchaus hinzugehört,[5] beide werden erst Gegensätze, als die bürgerliche Welt im Wilhelminismus ihre Ordnungsfunktion und Moralität verliert. Thomas Mann, der „letzte Bürger",[6] besonders sensibel für die spürbaren Veränderungen, auf der Suche nach Lösungen, versucht mit allen Mitteln, die ihm zur Verfügung stehen, dichterischen und essayistischen Mitteln[7], die wahre Bürgerlichkeit zu retten. Das in diesem Zusammenhang umstrittenste, weil allzu reaktionär erscheinende Werk (vgl. Lukács, 1957: 25 ff.) sind die „Betrachtungen eines Unpolitischen" (1918), die dennoch als für ihren Autor notwendiger Schritt zu einer neuen, republikanisch-demokratischen Haltung angesehen werden können, eine Position, die – der Dichter dem Theoretiker voraus – schon in „Tonio Kröger" zu finden ist. Widersetzt sich Mann dort einer Vorherrschaft des Bourgeois, der alle Kunst der Politik unterzuordnen trachte, so deutet er hier voraus auf eine Kunstauffassung, die er 1939 in einem Vortrag über die „Kunst des Romans" positiv als „Demokratismus" (Mann, X, 358)[8] bezeichnete, die Politik Humanität und Kunst nicht mehr als Gegensätze sieht.[9]

Allerdings ist der Gang der Erzählung insgesamt dem Gegensatz Kunst–Leben verpflichtet, die Problematik zudem am individuellen Fall demonstriert. In den „Betrachtungen" selbst findet sich die programmatische Aufhebung des Gegensatzes von Kunst und Leben, auf die sowohl die Struktur der Erzählung wie die Kap. IV und IX vorausweisen: „In Wahrheit ist die ‚Kunst' nur ein Mittel, mein Leben ethisch zu erfüllen. [...] Nicht auf das ‚Werk' also, sondern auf mein Leben kommt es mir an." (Mann, XII: 105) Zugleich aber geht es um die Tugenden handwerklichen Könnens, um Qualität, und um Wirkenwollen auf die Gesellschaft, wie bei seinem radikaleren Bruder Heinrich:

„Die Zeit verlangt und ihre Ehre will, daß sie [die Literaten] endlich, endlich auch in diesem Lande dem Geist die Erfüllung seiner Forderungen sichern, daß sie Agitatoren werden, sich dem Volk verbünden gegen die Macht, daß sie die ganze Kraft des Wortes seinem Kampf schenken, der auch der Kampf des Geistes ist."[10]

Solches läßt sich verschieden einlösen: Direktheit und künstlerische Distanz, Politik und Kunst, Trivialität und Artistik lassen sich in verschiedener Weise verbinden. Thomas Mann wählte den Weg, künstlerisches Erzählen und politisches Reflektieren nur in seiner Person zu verbinden, dennoch aber den Anspruch zu erheben, daß auch im wahren künstlerischen Tun Artistik und Trivialität sich paaren müßten, um wirken zu können.

Geprägt ist die Spannung zwischen Leben, Denken und Dichten aber auch von Einflüssen des Autors als intensivem Leser. „Einsam-unregelmäßige, welt- und todsüchtige Jugend – wie sie den Zaubertrank dieser Metaphysik schlürfte." (Mann, XII: 72) Das ist der Leser von Schopenhauers „Die Welt als Wille und Vorstellung" etwa 1898; vorausging die Kenntnis Richard Wagners, die Lektüre Nietzsches (seit 1894/95), ohne daß es gelänge, eines klar vom anderen abzuheben.

Thomas Mann, der Gymnasiast ohne Abschluß, der Dilettant mit den hohen Ansprüchen an sich, frißt sich in moderne, modische Philosophien hinein, wobei er in seinen autobiographischen Bemerkungen den Philosophen des „Dilettantismus" selbst, Paul Bourget, nicht mehr nennt:[11] „Dilettantismus", damals ein „Modewort geistiger Verständigung" ähnlich dem Existentialismus der Fünfziger Jahre (Schröter, 1975: 36). Er bezeichnet eine Form künstlerischer Existenz, die sich, mehr soziologisch als psychologisch gedeutet, im Gegensatz zur festgegründeten, bürgerlichen Existenz befindet, in Sehnsucht ihr zugewandt, aber unfähig, sich über eine intellektuell-kritische Haltung zu erheben, voller unerfüllter Impulse zum wahren Leben, zur Welt des Normalen und Gesunden, zur Welt der Bürger. Und so ist ja Tonios Gegenwelt, die der Blonden und Blauäugigen, durchaus eine positiv gesehene, selbständige und lebensfähige Welt – anders als in den Buddenbrooks, wo das Problem der vitalen Dekadenz und der dazu parallelen künstlerischen Sensibilisierung im Vordergrund steht (vgl. auch „Tristan"). Anders als der „Bajazzo" (1897), anders als Detlev in „Die Hungernden" findet Tonio einen Weg aus der erlebnishungrigen, aber willenlosen, intellektuell klarsichtigen, aber unentschiedenen Haltung (vgl. Kap. III), ist so der Biographie seines Autors näher. Andere Einflüsse, andere Erfahrungen prägen Mann mit. Schopenhauer – die Erkenntnis von der Unfähigkeit, mit Hilfe des Intellekts den Willen, der sich in tausenderlei Leben entfaltet hat, zu bändigen und zugleich die Erkenntnis der Lebensüberwindung durch ästhetisch-reflektorisch-distanzierte Kunst. Der Künstler ist in der Lage, im einzelnen, in der individuellen Erscheinung, das Symbol einer Ganzheit zu zeigen, die Verbindung von Leben und Idee oder Ding an sich – in der Nachfolge von Plato und Kant – zu erkennen. „Der Künstler ist der Entdecker der Ideen in den Erscheinungen" (Jendreiek, 1977: 59). In „Tonio Kröger" ist solches wirksam sowohl im Anspruch Tonios als Künstler, diese Verbindung zu leisten, wie im Anspruch Thomas Manns, mit Hilfe von Leitmotiven, die besonders der Sphäre der Individuation entnommen sind: der Natur, der Natürlichkeit des Menschen und mit Hilfe sprachlicher Gestaltungsmittel das Allgemein-Gültige darzustellen. Aber solche Gedanken führen nicht in einen weltverachtenden Pessimismus, wie ihn etwa Thomas Buddenbrook durch die Schopenhauer-Lektüre erfährt (Mann, I: 654ff.), dem alles bisherige Sinnen und Tun unwichtig wird, sondern sie werden verwandelt durch eine distanzierte Liebe zum Leben, gespeist aus anderer Lektüre.

Nietzsche, der andere, wohl gewichtigere Lehrmeister, dem das Bürgertum verächtlich war, satt und dumm, fand in Thomas Mann zwar keinen Nachbeter, wohl aber einen, der differenzierter sehen, der psychologisch darstellen lernte: gesteigertes Unterscheidungsvermögen und Kritikfähigkeit nicht nur Individuen gegenüber, sondern der sozialen Schicht des Bürgertums. Die Forschung[12] hat – in Anlehnung an Mann selber – versucht, Elemente des Einflusses Nietzsches aufzuzeigen. Im Blick auf „Tonio Kröger" kann man festhalten:

1. Nietzsches Lebensbegriff, der ihn zu einem Kultus des unmittelbaren, gesunden, durch nichts gehemmten Lebens führt, wird dort sichtbar, wo Tonio sich seiner Liebe versichert, zum Beispiel in der Jugendliebe zu Inge (23), in der Liebe zur Natur (52), in der Liebe zur Heimat (64).
Daß dieses Leben aber in den Bürgern zu finden sein soll – dies wäre Nietz-

sche nicht nachvollziehbar, der Bürgertum antivitalistisch, von falscher Moral verstellt sieht.
2. Die Ineinssetzung von Kunst und Erkenntnis, von Künstlertum und Kritik, mit dem Ziel, so die Wahrheit zu ergründen, ist ein Element aus Nietzsche – doch will Tonio nicht in kalter Distanz, in der unentschiedenen Haltung Hamlets (34), im „Erkenntnisekel" verharren: Thomas Mann als Moralist.
3. Das Interesse an einer Darstellungsweise, die Mann in Sprache, Stil und Erzählhaltung die Möglichkeit solchen Erkennens gibt: das Thema kranker, dekadenter Brüchigkeit und deren ironische Verarbeitung durch perspektivisches Sehen (s. u. S. 109).
4. Die psychologische „Hellsichtigkeit" (Pütz), das Bewußtmachen des Unbewußten.

Die dionysische, antihumane und egoistische Haltung, der Affekt gegen das Historische hingegen, dies sind Aspekte, die Mann an Nietzsche kritisiert, die er ausblendet, deren gefährliche Impulse für einen Faschismus er wohl ahnt. 1947 in „Nietzsche's Philosophie im Lichte unserer Erfahrung" wird er die Nachbarschaft von Ästhetizismus und Barbarei thematisieren. Aber schon der Hinweis auf Cesare Borgia (35) deutet darauf hin: auf das Leben als das Gebändigte, das gerade nicht in Vereinzelung, weder ästhetischer noch asketischer, weder dionysischer noch apollinischer zu leisten ist.

Überblickt man dieses kaum entwirrbare Geflecht möglicher Einflüsse und erkennbarer biographischer Zusammenhänge, so zeigt sich, daß in „Tonio Kröger" sein Autor – im Unterschied zu den anderen Erzählungen dieser Zeit – versucht, die Balance zwischen künstlerischer Existenz und der Sehnsucht nach dem Leben nicht nur abstrakt auf den Begriff zu bringen, sondern sprachkünstlerisch zu formen. Ich möchte von einer Spannung von Trivialität und Artistik sprechen. Tonio Kröger ist ohne die psychische Situation seines Autors, ohne die geistige Situation des Bürgertums nach 1900 nicht denkbar, aber „Tonio Kröger" wäre ohne die Fähigkeit seines Autors, sich artistisch davon zu lösen, ein bloß triviales Museumsstück.

2. Textanalyse

2.1. Struktur

Die Erzählung beschreibt in neun unterschiedlich langen Kapiteln oder „Erzählphasen" (vgl. Jendreiek, 1977: 180) Lebensstationen der Titelfigur. Umspannt wird die Zeit vom 14. Lebensjahr („seine vierzehnjährige Seele", 11) bis „ein wenig jenseits der Dreißig", 27). Kapitel I, II und

III zeigen jeweils zeitlich isolierte Lebensabschnitte, während Kapitel IV–IX, innerhalb eines halben Jahres angesiedelt, einen zeitlichen Zusammenhang vorführen, vom Frühling bis zum Herbst des gleichen Jahres (27, 38).

Die Deutungsgeschichte des „Tonio Kröger" enthält verschiedene Vorschläge, die Struktur der Erzählung zu fassen, legitimiert auch durch die bewußte Gestaltungsintention eines Autors. Von der Beschäftigung Manns mit der Musik als Thema und als Kompositionsprinzip[13] her hat man schon bald auf musikalische Formen verwiesen, so M. Schochow auf die Symphonie mit den Teilen: 1 Satz (mit zwei Themen: Kap. I, II) und kurzes Intermezzo (Kap.III); 2. Satz (mehr Andante als Adagio: Kap. IV) mit Coda (Kap. V); 3. Satz (ein elegisches Scherzo: Kap. VI); 4. Satz (Allegro Moderato mit Coda: Kap. VII–IX). Schochow will dabei vor allem die einem dramatischen Aufbau – und damit einer großen Anzahl Novellen[14] – entgegengesetzte Struktur herausarbeiten. K. Bräutigam spricht im Anschluß daran, die kürzere Gattung vorziehend, von der „Form des klassischen Sonatensatzes" (Bräutigam, 1969: 12)[15] mit den Teilen Exposition (Kap. I–III), Durchführung (Kap. IV–V), Reprise (Kap. VI–VIII) und Koda (Kap. IX). Geht man vom Charakter der Kapitel aus, betrachtet Inhalt und Darstellungsweise, so stehen Abschnitte erzählenden, von Stimmung und Gefühl getragenen Inhalts, die in ihrer epischen Anlage beinahe romanhaft wirken (Kap. I, II, VII, VIII) neben Sammelkapiteln (Kap. III, VI), die die Verbindung herstellen sollen zu den essayistisch-reflektorischen Abschnitten (Kap. IV, IX), die dem Ganzen zu einer auffälligen Disparatheit verhelfen, wie sie auch die biographische Situation der Entstehung aufgewiesen hatte.

Den Wert solcher unterschiedlicher Strukturbeschreibungen für die Erschließung von Intention und Gehalt kann nur eine differenzierte Analyse erweisen, die sich zur Aufgabe stellt, die Spannung von Trivialität und Artistik herauszuarbeiten, die – wie gezeigt – der Text nicht nur thematisiert, sondern selbst abbildet. Zudem wird der Antagonismus zwar scheinbar zerlegt, in den einzelnen Kapiteln je anders erzählt, dennoch ist immer das Ganze da, der eine Aspekt ist um des oder der anderen willen nicht gänzlich ausgeblendet. Wichtig zu erkennen ist auch, daß trotz der zum Vergleich mit der Musik anregenden Kreisstruktur der ganzen Erzählung ohne „Entwicklung" eine Art von Weiterführung in Form einer Synthese erkennbar ist, die gerade die besondere Stellung der Erzählung in Leben und Werk Th. Manns begründet, sei es als eine „Art Werther", sei es in der Deutung des Tonio als eines überlebenden Hanno. Einige dieser Elemente, die man auch als Beitrag einer kunstvollen Fortführung der Novellentradition verstehen kann (vgl. Anm. 21), seien genannt.

2.2. Leitmotive

Was die Erzählung im Inneren zusammenhält, sind ihre Leitmotive. Thomas Mann hat diese Technik von seinen Vorbildern Tolstoi und Fontane gelernt und im Sinne psychologischer Intentionen bei Richard Wagner ins Literarische übertragen und weiterentwickelt. Seinem eigenen Zeugnis zufolge hat er Leitmotive in den Buddenbrooks „bloß physiognomisch-naturalistisch" eingesetzt, während sie in „Tonio Kröger" eine „ideelle Gefühlstransparenz" erhalten, „ins Musikalische" gehoben (vgl. Mann, XI: 116)[16], in besonders großer Zahl zu finden sind.

Dem Antagonismus Kunst – Leben entsprechend lassen sie sich in zwei Reihen ordnen:

blond/blauäugig/hell	Zigeuner im grünen Wagen/dunkel
Vater	Mutter
Pferdebuch	Don Carlos
Springbrunnen/Walnußbaum	Meer (Ostsee)
Tanzen/Lachen/Musik	Distanz/Separation
Nord/oben	Süd/Arkadien/unten auf der Landkarte
Tonio	Kröger

Die Nennung und Wiederholung solcher Leitmotive leistet nun nicht nur ein leichteres Wiedererkennen der Figuren, sondern dient dem Erzähler dazu, Elemente der Tiefendimension von Mensch und Welt auch und gerade in ihrer Wechselbeziehung vorzuführen (vgl. etwa 14), auch wenn sie noch nicht ins Bewußtsein der Titelfigur, auf die hin alle diese Motive angelegt sind, getreten sind. Bereits in den ersten beiden Kapiteln sind die Motivreihen vorgeführt, vielfach aufgenommen und in unterschiedlichen sprachlichen Kontext gestellt, aus dem sie nicht ohne Sinnverlust isoliert werden können. Aus ihnen lassen sich eher assoziativ Erkennungsmerkmale der „zwei Welten" (65) entwickeln, mit denen sich Tonio in Erlebnis und Reflexion auseinandersetzen muß. Doch geht es gerade nicht um Eindeutigkeit im begrifflichen Sinne, denn selbst die in die Sphäre des Erzählerischen aufgehobene Darstellung „extremer" Lebensweisen und Haltungen ist nicht eindeutig; der gesunde, normale, vielseitig interessierte Hans Hansen wird ebenso bewundert wie als ungenügend erlebt (Kap. I), selbst den skurrilen Gestalten seiner Tischgesellschaft (54) gewinnt Tonio Positives ab. Das andere Extrem, den „kalten Künstler" Adalbert (28f.), den Caféhausliteraten, fürchtet Tonio und ist zugleich von ihm angezogen. Aber auch die anderen, die an einer Stelle ihres Lebens dieses „Zwischen" zu leben versuchen, der Offizier (37), der Kaufmann (50ff.) sind Verirrte, erst recht aber Magdalena Vermehren (20) oder die ihr ähnliche Dänin (61), die zu denen gehören, „die immer hinfallen" (36), die Dekadenten also, denen Manns wie Nietzsches Interesse galt.[17] Tonio will auch zu ihnen nicht gehören, weil auch sie einseitig leben, unvollkommen, sensibel zwar, aber körperlich krank – wie dies der „Verfall" der Buddenbrooks demonstrierte. Tonio will anderes, will alles, will die Antagonismen in sich aufnehmen, will Mann und Weib sein (31; schon 21: „Kröger ist unter die Damen geraten!"), versucht die „Abenteuer des Fleisches" wie die „Macht des Geistes" (25), will die Totalität von Mensch und Welt in sich aufnehmen und ästhetisch gestalten, so daß jeder sich darin wiederfinden kann. Da ist nicht nur existentielle Lebensproblematik, sondern auch Suche nach Anerkennung. Eben diesem Ziele dient die ständige Kontrastierung und unterschiedliche gegenseitige ästhetische Erhellung der Leitmotive, die zur ironischen Objektivität oder objektiven Ironie[18] führt. Aus dieser Sicht ist auch die Gestalt der Lisaweta, die keiner der bisher genannten Lebensformen zugeordnet werden kann,[19] zu deuten, so wenig über sie aus dem eher monologischen Gespräch (Kap. IV) zu entnehmen ist. Sie kann in ihrer lebensnahen und offenbar nur wenig von Zweifeln geplagten Art, nicht von äußeren Einflüssen abhängig, in sich gefestigt, ein Stück weit Vorbild sein. Zwar ist sie „gespannt, mißtrauisch und gleichsam gereizt" bei der Arbeit (28), doch malt sie auch im Frühling noch eine „kleine Pointe" (29), spricht überzeugend von der „heiligenden Wirkung der Literatur" (33), was auch „heilend" bedeuten soll. Doch ihre therapeutische Funktion für den an dem Antagonismus leidenden Tonio führt nur bis zu dem Punkt, von dem aus Tonio seine Heilung selbst in die Hand nehmen muß. Sie, die keine Dichterin ist, sondern nur „ein dummes malendes Frauenzimmer" (33), was hier wohl bedeuten soll, daß die besondere Funktion der Sprache in ihrer Kunst keine Rolle spielt, kann nur auf „die erlösende Macht der Sprache" (33) verweisen. Sie kann nur Tonios Problem auf den Begriff vom „verirrten Bürger" bringen (38), der die Funktion bekommt, Tonio zu „erledigen" (38), ihm den Weg frei zu machen für eine höhere Stufe seines Lebens und Dichtens, die ihn noch einmal in die Enge der Heimat (Kap. I, bes. 42f.), zu seinem „Ausgangspunkt" führt, mit dem er erst „fertig" werden muß (46), um ihn dann in „das Weite" (38) zu weisen. Diesen Weg – der wohl doch kein „Irrweg" ist (vgl. 24 und 61) – muß Tonio allein gehen. Lisaweta befindet sich, um mit Kleist zu sprechen, im ersten Stand der Unschuld, während auf Tonio das Diktum zutrifft: „Mithin [...] müßten wir wieder von dem Baum der Erkenntnis essen, um in den Stand der Unschuld zurückzufallen."[20] Aus solcher Deutung heraus sollte man – noch einmal die Frage nach der Erzählstruktur aufgreifend – das Schlußkapitel nicht abgetrennt von den anderen sehen; dies aber gelingt am besten, wenn man statt von einer Kreis- von einer Spiralstruktur spricht.

2.3. Rahmen

Wegen seiner herausragenden Funktion für die Struktur des Ganzen sei der leitmotivische Satz gesondert betrachtet, der die Erzählung rahmt, der Schlußsatz der Kap. I und IX:

Damals lebte sein Herz;	Schelten Sie diese Liebe nicht, Lisaweta; sie ist gut und fruchtbar.
Sehnsucht war darin und schwermütiger Neid und ein klein wenig Verachtung und eine ganz keusche Seligkeit. (17)	Sehnsucht ist darin und schwermütiger Neid und ein klein wenig Verachtung und eine ganz keusche Seligkeit. (66)

Der entscheidende Unterschied zwischen den beiden Stellen liegt darin, daß das, was in Kap. I der Erzähler über den seiner selbst noch gar nicht gewissen Tonio sagt, am Ende die Figur selbst erkennt, benennt und sich dazu bekennt. So bleibt einerseits die Hauptfigur die Erzählung hindurch dieselbe und ist doch eine andere geworden, weil sie das in ihr Angelegte ins Bewußtsein aufgenommen und so nicht nur angenommen, sondern zugleich schon verwirklicht hat.

2.4. Zur Sprachauffassung

Der Antagonismus von Kunst und Leben hat dort eine Brücke, wo der Erzähler zeigt, wie das eine aus dem anderen hervorwächst. Handelt es sich bei diesen Stufen der Bewußtwerdung zunächst um einen schmerzhaften Trennungsprozeß, so ist zugleich auch eine neue Verbindung möglich. In Kap. I sind die Stufen bezeichnet: Tonio liebt, macht zugleich die leidvolle Erfahrung der Unterlegenheit („Lehre"), „vermerkt" solche Erfahrungen", schreibt sie „gleichsam innerlich auf", was ihm Freude bereitet, „ohne sich freilich für seine Person danach zu richten und praktischen Nutzen daraus zu ziehen" (11). Ähnlich heißt es in Kap. II:

„Denn das Glück, sagte er sich, ist nicht, geliebt zu werden; [...] Das Glück ist, zu lieben und vielleicht kleine, trügerische Annäherungen an den geliebten Gegenstand zu erhaschen. Und er schrieb diesen Gedanken innerlich auf, dachte ihn völlig aus und empfand ihn bis auf den Grund." (23)

Doch in dieser Annäherung erfährt er auch das Ungenügen künstlerischen Ansprüchen und Maßstäben gegenüber. Sein „Sang" im Angesicht des Meeres „ward nicht fertig, nicht rund geformt und nicht in Gelassenheit zu etwas Ganzem geschmiedet. Sein Herz lebte..." (52). Er sucht eine Lebensform, die künstlerischer Qualität verpflichtet ist und die liebes- und handlungsfähig bleibt. Tonio steht in dem Zwiespalt, daß Versprachlichung und sprachliche Gestaltung („dergleichen zu machen" 22) der Weg sind, Erfahrungen des Lebens ans „Licht der Erkenntnis" zu bringen, präziser und intensiver zu fassen durch die „Macht des Geistes und des Wortes, die lächelnd über dem unbewußten und stummen Leben thront" (25), wobei solche Fähigkeit der Versprachlichung zu neuen, inneren Erfahrungswelten führt, zu „Vergnügungen des Ausdrucks", zur „Lust am Worte und der Form" (25) – zugleich macht diese Fähigkeit nicht nur einsam, sie führt zu Entfremdung von sich und von den anderen, führt zu Amoralismus und Unmoralität. Der Erzähler geht von einer Theorie der Sprache aus, die ihr die folgenden Funktionen zuspricht:

1. Die Sprache ist – jenseits des Abbildcharakters, der auch durch gute Photographien zu leisten ist (vgl. 14), jenseits der verstellenden „großen Worte" (25) – ein Mittel zur tieferen Erfassung der Welt, vor allem der Psyche des Menschen.
2. Dieser sprachliche Weg nach innen ist nicht ohne Gefährdung zu gehen, so wie man Geister, die man ruft, nicht mehr los wird.
3. Zugleich hat die Sprache die Funktion der Verarbeitung der sonst überwältigenden Tiefen und Abgründe, sie entlastet und hebt auf, sie „erledigt" (38) und „heilt" (33) durch Benennen und durch bewußtes Gestalten. Erst auf diese Weise wird der Weg frei zum „Leben". Statt einer scheinbaren Selbsterlösung der Kunst in autonomer Distanz ist eine Erlösung der gefährlich einseitigen Bürger möglich, durch Katharsis (Aristoteles), durch Erschütterung mit Hilfe der Kunst, durch sprachliche Demonstration im Spiel und der Reflexion auf seine Deutung.[21]

„Tonio Kröger" ist somit in mehrfacher Weise ein Beispiel für die Funktion von Dichtung und Sprache überhaupt: ein Mittel zur subjektiven Selbstvergewisserung, zur Erkenntnis der damit verbundenen Gefährdung des seelischen Gleichgewichts wie zur Vertiefung und Reinigung der Gefühle und Empfindungen als Basis erneuerten Handelns.

Daß damit die Grundstrukturen möglicher Erwartung von Lesern an Dichtung angesprochen sind, ist wohl deutlich: Vertiefung von Erfahrung und Aufklärung, Vergnügen und Lebenshilfe.

2.5. Sprachliche Gestaltung

Verschiedentlich haben Interpreten auf die bis in einzelne Sätze hinein wirksame Gestaltungsintention hingewiesen.[22] Besonders hervorgehoben sei der Beginn der Erzählung mit seiner Fülle von symmetrisch eingesetzten Adjektiven, mit seiner den disparaten und unentschiedenen Charakter Tonios, den Antagonismus der Erzählung vordeutenden Darstellung von Witterung und Verhalten der Schüler. In dieser Schwebe bleibt – die wechselseitige Erhellung der Gegensätze abbildend – vieles in der Erzählung, z. B. die Wirkung Inge Holms auf Tonio (18, vgl. 60), der unbewußt gegangene Weg ins Vaterhaus (42f.), Meer und Witterung in Aalsgard (54f.). Beachtenswert auch die Struktur des Briefes (Kap. IX), der die

Unbestimmtheit noch einmal aufnimmt („so etwas wie ein Brief", „ein wenig allgemein" 64 f.) und fortgesetzt ist in der reflektorischen Gegenüberstellung der Gegensätze von Vater und Mutter, Bürger und Künstler, Schönheit und Gewöhnlichkeit. Und der Schluß ist in bekenntnisartig schlichter Sprache geschrieben, die wohl bewußt die Stichwörter trivial, banal, gewöhnlich realisieren, in manchem an die schlichten Gedichte von Novalis oder Hesse erinnern, auf jeden Fall über die Erzählung hinausweisen will.

Hingewiesen sei schließlich auf die Funktion und Bedeutung des Erzählers, der weithin in erlebter Rede mit Tonio identisch ist, der zudem in den entscheidenden reflektorischen Phasen (Kap. IV und IX) Tonio selbst sprechen läßt, um nicht als der überlegene, ironische Kommentator auftreten zu müssen, der er, seinem Autor nahe, noch nicht ist, nur selten in dieser Erzählung sein kann (18 „Wie geschah das?", 22 f.: die Anrede an Tonio; die unentschiedenen Schilderungen 9 etwa, die „höchst unziemliche Veränderung" 44 u. a.).

3. Thomas Mann heute

Thomas Mann repräsentiert – darauf hat er selbst stets Wert gelegt – in seiner Person wie in seinem Werk eine Bürgerlichkeit, deren Höhen und Tiefen, deren Fülle und Einseitigkeiten das 19. und die erste Hälfte des 20. Jahrhunderts prägten, seine Geschichte und seine Kultur. Manns Themen, seine ironisch-objektive Darstellungsweise, seine Formen der Kommentierung politischer Ereignisse sind davon bestimmt. Ausgehend von der geschichtlich wohl unbestreitbaren Tatsache des Endes dieser bürgerlichen Epoche, an deren Anfang das künstlerische Programm der deutschen Klassik steht, stellt sich heute die Frage nach dem Stellenwert ihres letzten großen Repräsentanten. Nachdem Thomas Mann nach großer Wertschätzung in der Nachkriegszeit für die öffentliche wie wissenschaftliche Diskussion in den Hintergrund getreten war, rückte anläßlich seines 100. Geburtstags erneut die Frage nach seiner Bedeutung für unsere Zeit ins Blickfeld.[23]

Auf einige Aspekte aus dieser Diskussion sei kurz hingewiesen. Die Vorbehalte überwiegen (Wysling, 1977: 586 ff.)[24]:

1. Die Mehrzahl der heutigen Schriftsteller hat keinen lebendigen Bezug zu Thomas Mann (Arnold, 1976: 161–203)[25], je jünger, desto weniger.
2. Leser ohne die Lesekultur der Bildungstradition vermögen der Ironie nicht mehr zu folgen, weil die Kenntnis des Gesagten als Voraussetzung zur Erkenntnis des eigentlich Gemeinten nicht mehr vorhanden ist.[26] So wird Thomas Mann für solche Leser so banal und trivial, wie das Tonio für sein Werk fürchtet.

3. Die Möglichkeiten und Aufgaben des Schriftstellers als eines Anwalts von Öffentlichkeit werden heute, ohne die Befrachtung mit der Künstler- und Genieproblematik, einem Erbstück des 19. Jahrhunderts, unbefangener und nüchterner gesehen.[27]
4. Trotz aller Antagonismen, Oppositionen und Extremerfahrungen in Krankheit, Leid und Verfall bleiben die Darstellungen merkwürdig moderat, auf Ausgleich bedacht, der in Mittelmäßigkeit zu verharren droht; die Perspektive des Irren, des Zwergs, des Clowns oder anderer wahrhaft extremer Figuren ist nicht die seine. Wäre nicht das Ätzend-Ironische, das Groteske angemessener gewesen?

Und die positiven Aspekte? Es genügt sicher nicht, auf Goethe zurückzuverweisen;[28] die allzu positive Deutung des Citoyen, des Demokraten Mann bezweifeln andere als zu einseitig.[29] Doch hat es sicher sein gutes Recht, wenn man gerade in Thomas Mann neben der zur Entartung hinführenden Seite des Bürgertums auch auf die andere, die freiheitliche Seite, das Vermächtnis der Aufklärung hinweist, die ohne ihn – aber doch wohl auch durch andere – nicht für die Zukunft fruchtbar zu machen wäre. Doch gerade wenn dies richtig ist, so bleibe der Auftrag heutiger Leser im Umgang mit Thomas Mann gerade nicht beschränkt auf die Geschichte einer individuellen Lebensproblematik in der Figur des Tonio Kröger, sondern müßte erweitert werden um das, was Tonio sich am Ende als Programm aufstellt: Leben, Sprache, Kunst, Literatur, Moral und Gesellschaft miteinander zu verbinden.

Nicht uninteressant ist es, mögliche Wirkungen Manns auf die deutsche Literatur der Gegenwart nachzuspüren. Man findet mehr untergründige, auf Widerspruch hinweisende Verbindungslinien als Weiterführung.[30] Im Blick auf „Tonio Kröger" sind besonders interessant:

1. Die Auffassung vom Künstler prägt eher die Autoren selbst als die Themen ihrer Werke: Der Künstler als Repräsentant und als Kritiker seiner Zeit, der entweder – wie Mann selbst – formal Literatur und politischen Essay auseinanderzuhalten sucht, findet sich bei so wichtigen Autoren wie M. Frisch, H. Böll, S. Lenz, G. Grass; der, der beides zu verbinden sucht, wie dies auch Thomas Manns Antipode, sein Bruder Heinrich versuchte, in P. Weiss, H. M. Enzenberger, R. Hochhuth.
2. Die artistische, zur Bewußtheit drängende Sprache eines nachfreudianischen Zeitalters findet sich bei H. Heißenbüttel, J. Becker, P. Handke, schlägt aber hier bereits um in die Erkenntnis der Sprache als Feind jeder Wahrnehmung – das Leitmotiv wird zur tödlichen Sprachhülse, ironisch-entlarvend in der tödlichen Bürgerwelt W. Kempowskis.
3. Die Kunst als Erkenntnis, nicht als Gefäß für etwas, sondern als Wahrheit in und durch Sprache, verabsolutiert sich in der konkreten Poesie, doch selbst diese Verabsolutierung einer poetischen Sprachfunktion hat den Bezug zu den Sprachbenutzern nicht völlig abtun können.

II. Didaktische Analyse

1. Zur Geschichte des Tonio Kröger im Unterricht

Mit einigen guten Ratschlägen zu Ziel und Methode ist es nicht getan. Die Frage ist grundsätzlicher zu stellen: Was soll, was kann der Tonio Kröger in der Schule?

Die Frage ist nicht unbeantwortet geblieben im Laufe der letzten 60 Jahre. Das Stichwort dazu scheint mir „Repräsentanz" zu heißen. Thomas Mann und sein Werk, und in besonderem der „Tonio Kröger" repräsentierten der Literaturdidaktik eine wichtige, vielleicht die wichtigste Sicht auf die Literatur, die Schülern zu vermitteln sei: Literatur als Kunst. Zwei Schwerpunkte erkenne ich:

1. Man konzentriert sich auf die geistesgeschichtliche Linie. Tonio Kröger, das Ende einer Kette, die mit Werther und Tasso beginnt, die sich in der Romantik, in Grillparzers Sappho, in Mörikes Mozart verfolgen läßt. Röhl, Brinkmann sind Namen hierzu.
2. Man beschäftigt sich, vornehmlich werkimmanent orientiert, mit der Gestalt des Tonio, der Struktur der Erzählung, mit der Sprache. So schon Schochow, so wiederum Rückert, Zimmermann, Bräutigam. Noch das Nachwort in der hier verwendeten Taschenbuchausgabe von 1973, geschrieben von Karl Jacobs, preist in diesem Sinne einer totalen Interpretierbarkeit: „Wer die Erzählung von dieser inneren Linie [der Gespräche, Reflexionen, Charakterschilderungen] her betrachtet, wird entdecken, daß sie geschlossen, dicht und ganz frei von erzählerischer Willkür ist." Er will „den Sinn für erzählerische Gestaltungsmöglichkeiten und -formen durch die Lektüre" schulen, preist Mann als Sprachmeister zu einer „Zeit sprachlicher Verwahrlosung" um 1900 (Pütz, 1977: 119/20/21), rühmt die künstlerische Tugend der Entsagung. Fügt man noch das Lob der Ernsthaftigkeit („weniger ironisch und ätzend" als „Tristan" (Rückert, 1963: 373) hinzu, so hat man das Repertoire der Ziele zusammen.

In neuerer Zeit, mehr sozialgeschichtlich interessiert, fiel der „Tonio Kröger" aus dem Interesse heraus, man wandte sich anderen Texten Manns zu (Behnsen, 1974: 108–134).

Eine einzige Ausnahme findet sich, so scheint es, in diesem Reigen didaktisch so einseitiger Entscheidungen, der Vorschlag Würtenbergs von 1930 unter lebenskundlichem Aspekt, dem es auf ein Anrühren der menschlichen Grundkräfte, der Steigerung des Lebenssinnes, der Bewußtwerdung über das Ich auf der Lebenssuche anzukommen scheint. Doch sieht man genauer zu, so geht es um ein Bildungsziel jenseits der Dichtung. Interesse, das Würtenbergs Schülerinnen wohl bekundet haben, sei noch kein Maßstab für bildenden Charakter eines Werkes, der bildende Charakter von Dichtung liege in einer Bejahung des Lebenssinnes – und da kommt dann der Tonio Kröger doch nicht so gut weg, weil alles auf eine gesunde Geistigkeit hindränge, die dann eben zur Klassik hinführen müsse (vgl. Anm. 28).

So wenig sich gegen Einzelaspekte und Einzelziele etwas sagen läßt, wenn sie Teile einer präzisen und verantwortbaren Interpretation sind, so möchte ich doch zu überlegen geben:

1. Wenn die historische Distanz zu Thomas Mann tatsächlich so groß geworden ist, wie dies die literaturwissenschaftliche Forschung feststellt, wie es die Schriftstellerrezeption zeigt, so ist es nicht zu verantworten, Tonio Kröger unbedingt als repräsentatives Kunstwerk in den Unterricht einzubringen, wohl gar das „Wesen von Dichtung" daran deutlich machen zu wollen, ohne den Schüler, seine andersartige Erfahrungs- und Lebenswelt einzubeziehen.
2. Selbst der größte Repräsentant ist, wie gesehen, auch historisch, somit perspektivisch zu sehen, Repräsentant nur einer Zeit – und nicht einmal dies. Die Totalität der Welt, die Th. Mann erstrebt, ist doch eher eine Totalität der psychischen Welt. Man kann sich nicht zufrieden geben damit, nur auf die rückwärtsgewandte Traditionslinie der Künstler-, der Geist-Naturproblematik einzugehen, man muß die spezifischen Quellen Manns aufsuchen – und die Folgen untersuchen, die auch ein noch so künstlerisch abgeschirmtes Werk hatte.
3. Dies gilt besonders dann, wenn man die Interpretation aufnimmt, die ich herausgearbeitet habe: Die Verbindung von Trivialität und Artistik, die Thomas Mann zu gestalten versucht hat, führt auf die wohl wesentlichen Ziele, die Literatur erfüllen will, die die Schule nicht umhin kann, aufzunehmen: Erbauung und Aufklärung, ästhetisches Vergnügen und kritische Distanz.

2. Aspekte einer Behandlung

Wichtig scheint heute, die Schüler dort abzuholen, wo sie wirklich sind. Dies kann in unterschiedlicher Weise geschehen. Die Lesertypenforschung hat in den letzten Jahren deutlich gemacht, daß es unterschiedliche Erwartungen und Haltungen des Lesens nebeneinander gibt, die je nach Lesesituation, Lesererwartung und Text als gestaltetes Thema das Lesen beeinflussen.[31]

Es ist deshalb zu bezweifeln, daß in jeder Klasse in gleicher Weise die „objektive Leseweise" zur Sprache kommt, wie dies Bräutigam behauptet (Bräutigam, 1969: 75), die Themen „Kunst und Leben", „Künstler und Bürger" – wenn der Lehrer bereit ist, aus seiner dominierenden Rolle als Literaturvermittler, als Kenner der „richtigen Interpretation" herauszutreten. Nur so gelänge es, das immer wieder beklagte Auseinanderklaffen von Schul- und Freizeitlektüre zu verhindern.

Man kann davon ausgehen, daß Tonio Kröger nicht nur die altersspezifischen Eigentümlichkeiten der pubertierenden bürgerlichen Jugend um 1900 repräsentiert – aber nicht deshalb, weil er sich nicht änderte,³² sondern weil es nach psychologischen Erkenntnissen so aussieht, als sei damit ein mögliches psychisches Grundmodell der Adoleszenz beschrieben: ausgestattet mit der besonderen Fähigkeit zu erhöhter Introspektion auf die eigenen psychischen Prozesse, verbunden mit einer Distanzierungsfähigkeit zu den Objekten der Erfahrung (Blos, 1973: 147)³³. Man erkennt für dieses Alter zudem einen erhöhten Grad von ästhetisch-schöpferischer Freiheit und Kreativität und zugleich Gefährdung.³⁴ So bietet sich Tonio Kröger als Modell einer Stabilisierung psychischer Prozesse an, die heute – in der Nachfolge etwa von Erikson – mit dem Begriff der „Ich-Identität" bezeichnet wird. Es ist gar nicht so erstaunlich, wenn ein Lyriker der Moderne, Reiner Kunze, A. und M. Mitscherlich zitierend, schreibt: „Das gedicht als stabilisator, als orientierungspunkt eines ichs. Das gedicht als akt der gewinnung von freiheitsgraden nach innen und außen."³⁵ Zugleich aber sollte man erkennen, daß hier ein wichtiger Ansatz für die eigene Produktion von Texten liegt.

Freilich muß man damit rechnen, daß die Subjektivität des lesenden Schülers von nur einem der beiden gegensätzlichen Pole angesprochen ist, sie sich mit der Stormschen Wehmutsstimmung identifiziert oder über deren Banalität herzieht; doch gerade dann bleibt das Ziel, den Schüler in seiner verletzlichen Subjektivität abzuholen.

Ein etwas anderes Modell – stärker schon gesellschaftlich bestimmt – findet sich in der interessanten, durchaus subjektiven Rezeption des 20jährigen Günter de Bruyn (1946), über die er 1975 berichtet: „Das war schon genug, um als Ereignis zu gelten: daß da einer war, der die Krankheit der Jugend, diese gräßliche Einsamkeit in der Menge, auch durchgemacht hatte. Aber dadurch, daß er nicht nur ein Leidender war, sondern auch ein Schöpferischer, bot er noch mehr als Selbstbestätigung, nämlich ein Verhaltensmuster, eine Anleitung zum seelischen Überlegen" (de Bruyn, 1975: 176f.) – während die Kunstauffassung dem jungen de Bruyn uninteressant, ihm heute aber „leicht angestaubt" erscheint.

Dennoch kann von einer der weiteren Überlegungen de Bruyns aus auch ein kognitiver Zugang geschaffen werden: „In einer Gesellschaft, die Kunstproduktion als gesellschaftlich notwendige Arbeit anerkennt, wird das Problem kleiner, aber es schwindet nicht, solange Kunst Ordnungen nicht nur preist, sondern, um sie zu bessern, auch stört" (ebd.: 178). Die Ansätze, von denen aus über die eigene Gegenwart der hier angesprochenen Literatur der DDR, aber auch der deutschen Literatur im Westen, über das Problem Kunst und Moral, Kunst und

Macht auf „Tonio Kröger" hingeführt werden kann, sind zahlreich und immer wieder aktuell. Dazu noch einmal de Bruyn: „Die Furcht vor ‚falscher Aktualisierung' ist eine vor der Lebendigkeit der Kunst" (ebd.: 172).

Zusammengefaßt: Jede kognitiv-literaturwissenschaftlich orientierte Behandlung der Erzählung – der Künstler in der Literatur zwischen Tasso und Tonio Kröger; Bürgerlichkeit in Leben und Werk Thomas Manns; der Schriftsteller in unserem Jahrhundert; Sprache und Erzählweise Thomas Manns; Aufgabe und Funktion der Kunst in der Gesellschaft u. a. – sollte die subjektiven Rezeptionsweisen aufnehmen und weiterführen, wenn man nicht ohnehin von hier aus eine Behandlung plant.

III. Methodische Hinweise

1. Ausgangspunkt jeder Textbeschäftigung wird das Lesen sein. Schon die Entscheidung, ob einzelne Schüler (ein Team) oder die ganze Klasse die Lektüre leisten soll, hat unterschiedliche Folgen für die Behandlung: die erste führt notwendig zu einer mehr literaturwissenschaftlich interpretationsangepaßten Behandlung, „Tonio Kröger" als Paradigma für etwas, das die Schüler selbst referieren, selbst erarbeiten sollen, die zweite läßt mehr Möglichkeiten offen für unterschiedliche Rezeptionsweisen in der Klasse. Doch hängen solche Entscheidungen auch vom Prinzip der methodischen Variation ab: Ein Literaturunterricht, der jahrelang Literatur nach dem gleichen Muster behandelt, wird allein darum steril.

2. Der Einstieg zur Behandlung bzw. schon der Lektüreauftrag kann gesteuert werden durch gezielte Leitfragen, wie sie vor allem Zimmermann, Rückert und Bräutigam vorschlagen. Mann kann sie erweitern, wenn man von vorneherein Begleittexte als Deutungshilfen und Deutungskontraste hinzufügt, autobiographische, wie oben genannt, „Im Spiegel", Briefe, Auszüge aus den „Bekenntnissen eines Unpolitischen", oder solche des Einflusses, besonders geeignet scheinen Auszüge aus Nietzsches „Schopenhauer als Erzieher"[36], solche des Kontrastes wie Heinrich Manns „Geist und Tat" oder entsprechende Texte zeitgenössischer Autoren, solche der künstlerisch-artistischen Programmatik wie Äußerungen von Gottfried Benn.

Man sollte sich aber klar sein, daß dadurch jedes subjektive Engagement mit diesem Text wenn nicht unmöglich gemacht, so doch sehr erschwert wird.

3. Direkter auf eine Einbeziehung des Schülers hin zielt eine Konfrontation der Lektüre mit den Äußerungen Günter de Bruyns.

4. Andere Formen der Behandlung zielen sofort auf die Erkenntnis, daß Lesen als geistiges und sinnliches Handeln in der bloßen Rezeption nur die halbe Wahrheit erfährt, Lesen in unterschiedlicher Weise sich erweitern kann:

- da entdeckt ein Filmregisseur den „Tonio Kröger", will ihn ins Bild setzen: Wie sieht er aus? Wie spricht er? Wie sieht die Umgebung aus, in der er sich bewegt? Ablichtung von Landschaft und Reflexionen: Wie paßt das zusammen?
- da gibt es den Literaturkritiker, der sich in genialer Subjektivität mit einem Werk auseinandersetzt,
- da sollen wichtige Stellen für einen Lese- und Rezitationsabend ausgewählt werden.

5. Noch näher an die Subjektivität der Schüler führen Aufgaben heran, die in letzter Zeit als „literarische Rollenspiele" vorgestellt wurden (vgl. Eggert/Rutschky, 1978). Es handelt sich dabei um wichtige Versuche, Literatur, die selbst Zeugnis von Selbstbefreiungsprozessen einzelner oder bestimmter Schichten oder der Menschen einer Epoche ist, erneut als Handlungsraum für eigene Fragen und Wünsche zu öffnen. „Tonio Kröger" ist dazu sicher kein schlechtes Beispiel. Auf die Schwierigkeiten einer solchen beinahe therapeutischen Funktion – auch deshalb, weil sie die heilende Funktion der Sprachproduktion mitaufnimmt, wie unsere Interpretation schon gezeigt hat – für das Verhalten des Lehrers kann hier nur hingewiesen werden.

Beispiel für eine solche Aufgabenstellung:

- Tonio Kröger schreibt den versprochenen Brief über seine Erlebnisse an Lisaweta doch noch
- Tonio schreibt sein Erlebnis in der Tanzstunde auf
- Inge Holm schreibt das Verhalten Tonios in ihr Tagebuch
- Magdalena Vermehren führt ein Tagebuch
- Der Bericht des Polizisten an seine Dienststelle über das Verhör mit Tonio
- Ein Bericht des Hoteliers
- Ein Tischgenosse in Aalsgard charakterisiert Tonio Kröger.

Die Beispiele lassen sich vermehren, grundsätzlich geht es darum, den Schülern verschiedene Themen anzubieten mit dem ausdrücklichen Vermerk, er könne auch ein ähnliches weiteres Thema selbst wählen. Der Hinweis, daß solche Aufgabenstellung ein besonderes Vertrauensverhältnis voraussetzt, nicht zu einer Bewertung durch den Lehrer, orientiert an den Kriterien einer „richtigen" Interpretation führen darf, ist für den Kundigen wohl gar nicht mehr nötig. Was aber angestrebt werden sollte, ist eine kritische Besprechung einzelner Arbeiten in und mit der Klasse über

Wirkung des Textes, Stilqualität und Klischeegebrauch, Materialverwertung, inhaltliche Logik und formale Gestaltung. Liefert gar der Lehrer selbst dazu einen kritisierbaren Beitrag, so hat man einen zusätzlichen Motivationsanstoß.

Nachwort

Der Intention des Herausgebers dieses Arbeitsbuches entsprechend habe ich vor allem neuere Informationen zu Thomas Mann und seinem „Tonio Kröger" ausgebreitet. Ich hoffe, damit dem Lehrer eine Basis geschaffen zu haben, die es ihm erlaubt, wegzukommen von den herkömmlichen Schemata der Literaturmethodik (ohne deren sachlichen Beitrag entwerten zu wollen), vielmehr Unterricht vom Schüler her durchzuführen, auszugehen von der Lesersituation heutiger Jugendlicher, ihrem phasenbedingten oder individuellen Entwicklungsstand und ihren persönlichen Fragestellungen, die sich in der Auseinandersetzung mit „Tonio Kröger" artikuliert finden können, so daß die persönliche und durch geeignete Hilfen unterstützte Auseinandersetzung mit einem Werk einer vergangenen Kulturepoche beides ermöglicht: die persönliche Reifung ebenso wie das Verstehen gesellschaftlicher Zustände und Entwicklungen.

Anmerkungen

1 Der autobiographische Zusammenhang des Gesamtwerks von Thomas Mann ist vielfältig belegt, der Autor hat dies auch selbst immer wieder bestätigt, doch sollte man auch Th. W. Adornos Warnung einbeziehen (1965), ein Kunstwerk sei mehr als die Intention seines Autors, ein Porträt seiner selbst zu gehen; dies gelte besonders für Mann.
2 Vgl. dazu die Interpretation in diesem Bande S. 77 ff.
3 Vgl. Tonio Kröger S. 36: „Der ist noch lange kein Künstler, [...] der die Sehnsucht nicht kennt nach dem Harmlosen, Einfachen und Lebendigen [...]".
4 Darauf bezieht sich auch der Kommentar „illae lacrimae!" (s. o.).
5 H. Koopmann, 1977: 45 hat besonders darauf hingewiesen: „Die vielzitierte Künstler-Bürger-Problematik ist weitgehend eine Erfindung der Interpretation".
6 So sah sich Th. Mann selbst, gespiegelt schon in dem Kommentar Hanno Buddenbrooks zu dem von ihm gezogenen Doppelstrich im Familienbuch: „Ich glaubte ... es käme nichts mehr ..."; vgl. H. Mayer: Deutsche Literatur seit Thomas Mann, Reinbek: Rowohlt 1967 (rororo 1063): 7 ff.

7 „Die Bekanntschaft mit den essayistischen Reflexionen Thomas Manns ist eine unerläßliche Voraussetzung für den Zugang zum erzählerischen Werk." (H. Jendreiek, 1977: 11), vgl. jedoch Adorno, 1965.
8 Er spricht von der „Bürgerlichkeit des Romans", „seinem eingeborenen Demokratismus".
9 In „Betrachtungen eines Unpolitischen", Kap. „Bürgerlichkeit", Band XII: 117 spricht er noch vom „Demokratismus unseres Zivilisationsliteratentums".
10 Heinrich Mann: „Geist und Tat" (1910).
11 Erst in einem Brief vom 21. VII. 1954 an Henry H. H. Remak erwähnt Th. Mann Bourget (Mann Briefe 1948–1955, Frankfurt 1965: 351).
12 Vgl., auch zur Würdigung von Manns Selbsterzeugnissen darüber, besonders P. Pütz, 1975, 1971, H. Jendreiek, 1977: 68 ff. Hingewiesen sei auf die „Unzeitgemäßen Betrachtungen", die auch den Titel der „Betrachtungen eines Unpolitischen" beeinflussen, auf „Zur Genealogie der Moral", „Jenseits von Gut und Böse" und Nietzsches Wagner-Schriften.
13 Vgl. seine Beziehungen zur Musik Wagners, Gestalten wie Gerda und Hanno Buddenbrook, Frau Klöterjahn in Tristan bis hin zu Adrian Leverkühn. Mehrfach hat Th. Mann sein Schaffen als „Komponieren" bezeichnet.
14 Welcher Gattung man den „Tonio Kröger" zuweist, ist wohl sekundär, ob der Novelle, einem offeneren Begriff von Erzählung, ob man ihn als „Prosa-Gedicht" bezeichnet wie E. Heller: Der ironische Deutsche, Frankfurt 1959: 65. Doch weisen die artistische Kompositionstechnik, die Erlebnisse, die an und in Tonio geschehen und ihm zum passiven Helden machen, die die Kreisstruktur überwindende Synthese am Schluß auf den Begriff Novelle, ohne daß die kunstlos scheinende Erzählhaltung um ein „unerhörtes Ereignis" der Zeit und der Intention Manns noch angemessen gewesen wäre.
15 Er verweist dazu auf Hermann Stresau: Thomas Mann und sein Werk, Frankfurt: Fischer 1963 (Fischer Paperbacks).
16 Nicht unwichtig ist in diesem Zusammenhang der Hinweis auf die Arbeitsweise Th. Manns. Er erzählt nicht von einem Handlungsgerüst aus, sozusagen einer „Gliederung", sondern beginnt mit der Sammlung sprachlicher Formulierungen in Notizbüchern, Briefen, Vorstudien. Vgl. dazu H. Wysling, 1967. K. Bräutigam, 1969: 45 f. vergleicht die bewußt komponierten Wiederholungen um Tanzstunde (S. 22) und Fest in Aalsgaard (S. 64), die gerade auf der Basis ähnlicher Formulierung die neue Stufe von Tonios Existenz signalisieren.
17 Nietzsche, der Philosoph der Dekadenz, war zugleich ihr großer Kritiker, der auf der Suche nach der Welt der Starken und Gesunden, der Verkünder des Übermenschen. Thomas Mann, der Dichter der Dekadenz (neben Hofmannsthal), wozu er sich in den „Betrachtungen" selbst bekennt, gegen die Zurück-zur-Natur-Parolen der Zeit gerichtet, findet doch zugleich in Tonio Kröger einen programmatischen Ausweg aus der ästhetisch-künstlerischen Weltflucht. Vgl. W. Rasch, 1977.
18 Th. Mann hat sich vielfach zu seinem Begriff von Ironie geäußert. Er versteht darunter nicht die Freiheit der romantischen Subjektivität, das Geschaffene wieder aufzuheben und zu vernichten. Ironie ist ihm die Erzählhaltung, die auf der Basis einer möglichst allseitigen, objektiven Erfassung der Phänomene eine

Distanz zu ihnen ermöglicht, damit jede Unmittelbarkeit unmöglich macht. Tonio und mit ihm sein Autor schmäht die Ironie als „Abgrund" (31), zugleich als notwendiges Mittel künstlerischer Literatur (vgl. 30).
Als Vorbilder nennt man sowohl Schopenhauer (H. Jendreiek, 1977: 59; 74) wie Nietzsche (P. Pütz, 1975), der etwa in „Zur Genelogie der Moral" schreibt: „Es gibt *nur* ein perspektivisches Sehen, *nur* ein perspektivisches ‚Erkennen'; und *je mehr* Affekte wir über eine Sache zu Wort kommen lassen, *je mehr* Augen, verschiedene Augen wir uns für dieselbe Sache einzusetzen wissen, um so vollständiger wird unser ‚Begriff' dieser Sache, unsere ‚Objektivität' sein." – Ein erkenntnistheoretisches Problem, das Kleist noch zutiefst erschüttert hatte (sog. Kantkrise, vgl.Brief 22.3.1801 an W. von Zenge, Werke, hrsg. von H. Sembdner München: Band II: 634).

19 S. 65 ordnet sie Tonio freilich den „Anbetern der Schönheit" zu.
20 H. v. Kleist: Über das Marionettentheater, Werke II: 338 ff., hier 344.
21 Geistesgeschichtlich gesehen steht Mann damit – zumindest für die konservative Tradition – am Ende einer Epoche, die mit der Selbstisolierung und Selbsttranszendierung der Kunst seit der Romantik, seit Wackenroders „Herzensergießungen", seit Novalis' „Hymnen an die Nacht" begann und reicht bis zur Adoption des Paulusworts 1. Kor. 13,1 in Tonios Brief (66); von da aus ist der Weg frei zu dem für dieses Jahrhundert nötigen „Demokratismus", der Kunst als Funktionselement des ganzen Lebens, als Element auch von Geschichte wieder einsetzen muß. (s. o. Anm. 8).
22 bes. Hoppe, 1958; Zimmermann, 1966; Bräutigam, 1969.
23 Vgl. besonders B. Bludau u. a. (Hrsg.), 1976.
24 H. Wysling, 1977: 586 ff. stellt – im Blick auf das Gesamtwerk – 7 Einwände heraus.
25 Kesting, Hanjo: Thomas Mann oder der Selbsterwählte. Zehn polemische Thesen über einen Klassiker in: Der Spiegel 29 (1975) H. 22: 144–148.
26 H. Kurzke erwähnt solche Erfahrungen aus Gesprächen mit Studenten, 1977: 14. Aber es fragt sich, ob dies nur an der unterbrochenen Bildungstradition liegt, ob nicht der Vorwurf allzu überzogener stilistischer Drahtseilakte auf seiner Distanzierung beruht, die ihm schon sein Bruder Heinrich in dem großen Briefentwurf vom 5. 1. 1918 vorgeworfen hat. (Th. Mann – Heinrich Mann Briefwechsel: 115–118).
27 Schon für die Zeit Manns wird dabei immer wieder auf Haltung und Stil von Heinrich Mann hingewiesen, leicht zu erweitern um durchaus nicht „linke" Namen wie Alfred Döblin, Joseph Roth, Robert Musil.
28 K. Brinkmann behauptet noch immer: In späterer Zeit habe Th. Mann „die geistige Stufe Tassos erreicht, die Tonio Kröger aus der Beschränktheit seines Jahrhunderts noch nicht erreichen konnte, aber ersehnte und erstrebte." (S. 54); wobei m. E. schon die diesem Zitat vorausgehende Behauptung, Tonio Kröger pflege die Gegensätze, eine zu vordergründige Interpretation ist.
29 H. Kurzke, 1977, versucht S. 14, die von W. Jens, 1979 allzu positiv gezeichneten Perspektiven etwas zurechtzurücken; vgl. die eindringlich positive Stimme von H. Jendreiek, 1977: 11.
30 P. Pütz, 1977, nennt an Einzelelementen das Zerhacken von Erzähllinien, die

Direktheit der Aussage bis hin zur Obszönität, die Wahl unreifer, kindlicher, „Helden", die Regionalisierung.
31 Vgl. die Adaption der Leseweisen nach M. A. K. Haliday bei E. Nündel/ W. Schlotthaus, 1978: 72f.
32 dies die ängstlich jede „Anwendung" werkimmanent zurücknehmende Deutung Sprangerscher Überlegungen bei W. Zimmermann, 1966: 106.
33 E. H. Erikson, 1966 weist auf die dringende Aufgabe in der Adoleszenz, Entscheidungen über den künftigen Lebensweg zu treffen.
34 Vgl. die Anwendungshinweise bei H. Eggert/M. Rutschky (Hrsg.), 1978: bes. 82f.
35 R. Kunze: Zimmerlautstärke. Gedichte, Frankfurt: Fischer 1972 (Reihe Fischer 30): 65.
36 Die zweite der „Unzeitgemäßen Betrachtungen".

Literatur

1. Textausgaben

Thomas Mann: Tonio Kröger. Mario und der Zauberer, mit einem Nachwort (zu „Tonio Kröger") von Karl Jacobs S. 119–121, Frankfurt, FTB 1381 (Zitate im Text nach dieser Ausgabe).

Thomas Mann: Gesammelte Werke in dreizehn Bänden, Frankfurt (1960) 1974, 2. Aufl. (Zitate mit röm. Bandzahl u. S.).

Thomas Mann – Heinrich Mann. Briefwechsel 1900–1949. Frankfurt 1969 (auch als Fischer-TB 1610) (Zitate mit Briefw.).

2. Literaturwissenschaftliche Beiträge zu Thomas Mann

Adorno, Theodor W.: Zu einem Porträt Thomas Manns. In: Noten zur Literatur III, Frankfurt 1965: 19–29.

Arnold, Heinz Ludwig (Hrsg.): Thomas Mann. München 1976 (Sonderband edition + kritik).

Bludau, Beatrix / Heftrich, Eckhard / Koopmann, Helmut (Hrsg.): Thomas Mann 1875–1975. Vorträge in München-Zürich-Lübeck. Frankfurt 1977.

de Bruyn, Günter: Der Künstler und die anderen. In: Sinn und Form 27 (1975): 171–178.

Diersen, Inge: Thomas Mann. Episches Werk. Weltanschauung. Leben. Berlin/ Weimar 1975.

Jendreiek, Helmut: Thomas Mann. Der demokratische Roman. Düsseldorf 1977.

Jens, Walter: Der letzte Bürger. In: Bludau, B. u. a. (Hrsg.), S. 628–642 (wieder abgedruckt in W. J.: Republikanische Reden, Frankfurt 1979: 123–141, st 512).

Koopmann, Helmut: Thomas Mann und Schopenhauer. In: Pütz, P. (Hrsg.) 1971: 180–200.

Koopmann, Helmut: Thomas Manns Bürgerlichkeit. In: Bludau, D. (Hrsg.) 1977: 39–60.
Kurzke, Hermann: Thomas Mann Forschung 1969–1976. Ein kritischer Bericht. Frankfurt 1977.
Lehnert, Herbert, H.: Thomas Mann und die Bestimmung des Bürgers. In: Bludau, B. u. a. (Hrsg.): 643–658.
Lukács, Georg: Thomas Mann, Berlin 1957.
Matter, Harry: Die Erzählungen. In: Peter Fix u. a.: Das erzählerische Werk Thomas Manns. Entstehungsgeschichte, Quellen, Wirkung. Berlin/Weimar 1976: 431–534.
Pütz, Peter: Kunst und Künstlerexistenz bei Nietzsche und Thomas Mann. Zum Problem des ästhetischen Perspektivismus in der Moderne. Bonn (1963) 1975 2.A.
Pütz, Peter (Hrsg.): Thomas Mann und die Tradition, Frankfurt 1971.
Pütz, Peter: Thomas Mann und Nietzsche. In: ders. (Hrsg.) 1971: 225–249.
Pütz, Peter: Thomas Manns Wirkung auf die deutsche Literatur der Gegenwart. In: Bludau, B. u. a. (Hrsg.): 453–465.
Rasch, Wolfdietrich: Thomas Mann und die Décadence, in: Bludau, B. u. a. (Hrsg.): 271–284.
Schröter, Klaus: Thomas Mann in Selbstzeugnissen und Bilddokumenten. Hamburg 1964/75 rm 93.
Wysling Hans: Dokumente zur Entstehung des „Tonio Kröger". In: Scherrer, Paul / Wysling, Hans (Hrsg.): Quellenkritische Studien zum Werk Thomas Manns. Bd. 1, Bern 1967: 48–63.
Wysling, Hans: Schwierigkeiten mit Thomas Mann. In: Bludau, B. (Hrsg.): 586–605.

3. Beiträge zur literaturdidaktischen Rezeption des „Tonio Kröger"

Behnsen, Friedrich u. a.: Deutsches Bürgertum in der Literatur, am Beispiel Heinrich und Thomas Mann. In: Hölsken, Hans-Georg u. a. (Hrsg.): Sprache, Literatur und Kommunikation. Kursmodelle für das Fach Deutsch in der Sekundarstufe II, Band 1 Leistungskurse, Stuttgart 1974: 108–134.
Bräutigam, Kurt: Thomas Mann: Tonio Kröger. München 1969 (Interpretationen zum Deutschunterricht).
Brinkmann, Karl: Erläuterungen zu Thomas Mann. Tristan. Tonio Kröger. Mario und der Zauberer. Hollfeld (c.1962) 1978 7. Aufl. (Königs Erläuterungen Band 288).
Hoppe, Alfred: Denkweisen und -inhalte der deutschen Sprache und ihre grammatischen und stilistischen Ausdrucksformen. Für die Mittel- und Oberstufe an einem Beispiel methodisch dargestellt und theoretisch erläutert. In: DU 10 (1958), Heft 1: 40–57.
Röhl, Hans: Charaktere in der Dichtung des 19. Jahrhunderts. In: Zeitschrift f. Deutschkunde 35 (1921) H. 6: 369–377; H. 7: 454–463.
Rückert, Gerhard: Thomas Manns „Tonio Kröger" im Deutschunterricht der Oberstufe. In: Anregung 9 (1963), H. 6: 373–377.

Würtenberg, Gustav: Thomas Manns „Tonio Kröger". Ein Beitrag zur „lebenskundlichen" Darstellung des deutschen Unterrichts. In: Schule und Wissenschaft 5 (1930) H. 3: 81–90.

Schochow, Maximilian: Novellenstudien im Dienste des Deutschunterrichts. Der musikalische Aufbau in Thomas Manns Novelle „Tonio Kröger". In: Zeitschrift für deutsche Bildung 4 (1928) H. 5: 244–253.

Zimmermann, Werner: Thomas Mann: Tonio Kröger. In: ders.: Deutsche Prosadichtungen unseres Jahrhunderts. Interpretationen für Lehrende und Lernende. Düsseldorf 1966 Bd. 1: 102–126.

4. Beiträge zur gegenwärtigen literaturdidaktischen Diskussion

Baumgärtner, Alfred Clemens / Dahrendorf, Malte (Hsg.): Zurück zum Literaturunterricht? Literaturdidaktische Kontroversen. Braunschweig 1977 WTB 157.

Beisbart, Ortwin: Möglichkeiten literaturdidaktischer Entscheidungen. Kritische Untersuchungen zum Problem der literarischen Wertung in der Literaturdidaktik. Bern, Frankfurt 1975 (Regensburger Beiträge zur deutschen Sprach- und Literaturwissenschaft Bd. 4).

Blos, Peter: Adoleszenz. Eine psychoanalytische Interpretation. Stuttgart 1973.

Eggert, Hartmut / Rutschky, Michael (Hrsg.): Literarisches Rollenspiel in der Schule. Heidelberg 1978 (medium literatur 10).

Erikson, Erik H.: Identität und Lebenszyklus. Drei Aufsätze. Frankfurt 1966 (stw 16).

Kreft, Jürgen: Grundprobleme der Literaturdidaktik. Ein Fachkonzept sozialer und individueller Entwicklung und Geschichte. Heidelberg 1977 (UTB 714).

Meinusch, Herbert (Hrsg.): Literatur im Unterricht. München 1979 (Kritische Information 74).

Müller-Michaels, Harro: Lernziel: sprachliche und literarische aktion. In: Diegritz, Theodor u. a. (Hrsg.): Perspektiven der Deutschdidaktik. Kronberg 1975: 50–56.

Nündel, Ernst / Schlotthaus, Werner: Angenommen : Agamemnon. Wie Lehrer mit Texten umgehen. München 1978.

WALTER GEBHARD

Franz Kafka: Das Urteil

Für Lisa und Ramin

„Es waren und sind in mir zwei, die miteinander kämpfen", schreibt Kafka in einem etwa siebenseitigen, sehr wichtigen Brief vom November 1914 an Felice Bauer, seine unbestimmte Verlobte.

„Der eine ist fast so wie Du ihn wolltest [. . .]. Der andere aber denkt nur an die Arbeit, sie ist seine einzige Sorge, sie macht, daß ihm die gemeinsten Vorstellungen nicht fremd sind, der Tod seines besten Freundes würde sich ihm zuallererst als ein wenn auch vorübergehendes Hindernis der Arbeit darstellen [. . .]. Die zwei kämpfen nun, aber es ist kein wirklicher Kampf, bei dem je zwei Hände gegeneinander losschlagen. Der erste ist abhängig vom zweiten, er wäre niemals, aus innern Gründen niemals imstande, ihn niederzuwerfen, vielmehr ist er glücklich, wenn der zweite glücklich ist, und wenn der zweite dem Anschein nach verlieren soll, so kniet der erste bei ihm nieder und will nichts anderes sehn als ihn. [. . .] Und doch kämpfen sie miteinander und doch könnten beide Dir gehören, nur ändern kann man nichts an ihnen, außer man zerschlägt beide."[1]

Die Briefstelle enthält genau Strukturen der Erzählung „Das Urteil": Vor einer Instanz, welche die Einheit der in sich gespaltenen Person in einer unbestimmten, aber kommunikativ tragfähigen Formung ‚will', spielt sich ein ‚unwirklicher', aber um Leben und den Besitz des Lebens (am anderen) gehender Kampf von Innen-Instanzen ab, der seinen Widerspruch: Liebe und Hilfe zu sein, gleichzeitig in sich enthält; das Motiv des Freundes verweist auf die soziale Verpflichtung, der Schlußsatz auf die Unaufhebbarkeit des Widerspruchs, es sei denn in einem wie von außen kommenden Zerschlagen.

Es scheint angemessen, jede, besonders auch schulisch relevante Annäherung an Kafka dem Anspruch solcher ‚Widersprüche' auszusetzen: Er wäre am schlechtesten eingelöst, verschriebe man sich der Rede von „Schizophrenie", seelischer Krankheit, purer Gespaltenheit. Die Gegeninstanzen des Kafkaschen Innern sind stabil sozial orientiert, ideologisch konsistent, alles andere als wirklich unverbunden. Aber die ihren Widerspruch immer noch in den Wunsch einbeziehenden Kräfte ihres Widerstreits machen eine traditionelle Psychologie hinfällig, die an der, wenn auch von unterschiedlichen Momenten gestörten, im ganzen jedoch merkmalsartig gehäuften Einheit eines ‚Charakters' festhält. Der Gefahr, daß die Einsichtsbereitschaft Jugendlicher an der unaufgehellten Doppelheit, der „Paradoxität",[2] der Ambivalenz Kafkascher Psychologie scheitert, erlag eine von mir beobachtete Klassenlektüre der „Verwandlung" in der Mitte der 60er Jahre. Die ‚klassischen' Einheitsannahmen regulieren freilich mehr als nur die traditionale Psychologie: Auch die allegorischen, metaphysischen, dogmatisch psychologistischen oder soziologistischen Interpretationsverfahren enthalten Momente falscher Einheit, wenn es um Übertragungsformen, Parallelisierungen von Bestimmungen geht, die ‚stimmig', ‚monosemantisch', ‚monadisch' gebraucht werden.

Vorverständigung über „die doppelte Rede des Franz Kafka"

Rudolf Kreis hat unter diesem Titel sowohl eine textlinguistische Analyse wie ein sozialpsychologisches Verstehenskonzept für Kafkatexte vorgelegt, in welchem unter Verarbeitung der denk- und triebpsychologischen Forschungen Piagets, Lacans, René A. Spitz' und unter Akzentuierung der „double-bind"-Dilemmata ein präziser und tragfähiger Zugang zum Verstehen Kafkascher Widersprüche ermöglicht wird.[3] Die „Beziehungsfalle", bestimmt als ein in sich widersprüchlicher Fall von Kommunikation, wobei der Widerspruch sowohl im selben Medium wie in einem anderen ‚Anschlußmedium' (z. B. Medium a = Sprache, Medium b = Gestik) erscheinen kann, wird hier im Umfeld psycho- und familiengenetischer Verhältnisse erläutert: da sie meist in einem relativ bewußten und einem relativ unbewußten Medium (z. B. Sprache als Verbalität, Kommunikation als latente Herrschaftsbemühung) abläuft, kann von hier aus auch die klassische psychoanalytische Trennung Bewußtsein vs Unbewußtsein neu beschrieben werden. Und zusätzlich wird einsichtig, daß es sich bei Kafkas Paradoxen um das Verhältnis von ‚Absicht' und ‚Handlung' dreht: Klärungen ihres normalen, verständigungsermöglichenden Bezugs hängen von der Kommunikation über die Kommunikation ab (= Metakommunikation) – das Wesen der „Falle" besteht darin, daß alles, was wie eine Chance zu solcher (oft redevereinfachenden, handlungs-, anerkennungs-, übereinstimmungsermöglichenden und affektiv integrierenden) Metakommunikation aussieht, sich von vornherein als verstellt erweist. Bildlich gesagt: das Paradox wandert mit den Handlungsreflexionen mit – Argumentationen bekommen keine ‚Wirklichkeit zu fassen', sondern verlaufen im Kreis. Die Frage besteht also für jeden Interpreten nach der ersten gleichsam ahnungslos-ahnungsreichen, immer wieder irritierten Lektüre, wieweit sich hinter den Such- und Lösungsbewegungen, die gezeigt werden, *unge-*

zeigte, latente Widersprüche befinden. Sie zu erkennen, bedarf es einer ebenso subtilen wie starken Kompetenz gelingender Kommunikation (die bei Edukanten der 2. Jahrhunderthälfte kaum vorausgesetzt werden kann).

Anknüpfend an das am Ende des ersten Abschnitts Gesagte, haben wir einen Unterschied zum traditionellen Paradox genauer zu fassen. Soweit dieses sich aus einfachen Thesen/Antithesen-Bezügen herleitet, liegt die – philosophiegeschichtlich äußerst strapazierte – Aufhebung in einer ‚gelingenden Synthese' nahe. Gerade diesem ‚logischen', vom idealistischen Denken und seinen Optimismen getragenen Lösungsverfahren ist der offenbar von tiefster psychosozialer Beschädigung und hohem formalreligiösen Anspruch geprägte Kafkasche Umgang mit Widersprüchen fern. Denn ‚Wesen' („Thesis") und ‚Gegenwesen' („Antithesis") stehen sich nicht einfach opponent gegenüber, wie die Briefstelle zeigt, sondern sind miteinander verflochten, und wieder nicht so, daß man den Wunschknäuel mit einfacher Dialektik entfädeln könnte:

„Kafkas Paradoxa leben nicht aus einer Verkehrung des Normalen, sie basieren selbst schon auf einem Widerspruch. Sie lenken nicht auf eine Synthese des Widersprüchlichen hin, wie das traditionelle Paradox, sondern von jeder erwarteten Stimmigkeit ab [...]. Kafkas Umkehrung ist also nicht die des klassischen Paradoxes; sie erscheint vielmehr stets verbunden mit einer ‚Ablenkung' von konventionellen Denkbahnen [...]."[4]

Den üblichen Denkverknüpfungen sind eindeutige, entweder-oder-geordnete Widersprüche geläufig. Gerade auf sie und ihre linearen Gegensatz-Zuordnungen läßt sich Kafkas Text nicht zurückführen, weil sich – so Rudolf Kreis – „das dem Widerspruch zugrundeliegende ‚Stimmige' ‚nicht ermitteln' lasse."[5] Dem Widerspruch aufhebenden Dreischritt-Schema (mit dem Schüler und Journalisten oft allzu geläufigen Umfang pflegen) steht Kafkas Widersprüche verdoppelndes und häufendes Verfahren entgegen. Dadurch entstehen die Trennungs- oder Eingeschlossenheitsgeflechte (Wucherungen von Spaltungen), die Kreis im Anschluß an G. Neumann an dem Kafka-Aphorismus untersucht:

„Ein Käfig ging einen Vogel suchen."
Er stellt fest, „daß der ‚Käfig', indem er Beine in Richtung auf den Vogel kriegt, ein in sich gespaltenes Wesen darstellt. Dasselbe gilt für den ‚Vogel', aber erst dann, wenn man unter Anwendung des von Neumann ermittelten Denkgesetzes der ‚Umkehrung' diesen zum Sucher des ‚Käfigs' werden läßt [...]. Der ‚Vogel', zunächst scheinbar frei, spaltet sich nun ebenfalls in ein Doppelwesen, das zu dem ‚Käfig' in eine unauflösliche Beziehung gerät. Er wird zum Käfig-Vogel. [...] Man muß [...] den Aphorismus aufgrund seiner Umkehrbarkeit als eine *Kette* (oder Reihe) der immer gleich sich fortzeugenden Käfig-Vogel-Käfig-Relation aneinanderfügen, die entweder, da sich die paradoxe Ursprungsfrage (Huhn oder Ei) darauf

anwenden läßt, als Zirkelbewegung ohne Anfang und Ende gedacht werden kann (Kobs' ‚paradoxer Zirkel')[6], oder als eine ‚ewige' Kette grotesken Sprach-Wahnsinns, der nach Aufhebung *schreit*."[7]

Durchbrochen wäre, was hier mißverständlich als „Sprach-Wahnsinn" bezeichnet wird, durch jede Rede, die für sich und ihre Wahrheit, d. h. für ihre soziale Geltung, ‚einstehen' könnte. Solches Einstehen war in Kafkas Leben verhindert durch die familiale Isolation des Kindes, durch die Obsession, durch die Geltungsmonopole des Vaters, durch die dabei entstandene Zwangsbeziehung zwischen Abhängigkeit und permanentem Wunsch nach Soll-Erfüllung und der aus dem Unvermögen dazu resultierenden Angst.[8]

Jürgen Demmer, auf dessen sehr genaue Detailanalyse des „Urteils" ich mich anschließend vielfach beziehe, hat die Frage nach der unter solchen Bedingungen noch möglichen ‚Wahrhaftigkeit' des Autors ans Ende seiner Untersuchung Kafkas als „Dichter der Selbstreflexion" gerückt, dabei aber doch zu pauschal formuliert; denn er vollzieht nur die soziale Zirkelstruktur der Schädigung Kafkas nach, wenn er schreibt:

„Der Grund für sein Unglücksverhältnis zu seinem Vater liegt darin, daß er nicht für sich einstehen kann. Darin liegt zugleich der Grund dafür, daß er in seinem innersten Wesen unwahrhaftig ist."[9]

Diese individual-moralistische Begründungs- und Instanzen-Umkehr wäre am besten mit Gert Sautermeisters fundierten methodischen Überlegungen in den ersten beiden Abschnitten seiner *Sozialpsychologischen Textanalyse: Franz Kafkas Erzählung „Das Urteil"*[10] zu korrigieren. Der Verweis auf die Notwendigkeit einer sozialpsychologisch fundierten literaturpsychologischen Analyse jedes Kafkatextes ist angesichts des nach wie vor weithin herrschenden Aussparens psychologischen Unterrichts an den Schulen um so unerläßlicher, als die pädagogische Leerstelle gar leicht mit individualmoralischen Überlegungen gefüllt zu werden pflegt. Wenn schon nicht einfachhin die Gesellschaft als der Grund für ihre Mörder gesehen werden kann, für ihre Selbstmörder hätte ihre eigene „Selbstreflexion" einzustehen, – das ist zu betonen bei der Beschäftigung mit einer Erzählung, die Kafkas leider auch nicht mit den heiligen Wassern der „Sinnfrage" sondern mit den Fluten der Unheilserwartung bespülte „Selbstmördergasse" zum Gegenstand hat.

1. Biographische Situation und thematischer Umriß

Zwei unabdingliche zweibändige Handbücher dienen der vorzüglichen Klärung aller biographischen, textphilologischen und interpretatorischen Sachverhalte: Zunächst Hartmut Binders „Kafka-Kommentar". Der hier heranzuziehende Band, „Zu sämtlichen Erzählungen"[11], enthält sowohl in der Einführung (10f.) wie vor allem im Kommentar zum „Urteil" (123–152) überaus ertragreiche Informationen. Das unter Mitarbeit ausgewiesener Kafka-Forscher vom gleichen Autor herausgegebene „Kafka-Handbuch" in zwei Bänden[12] informiert in einmaliger und für einen Schriftsteller des 20. Jahrhunderts erstmaliger Weise über Biographie, historischen, bildungs- und zeitgeschichtlichen Kontext (Bd. 1: Der Mensch und seine Zeit) und über die Zusammenhänge und Aspekte des Werkes (Bd. 2: Das Werk und seine Wirkung). Im Laufe der ersten Berufsjahre (als Jurist bei der „Arbeiter-Unfall-Versicherungs-Anstalt" seit August 1918) verschärfte sich die Lebenssituation Kafkas auf drei Ebenen: einmal hinsichtlich des zunehmenden Konflikts zwischen der nächtlich betriebenen Schriftstellerei und dem Büroberuf, hinsichtlich des rapiden Auseinanderlebens in der Familie, und schließlich hinsichtlich der Frage der Eheschließung.[13]

Wird der Anfang der 10er Jahre als ‚Lebenswende' verstanden, so deshalb, weil sich wesentliche Neuorientierungen ergaben: Genaueres Bekanntwerden mit dem Zionismus und dem jüdischen Theater, mit der Naturheilbewegung und der Freudschen Psychoanalyse. Dem beruflich und familiär bedingten Verlust an Lebensmöglichkeiten entsprechen die Darstellungen der Isolation, des Junggesellentums in der frühen Erzählung (vgl. etwa: „Das Unglück des Junggesellen", November 1911); die Einschränkung des Lebensraums im Zimmer Kafkas (Durchgangszimmer zwischen elterlichem Wohn- und Schlafzimmer, lärmgequälter Aufenthalt noch nicht einmal mit allem Buchbesitz), die unfreiwillige Verantwortung als Mitbesitzer der elterlichen Fabrik für die dort herrschenden inhumanen Verhältnisse, der Streß durch die vom Vater mit Arterienverkalkung und Herznervosität begründete Erpressung der Familie[14] – das alles führte zu tiefen, meist unterdrückten Depressionen, in denen sich Kafka selten Wutaffekte und Selbstmordpläne zugestand.[15]

Auf Drängen der literarischen Freunde stellt Kafka im Sommer 1912 aus den kurzen Prosastücken die Sammlung „Betrachtung" zusammen, macht somit einen Schritt von der Familie, dem Beruf, der Normalität weg, – der andere neue Schritt war die Bereitschaft, mit Felice Bauer, der nur einmal – am 13. 8. bei Max Brod – gesehenen Freundin, eine intensive Korrespondenz anzufangen. Kafkas Heiratsbereitschaft muß im Zusammenhang der Legitimierungsproblematik seiner existenziellen Unzulänglichkeitserfahrung gesehen werden: Jüdische Sozialisation, als deren Exponentin die Mutter gilt, hätte in der Heirat den Index der gelungenen Sozialbeziehung gesehen, eine Korrektur aller krankhaften, etwa schriftstellerisch-künstlerischen Extravaganzen.[16]

Die Funktion der dichterischen Konfliktbearbeitung für den jungen, seiner sozialen wie poetischen Selbstständigkeit unsicheren Autor liegt u. a. auch darin, in den Fragmenten und Skizzen um 1910 „die Auseinandersetzungen mit der Familie" „im Schutz poetischer Verfremdung" voranzutreiben.[17] Es käme darauf an, Momente der Verdeckung, der Personen- und Konfliktverschiebung, der abstrakten und konkretistischen Verbildlichung von Spannungen als Versuche der sprachlichen Darstellung von *psychischen Verhältnissen* erkennen zu lernen. Diese Darstellung hat ihre Schwierigkeit wiederum darin, daß die Sprache aus Ding- und Objektwelt-Relationen herkommt: sie könne, sagt Kafka in einem berühmten Aphorismus der „Hochzeitsvorbereitungen auf dem Lande",

„für alles außerhalb der sinnlichen Welt nur andeutungsweise, aber niemals auch nur annähernd vergleichsweise gebraucht werden, da sie, entsprechend der sinnlichen Welt, nur vom Besitz und seinen Beziehungen handelt".[18]

Der ‚positive', die „Sinnfrage" gerade erst unerbittlich aufwerfende Sinn der ‚Haltlosigkeit', die zum Stigma der tiefenpsychisch, emotional und libidinös ungesättigten Mangelausstattung der Kafkaschen Existenz wurde, liegt in der geradezu anthropologisch relevanten Einforderung von Eigenbewegung, Mangelaufhebung, Wahrheitsfindung, Gemeinschaftssuche beim Leser: Kafkas Mangel-Helden, die in letaler Weise ihren zwischen Beziehungsfallen oszillierenden Konstruktionszwang ausleben, finden ihr Korrelat in dem einzigartigen Rekonstruktionsaufwand, den die Wissenschaft von Kafka gezeitigt hat.

Im Sinn der appellativen Funktion von Dichtung, Normalitätsabweichung und probeweise Identifikation mit Unbekanntem oder Unvorhandenem zu provozieren, was seiner Neuheit wegen nie mit dem ‚Allgemeinen' zusammenfallen kann, spricht Kafka seiner „kleinen Geschichte", auch wenn sie „ein wenig wild und sinnlos" sei, doch „innere Wahrheit" zu:

„was sich niemals allgemein feststellen läßt, sondern immer wieder von jedem Leser oder Hörer von neuem zugegeben oder geleugnet werden muß".[19]

2. Leitlinien der Interpretation

Die Interpretation bezieht sich auf die von Paul Raabe als Fischer-TB 1078 herausgegebene Ausgabe sämtlicher Erzählungen (1970ff.). Sicherlich erfüllt der vorliegende Text, der mit einem ‚märchenartig' idyllischen,

Harmonie suggerierenden Abschnitt einsetzt, kaum die Kennzeichen einer
„Novelle". Allerdings verweist der „tragische" Untergang der Kontrahenten mit dem Höhepunkt des Machtwechsels am scheinbaren Krankenbett
des Vaters auf ‚Umschlagstrukturen'; diese stehen aber ganz im Zusammenhang der einleitend angesprochenen psychischen Verschiebungs- und
Aufdeckungsvorgänge und leiten sich überdies eher aus der Rezeption
jüdischer Stücke her, in denen die Verbindung von Brief und Verurteilung
Parallelen zum Bau der Erzählung zeigt.[20]

Der häufige Gebrauch des Indefinitartikels trägt zu dem scheinbar
lockeren Stil dieses die Raumexposition gebenden Einleitungsabschnitts
bei. Nur der Fluß, an dem sich die kaum mehr als anonymen Häuser reihen,
trägt den bestimmten Artikel – vielleicht ein Vorverweis auf seine existentielle Rolle, die erst am absoluten Ende der Geschichte deutlich wird.
Situation und Sicht beziehen sich unverstellt auf Kafkas reale Wohn- und
Empfindungsweise.[21]

Kafkas verhüllend-spielerischer Umgang mit biographischen Elementen
bei der Namensgebung seiner Aspektfiguren ist bekannt:

„Georg hat so viel Buchstaben wie Franz, ‚Bendemann' besteht aus Bende und
Mann, Bende hat so viel Buchstaben wie Kafka und auch die zwei Vokale stehn an
gleicher Stelle, ‚Mann' soll wohl aus Mitleid diesen armen ‚Bende' für seine Kämpfe
stärken." (F 394).

Biographik ist hier aber auch inhaltlich thematisch, wie der dazu scheinbar
widersprüchliche Eintrag ins Tagebuch ausweist:

„In Bendemann ist ‚mann' nur eine für alle noch unbekannten Möglichkeiten der
Geschichte vorgenommene Verstärkung von ‚Bende'." (T 297).

Wie eine inhaltsverdrängende Forschungsgewohnheit jahrelange Kontroversen um die logische Struktur des frühen Gleichnisses „Die Bäume"
zustande brachte, ohne vom Eis zu sprechen, an das sie festgebacken sind,[22]
so wird kaum auf die inhaltliche Offensichtlichkeit hingewiesen, daß
Kafka hier im Namen bereits die Situation des adoleszenten Innenkonflikts
als ‚Widerspruch in der Einheit' gestaltet: der arme Gebundene soll durch
die Hilfsverstärkung des Appell-Namens „Mann" einerseits seiner emanzipativen Mannbarkeit zugeführt werden, zugleich ist diese Verstärkung
aber auch eine solche seines gefesselten Daseins.

Man kann die folgenden fünf Abschnitte (23–25) als sehr ausführliche
Exposition der psychischen Lage Georgs auffassen, deren scheinbare
Sicherheit zunehmend abgebaut wird. Im Wechsel von auktorialer Darstellung und erlebter Rede werden vorsichtige Figuren-Beurteilungen gegeben,
die auf Passivität, Selbstunkenntnis, Verdrängung und Alibistrukturen in
Georgs Besinnlichkeit hinweisen. In Abschnitt 2 der Erzählung wird aus

der Sicht der Aspektfigur 1 (Georg) die Aspektfigur 2 (der Freund in Petersburg) aufgebaut. In dieser typischen ‚Kettenbildung' einer sich dank ihrer Brüche wiederholenden Sicht folgen einer ersten direkten Bestätigungsaussage (der Freund hatte sich, nach Georgs Auffassung, „förmlich geflüchtet", 23) mehrere Einschränkungsaussagen: das Geschäft „scheint zu stocken", der Vollbart „verdeckt nur schlecht das seit den Kinderjahren wohlbekannte Gesicht, dessen gelbe Hautfarbe auf eine [...] Krankheit hinzudeuten schien", er hat „keine rechte Verbindung" mit seinen Landsleuten, „auch fast keinen gesellschaftlichen Verkehr" mit Einheimischen: mit dieser Häufung von Subjektivitäts- und Unsicherheitsaussagen wird gerade nicht des Freundes, sondern Georgs Existenz, und zwar als Sichtweise, in Frage gezogen. Die in diesem Abschnitt angesetzte Rhetorik der Einschränkung verstärkt sich in der erlebte Rede des nächsten zu einer ziemlich virtuosen Rhetorik der Alibi-Reflexion: Am Thema des Helfens zieht sich das zunehmend ihrer Vergesellschaftung versicherte Erfolgsich-Bewußtsein Georgs – es spricht im anspruchs- und distanzerhöhenden „man" – auf die Position tatlosen „Bedauerns" zurück. Aus dieser als Rücksicht und Schonung ausgegebenen Haltung werden psychologisierende Gründe dafür gegeben, daß

a) dem Freund nicht zu Rückkehr und Inspruchnahme der Hilfe seiner Freunde zu raten sei,
b) die Wahrscheinlichkeit des Gelingens einer Rückintegration nicht zu erwarten sei.

Die Position des Daheimgebliebenen identifiziert sich mit Erfolg, und die Gegenposition wird dabei zur „Verranntheit".Warum aber der Freund sich zur Flucht gedrängt gefühlt hatte, bleibt verschwiegen. Wenn Georg alle unerfreulichen – für den Freund unerfreulichen – Möglichkeiten durchspielt, werden die doch angeblich durch Hilfsbereitschaft gekennzeichneten „Umstände" zu Hause gerade zu solchen umgedreht, die jede Rückkunft verhindern, ja die psychologische Rücksicht, die den Verrannten nicht über sich aufzuklären wagen dürfe, nötigt sich sogar den „Verzicht" auf wirkliche Kommunikation ab: Im Prozeß der Beziehungs-„Reflexion" Georgs wird aus dem hypostasierten Freund eine in die Distanz geradezu versetzte Figur.

An dieser Stelle wird es wichtig, auf die psychische Bedeutung von Ortsangaben in Kafkas Werk einzugehen. Von zwei Seiten her hat die neueste Forschung die Verstehensvoraussetzungen geschaffen, die sowohl das bloße Stutzen über Orts- und Zeitwidersprüche wie das Konstatieren von „Paradoxa" hinter sich lassen. Die Bildlichkeitsanalysen, besonders von H. Hillmann und Karl-Heinz Fingerhut, haben erwiesen, daß Räume, Orte, ‚Stellen' als bildliche Darstellungen psychischer Situationen eingesetzt werden. Das hängt wiederum mit der über Abstraktionen laufenden

Metaphorisierung zusammen, die Kafka, metaphernfeindlich, seinen auf konkrete Darstellung zielenden Nüchternheitstexten eher zugesteht als Merkmals- und Eigenschaftsmetaphern.

Wie Rußland für Kafka zu einem (versteckenden) Synonym für Entfernung aus der Geselligkeit wurde, so verweist das Motiv des Auswanderns als pragmatisch-narrative Metapher auf das selbstgewählte Alleinsein.[23]

Einen ähnlichen Zugang zur Bedeutung der als Orts-Verlust zu sehenden Entfernung hat die mit einer speziellen Sprachphilosophie ausgerüstete Psychoanalytik von Gilles Deleuze und Félix Guattari eröffnet. Hier wird von „Deterritorialisierung" gesprochen, die als Entzug einer Ursprungseinheit vitaler Aktivität aufzufassen ist, der durch Differenzierung, Arbeitsteilung in gewissem Sinn durch ‚Entfremdung' entsteht.[24]

Diese Auffassung läßt sich an entwicklungspsychologische Differenzierungen wie an sozialpsychologische Pathologien anschließen; fruchtbar wird sie insbesondere durch den Begriff der „Reterritorialisierung", der durchaus auch die ‚Gewinnung von Lebensmacht und -raum' bedeutet, wie sie in Georgs Entwicklung nach dem Tode der Mutter zustandekommt. Kennzeichnenderweise differenziert sich die Einheit der Freunde gerade zum Zeitpunkt des Todes der Mutter. Kafkas Text liefert ein Analogiesignal für die psychische Korrelation der Freunde in der wiederholten Zeitangabe der drei Jahre: Verschlechterung (Deterritorialisierung) des Freundes und Verbesserung (Reterritorilisierung) des ehedem vom dominanten Vater unterdrückten, nun expansiv zupackenden Georg entsprechen zwei Entwicklungsmöglichkeiten der von Sozialanerkennung abhängigen Figuren-Psyche.[25]

Im 6. Abschnitt der Erzählung kommt es fast zu einem Kommentar des Autors zur bisher gegebenen Kennzeichnung des „besonderen Korrespondenzverhältnisses" (25): Die aus Fürsorge, Rücksicht und Zartsinnigkeit motiviert erscheinende Kommunikationseinschränkung wird als Kommunikationsverweigerung aus Gründen der Störanfälligkeit der eigenen Psyche erkennbar. Georg hatte „keine Lust", von seinen geschäftlichen Erfolgen zu berichten, glaubt dann die richtige Zeit für solche Meldungen versäumt zu haben, mithin „einen merkwürdigen Anschein" zu erwecken, wenn er sie nachholte. Damit ist der Kampf ums Briefeschreiben als einer kenntlich gemacht, der sich um das Problem der Selbstverletzung dreht. Die Darstellung zeigt die Demontage des Bewußtseins der Figur in der klassischen erzählerischen Formulierung Freudscher Fehlleistung, die man erst richtig in ihrer subtilen Selbstironie versteht, wenn man sich der Ungeteiltheit der Bezugsinstanz bei so geteilten ‚Interessen' der ‚Freunde' bewußt bleibt:

„So geschah es Georg, daß er dem Freund die Verlobung eines gleichgültigen Menschen mit einem ebenso gleichgültigen Mädchen dreimal in ziemlich weit auseinanderliegenden Briefen anzeigte, bis sich dann allerdings der Freund, ganz gegen Georgs Absicht, für diese Möglichkeit zu interessieren begann." (25).

Das verdrängende und für seine Verdrängung enorme sprachliche und bewußtheitliche Leistung aufbringende Subjekt (ca. 80 Zeilen beanspruchen die Selbstentlastungen Georgs!) ist nicht mehr ‚Autor' seiner Taten, diese ‚geschehen ihm' vielmehr, und ihre Wahrheit setzt sich, gegen die Absicht, in repetierten Fehlleistungen durch.

Welche Leistungen des Bewußtseins werden in Georgs Verhalten versäumt? Der Beantwortung dieser Frage dient eine Analyse dessen, was sich Georg in seinen Reflexionen erspart. Kann man sie als Darstellung der Vorgeschichte der Familie sehen, so fällt ein hochgradiger Mangel an Begründungen auf; was das Verhältnis zu Eltern und Geschäft anlangt (Abschn. 4), so werden nur äußerst vage, zusätzlich in hypothetische Stellung versetzte Aussagen gemacht (dreimal „vielleicht" gerade in jenen, die das wirklich für die Selbstauffassung wichtige Beziehungsverhältnis zum Vater betreffen). Der Aufschwung des Familiengeschäfts bleibt letztlich unbegründet, die schließlich angedeuteten „glückliche(n) Zufälle" können von Gert Sautermeister als Signifikanten eines privatwirtschaftlichen Systems gedeutet werden, in dessen Interessengewirr „sich die Privatabsichten auf nicht regulierbare Weise durchsetzen oder zersetzen."[26]

Die Verweigerung von Einsicht gilt in erster Linie jedoch der Selbstbeziehung. Gerade dem Edukanden sollte klar gemacht werden, daß in Georgs Überlegungen kein Punkt sichtbar wird, in dem dieser sich als ‚Einstehender für etwas' – für einen Plan, eine Hoffnung, eine Tat, einen Wert – zu sich selbst beziehen würde: zu dem „man" der Unverbindlichkeit kommt die Rede von ungenannten „Freunden", die eigentlich nur als Aufhänger der Alibi-Überlegungen Georgs dienen, sich einen konflikterbringenden Einsatz zu ersparen. Konfliktvermeidung wird als inneres Lebensziel Georgs von Kafka im 6. und 7. Abschnitt deutlich gemacht:

„Er wollte nichts anderes, als die Vorstellung ungestört lassen, die sich der Freund von der Heimatstadt [...] wohl gemacht und mit welcher er sich abgefunden hatte". (25)

Daß es sich um Selbstbeziehung handelt (die Kafka in seiner Kierkegaard-Lektüre als Grundlage des wahren Existierens kennenlernt[27]), wird im Übergang zur dialogischen Dramatisierung der Geschichte im 7. Abschnitt klar ausgesprochen: „solche Dinge" – Berichte über „gleichgültige" (!) Menschen, die aber genau *das* tun, was der Reflektierende auch tat – werden „viel lieber" geschrieben, „als daß er sich zugestanden hätte", daß er sich mit Frieda Brandenfeld verlobt hat (auch hier darf die Namenssymbolik etwas inhaltlicher werden als im üblichen Verweis auf die Monogramm-Analogie zu Felice Bauer: die „Brandenfeld" ist genau jenes ‚brennende' Territorium, auf das sich Georg absichtlich/gegenabsichtlich so ungern begibt – Verweis auf den unausgetragenen Konflikt zwischen Deterritorialisiertheit und versuchter Reterritorialisierung). Mit der Akzentuierung der im Attribut „gleichgültig" in Georgs Bewußtsein stattfindenden Entwertung gibt Kafka eine indirekte Charakteristik seines ‚Helden', der selbst das Existieren versäumt. Das in seinem Leben entscheidende Motiv, der Vollzug der Sozialintegration (gleichzeitig Emanzipation vom Schuldspruch der Eheunfähigkeit wie Anpassung ans Leistungsbürgertum), wird ins Abseits der Gleichgültigkeit ‚verschoben': so täuscht sich Georg mit der negativen Kennzeichnung *seiner* Situation am ‚Spiegel' der anderen über sein wirkliches Interesse; es setzt sich jedoch, als handlungserzeugende Motivwiederkehr, in der Korrespondenz durch.

Die gesamten Reflexionsabschnitte werden so als Geflecht von Scheinargumentation in jener symbolischen Schicht entlarvt, „in der die Subjekte sich mit der Sprache über sich täuschen und zugleich in ihr sich verraten".[28] Es ist hervorzuheben: die Praxis verrät mehr als die rhetorisierte Sprache, deren Absicht mit dem Begriff „Rationalisierung" zu bestimmen wäre: der „falschen Erklärung mit einem einleuchtenden Anschein der Vernünftigkeit."[29]

Kafka setzt der langsätzigen, wiederholungs- und übertreibungsreichen, anaphorisch gebauten Stilistik, in der die Bewußtseinsdeformation Georgs gearbeitet ist, im folgenden Abschnitt einen Dialog entgegen, der durch die knappen, logisch triftigen Bemerkungen der verlobten Partnerin soweit vorangetrieben wird, daß ein Unfähigkeitsbekenntnis Georgs zustande kommt. Der Dialog wird durch seine Kennzeichnung als „oft" geführter erstens in den Zusammenhang der sich wiederholenden Verdrängungsleistungen der Briefe gestellt, zweitens als exemplarischer gewertet. Die Braut setzt sich gegen Georg durch ihren Informationswillen ab, sie besteht auf dem „Recht, alle deine Freunde kennenzulernen." (25)

Mit diesem Anspruch versucht sie Gemeinsamkeit zu praktizieren; ihm begegnet die um ‚Verständnis' bittende Ausflucht Georgs erneut mit einer rhetorischen Hypothesenkette, an deren Ende sein persönliches, sich verschweigendes Problem auftaucht: „Allein – weißt du, was das ist?" Darauf repliziert Frieda nicht, wie es der Frageappell Georgs möchte, mit einem Räsonnement, sondern mit einem Verhaltensappell:

„Wenn du solche Freunde hast, Georg, hättest du dich überhaupt nicht verloben sollen."

Der Vorwurf, der die soziale Bindungsfähigkeit angesichts der in der ‚Freundschaft' sichtbaren sozialen Bindungslosigkeit des Bräutigams aggressiv in Frage stellt, rechnet Georg Tatverantwortung zu: dagegen wehrt dieser sich automatisch mit einer Verantwortungserweiterung, sofort aber auch mit einer sich scheinbar selbstbestätigenden Absichtsbehauptung: „Ja, das ist unser beider Schuld; aber ich wollte es auch jetzt nicht anders haben."

Frieda kommt unter dem Einsatz der problemverdrängenden, bindungsbestätigenden Küsse gerade noch dazu, ihre seelische Kränkung zu bekunden, da hat sich die Umstellung in Georgs Bewußtsein schon vollzogen: er anerkennt seine Identität als weitgehend freundschaftsunfähiger Freund. Durch Friedas Bestehen auf dem Verlobungsstatus wird George analoges Verhalten herbeigeführt. Aber diese reaktive ‚Selbstfindung' reicht nicht aus, Georgs praktisches Verhalten in der Korrespondenz zu ändern. Der Mitteilungsimpuls verwirklicht sich wiederum in negierender Form: Frieda erscheint in Georgs Worten wieder in ‚gleichgültig' distanziert-unverbindlicher Repräsentation wie am Anfang des 7. Abschnitts (wörtliche Wiederholung der Verlobung „mit einem Fräulein Frieda Brandenfeld, einem Mädchen aus einer wohlhabenden Familie", 26), der Stil erinnert an den Einleitungsabschnitt (auch in der Verwendung des unbestimmten Artikels), die Mitteilung spart gerade jede Realität aus.

Ihr kommt es vielmehr genau auf jene Rehabilitierung des Entwertungsgefühls an, das Georg im Gefühl seiner Beziehungsunfähigkeit ‚unbewußt' hat:

„heute genüge Dir, daß ich recht glücklich bin und daß sich in unserem gegenseitigen Verhältnis nur insofern etwas geändert hat, als Du jetzt in mir statt eines ganz gewöhnlichen Freundes einen glücklichen Freund haben wirst." (26)

Obwohl Georg die Einbeziehung des Freundes in den neuen Familienverband in Aussicht stellt, fällt die Schlußphase des Briefes wieder in die schein-rücksichtsvolle Diktion der Reflexionen zurück.

Mit Abschnitt 8 und 9 erfolgen Rückgriffe auf die Eingangssituation der Erzählung, wieder sitzt Georg sinnend vor dem Fenster, geht nun aber in den bislang vermiedenen Konfliktbereich: zum Vater. „Indem Georg der Vaterfigur auswich, hat er sie jedoch nicht ausgelöscht, sondern sie sich nur umso nachhaltiger eingeprägt. Nichts könnte die Schwäche seiner Opposition genauer charakterisieren als der Umstand, daß er die Verlobungsanzeige nicht gleich abschickt, sondern erst den Vater davon unterrichtet."[30]

Dieses Bestätigungsbedürfnis widerspricht dem Selbstbestimmungsimpuls: „Die Offensive, die der Unterdrückte ergreift, bedarf der Rückversicherung beim Unterdrücker."[31]

Allerdings wirkt dieser zunächst nicht so, vielmehr eher als ein lästiges, in den ‚dunklen Winkel' geschobenes Relikt, dessen Beziehung zum Sohn noch beim gemeinsamen Herumsitzen hinter der Zeitung verborgen bleibt.

Mit Abschnitt 11 setzt der Raumwechsel zugleich mit einer neuen

Lichtregie ein, der Vater erscheint wie ein Symbol der Mühseligkeit, wenn er — Gegenbild zu dem in sonnige Ferne sinnierenden Sohn — mit der Zeitung ans Fenster gerückt ist. Georgs Selbstbezug ist mit dem Eintritt ins väterliche Hinterzimmer kennzeichnend geschwächt: seine Wahrnehmung realisiert den Vater als Riesen, breit und selbstbewußt sitzend.

Die Unsicherheit Georgs, „der den Bewegungen des alten Manns ganz verloren folgte" (27), führt zu sprachlichen Selbstzurücknahmen und gestischen Halbheiten (den Brief ein wenig aus der Tasche ziehen und wieder zurückfallen lassen). An der mit der vorausgehenden Dialogszene kontrastierenden, nun einmalig-wirklichen Begegnung fällt im ersten Teil (von Abschnitt 12 bis — vorschlagsweise — Abschnitt 13: „‚Georg‘, sagte der Vater und zog den zahnlosen Mund in die Breite", 27) die zurückgenommene, ganz unaggressive, aber doch prüfende, auf Selbsteinschränkung, wiederholte Nachfrage, betonende Antwortwiederholung abgestimmte Dialogführung des Vaters auf. Noch einmal wiederholt Georg, herausgefordert durch die „Wieso"-Haltung des Vaters, seine Rücksicht beteuernde Alibistrategie, beginnt aber gleichzeitig mit der Entwertung des Freundes als „schwieriger Mensch".[32]

Damit geht die anfängliche Selbstverteidigungsbereitschaft wieder in Anpassung über. Sie entspricht im voraus der unwidersprechlich vom Vater eingeforderten Autorität und Ehrerbietung. (Demmer zieht die Parallelen zwischen Kafkas „Brief an den Vater" und dem „Kampf zwischen dem starken, von vornherein siegenden Vater und dem schwachen, von vornherein unterliegenden Sohn"[33] mit interessanten Vergleichen zur realen Gesprächsführung Kafkas, vgl. den Brief an F. Bauer vom 24. 8. 1913). Der Vater gesteht dem Sohn nur die Möglichkeit zu, sich mit ihm zu „beraten", die heftige Aufforderung, jetzt die volle Wahrheit zu sagen, schließt den Vorwurf langer Unaufrichtigkeit ein. Seine Vorwurfsoffensive praktiziert, darin der fazitziehenden Haltung Friedas ähnlich, Autorität, spart aber — darin identisch mit den beiden anderen Figuren — die aufzeigende Benennung („gewisse unschöne Dinge") aus. Hatte Frieda die Berechtigung des Verlöbnisses in Frage gestellt, so der Vater nun gar die Existenz des Freundes in Petersburg: Wie das unklare Beziehungsverhältnis der Verlobten sich an der von Georg offen gelassenen Bestimmung seines Freundschaftsverhältnisses bricht, prüft der Vater das Autoritätsverhältnis des Sohnes zu sich mit der Nachfrage nach „diesem Freund". Georgs Reaktion darauf ist Ablenkung des Gegners durch scheinbesorgte Zuwendung zu ihm, die in ihrer Doppelbödigkeit zwar die Überlegenheit des Helfenkönnens anvisiert, zugleich aber die Autoritätsbeziehung bestätigt: „Tausend Freunde ersetzen mir nicht meinen Vater", heißt es zu Beginn des 14. Abschnitts. Wieder setzt sich die Helfer-Rhetorik, nun in beruhigenden „DU"-Anaphern, in die Rolle des handlungsfähigen Subjekts, ja – wie Sautermeister bemerkt hat – sogar in

„den Schein humaner Autorität. Wie sehr der Erzähler auf diesem Sachverhalt beharrt, zeigt sein auf provozierende Details erpichter Beschreibungsgestus: Der Sohn spielt sich als zudringlicher Vater auf, der Vater als seniles Kind, das vom Sohn sich Unterwäsche und Socken ausziehen läßt. Die bewußte Unschicklichkeit dieser Szene [...] verschärft sich in jenem Bild, das die gewohnte Ordnung pervers verkehrt: der den Vater auf seinen Armen tragende Sohn, an dessen Uhrkette der Vater spielt, so daß der Sohn sich eines ‚schrecklichen Gefühls' nicht erwehren kann."[34]

Überblicken wir die szenischen und gefühlsmäßigen Vorgänge der Seiten 28 und 29 (bis zum Umschlag der Situation durch den „Nein!" – Ruf des Vaters), so scheint sich Georg in eine tragfähige Machpostion gebracht zu haben. Zwischen den beiden längeren Redeteilen des Sohnes (zunächst Hilfsangebot, dann Rekapitulation der Freundschaftsbeziehungen im Angesicht der väterlichen Autorität) vollzieht sich jedoch eine Szene, die scheinbar die Symmetrie der Schwäche zwischen den Gegnern bezeichnet, in Wirklichkeit aber die unveränderliche Unterwerfung des Sohnes vorführt:

„Georg stand knapp neben seinem Vater, der den Kopf mit dem struppigen weißen Haar auf die Brust hatte sinken lassen. ‚Georg', sagte der Vater leise, ohne Bewegung. Georg kniete sofort neben dem Vater nieder, er sah die Pupillen in dem müden Gesicht des Vaters übergroß in den Winkeln der Augen auf sich gerichtet." (28)

Obwohl es sich beim gesenkten Kopf des Vaters um ein Indiz der realen (altersbedingten, psychischen) Schwäche handeln könnte, muß die Bedeutung dieses Ausdrucks doch von der Ko-Reaktion des Sohnes aus gelesen werden, was Deleuze/Guattari tun, wenn sie von einem „Verlangen" sprechen,

„das Unterwerfung erzwingt, propagiert, das richtet und verurteilt (wie der Vater im *Urteil,* der den Kopf so tief senkt, daß der Sohn in die Knie gehen muß)".[35]

Es handelt sich hier um einen sozialpsychologisch wichtigen: konfliktregulierenden Gestentausch: Die wohl kaum als unwillentlich zu denkende ‚Selbsterniedrigung' des Vaters fungiert als Kontrolle der Erniedrigungsbereitschaft des Sohnes – die Prüfung klappt, unterstützt durch den durch Verhaltenheit eindringlichen Gewissensappell, durch die „übergroß" aus den Winkeln auf den Delinquenten gerichteten Augen. Mit Warnung (Namensruf) und (segenserbittendem?) Niederknien ‚im Angesichte' des Prüfers realisiert die Szene auf spezifisch offene Weise Formen der jüdisch-religiösen Sozialisation (Demmer verweist auf jüdischen Patriarchalismus und entsprechende Formeln in Genesis 12, 1 ff., 27, 28 f.).[36]

Es wäre dementsprechend kaum zutreffend, von einem psychisch symmetrischen Rollenwechsel in der Abfolge von Erniedrigung und Erhöhung bei Vater und Sohn zu sprechen: mir scheint kein Indiz dafür gegeben, daß das Bewußtsein des Vaters je die Kontrolle über sich und die Situation verliert – auch das scheinbar kindische Festhalten an der Uhrkette dürfte sehr viel gefährlicher als – allerdings szenisch verfremdetes und ins Groteske gezogenes – Bild des Verkettungsanspruchs zu deuten sein. Das bestätigt nicht zuletzt Georgs „schreckliches Gefühl" dabei.[37]

Georg vermag die vom Vater zur Schau gestellte Schwäche nicht zu durchschauen; sie hilft aber einem bisher verdrängten Wunsch an die Oberfläche: dem Todeswunsch gegenüber dem Vater

(„es schien fast, wenn man genauer zusah, daß die Pflege, die dort dem Vater bereitet werden sollte, zu spät kommen könnte", 29).

Wie diese Stelle zunächst nicht als Todes*wunsch* deutbar ist, so dürfte die durch prüfende Nachfrage und außersprachliches Verhalten allein auffallende Wiederholung des Motivs „Zudecken" kaum sogleich als Signal für das zwischen Vater und Sohn schwelende Todesmotiv erkannt werden. Die Reichweite des szenisch ‚durchgespielten' Bildes reicht von ‚Ausschalten', ‚In-den-Ruhestand-Versetzen', ‚Krankmachen' bis zu ‚Begraben' – für die Bewußtseinsebene darf angemerkt werden, daß der Vater, der die manifest gegenaggressive Klärung des Vorgangs verbalisiert, vorher „sich selbst" zugedeckt hat. Seine Eruption verweist wie beim ersten Erscheinen auf das Motiv der großartigen Machtentfaltung (im sich öffnenden Mantel, der sich entfaltenden Decke), schleudert dann den gestauten Haß in grob verächtlicher Suada auf den Sohn.

Dabei wird das – in unserer Interpretation bisher ausgesparte – Verhältnis des Vaters zum Freund noch einmal thematisch. Mit der Behauptung einer identifikatorischen Beziehung zur gerade in der Distanz vom Vaterhaus wichtigen Freundesfigur gelingt dem Vater die erste Entmachtung, – ihr folgt als zweite die Zerstörung der Beziehung zur Braut.

Des Vaters Negation der Freundschaftsbeziehung nach der Kniefallszene wird von Georg mit einer längeren Explikation beantwortet, die insgeheim deutlich macht, warum er sich der Auseinandersetzung zwischen Vater (als Leistungs- und Durchhalte-, vor allem als Gehorsamsinstanz) und Freund (als Selbstbefreiungsinstanz mit der Gefahr des Untergangs) nicht stellte. Schon vor Jahren hatte der alte Bendemann den Freund sanktioniert beziehungsweise zu einem Mittel für die Kontrolle des Sohns umfunktioniert.

Georg erinnert an die Verleumdung des Freundes. Für den Widerstand des Vaters vermag Georg wieder keine Gründe anzugeben, er vollzieht aber durch verbalistische Leerargumentation („Ich konnte ja deine Abneigung gegen ihn ganz gut verstehn, mein Freund hat seine Eigentümlichkeiten", 28) auch jetzt nur die Tradition seiner willenlosen Hörigkeit: er „war damals noch so stolz darauf, daß du ihm (dem Freund) zuhörtest, nicktest und fragtest".[38] Mit der Anrede als „Früchtchen" verstärkt der alte Bendemann das Abhängigkeitsthema der Beziehung, mit der Behauptung, der Freund „wäre ein Sohn nach meinem Herzen", spaltet er die Beziehung zwischen Sohn und Freund; möglicherweise läßt sich eine Begründung für den nun hervorgekehrten positiven Aspekt der Freundesfigur für den Vater darin sehen, daß der Freund nicht – wie Georg – versucht hat, durch Heirat, Geschäftserfolg die Entmachtung des Vaters voranzutreiben.[39] Die Steigerung negativer Affekte und zotiger Sprachverwendung verweist jedenfalls darauf, daß das Thema der Heirat für den alten Bendemann selbst traumatisch ist. Während Georg, zwar aufsehend „zum Schreckbild seines Vaters" (30), sogleich in eine Angstvision des todesgefährdeten Freundes gerät, wird er vom Erzeuger erneut gezwungen, den Blick auf ihn zu richten, – was sofort zu einer übertriebenen Angstreaktion des Entgegenkommens führt, die jedoch halbwegs steckenbleibt. Mit der obszönen Rockszene zerschlägt der Vater die Verbindung des jungen Bendemanns zur Braut, zusätzlich wird dieser von jeder Mutter-Identifikation abgedrängt: er wirft ihm Schändung des Andenkens der Mutter, Freundesverrat und Beseitigung des Vaters vor.[40] Völligen Rückgewinn des in der Vorgeschichte der Erzählung vom Sohn erworbenen Territorismus kündigt der Vater in dem Triumph an, dank seinem Widerstand sei der Freund „nun doch nicht verraten!", der Vater sogar „sein Vertreter hier am Ort". Kaum daß der fast völlig in pathologisches Vergessen geratene Widerstand Georgs, dessen Bewußtsein nur noch auf Selbstschutz gerichtet ist, den Zwischenruf „Komödiant" riskiert, vollzieht es schon die Selbstbestrafung, indem er sich, den „Schaden" erkennend und „die Augen erstarrt", in die Zunge beißt. Die wiederum schäbige, selbstmitleidig-triumphale Weise, in der der Vater das Stichwort „Komödiant" aufgreift, enthält eine bestürzende Ankündigung des Lebensverweigerungszieles der Auseinandersetzung: welchen Trost außer solcher Komödie hatte der verwitwete Vater gehabt, „sag' – und für den Augenblick der Antwort sei du noch mein lebendiger Sohn – was blieb mir übrig [. . .]". Leben wird demnach nur noch zugebilligt als kurzfristiges, Gehorsam erfüllendes Antwortgeben auf totale Beschuldung.

Der Urteilsspruch des Alten kann zu göttlichen Assoziationen nur verleiten, wenn man, Georg ähnlich, den Kontext vergißt: Deutlich genug signalisiert Kafka die nur allzu menschlich-kleinbürgerliche, egozentrische

Struktur der unerfüllten Pater-familias- und Altmänner-Libido durch ‚falsche' Wortwahl: nachdem der Vater im Ausfall gegen Frieda durchs Hochheben des Hemds seine Veteranen-Leistung (die Kriegsnarbe) als Einschüchterungsmittel demonstriert hatte, „stand[er] vollkommen frei und warf die Beine. Er strahlte vor Einsicht." (30) So wenig hier von Einsicht, ist am Ende des „Komödien"-Abschnitts von Liebe zu sprechen: „Glaubst du, ich hätte dich nicht geliebt, ich, von dem du ausgingst?" (31)

Ich nehme persönlich an, daß Kafka bei dieser indirekten Zitation jenes Topos, der Herkunft, Geschaffenhaben (Arché) als Anspruchsgrund für ‚Gegenliebe' auslegt, auch der (im hebräisch-christlichen Raum bestehenden) obsessiv-verpflichtenden Religionspsychologie ‚gedachte' – er widerlegt deren durchaus abstrakten Anspruch in der ‚parabolischen' Folgeszene am pragmatisch-psychischen Akt: Noch ehe eine Aussage über Geltung, Wahrhaftigkeit, Ernst dieses negativ „väterlichen" Satzes (etwa durch auktoriale Weiterführung) gemacht wird, kommt der Sohn mit der absolut richtigen Überlegung ihr ‚entgegen', daß der Vater sich nun „vorbeugen" würde: um die Gegenliebe einzufordern. Die Psyche des Sohnes reagiert mit völliger Negation von Liebe: Der Todeswunsch „durchzischte seinen Kopf": „wenn er fiele und zerschmetterte!" (In einer der wenigen Erzählungen Kafkas, die vom Bestrafungsmodell religiöser Geschichten Gebrauch machen, in „Eine Gemeinschaft von Schurken", taucht das Motiv des Zerschmetterns innerhalb der zweiten, ‚himmlischen' Ebene auf, nachdem sich die sich gegenseitig entlastenden Schurken, ganz „gewöhnliche Menschen", im Ausschlußprozeß gegen den out-cast bewährt haben, steigen sie „im Reigen zum Himmel": „ein Anblick reinster Kinderunschuld, wie sie flogen. Da aber vor dem Himmel alles in seine Elemente zerschlagen wird, stürzten sie ab, wahre Felsblöcke." (Sonderausgabe der Erzählungen, hg. v. K. Wagenbach, Frankfurt/M. 1961: 302). Im Gegensatz zur unbewußt-automatischen Todeswunsch-Reaktion Georgs ist der Vater verhaltensflexibel: er interpretiert die Szene sofort um und gibt damit zu erkennen, daß sein Sichbeugen (vgl. Motiv S. 28) auf Unterwerfung lauernde Prüfung des Sohnes war.

Im totalen Machtkampf werden menschliche Beziehungen aufs Niveau vampyrischen Ausbeutens reduziert: um „noch immer der viel Stärkere" sein zu können, muß dem Patriarchen die verstorbene Mutter als Kraftgeberin herhalten. Alle Beziehungen werden zur nackten, in die „Taschen" steckenden Besitzbarkeit entwertet. So spielt der Vater mit seinen Entwertungsübertreibungen alle Beziehungsversuche des Sohnes als diesem mißlungene durch, enteignet sie hiermit, um sie als ihm selbst glorios gelungene zu besetzen, dabei eine grotesk beliebige Reihe von Rationalisierungen liefernd. Damit gelingt die Bewußtseinsentmachtung des Sohnes so vollständig, daß dieser seine Einsichtsmomente sofort zensiert und damit verstärkte Affirmation ‚abliefert': Der Versuch, die Übertreibung des Vaters durch nachäffende Überbietung zu widerlegen, schlägt im Sprechakt schon und dessen unbewußter ‚Richtigkeit' in den Ernst der tödlichen Selbstaufgabe um.

Zum Ende des dialogischen Kehraus (in der „Verwandlung" schreibt Kafka den realen) bringt der Vater mehrfach die biographische Dimension zum Einsatz, um das Mißlingen des Mensch- und Erwachsenwerdens des Sohnes höhnisch zu verdeutlichen. Jede Aktivität, auch das Zeitungslesen, wird in der Perspektive des nun biographisch unendlich gewordenen Machtkampfes rückinterpretiert, und die tödliche Tendenz der Bezugsbiographien (Tod bei der Mutter erfolgt, erwartet beim Freund) wird als Schuldbezug der Willens- und Kommunikationsschwäche des Sohnes angelastet, die Verzögerung des Reifungsprozesses als Versagen des Willens ausgelegt.

Das letzte von Georg in den Beschuldigungskreislauf geworfene Wort „du hast mir also aufgelauert" (31) rafft seinerseits das Beziehungsverhältnis als überdauernde Bedrohung und wäre damit geeignet, den triftigen Vorwurf des Sohnes gegen die patriarchale Überlegenheit explizit zu machen. Das kann aber der Vater in die Vergeblichkeit unaufholbarer Verspätung verweisen, um dann mit der Kritik des solipsistischen, nur von sich selbst wissenenden Verhaltens die indirekt schon angekündigte Verurteilung auszusprechen:

„Jetzt weißt du also, was es noch außer dir gab, bisher wußtest du nur von dir! Ein unschuldiges Kind warst du ja eigentlich, aber noch eigentlicher warst du ein teuflischer Mensch! –
Und darum wisse: Ich verurteile dich jetzt zum Tode des Ertrinkens!" (32)

Man hat bisher kaum herausgestellt, daß sich im Urteilsspruch eine dreifache Hervorhebung des Wissens findet: gegen das infantil-solipsistische Nur-von-sich-Wissen wird das reife Wissen gestellt, dessen Inhalt aber der biographischen Vergangenheit, d. h. der Uneinholbarkeit zugewiesen. Die Verfehlung des Reifeprozesses wird in der Urteilskorrektur des zweiten Satzes mit einer Intensität behauptet, die ‚religiöse' Assoziationen weckt (im „unschuldigen Kind" mag der Anklang an die relative Sündlosigkeit des Kindes gehört werden): aber die Verwendung des Ausdrucks „teuflisch" kann nach dem vorgeführten Machtkampf nicht mehr als einfach „religiöse Verurteilung Georgs"[41] verbucht werden. Relevanter als die immerhin an religiösen Sprachgebrauch gemahnende, „religioide" Verbalisierung ist das Verhältnis von verbalem Appell und seinem praktischen Erfolg: die mit dem Wissensappell gleichsam gerüstete Verurteilung vollendet die Automatik der Urteilsübernahme, die bereits unzählige Male vorgeführt ist, zu jener Fraglosigkeit, welche dies letzte zukunftslose

Wissen als den Zusammenfall von Fremd- und Eigenbestimmung in der Eile, dem Tod nachzukommen, realisiert.

Georgs Vollzug des vom Vater ihm eingeimpften Verurteilungswissens läßt sich mit Demmers Vorschlag umschreiben: „es" treibt ihn in den Tod. Wer sich wie er „aus dem Zimmer gejagt fühlt", dürfte aber auch von der müßigen Frage befreit sein, ob er hier „handelt". Das kann jedoch nicht zu der Aussage führen, daß er „weder handelt, noch etwas erleidet".[42]
Wer auf der Welt, wenn nicht Georg, erleidet denn noch?! Bedarf es, um sich diesen Tatbestand einzugestehen, erst der Strafkoloniemaschinen?
Deleuze' Sozialpsychologie sieht dieses „Es" konkreter, als es die bloß grammatische Kategorie zuläßt: es handelt sich nur wiederum indirekt um die im Freudschen Sinn unbewußten Triebkräfte (die hinter des Vaters Verwerfungsexzessen deutlich genug auftauchen); obzwar im Rahmen der Kafkaesken Begründungsschwäche von der Darstellung in der Erzählung weitgehend ausgespart, handelt es sich um Mächte des ins Negative umschlagenden Begehrens: Aus-stoßung statt Er-füllung. „[...] der Vater ist eher ein Kondensat all jener Mächte, denen er sich unterworfen hat und denen sich zu unterwerfen er auch dem Sohn empfiehlt"[43] – vielleicht einprägsamer mit dem Bloßlegen der Kriegswunde für Machtkampf als Lebensform werbend als mit sprachornamentalen Übertreibungen. Lebensform als Machtkampf: das bedeutet notwendig das Zusammenklappen auch der aggressiven Kraft, wenn ihre Gegenkraft davoneilt. Der gleichzeitige (nicht: „gemeinsame"!) „Untergang" der Gegner verweist auf die Entmachtung der Spaltungskräfte, wenn sie ihren Widerspart, der ihnen ‚Objekt' und ‚Kraft' zugleich ist, verlieren.

Das Double-Bind-Modell, das sowohl die zwischen Vater und Sohn wie auch die in jeder der Figuren bestehenden Instanzen-Kriege bezeichnet, läßt jene trivialrealistischen Erwägungen hinter sich, in denen Schuld immer noch als Sache (juristische *res*) erfahndet wird und nicht als der seelische Entzweigungsprozeß, den Macht durch Beschämung und Verurteilung erreicht. Das Thema der Scham, im Laufe des unter der ‚Haut der Rede-Gefechte' verborgenen Selbstverurteilungsprozesses zunehmend – dank der Offensive des Vater auch hier – offengelegt, gewinnt im Nachvollzug des Sohnes seine ‚keusche' Realisierung: Kafka markiert noch einmal die Bedeutung der Sozialanerkennung, wenn er Georg – „ausgezeichneter Turner [...] zum Stolz seiner Eltern gewesen" (darin wieder: Gegensatz zwischen *seelischer* und körperlicher Respekt-Beziehung) – sich mit seinen „schwächer werdenden Händen" so lange am Geländer festhalten läßt, bis auch noch der akustische Überrest seiner davongejagten Existenz von einem „Autoomnibus, der mit Leichtigkeit seinen Fall übertönen würde", überrollt wird. Die Wirksamkeit der Vorwurfsbeschämung motiviert den als Gegenbeteuerung zur auftrumpfenden Liebesbehauptung des Vaters „leise" gerufenen Satz Georgs „Liebe Eltern, ich habe euch doch immer geliebt"; er schreit ebenso leise nach jener leisen Gegenliebe, von der Kafka in den dichterischen Texten nicht laut schreit. Verschwiegen hat Kafka zum Vorteil unseres Verstehendürfens seinem Freund Max Brod nicht, „was der Schlußsatz bedeutet? – Ich habe dabei an eine starke Ejakulation gedacht."[44]

3. Didaktische Aspekte

a) Verstehensbegriffe und Verstehenshaltungen

Kafkas Geständnis der sexuellen ‚Denkbarkeit' des Ausdrucks „unendlicher Verkehr", der damit partiell zur Metapher wird, liefert ein Beispiel für die Multivalenz seiner Textelemente. Fast der Trivialbedeutung angenähert, lassen sie sich gelegentlich sogar im ‚Literalsinn' (wörtlich) verstehen, kommen zu ihrem Sinn als verdeckende Metaphern aber erst, wenn sie ihre verborgenen Bedeutungen freigeben.[45]

Wie im einleitenden Teil ausgeführt, vernachlässigt wörtliches, aber auch allegorisches Lesen die Verdeckungs- bzw. ‚Lügen'-Struktur der in ihrer Kommunikations- und Bewußtseinsnot verfangenen Dilemma-Figuren. Die Aufmerksamkeit des Lesers ist auf den Vollzug, nicht auf das verselbständigte Detail zu lenken. Dieses steht, weil es sich vorsprachlich und sprachlich zum ‚Bild' zu fixieren neigt, in Bildzusammenhängen, deren vorlogische, jedenfalls häufig lexikalisch nicht fixierte Bedeutung mit dem Tabu- und Wunschcharakter der zentralen Lebenswerte zusammenhängt. Auf diese über die Verstell- und Vergrabungsarrangements der Texte hinzuführen, erscheint als vordringliches Ziel einer Kafka-Didaktik. Jede Arbeit an ihm enthält die Frage, wie Leid, Angst, Selbstdestruktion vermieden werden können; diese Frage wiederum ist nur sinnvoll zu stellen, wenn der Verordnungscharakter der Leid-Institutionen als quasi allgegenwärtiges Deformationspotential einsichtig gemacht wird. Soweit das lesende, bloß lexikalisch realisierende Subjekt sich nur auf die Abfragbarkeit der Begriffe seines Verstehens bezieht, verfehlt es die Verstehenserweiterung, die Kafka ihm aufdrängt. Dem bloß sozialisierten, deshalb dem Eigen-Sinn der Schwäche kontrollierend entgegengestellten Verständnis von „Liebe" zwischen Eltern und Kindern, die immer „Gehorsam" einschließt, kann Kafkas verzweifeltes Zitat-Spiel mit dem Liebesappell nicht aufgehn. Seine Verstehenspraxis ist von Regeln des tauschenden Rechts und der fixierten

Legitimität gebunden. Verstehen des Fremden, Anderen, das sich auf dessen Gegensätzlichkeit einläßt, setzt ein Verhalten zum Gegenstand voraus, das über Fixierungen hinausgeht (wie sie vom Vater in der Erzählung erzwungen werden, wie Kafka sie als Ausweglosigkeit des Sohnes in seiner Selbsterläuterung benannt hat).

Dann würde Verstehen zu einer Handlung, in der Gegenseiten sich vereinen. Eine Verstehenshaltung, die zum Erkennen von Korrespondenzen (z. B.: das ‚Duo' Georg/Freund, die Trias Georg/Braut/Vater, die Korrelation von Selbstgefühl und Umweltdeutung im Wechsel der Macht/Ohnmacht-Konstellationen zwischen Vater und Sohn) bereit ist, steht freilich in denkbar großem Widerspruch zu einer schulischen Enkulturation, die auf Eindeutigkeit (Sprachenkenntnis), Errechenbarkeit und Absicherungseinstellung rundum zielt. Im Umgang mit Kafkas Reduktionsfiguren („K.s") ist die Abwendung von einem eindeutig wertenden Klassifikations- und Kennzeichnungsdenken erst zu lernen. Das schließt auch die Abkehr von segmentierten Inhaltsbestimmungen seiner Texte ein, die eben nicht „im Sinne einer religiösen Allegorie"[46] verstanden werden können, – es sei denn, die verdrängten tiefenpsychologischen Aspekte jener Allegorien kämen an die Oberfläche des Verstehens (was ihnen aber alsbald den religiösen Charakter rauben dürfte). Aber die Aussparung gerade der *inhaltlich* kompatiblen Elemente macht doch das allegorisierende Verstehen aus, das von Karl-Heinz Fingerhut zurecht als eine vorkritische, auf die verunsichernden Informationsentzüge der Texte reagierende, sich auf „die Suggestivwirkung selbst kleinster Details"[47] werfende Lektüre im Eingeständnis der Hilflosigkeit vor dem Ganzen gesehen wird.

Hatte die Allegorese das Detail-Zeichen in sozial bekannte Schemata von Wertungsordnungen eingespannt, so dürfte in Kafkas dargestellter Welt, wo die „Lüge zur Weltordnung" gemacht wird (vgl. „Der Prozeß", 264), das Zeichendetail seine Signifikanz erst dadurch erreichen, daß seine ‚Verwandlungs'-, ‚Verschiebungs'-Existenz seine Mehrdeutigkeit bloßstellt, so daß Sache und Sprache zusammenrücken, anders gesagt: daß die Verstehensformen der Figuren, verstellt von ihrer objektiv geschädigten Subjektivität, *sowohl* Strategie *wie* leidendes Erfahren darstellen.

Einem Schwachen immer seine Schwäche als Schuld vorzuwerfen, ist eine ungeheure Abstraktion. Gegen sie ging Kafka mit den Gegen-Abstraktionen seiner quasi realistischen, aber Löcher aufstellenden Kunst an. Die Abstraktion der Tautologie zu durchschauen, wäre das umfassende Ziel eines Verstehensunterrichts, den Kafkas Texte – so stellen es gerade die jüngsten und genauesten Untersuchungen zu ihrer Struktur dar[48] – wie kaum andere des 20. Jahrhunderts ermöglichen.

Die besondere Schwierigkeit des hermeneutischen Umgangs mit dem Verstehens-Angebot und -Entzug Kafkascher Prosa in der Schule wird von der Nötigung geschaffen, gerade ein ‚urteilendes' Weltverhalten, zumindest als schnell zugreifendes, zurückstellen. Einesteils regen seine Begründungslücken (vor allem im Handlungsablauf und in der psychologischen Motivation) und seine detektivischen Planüberlegungen intellektuelles Spiel und rationale (wie rationalisierende) Aktivität an, andernteils sind oberflächliche Logik und verständigungsalltägliche Pragmatik außer Kraft gesetzt.[49]

Am Beispiel der ‚Bedeutung' des russischen Freundes, die in der Forschung reichlich widersprüchlich festgelegt wurde, kann die Ambivalenz (d. h. von der Alltagsverständigung nicht fixierte Geltung) dieser Figur als Konkretisierung mehrerer Beziehungsmuster einsehbar gemacht werden.

„Wie konträr die Auffassungen des Freundes je nach Erkenntnisinteresse sein können, zeigt R. Tiefenbruns These vom Prototyp des Kafkaschen Homosexuellen, während W. Rehfeld vom ‚mahnenden und beunruhigenden Gewissen' spricht."[50]

Die Feststellung „konträren" Wertes ordnet sich selbst einer ganz spezifischen Verstehenshaltung zu: jener wissenschaftlichen, die Unterschiede und Ambivalenzen allzu schnell in kontradiktorische Widersprüche zu verschärfen pflegt. Die von uns vorgeschlagene ‚offene' Auslegung würde sich nicht auf Klischees sozialer oder psychologischer Namens- und Wertfixierungen festlegen, sondern das eher in spezifisch kreativ-poetischem Sinn vorprädikative Geflecht von Motiven anerkennen wollen.[51] Die beiden hier in Widerspruch gerückten Auffassungen lassen sich wohl miteinander in Beziehung setzen: Sprechen genügend Textsignale (geradezu projektives Festhalten am Freund, Charakter von Selbstspiegelung *und* Selbstabwehr, Heiratswiderlegung durch die Braut, Praxis der Konfliktvermeidung in Georgs Brieführung, erotisch-traumatische Rolle der Mutter usw.) für die Möglichkeit einer solchen Bedeutungskonstitution (wobei die literarischen Modelle Ich-Spaltung und Doppelgängermotiv als grobe Darstellungsformen hinzukommen), so muß zugestanden werden, daß in dieser ‚Freund'-Beziehung der spezifische, von Kulturtabus zwar belastete, aber nicht ausgelöschte Begehrenscharakter der ‚Gesamtfigur' sichtbar gemacht ist.

Angesichts der nahezu totalen Wunschvernichtung, die Georgs Sozialisation stigmatisierte,[52] wird durchaus verständlich, inwiefern geradezu eine solche – nach Lacans Bezeichnung das „Spiegelstadium" (die Selbstbeziehung erst etablierende Entwicklungsphase) darstellende – Instanz zugleich zum Stachel der bislang versäumten Ichfunktion werden kann: diese hatte die Integration zwischen Über-Ich und Es (grob: Vaterinstanz, Triebwunsch) nicht erreicht, sondern mit Mechanismen der Überanpassung (textlich: Scheinfürsorge-Reden der Briefe) und der Flucht vor Eigenbezug ersetzt. Zu Kafkas radikaler Thematisierung dieser anthropologischen, vor allem sozialen Konstellationen gehört die Verwandlungs-Motivik (wie besonders in „Die Verwandlung", „Ein Bericht für eine Akademie", „Ein Hungerkünstler"): das Tiersein (oder Tierwerdenwollen) läßt die Bewegung von Macht- und Ohnmacht, von fragwürdigem Selbst- und Kulturgewinn leichter zur Darstellung kommen.[53]

Was einleitend am Beispiel der begriffssprengenden Bildung „Käfig-Vogel-Käfig" deutlich gemacht wurde, ist jetzt auf seine didaktische und pädagogische Bedeutung hin zu analysieren. Wenn ‚Lebewesen' und ‚Gefangenschaft' eine solche nicht mehr alltagssprachlich trennende, insofern „asignifikante" Zeicheneinheit darstellen, wird auch die Trennung von Aussage-Subjekt und -Objekt aufgehoben: damit nicht nur Sprache, sondern Vorstellung intensiviert.

„Intensivierer [. . .] nennt der Linguist Vidal Sephila ‚jedes sprachliche Werkzeug, das die Grenze eines Begriffs anzustreben oder zu überschreiten erlaubt', indem es eine Bewegung der Sprache zu ihren Extremen, zu einem reversiblen Jenseits oder Diesseits bezeichnet."[54]

Die umkehrbaren, damit dem Spiel freigegebenen Diesseits-Jenseitsstrukturen Kafkas können nicht mit der offiziellen, machtsprachlich geregelten Jenseits-Konstruktion der Hochreligionen interpretiert werden, sondern müssen – keinesfalls sprachimmanent verstehbar, – als Schmerz-Ausdruck, als Behebung einer Mangelerfahrung wahrgenommen werden: Der ganze Text ist ein Ausdruckszeichen (wie es „Die Verwandlung" als realisierte Mistkäfer-Metapher unüberbietbar erzwingt) für ‚Geschichte gewordenen Schmerz'. In diesem Umkreis wäre literaturdidaktisch mit Kafkas Textleistungen (sprachliche Korrektheit und Armut, Selbstunterdrückung, Schamverhütung kreativ gebraucht) eine Didaktik der Leiderfahrung zu entwickeln, in der die angemessene Verstehenshaltung zur Bereitschaft führte, den repräsentativen, offiziellen, machtpolitisch gewachsenen „Einsatz" von Sprache im Sinn einer im Bewußtsein der beschädigten ‚Kleinheit' und Ausgesetztheit solidarisierten Sensibilität aufzulockern, zumindest zu korrigieren.[55]

b) Hinweise auf Materialien und Methoden

„Wenn Kafka in seiner Aufzählung der Ziele einer kleinen Literatur die ‚Veredelung und Besprechungsmöglichkeit des Gegensatzes zwischen Vätern und Söhnen' anführt (T 130), so handelt es sich dabei nicht um eine ödipale Phantasie, sondern um ein politisches Programm."[56]

Wichtigstes Material und lebendigste Methode des Kafka-Unterrichts scheint die Spontaneität im Besprechen der Familienthematik, die als

Verstehenshaltung zwischen Lehrern und Schülern eingeführt sein müßte, soll Kafka – wohl auch freizuhalten von Prüfungszwecken – seinen außergewöhnlichen Beitrag zum Thema der Solidarität entfalten können. Pure Pflichtübungen in aufgezwungenen Vergleichen von „Interpretationen", die jeder erfahrungs- und persönlichkeitsgestützten Einsicht ermangeln, wären eher zu unterlassen.[57]

Ist die erste Voraussetzung eines gelingenden Kafka-Unterrichts eine ausreichende Vertrautheit des Lehrers selbst mit dem Dichter, dann lassen die wissenschaftlich bereitstehenden Materialien (bei denen Peter U. Beikkens *kritische Einführung in die Forschung*, 1974, besonders auch der übersichtlichen Bibliographie wegen, nochmals Erwähnung verdient) eine Fülle von individuellen Zugriffen, Selektionen, Arrangements zu. Hier sind zunächst *Text-Materialien* aus Kafkas Schriften selbst zu nennen.

Obgleich der vorstehende Versuch wohl mehr dem Bereich intensiver Kafka-Didaktik zuzurechnen sein mag, seien die „Vorschläge zu einem extensiv aufgefaßten Literaturunterricht", wie sie Karl Stocker gemacht hat,[58] mit Dankbarkeit als ergiebig anregendes Material vorweg genannt. Die Schwierigkeiten des Textes dürften eine Behandlung vor der 11. Klasse kaum erlauben, – auch in dieser und in der 12. sind wohl Stützen des Verstehens einzubringen, die in der 13. Klasse bzw. in der Kollegstufe bis zur Einführung in das Gesamtwerk Kafkas oder in die moderne Literatur weitergeführt werden können. Die manifeste biographische Bedeutung des Textes legt es nahe, zunächst auf Kafkas Selbstdeutung einzugehen.

1) Kafkas Selbstdeutung
Der Tagebucheintrag am Tag nach der Niederschrift (vom 23. 9. 1912) liefert in der Metaphorik der Geburt Hinweise auf die erstmalig als Erfüllung erlebte Inspiration Kafkas. H. Binder stellt seine genauen Darlegungen zu diesem Text in den größeren Zusammenhang der Kreativitätspsychologie C. G. Jungs, A. Ehrenzweigs (The Psycho-Analysis of Artistic Vision and Hearing. 1953), vgl. H. B.: Kafkas Schaffensprozeß mit besonderer Berücksichtigung des Urteils. Eine Analyse seiner Aussagen über das Schreiben mit Hilfe der Handschriften und auf Grund psychologischer Theoreme, in: Euphorion 70, H. 2: 129–173.
Gegen die häufig pauschal gesetzte Auffassung von Kafkascher Kunst als ‚Monologie' ist die geradezu vollkommen zu nennende Mitteilungssituation des „Urteils" zu setzen: Selbstdarstellungs- und -bestätigungskontakt mit Dienstmädchen und Schwestern unmittelbar nach Beendigung des Textes!
Die Selbstaffektion Kafkas wird in einem wichtigen Eintrag als zentrales Moment seiner Selbstrezeption deutlich, vgl. 25. 9. 1912.
Zu einer ausführlichen Selbstinterpretation kommt es erst am 11. und 12. Februar 1913.

2) *Eintragungen zur Lebens-, Ehe- und Künstler-Problematik*
Dafür sind allgemein die Aufzeichnungen von 1911 bis 1913 heranzuziehen, wobei

folgende Stellen hervorgehoben seien: 19. und 23. 12. 1911 (Familien-, Heiratsthema), 31. 12. 1911 (Erfüllungszwang: „alles tun", Freundschaftsthematik, Informationen zur Gymnasialzeit); 3. 1. 1912 (Schreiben), 7. 1. 1912 (gestörte Abgeschnittenheit von der Familie), 10. 3. 1912 (Machtverhältnis zwischen Liebenden, erotische Bedeutung des Flusses), 15. 8. 1912 (Selbstbezug), 15. 9. 1912 (Inzest).

3) Der *Brief an den Vater* vom November 1919 (Text: H 162–223) ist sicher zu den wichtigsten Materialien zu rechnen, jedenfalls sollten Auszüge zum Unterricht herangezogen werden (wie bei R. Kreis: Doppelte Rede, 119 f.). Exakt und informativ sozialgeschichtlich dazu der Beitrag Christoph Stölzls in KHb 519–539.

4) Der *Lebensbericht der Mutter* als Beleg für die familiäre Verdrängung des Sohnes wird mitgeteilt in Klaus Wagenbachs Bildmonographie, Reinbek 1973, 12 ff., und interpretiert bei R. Kreis: Doppelte Rede, 121 f.

5) Die anderen *Erzählungen, Fragmente* und *Traumberichte* liefern unzählige Ansatzebenen für Vorarbeit oder Weiterführung. „Der plötzliche Spaziergang" (Thema: Heraustreten aus der Familie, sich zur wahren Gestalt Erheben); „Entschlüsse" (Kreise drehen, Schaffen von Gespenstern – als „Gespenst einer Nacht" hat Kafka auch „Das Urteil" bezeichnet); „Der Fahrgast" (Legitimationslosigkeit der Existenz, Verschiebung der Erotik zur Kommunikationssperre); „Die Abweisung" (Prestige-Struktur erotischer Annäherung und ‚gegenseitige' Aufforderung zur Isolation); „Das Gassenfenster" (Bedeutung des Fensters als Kontakt und Verhinderungsstelle zur Außenwelt: erotisch und suicidal).
„Die Verwandlung" ist als Weiterführung der Krisenthematik und als große Metaphern-Erzählung am nächsten mit dem „Urteil" verwandt. Von ihr aus ergibt sich der Rückgriff auf die ‚Personenteilung' in „Beschreibung eines Kampfes" sehr leicht. Auch die „Raban"-Fragmente aus den 1906/07 entstandenen „Hochzeitsvorbereitungen auf dem Lande" erleichtern den Zugang zu dieser Erzählung, deren sozialkritische und sozialpsychologische Dimension G. Sautermeister wiederum klar herausgearbeitet hat. (Von literatur- und geistesgeschichtlichem Interesse die Aufsätze von Peter B. Waldeck: Kafkas „Die Verwandlung" and „Ein Hungerkünstler" as influenced by Leopold von Sacher-Masoch, in: Monatshefte 64 (1972), 147 ff., und von Fritz K. Richter: „Verwandlungen" bei Kafka und Stehr, in: Monatshefte 63 (1971), 141 ff. Besonders empfehlenswert – auch als Einführung in Kafka – Karl-Heinz Fingerhut: Die Funktion der Tierfiguren im Werke Franz Kafkas. Offene Erzählgerüste und Figurenspiele, Bonn 1969; ergänzend dazu Norbert Kassel: Das Groteske bei Franz Kafka, München 1969, stark philologisch ausgerichtet Barbara Beutner: Die Bildsprache Franz Kafkas, München 1973).
Das Thema Solidarität läßt sich an einigen späteren Texten relativ leicht, auch schon für die Mittelstufe behandeln: „Gemeinschaft" und „Eine Gemeinschaft von Schurken" (geschrieben 1920 und 1917) haben sich als Texte für die kritische Bewußtseinsphase der Pubertät ebenso bewährt wie „Die Prüfung" und „Fürsprecher". Vgl. dazu die übergreifenden Aufsätze von Anthony Stephens: Zum ‚inneren Gericht' bei Kafka und anderen, 70–98, und Libuse Moniková: Das soziale Modell des Autors. Franz Kafka: Schuld und Integration, 99–112, beide in der Veröffentli-

chung des Internationalen Kafka-Symposions der Evangelischen Akademie Hofgeismar (Postfach 1205, 3520 Hofgeismar) unter dem ortsgemäßen Titel „Türen zur Transzendenz", 1978.

Unter der unvorgreiflichen Vielfalt methodischer Möglichkeiten legen sich dank der thematischen und formalen Wiederholungen des Kafkaschen Werkes Reihenbildungen und Unterrichtssequenzen besonders nahe. Sicherlich ist dabei zu bestätigen, daß Häufung von „Stellen" (wie sie Stocker vorschlägt) und exemplarisch-detaillierte Analyse sich gegenseitig im Eröffnen von Verständnis bestärken können. Dem Ziel der *Vertiefung* würde etwa die Analyse ausgewählter Aphorismen aus den – von Brod so genannten – „Betrachtungen über Sünde, Leid, Hoffnung und den wahren Weg" (in H 39 ff.) dienen, – sie gehört allerdings zu den schwierigsten literaturwissenschaftlichen Aufgaben. Immerhin ist die Luzidität, mit der bestimmte Beziehungsmodelle in diesen Aphorismen formuliert werden (wir haben das Beispiel von Aphorismus 16 – „Ein Käfig ging einen Vogel suchen", H 41 – eingangs herangezogen), in einem Leistungskurs durchaus klarzumachen und für ein Gesamtverständnis einzusetzen.

Innerhalb eines autorimmanenten Unterrichtsganges wären Einheiten von fiktionalen und verschiedenen expositorischen Texten (Tagebuch, Entwurf, Brief, Gespräch) zu kombinieren. (Vgl. dazu Peter Schaarschmidt (Hrsg.): Fiktionale und nichtfiktionale Texte desselben Autors. Stuttgart 1976, Reclam 9515). Thematisch können spezifische Textreihen zur Vater-Sohn, zur Familien-, Erziehungsthematik (dazu Kafka selbst in T und Br!), zur Künstler- und Freundschaftsproblematik gebildet werden. Den besonderen edukatorischen und methodologischen Gewinn eines Vergleichs verschiedener Interpretationen wird man allerdings nur bei ziemlich ausgiebiger eigener Vorarbeit und in einer intensiv vorbereiteten Gruppe erzielen können. Hier ließen sich zwischen 5 und 10 Interpretationen zum *Urteil* heranziehen:

– R. Falke: Biographisch-literarische Hintergründe von Kafkas „Urteil". In: Germanisch-Romanische Monatsschrift N. F. 10 (1960), 164 ff.
– Ingo Seidler: „Das Urteil": Freud natürlich? Zum Problem der Multivalenz bei Kafka. In: Psychologie in der Literaturwissenschaft, hg. v. W. Paulsen, Heidelberg 1971, 174 ff.
– Helmut Richter: „Das Urteil". In: Ders., F. K., Werk und Entwurf, Berlin (Ost) 1962, 105-112.
– Heinz Politzer: Das Urteil. In: Ders., F. K., der Künstler, Frankfurt/M. 1965, 87–104.
– Erika Haas: Differenzierende Interpretation auf der Oberstufe. K.s Das Urteil. In: DU 1969, 64–70.
– J. P. Stern: F. K's „Das Urteil": An Interpretation. In: GQ 45 (1972), 114–129.

- F. J. Beharriell: Kafka, Freud and „Das Urteil". In: Texte und Kontexte. Studien zur deutschen und vergleichenden Literaturwissenschaft. Festschrift für Norbert Fürst zum 65. Geburtstag, hg. v. M. Durzak, E. Reichmann und U. Weisstein. Bern und München 1973, 36 ff.
- V. Murreil und W. S. Marks: K's The Judgment and the Interpretation of Dreams, In: Germanic Review 48 (1973) 212–228.
- G. Sautermeisters sozialpsychologische Analyse wurde genannt.

Ganz besonders fruchtbar und motivierend hat sich jedoch immer wieder die vorbereitende Arbeit auf Kafka gezeigt: sei es innerhalb einer Thematik „Biographie", „Erzählte Erziehung" (etwa mit E. Canettis jetzt im Tb greifbarem Band „Die gerettete Zunge" als Vergleichsbeispiel jüdischer Sozialisation) oder einer literarischen Formthematik (Beziehungen zwischen Bildlichkeit, Aphorismus, Erzählung, zwischen Dialog und Szene usw.) oder mit der Klassenlektüre psychologischer Forscher. Freuds Oeuvre bietet sich aus historischen Überlegungen (Patriarchat, Judentum, Minoritätenprobleme) an, und mit einer gemeinsamen Lektüre der „Psychopathologie des Alltagslebens", der „Traumdeutung", des „Abriß der Psychoanalyse" oder von „Massenpsychologie und Ich-Analyse" und seinen Briefen an die Braut (in Auswahl) ist die Ausrüstung gegeben, wenigstens in Ansätzen Kafkas Schreiben als „Betrügen . . . ohne Betrug" zu durchschauen.[59] Dietrich Krusche, der sich mehrfach sowohl um literaturwissenschaftliche wie didaktische Forschung zu Kafka verdient gemacht hat, gerade weil er die dargestellte Interaktion problematisierte,[60] hat für die psychoanalytische Deutungsmethode „kritische Selbstbegrenzung"[61] gefordert. Sie ist notwendiges, textangemessenes Moment jeder Kafka-Lektüre, die jedoch auch zu der Einsicht führen sollte, daß lebensangemessenes, also von Angstfixierung freies Verstehen ein Verhaltensproblem ist. Wie von Turk dargestellt (und in zahllosen Aphorismen Kafkas zu lesen ist), schrieb der lebensgeschädigte Autor „sich selbst den Text, der ihm zu handeln erlaubt."[62] Er tat es unter der Frage nach der „Unveränderlichkeit der Schrift" – ihr steht der kooptierende Wechsel des Dialogs entgegen. Kafkas Problematisierung der Möglichkeit dieser seiner Frage erlaubt uns einsichtsvolleren und freieren Vollzug jener didaktischen Forderung, die Watzlawick in der Formel „Sei spontan" beschreibt: Sie verliert ihren ‚paradoxen' Charakter in dem Maß, in dem Gegenseitigkeit der Anerkennung und Aufforderung zur vorwegnehmenden Frage praktiziert wird, in dem die Erlaubnis besteht, aus Schul- und Prüfungssituation herauszuspringen.

Anmerkungen

1 Franz Kafka, Briefe an Felice und andere Korrespondenz aus der Verlobungszeit, hg. v. E. Heller u. J. Born, New York 1967: 617.
2 So Rudolf Kreis in seiner Abhandlung „Ästhetische Kommunikation als Wunschproduktion. Goethe – Kafka – Handke. Literaturanalyse am ‚Leitfaden des Leibes'", Bonn 1978.
3 R. Kreis: Die doppelte Rede des Franz Kafka. Eine textlinguistische Analyse, Paderborn 1976 (= Schöning-Buch 74816). Die literaturdidaktische Relevanz der Untersuchung wird aus der Verbindung von erziehungsanalytischen und psycholinguistischen Einsichten in den ersten beiden Abschnitten ersichtlich.
4 Gerhard Neumann: Franz Kafkas „gleitendes Paradox", in: F. K., Wege der Forschung, Bd. CCCXXII, Darmstadt 1973, 465 f.
5 R. Kreis: Die doppelte Rede, 51.
6 Vgl. Jörgen Kobs: Kafka. Untersuchungen zu Bewußtsein und Sprache seiner Gestalten, Bad Homburg v. d. H. 1970, darin besonders Teil A „Die Dichtung des Paradoxen", 7–97.
7 R. Kreis: Die doppelte Rede, 51.
8 Den Zusammenhang zwischen familial erzeugter Schwäche und handlungskonstituierender Angst verdeutlichen Gilles Deleuze und Félix Guattari in der Studie „Kafka. Für eine kleine Literatur", Frankfurt/M. 1976 (= es 807) mit Blick auf „Das Urteil". „Die Gefahr ist nicht das Schuldgefühl als Neurose, als Zustand, sondern der Schuldspruch als Prozeß." Dieser ‚Prozeß' wird vom ‚betroffenen' Subjekt selbst, in Briefen, erzählten Ängsten, Verbauungen des Lebens, ‚gemacht': „‚Das Urteil', die Geschichte der großen Angst, daß eine Briefmaschine den Briefschreiber in der eigenen Falle fängt." (46 f.) – Zur Bedeutung der Angst als Motor und Produkt der Ambivalenz im „Urteil" vgl. die ausführliche Arbeit von Jürg Beat Honegger, Das Phänomen der Angst bei Franz Kafka, Berlin 1975, besonders 223–233. Was vorgreifend zum Schluß der Geschichte gesagt wird, kann für Reaktionsweisen im Prozeß selbst geltend gemacht werden: „Die Unterwerfung unter die große Autoritäts-Instanz läßt sich hier, neben ihrer Bedeutung als Angstvermeidung, deutlicher als irgendwo sonst im Kafkaschen Werk als Umkehr des Helden zu seiner ursprünglichen Lebenshaltung und zu seinen alten Werten verstehen." (230)
9 J. Demmer: Franz Kafka. Der Dichter der Selbstreflexion. Ein Neuansatz zum Verstehen der Dichtung Kafkas. Dargestellt an der Erzählung Das Urteil, München 1973: 192. Wieviel selbstreflektierter hat Kafka seine beschädigte Gewissensfunktion – am Gegenbeispiel Hebbels, der in Kafkas Worten „Leid zu ertragen und Wahrheit auszusprechen verstand, weil er sich eben im Innersten gehalten fühlte" – auch kausalanalytisch beschrieben, als es in Demmers Auslegung geschieht, wenn sie Mehrdeutigkeit und Uneindeutigkeit mit „Unwahrhaftigkeit" gleichsetzt (vgl. 199, letzter Satz). Da Demmers Begriff der „Selbstreflexion" trotz psychologisierender Füllung systematisch und sozialpsychologisch unbestimmt bleibt, kann es zu Fehlurteilen wie dem im Zitat vorliegenden kommen oder zum Rückgriff auf traditionalistische Worthülsen wie „Sinnfrage", der Kafka angeblich ausgewichen sein soll: „Seine Lebenswirklichkeit ist

dadurch gekennzeichnet, daß er auf Grund seiner Selbstreflexion zu nichts stehen kann und daher nur etwas sagen kann, wenn er zugleich dessen Gegenteil mitsagt, d. h. sein Sagen sagt eigentlich nichts, ist sinnlos. [...] Der Mechanismus von Selbstanklage und Selbstrechtfertigung wird angetrieben von einer Angst, die im Ausweichen vor der Sinnfrage ihren Grund hat." (200 f.) Demmers lapidares Fehlgreifen ist als Beispiel jener „monosemantische" Eindeutigkeit und: Sinnvorgegebenheit fordernden traditionalen Auslegungsweise zitiert, das nach einer analytisch präzisen Beschreibung bedauerlicherweise in die – allgemein offenstehenden – Lücken der freilich nur sozialpsychologisch aufzufüllenden Sinnformeln zurückfällt.

10 In: Methodische Praxis der Literaturwissenschaft. Modelle der Interpretation, hg. v. D. Kimpel und B. Pinkerneil, Kronberg/Ts. 1975: 179–221.
11 Hartmut Binder, Kafka-Kommentar zu sämtlichen Erzählungen, München 1975 (künftig: K-Kommentar). Der zweite Band: Kommentar zu den Romanen, Rezensionen, Aphorismen und zum Brief an den Vater (K-Kommentar II) erschien 1976 und ist gerade für die Arbeit am „Urteil" ebenfalls heranzuziehen.
12 Kafka-Handbuch in zwei Bänden, hg. v. Hartmut Binder unter Mitarbeit zahlreicher Fachwissenschaftler, Stuttgart 1979. (Künftig: KHb I bzw. II)
13 Vgl. dazu KHb I, 337 ff.
14 Vgl. dazu den Abschnitt „Eltern und Schwestern" in KHb I, 397 ff. Dazu als Belege für die fast vollkommene Gesprächslosigkeit zwischen K. und seiner Familie F 417, für die Oppression durch den Vater F 219, T 139, H 174, für seine Gegenablehnung der Verwandtschaft F 425, 457, wo die paranoische Reaktionsbildung des Ausgeschlossenen manifest wird: so wütend gegen Menschenverbindungen (T 404), daß er, dem einsamen Tier im Bau vergleichbar, „am liebsten" sogar seinen besten Freunden den Eintritt in sein Zimmer verweigert hätte.
Ich verwende die in der Kafka-Literatur üblichen Abkürzungen: B = „Beschreibung eines Kampfes", Br = „Briefe", E = „Erzählungen", F = Briefe an Felice, H = „Hochzeitsvorbereitungen auf dem Lande", T = „Tagebücher".
15 Der Brief vom 8. 10. 1912 an Brod gibt eine Summe der Spannungen und Reaktionsbildungen auf die Überforderung durch Nähe, Arbeitsfremde, Beschuldigung, Selbstbeschuldigung und letzter menschlicher Verlassenheit (hier durch die Schwester Ottla), welche zur Selbstmordphantasie („nach dem allgemeinen Schlafengehen aus dem Fenster zu springen") führt; im Postskript erscheint dann, nachdem, auch mittels des Briefes, die Selbstwertänderung erfolgte und die Tat unterblieb, die Verlagerung des Hasses – als einer Instanz des verurteilten, gleichwohl aber doch anerkannten Selbst – nach außen: er „werde in diesen [folgenden] vierzehn Tagen kaum die Grußworte für sie [die Familienmitglieder] fertig bringen. Aber Haß – und das richtet sich wieder gegen mich – gehört doch mehr außerhalb des Fensters, als ruhig schlafend im Bett." („Briefe" 1902–1924, New York 1958, 109).
16 In T 198 notiert sich Kafka, „wie unwahr und kindlich die Vorstellung ist, die sich meine Mutter von mir macht. Sie hält mich für einen gesunden jungen Mann, der ein wenig an der Einbildung leidet, krank zu sein. Seine Einbildung wird mit der Zeit von selbst schwinden, eine Heirat allerdings und Kinderzeu-

gung würden sie am gründlichsten beseitigen. Dann würde auch das Interesse an der Literatur auf jenes Maß zurückgehen, das vielleicht den Gebildeten nötig ist." (19. 12. 1911)
17 Vgl. K-Kommentar, 132.
18 H 45.
19 F 156.
20 Vgl. Binders Hinweis auf „lügenhafte falsche [. . .] und in einem Fall sogar ein ‚todesurtajl' herbeiführende Briefe" in „Kol Nidre" von A. Scharkansky, K-Kommentar 146.
21 Vgl. den Brief an Felice vom 24. 11. 1912, aber auch die Erwähnung der Brücke in der Tagebuchaufzeichnung am Tag nach der Niederschrift, die in den 10 Stunden zwischen 22h des 22. 9. und 6h früh des 23. „in einem Zug" erfolgte, aber auch schon die in einer typisch selbstgefährdeten Ambivalenz endende Schilderung von 1908:

„Ich paßte vorige Woche wirklich in diese Gasse, in der ich wohne und die ich nenne ‚Anlaufstraße für Selbstmörder', denn diese Straße führt breit zum Fluß, da wird eine Brücke gebaut, und das Belvedere auf dem andern Ufer, das sind Hügel und Gärten, wird untertunelliert werden, damit man durch die Straße über die Brücke unter dem Belvedere spazieren kann. Vorläufig aber steht nur das Gerüst der Brücke, die Straße führt nur zum Fluß. Aber das ist alles nur Spaß, denn es wird immer schöner bleiben, über die Brücke auf das Belvedere zu gehn, als durch den Fluß in den Himmel." (Br 55).

Hier die vielfach belegte Glättung des latent Grausigen durch ein in den ‚Humor' umkehrendes „Aber" und die eingeschränkt metaphorische Symbolisierung des Flusses als suicidalen Ortes. Damit gibt der erste Abschnitt bereits ein Beispiel für Doppelbödigkeit symbolischer, aber unsignifikant eingesetzter Bedeutung, die der in Machtwechselschüben sich dramatisierende Erzählvorgang zu lesen lehrt. Wenn Demmer vermutet, daß „schon hier Georgs Blick auf den Fluß und die Brücke dessen Selbstmord bedeutet" (113), so bleibt die Frage nach notwendiger Intentionalität von Bedeutung offen: für **Georg** kann sie aus keinem Textelement entnommen werden (es sei denn, man entschlösse sich, die „spielerische Langsamkeit", mit welcher der offenbar sehr belastende Brief an den Freund in der Fremde geschlossen wird, als Indiz einer für depressiv-schizophrene Lagen kennzeichnenden Retardation und Verhaltensumkehr – „spielerisch" statt ‚melancholisch' – zu werten). – für den **Autor** muß diese Intendierbarkeit angenommen werden. Die Frage ist zugleich ein bestechendes Beispiel für sinnvolle Autor-Text-Relationen, die sich mit beliebten Biographismus-Vorwürfen nicht beseitigen lassen – so gibt es, wenn H. Binder von einem „inneren Vaterbild" spricht, insofern noch keine „These vom Biographismus", meine ich gegen Peter U. Beickens sehr umsichtigen und genauen Forschungsbericht (P. U. Beicken: Franz Kafka – Eine kritische Einführung in die Forschung – FAT 2014, Frankfurt/M. 1974, 243).
22 Jörgen Kobs hatte „Die Bäume" zum Thesen-Objekt seiner umfangreichen Untersuchungen gemacht (vgl. l. c. 7–20 u. ö.); die Forschung hat sich mit K.-H. Fingerhut u. a. mit einer Reihe von Beiträgen dieses kurzen Prosastückes angenommen, bis hin zu Horst Steinmetz: Suspensive Interpretation. Am Bei-

spiel Franz Kafkas, Göttingen 1977: 88 ff. Steinmetz' Erläuterungen zielen allzu einseitig auf den versuchten Nachweis ab, „die Bedeutung des Ganzen bleibt offen", schließe „sich gegen eine Auswertung ab" (90); Steinmetz' Auswertung ist nur unvollständig bzw. textfern, mehr an der paradoxen Struktur als an der gemachten Mitteilung interessiert.

23 Demmer macht an der Verschiebung der Wendung „wo er war" zu „so wie er war" (24) deutlich, „daß es in den Überlegungen Georgs nicht um einen Ortswechsel, sondern um zwei verschiedene Lebensweisen geht" (Demmer l.c. 121).

24 Gilles Deleuze/ Félix Guattari: Kafka: „Jede Sprache, gleich ob arm oder reich, impliziert eine Deterritorialisierung des Mundes, der Zunge und der Zähne. Mund, Zunge und Zähne finden ihre ursprüngliche Territorialität in der Nahrung. Indem sie sich der Artikulation von Lauten widmen, deterritorialisieren sie sich." (29)

25 Nach nunmehr allgemein gewordener Auffassung kann im Petersburger Freund nicht eine in der Fiktionalität real gemeinte Figur gesehen werden; sie stellt vielmehr einen für die Aspektfigur Georg, darüber hinaus für den Autor relevanten, konstruktiv entworfenen Interaktions-Adressaten dar, der die ‚gegeneinander kämpfenden' Seiten der vater- und hausgebundenen Ambivalenz zur Darstellung zu bringen gestattet. Daß diese „Persönlichkeitskomponente" (Demmer 114, zustimmend zitiert bei Binder, K-Kommentar 147) allerdings ablösbare kulturelle Gehalte repräsentiert (wie ‚höheres' bzw. künstlerisches Selbst, asketisches und antibourgeoises Prinzip), ist voll anzuerkennen – über die literarischen wie biographischen Aspekte informiert der Kommentar Binders (146f.) mit dem Verweis auf ein späteres Bruchstück, in dem Kafka aus der Perspektive des russischen Freundes erzählt, nachdem sein eigenes Schicksal das hier ‚projektierte' Junggesellentum eingeholt hat, wobei der Schlußsatz den Aspekt der völlig entwertenden Deterritorialisierung formuliert: „Es ist merkwürdig, der Mensch muß nur ein wenig an einem Ort niedergehalten werden und schon fängt er an zu versinken."

26 G. Sautermeister, l.c. 196. „Nicht den Grund dieser Zufälligkeit, sondern nur die Zufälligkeit selber nimmt Georg wahr." Innerhalb seiner hier nicht referierbaren Zuordnung von familien- und wirtschaftspsychologischen Verhaltenskategorien kommt Sautermeister zu dem Schluß: „Eine kapitalistische Wirtschaftsordnung verführt den Helden dazu, einer Oberflächenerscheinung – dem günstigen Zufall – sich anzuvertrauen und Reflexionen abzubrechen, die in das Wesen seiner Vater-Beziehungen eindringen könnten. Dies ist der Nervus rerum der Erzählung. Kein Wunder, daß Georg, indem er die Einsicht in das Wesen einer Beziehung verweigert, dieser Beziehung sich hilflos ausliefert." (Ebd.)

27 Kafka liest im Sommer 1913 die „Tagebücher 1833–1855" und zieht sofort Parallelen zu sich selbst (vgl. K-Kommentar I, 523 f.).

28 Alfred Lorenzer: Symbol, Interaktion und Praxis, In: Psychoanalyse als Sozialwissenschaft, Frankfurt/M. 1971: 35 f.

29 Ernest Jones (Biograph S. Freuds), zit. nach G. Sautermeister, l. c. 195. Die Prozesse, in denen das scheinbare Aufgreifen des Unglücks des ‚anderen' geradezu in die Rechtfertigung desselben umgedeutet und die Verdrängungswünsche in

den Vordergrund des Bewußtseins geschoben werden, hat Sautermeister 196–203 vorbildlich aufgeschlüsselt.
30 Sautermeister, l.c. 205.
31 Ebd.
32 „Wenn Kafkas Figuren etwas beteuern, so verheimlichen sie damit ihre wahren Beweggründe – je offenherziger die Beteuerung, desto offenkundiger die Verschleierung. Die ‚Rücksichtsnahme‛ Georgs gegenüber dem Freund tarnte ja nur den Respekt vor dem Vater, und jetzt, da Georg ihm den Respekt allen Ernstes aufkündigen soll, entschärft er im gleichen Atemzug seine eigene Courage." (Ebd. 206)
33 Demmer: Der Dichter der Selbstreflexion, 148 ff.
34 Sautermeister, l.c. 209.
35 Deleuze/Guattari, l.c. 8.
36 Demmer, l.c. 159. Demmer reflektiert auch die Positionen der Kontrahenten: Während der Vater dem Sohn entgegentrat, kniet dieser (solidarisch) neben ihm. „Das Niederknien selbst verweist auf das von Georg erwartete Heil, während die Umstände des Niederkniens auf Unheil verweisen. Damit ist ein erster Spannungshöhepunkt im Gespräch zwischen Georg und seinem Vater erreicht. Im nächsten Augenblick hebt der Vater mit der knappen Feststellung: ‚Du hast keinen Freund in Petersburg' die Spannung auf und zerstört Georgs Erwartung. Ihr kommt in diesem Zusammenhang die Bedeutung eines Fluches zu." (Ebd. 160)
37 Mit dieser Präzisierung ist Sautermeisters Darstellung zuzustimmen: „der bisher in Abhängigkeit gehaltene Sohn kann, eines selbstbewußten Ich ermangelnd, Autorität nur angesichts eines infantilen und senilen Gegenübers entwickeln; die bisherige Autorität kann, eines mündigen Ichs gleichfalls ermangelnd, Schwäche nur in Gestalt infantiler Senilität entwickeln" (l.c. 209). Die gegenseitige Bedingtheit und insofern bestehende Austauschbarkeit von Herr- und Knechtschaft auf der Oberflächenszene, die jedoch nur Georgs Bewußtsein entspricht, wird von der „lauernden tödlichen Aggressivität" im Erzählvorgang hinterlegt, deren Akteur der Vater ist.
38 Die Zurückweisung von Freunden hat in Kafkas Jugend Tradition, verschärft sich jedoch in der bestimmenden Freundschaft mit dem ostjüdischen Schauspieler Jizchak Löwy, „einem kindlich-unschuldigen (H 171), aber geradezu ununterbrochen begeisterten Menschen" (KHb I, 391). Löwy vermittelte Kafka eine mögliche kommunikative Selbstdeutung, darf als Begegnender zu den wesentlichen Impulsen für die Niederschrift des „Urteils" gerechnet werden: Dank Löwy erwachte in Kafka das „Verlangen, eine Selbstbiographie zu schreiben", die „Masse der Geschehnisse" „dem Verständnis und Gefühl eines jeden andern zugänglich" zu machen (T 194 f.; vgl. KHb 395). Diese Öffnung und Selbstbestätigung schuf seit Herbst 1911 die Kraft für die nun sich häufenden Auseinandersetzungen mit dem Vater, „dem er jetzt mit bewußtem Haß gegenübertritt" (KHb 394).
39 Zur ausführlichen Diskussion dieser Zuordnungen vgl. Demmer, l.c. 176 ff.
40 Sautermeister verweist auf die Kombination der Kampfmittel in dieser Sprechszene, in der Georg bereits verstummt ist: „Der Vater sucht den Sohn mit dessen Mitteln zu schlagen. Der erste zaghafte Versuch, den Freund solidarisch einzube-

ziehen in eine Verlobung, die auf eine Befreiung vom Vater hinzielen soll, scheitert am Vater, der unverzüglich seine Solidarität mit diesem Freund vorspiegelt. Damit erteilt er dem Sohn einen perfekten Liebesentzug." (l.c. 211)

41 Vgl. Demmer, l.c. 186. Erst genaue psychologische Beobachtung widerlegt Politzers Meinung, der Urteilsspruch entspreche nicht dem Verlauf der Geschichte (vgl. Demmer l.c. 195). Wie man den Hinweis, Georg habe ‚darauf' gewartet, mit der Wahrheit der Empfindung, ‚belauert' worden zu sein, sowohl auf der pragmatischen wie der Bewußtseinsebene ernst zu nehmen hat, versuchte ich zu zeigen.

42 Demmer, l.c. 196.

43 Deleuze/Guattari l.c. 18.

44 K-Kommentar 152. Vgl. M. Brod: Über Franz Kafka: Franz Kafka. Eine Biographie. – Franz Kafkas Glauben und Lehre. Verzweiflung und Erlösung im Werk Franz Kafkas, Frankfurt/M. 1966: 114.

45 Eine oft genutzte Falle des wörtlichen Verstehens bildet der „Autoomnibus", der nicht nur in der Forschung mit Spekulationen bedacht wurde, sondern auch des Lateins kundige Schüler zu allerhand dialektischen Spielen zu veranlassen vermag („Auto": selbst, allein – „omnibus": für alle usw.) – hier löst sich die Füllstelle realistisch auf: Der Ausdruck differenziert innerhalb Kafkas Lebenswirklichkeit den damals noch vorhandenen Pferde – vom schon aufkommenden mechanischen Omnibus.

46 Vgl. K Hb II, 296.

47 Ebd. II, 292.

48 Vgl. Theo Elm: Problematisierte Hermeneutik. Zur ‚Uneigentlichkeit' in Kafkas Kleiner Prosa. In: Deutsche Vierteljahrsschrift für Literatur- und Geistesgeschichte 50 (1976), 477–510. – Christian L. Hart Nibbrig: Die verschwiegene Botschaft oder: Bestimmte Interpretierbarkeit als Wirkungsbedingung von Kafkas Rätseltexten. Ebd. (DVjs) 51 (1977), 459–475. – H. H. Hiebel: Antihermeneutik und Exegese. Kafkas ästhetische Figur der Unbestimmtheit. Ebd. DVjs 52 (1978) 90–110.

49 Die Auffassung, daß einfachhin „in Kafkas Erzählwelten Logik und Diskursivität außer Kraft gesetzt" seien (Fingerhut in KHb II, 289) darf als pauschalisierend zurückgewiesen werden. Irrationalisierenden Ausdeutungen der Auslegbarkeit selbst, wie sie jüngst wieder unter fragwürdigem Rückgriff auf Mystik und unverstandene Sprachkritik in dem von Günther Heintz herausgegebenen Band: Zu Franz Kafka, Stuttgart 1979, leider für die Schule propagiert werden, sollte auch von didaktischen Erwägungen her Vorsicht entgegengebracht werden: ein geschichtlich verstandener Literaturunterricht darf sich nicht unausgewiesenen Analogieschlüssen und leeren historischen Angleichungen ausliefern. (Phrasen vom „Unsagbaren" machen G. Heintz' einleitenden „Traktat über die Deutbarkeit von Kafkas Werken" gefährlich, so wenn es heißt, „begreifen kann" dieses Sprechen im mystischen Paradox [!] „nur derjenige, der in ihm das Drama einer Mentalität sieht, deren Ethos das Scheitern an der Grenzlinie zwischen ‚bepfählter' und schlechthin anderer, im Sinne des frühen Mystikers ‚ungeworteter' Erfahrung ist", 5. Ohne Text-, Autor- und halbwegs rationalen Geschichtsbezug versucht ein als ‚metasprachliche' Deutung vorgestellter, philo-

sophisch unzulänglicher und entlegener Aufsatz von A. Thorlby Thesen von der Intentionslosigkeit und „Anti-Mimesis" Kafkascher Kunst mit Wittgenstein plausibel zu machen: die „sprachwissenschaftliche" Neuauflage einer alten Textimmanenz dürfte Schüler, die nicht genug Zeit haben, um vielleicht zehn Texte Kafkas lesen zu können, füglich erspart werden. (Es ist anzumerken, daß Gotthard Oblaus Aufsatz: „Erkenntnis- und Kommunikationsfunktion der Sprache in Franz Kafkas ‚Der Prozeß'" (209) einige der groben Mißverständnisse des englischen Autors zurechtrückt.)

50 Peter U. Beicken: Franz Kafka. Eine kritische Einführung in die Forschung. Frankfurt/M. 1974: 242, Anm. 9.

51 Kafka hat selbst diesem intuitiv-spontanen Prosastück die Nähe zum „Gedicht" bestätigt. Kafka nennt in einem Verlagsbrief das „Urteil" „mehr Gedicht als Erzählung" und betont, daß es deshalb „ganz freien Raum um sich" brauche: Wirkungs- und Rezeptionsraum ist ausdrücklich gemeint. (Vgl. K-Kommentar I, 137).

52 Zur Erfassung der komplexen Zusammenhänge zwischen Stigmatisierung und sozialer Identität, zwischen „Informationskontrolle und persönlicher Identität" vergleiche man Erving Goffman: Stigma. Über Techniken der Bewältigung beschädigter Identität. Frankfurt/M. 1967f. – Über Pseudo-Gemeinschaft in schizophrenen Familienbeziehungen handeln Bateson, Jackson, Laing, Lidz u. a. in „Schizophrenie und Familie", Frankfurt/M. 1969.

53 Insofern können Deleuze/Guattari „Das Urteil" als eine vor der Verwandlung zum Tiersein stehengebliebene Geschichte interpretieren (l.c. 19ff., 52).

54 Deleuze/Guattari 33.

55 Deleuze/Guattaris Hinweise auf „kleine Literatur" sind didaktisch deshalb von größter Relevanz, weil sie einen Gebrauch von Sprache sichtbar machen, in dem „das Unterdrückte in der Sprache sich dem Unterdrückenden in der Sprache" entgegenstellt (vgl. 38f.).

56 Ebd. 25.

57 Ein abschreckender Blick auf die Magerkeit der „Interpretationen" des Bayerischen Schulbuchverlags (A. und W. van Rinsum: Romane und Erzählungen, München 1979) ist notwendig, sehen sich doch gelegentlich selbst Kandidaten des Lehramtsexamens zum Auswendiglernen von Passagen folgender Hellsichtigkeit veranlaßt (Bayreuth, Prüfung 1978): „Kafka lebte noch bei der Familie, zögerte, selbständig zu wohnen. Konflikte ergaben sich aus seiner hochgradigen Geräuschempfindlichkeit und seinem Drang nach Alleinsein. Dem stand ein ebenso starkes Isolationsempfinden gegenüber [?], das mitbedingt war durch die ‚inselhafte Abgeschlossenheit der Deutschen in Prag' [. . .]" (118). Dazu paßt, daß die wissenschaftlich rundum abgelehnten Spekulationen von Kurt Weinberg (Kafkas Dichtungen, Bern 1963), deren Deutungsschemata „Hybris" und „Himmelsstürmerei" (Gregor Samsa!) heißen, ausführlich 122f. zitiert werden.

58 K. Stocker: Franz Kafka: Leben, Werk, Bedeutung. In: K. S.: Praxis des Literaturunterrichts im Gymnasium, Freiburg i. Br. 1979 (= Herderbücherei 9318), 98–114.

59 Vgl. dazu Horst Turks Beitrag zum „Problem der literarischen Legitimation am Beispiel Kafkas". In: Friedrich A. Kittler, H. T.: Urszenen. Literaturwissenschaft als Diskursanalyse und Diskurskritik, Frankfurt/M. 1977, 381–407.

60 Dietrich Krusche: Kafka und Kafka-Deutung: Die problematisierte Interaktion. München 1974. – Ders.: Die kommunikative Funktion der Deformation klassischer Motive: „Der Jäger Gracchus". Zur Problematik der Kafka-Deutung. In: DU 25 (1973) 128–140.
61 D. K.: Kafka-Deutung, l.c. 87.
62 H. Turk, l.c. 404.

KARL SCHUSTER

Arthur Schnitzler: Traumnovelle

Einleitung

„Für uns, die wir seit Freud wissen, daß, wer natürliche Triebe aus dem Bewußtsein zu verdrängen sucht, sie damit keineswegs beseitigt, sondern nur ins Unterbewußtsein gefährlich verschiebt, ist es leicht, heute über die Unbelehrtheit jener naiven Verheimlichungstechnik zu lächeln. Aber das neunzehnte Jahrhundert war redlich in dem Wahn befangen, man könne mit rationalistischer Vernunft alle Konflikte lösen, und je mehr man das Natürliche verstecke, desto mehr temperiere man seine anarchischen Kräfte; wenn man also junge Leute durch nichts über ihr Vorhandensein aufkläre, würden sie ihre eigene Sexualität vergessen." (Zweig, 1961: 85)

Schnitzler gehört mit zu den ersten, die aufhörten, die Sexualität zu übergehen. Sein „Reigen" hat z..B. in bisher unerhörter Weise den Vorgang des Geschlechtsaktes in den Mittelpunkt jeder Szene gerückt. So kann er dieses Stück zunächst nicht drucken lassen.

Auch als die „Traumnovelle" 1926 in Wien erschien (erste Entwürfe gehen schon auf das Jahr 1907 zurück), lief „ein Schauer" durch die Wiener Gesellschaft (Hilde Spiel, 1976: 140). Weiter bemerkt H. Spiel:

„Mit welch rauher Hand legte er den Seelengrund eines gesitteten Ehepaares bloß, auf dem es nur so wimmelte vom gräßlichen Gewürm der Lüste? [...] Und nun dies: ein Blick in jenen Abgrund der Triebwelt, den Freund zunächst in sich selbst entdeckt, dann vornehmlich in seinen amerikanischen Patienten aufgespürt hatte. Mitten in Wien, in Wien, im achten und im sechzehnten Gemeindebezirk, geträumte oder gar gelebte Orgien. Nacktheit, Geilheit, Unzucht. Nicht Eros stand hier Thanatos gegenüber, sondern Satyr im Bockgewand." (Spiel, 1976: 140/141).

So hätten die Wiener das Werk Schnitzlers empfunden.

Daß es sich allerdings um eine im höchsten Maße moralische Novelle handelt, wird zu beweisen sein.

Interpretation

Schon im Titel „Traumnovelle" deutet Schnitzler an, was ihm besonders wichtig erscheint. Die Bedeutung, die die Psychoanalyse dem Traum zumißt, ist außerordentlich groß. Der Traum enthält den Schlüssel zum Unbewußten im menschlichen Leben.

Freud hat bei der Psyche des Menschen unterschieden zwischen dem Es = Triebe, Triebkräfte, Unbewußtes, Unterbewußtes, dem Ich = selbstverantwortliche Persönlichkeit und dem Über-Ich = Werte und Normen der Gesellschaft (Gewissen).

Da in der Gesellschaft, und ganz besonders der um die Jahrhundertwende, das Individuum bestimmte Normen zu erfüllen hat (Verdrängung der Sexualität), die sich als Gewissen in der Über-Ich-Schicht manifestieren, werden oft nur in Träumen jene Triebkräfte der menschlichen Psyche offenbar, die im Unbewußten zu suchen sind. Freud nennt den Traum „die *eigene psychische Leistung* des Träumers." (Freud, 1977: 11)

Dabei ist für ihn die Bedeutung des Traumes außerordentlich groß: „der Traum beschäftigt sich niemals mit Dingen, die uns nicht auch bei Tag zu beschäftigen würdig sind, und Kleinigkeiten, die uns bei Tag nicht anfechten, vermögen es auch nicht, uns in den Schlaf zu verfolgen." (ebd.: 29) Nach Freud können die meisten Träume der Erwachsenen durch die Analyse auf erotische Wünsche zurückgeführt werden.

Bei der Bedeutung der unbewußten Triebkräfte in dieser Novelle, bietet sich die psychoanalytische Interpretationsweise geradezu an. Schnitzler als Zeitgenosse und Kollege kannte Freuds Theorien.

Der Inhalt der „Traumnovelle" läßt sich so zusammenfassen:

Fridolin, ein Arzt, ist mit Albertine verheiratet. Sie haben eine kleine Tochter. Auf einer Faschingsveranstaltung, auf der sie sich trennen wollten, langweilen sie sich, begegnen sich und kehren vorzeitig nach Hause zurück. Am folgenden Tag geraten sie ins Gespräch und erzählen sich eine Begebenheit aus dem Urlaub, wobei beide beinahe einer Versuchung, dem Partner untreu zu werden, erlegen wären, wenn die Gelegenheit sich dazu ergeben hätte. Darüber hinaus gesteht Albertine ihrem Gatten, daß es mehr Zufall gewesen sei, daß sie ihn zum Manne gewählt habe. Diese Tatsache enttäuscht Fridolin doch mehr, als er sich zunächst eingestehen will. Er wird weggerufen zu einem Todkranken, der aber bereits gestorben ist, als er ankommt. Marianne, die Tochter des Hofrats, ist in ihn verliebt, ohne daß er diese Liebe zu erwidern in der Lage wäre. An diesem Abend hat er keine Lust, sofort nach Erledigung dieses Besuches nach Hause zurückzukehren. Er tritt damit aus der gewohnten Ordnung, und es beginnen die ungewöhnlichen nächtlichen Ereignisse. Er trifft seinen ehemaligen Studienfreund Nachtigall, der ihn auf eine geheime Gesellschaft, bei der er mit verbundenen Augen Klavier spielt, aufmerksam macht. Die Frauen bei dieser geschlossenen Veranstaltung seien nackt. Fridolin bittet seinen Freund, ihm Zugang (durch die Parole) zu verschaffen. Er besorgt sich ein Mönchsgewand und begibt sich auf diese seltsame Party. Er verliebt sich sofort in eine dieser Frauen, die ihn warnt und bittet, sofort das Haus zu verlassen, sonst würde es ihm schlimm ergehen. Tatsächlich wird er bald erkannt, aber durch die ihm schon bekannte Unbekannte „ausgelöst".

Nach Hause zurückgekehrt, erzählt ihm seine Frau einen langen Traum. Fridolin will sich mit seinem nächtlichen Abenteuer nicht zufrieden geben und forscht weiter nach der Unbekannten, die sich für ihn geopfert hat. In einer Zeitung liest er, daß sich eine unter dem Namen der Baronin D. abgestiegene Dame vergiftet habe; Fridolin glaubt, daß diese seine nächtliche Liebe gewesen sei. Aber alles, was er unternimmt, um Gewißheit zu bekommen, verflüchtigt sich seltsam. Auch der Besuch in der Anatomie – er betrachtet lange die nackte Tote – bringt ihm keine Sicherheit. Er kehrt nach Hause zurück und erzählt seiner Frau Albertine alles.

Vier (Traum)ereignisse sind kunstvoll miteinander verschlungen:
1. das Redoutenerlebnis als Auslösermoment,
2. die Urlaubserlebnisse Albertines und Fridolins in Dänemark,
3. die nächtlichen Erlebnisse Fridolins und seine Folgen,
4. der Traum Albertines.

„Aus dem leichten Geplauder über die nichtigen Abenteuer der verflossenen Nacht gerieten sie in ein ernsteres Gespräch über jene verborgenen, kaum geahnten Wünsche, die auch in die klarste und reinste Seele trübe und gefährliche Wirbel zu reißen vermögen, und sie redeten von den geheimen Bezirken, nach denen sie kaum Sehnsucht verspürten und wohin der unfaßbare Wind des Schicksals sie doch einmal, und wär's auch nur im Traum, verschlagen könnte." (13)

Schnitzler spricht hier von dem Unbewußten, Unterbewußten (der Es-Schicht) der menschlichen Psyche. Jeder Mensch habe solch „verborgene" und „kaum geahnte Wünsche".

Albertine erzählt Fridolin, daß sie im Urlaub in Dänemark beinahe bereit gewesen wäre, sich einem jungen Mann hinzugeben, mit dem sie nicht einmal gesprochen habe, der aber dann vorzeitig abreisen mußte. Fridolin begegnete nun seinerseits beim letzten Morgenspaziergang einem hinreißend schönen, jungen Mädchen, das einen tiefen Eindruck auf ihn machte. Er und seine Frau spüren in diesem Erlebnis das Unbewußte; sie entkommen dieser Versuchung mehr durch Zufall als durch eigenes Zutun. Die Faszination, den unbewußten Wünschen nachzugeben, ist für Albertine und Fridolin außerordentlich groß. Sie sind in hohem Maße gefährdet.

Das nächtliche „Abenteuer" Fridolins ist eigentlich kein Traum. Dennoch trägt es alle Attribute des Traumhaften. Ich werde noch darauf zurückkommen. Mit dem Verlassen seines Hauses beginnt eine Veränderung der Bedeutung der Gegenstände:

„Auf der Straße mußte er den Pelz öffnen. Es war plötzlich Tauwetter eingetreten, der Schnee auf dem Fußsteig beinahe weggeschmolzen, und in der Luft wehte ein Hauch des kommenden Frühlings." (20)

Der Kranke, den er besucht, ist bereits gestorben und Marianne, die etwas ältliche Tochter, gesteht ihm ihre Liebe. Er regisitriert:

„[...] natürlich ist auch Hysterie dabei. [...] Im selben Augenblick, er wußte nicht warum, mußte er an seine Gattin denken. Bitterkeit gegen sie stieg in ihm auf und ein dumpfer Groll gegen den Herrn in Dänemark mit der gelben Reisetasche auf der Hotelstiege." (25)

Fridolin befindet sich in einem labilen psychischen Zustand; Ereignisse gewinnen für ihn eine besondere Bedeutung, denen er sich ausgeliefert sieht; er kann keinen Widerstand leisten. So geht er mit einer Dirne – mit einem Frauenzimmer dieser Art hatte er seit seiner Gymnasiastenzeit nichts mehr zu tun gehabt – auf ihr Zimmer, unterhält sich mit ihr.

„Wer auf der Welt möchte vermuten, dachte er, daß ich mich jetzt gerade in diesem Raum befinde? Hätte ich selbst es vor einer Stunde, vor zehn Minuten für möglich gehalten? Und – Warum? Warum?" (32)

Und so wird es verständlich, daß er seinen ehemaligen Studienfreund bedrängt, ihn auf einen Ball einer geheimen Gesellschaft mitzunehmen, die ein seltsames Ritual befolgt. Der Übergang zum Traumhaften wird hier vollzogen. Traum und Wirklichkeit werden austauschbar. Die Parole zu diesem Ball ist „Dänemark", die Erinnerung an das Urlaubserlebnis steigt in ihm hoch:

„Also – Parole ist Dänemark."
„Bist du toll, Nachtigall?"
„Weshalb toll?"
„Nicht, nichts. – Ich war zufällig heuer im Sommer an der dänischen Küste."
(47)

Hier wird wiederum deutlich, daß Schnitzler durch die assoziative Verknüpfung des nächtlichen Abenteuers mit seinem Alltag bzw. Unterbewußten die Grenze zwischen Traum und Wirklichkeit verschiebt. Er begibt sich auf diesen Ball im Mönchsgewand, die Frauen und Männer präsentieren sich zunächst ebenfalls als Mönche und Nonnen. Keuschheit und sexuelle Zügellosigkeit sind die Pole, die nach Schnitzler in jedem Menschen unmittelbar aufeinander bezogen sind; sie können auch jeweils dem Es (Unbewußten) bzw. dem Über-Ich (Normativen) zugeordnet werden. Die Außenseiterrolle, die ihm in diesem „Wachtraum" zufällt, wird durch die dritte seelische Seinsweise, das Ich, ausgelöst. Damit wird Fridolin als verantwortlicher Person die Peinlichkeit der Realisation seiner unterbewußten Strebungen bewußt, und er muß aus dem Kreis dieser Party ausgeschlossen werden. Die Figuren sind namenlos, rote, weiße Kavaliere, Nonnen, Mönche, die Gesichter durch Masken verdeckt, Repräsentanten dieser Es-Schicht des Menschen. Eine seltsame Rolle spielt die Frau (Nonne), die Fridolin „auslöst" und sich schließlich dadurch für ihn opfert. Diese Tat entspringt wiederum der unbewußten Schicht Fridolins, der diese spontane Opfertat einer bis zu diesem Zeitpunkt ihm völlig unbekannten Frau als Erhöhung seines Ichs genießt. Dazu korrespondiert im Traum seiner Frau die Opferung Fridolins für sie. Der Anlaß ist geradezu banal. Nach der Traumliebesnacht sind plötzlich die Kleider verschwunden und Albertine berichtet:

„Doch nun war etwas Fürchterliches geschehen. Unsere Kleider waren fort. Ein Entsetzen erfaßt mich, brennende Scham bis zu innerer Vernichtung, zugleich Zorn gegen dich, als wärest du allein an dem Unglück schuld; [...]" (68)

Die Über-Ich-Instanzen lassen eine Situation, die Nacktheit, peinlich erscheinen, die andererseits im weiteren Verlauf des Traumes durchaus glückhaft erlebt wird. Fridolin, der in der Morgenzeitung vom Tod einer unter falschem Namen in einem Hotel abgestiegenen Baronin D. liest, vermutet sofort in ihr jene unbekannte Schöne, der er in dieser seltsamen Nacht begegnet ist. Er beschließt, diese in der Anatomie zu besichtigen. Nun wird endgültig klar, daß eine kunstvolle Verschränkung von Traum und Wirklichkeit durch Schnitzler beabsichtigt ist:

„Und er wußte doch zugleich, auch wenn es ihr Antlitz wäre, ihre Augen, dieselben Augen, die gestern so lebensheiß in die seinen geleuchtet, er wüßte es nicht, könnte es – wollte es am Ende gar nicht wissen. Und sanft legte er den Kopf wieder auf die Platte hin und ließ seinen Blick den toten Körper entlang schweifen, vom wandernden Schein der elektrischen Lampe geleitet. War es ihr Leib? – der wunderbare, blühende, gestern noch so qualvoll ersehnte?" (98)

Er sieht schon das „Werk der Verwesung" im Gange. Schnitzler bewegt sich hier beinah in einer barocken Betrachtung des Todes:

„[...] er sah, wie von einem dunklen, nun geheimnis- und sinnlos gewordenen Schatten aus wohlgeformte Schenkel sich gleichgültig öffneten, sah die leise auswärts gedrehten Kniewölbungen, die scharfen Kanten der Schienbeine und die schlanken Füße mit den einwärts gekrümmten Zehen." (98)

Es wird Fridolin klar, daß das nächtliche Ereignis nun eine andere Bewertung erfahren muß. Er nimmt sich nach seiner Rückkehr vor, Albertine die „Geschichte der vergangenen Nacht zu erzählen, doch so, als wäre alles, was er erlebt, ein Traum gewesen – und dann, erst wenn sie die ganze Nichtigkeit seiner Abenteuer gefühlt und erkannt hatte, wollte er ihr gestehen, daß sie Wirklichkeit gewesen waren. Wirklichkeit? fragte er sich –, [...]"(101). Auch der Traum wird hier nicht nur als Fiktion dargestellt. Im Gespräch mit Albertine sagt er: „Und kein Traum [...] ist völlig Traum.(103)" Der Bedeutung nach, die der Traum für die Psychoanalyse einnimmt, ist diese Austauschbarkeit von Wirklichkeit und Traum nur konsequent. Danach ist der Traum die Realität des Unterbewußten und offenbart eindeutiger das wirkliche Sein des Menschen als seine bewußten Reaktionen. Deshalb ist die Traumdeutung ein wichtiges Analyseinstrument der Psychoanalyse; diese Traumdeutung kann danach dazu beitragen, die Ursachen neurotischer Störungen zu erkennen und damit den Schlüssel zu deren Beseitigung.

Der Traum Albertines ist demnach ebenso wenig „nur" Traum wie die Wirklichkeit des nächtlichen Erlebnisses Fridolins „nur" Wirklichkeit ist. Beide „Abenteuer" besitzen identische Elemente, die ihren Ursprung u. a. in den Urlaubsbegegnungen in Dänemark haben. Traum und verdrängte Wirklichkeit (Es als Ursprung der Neurose) sind einander äquivalent. So kann Albertine mit Recht am Ende behaupten:

„Nun sind wir wohl erwacht, [...] auf lange." (103)

In Albertines Traum trägt die Fürstin die Züge des jungen Mädchens, dem Fridolin am Strand begegnet war. Fridolin widersetzt sich nun aber standhaft allen Annäherungsversuchen. Für sie (Albertine) wird er ausgepeitscht, so daß das Blut „wie in Bächen" (71) an ihm herabfließt; er soll gekreuzigt werden. Albertine betrachtet dies alles mit Genugtuung, mit einer Art Glücksgefühl; sie vergnügt sich mit anderen Männern, während ihr Mann für sie schreckliche Leiden zu erdulden hat. Ja, sie fühlt sich dazu gedrängt, ihn zu verhöhnen, daß er ihretwegen eine Fürstin ausgeschlagen hat.

Nach Freud sind im Unterbewußten jedes Menschen masochistisch-sadistische Strebungen erkennbar, die mühsam durch die Über-Ich-Normen beherrscht werden. Die Konstruktion eines Destruktions-, Todestriebes wird aus derselben Auffassung heraus begründet. Dieser Trieb kann sich gegen andere und gegen den Träger selbst richten. Der Schluß des Traumes Albertines zeigt an, wie sehr beide Ehepartner sich schon voneinander entfernt hatten:

„– ich begann zu schweben, auch du schwebtest in den Lüften; doch plötzlich entschwanden wir einander, und ich wußte: wir waren aneinander vorbeigeflogen. Da wünschte ich, du solltest doch wenigstens mein Lachen hören, gerade während man dich ans Kreuz schlüge." (72)

Albertine spürt, wie sehr Fridolin sich von ihr entfernt hat, sie bestraft ihn dafür im Traum brutal und nimmt für sich selbst alle Freiheit in

Anspruch. Die Realebene ist von diesen Vorgängen zunächst noch nicht direkt beeinträchtigt. Die Partner tun so, als ob ihre gegenseitige Beziehung intakt sei. Daß diese Beziehung die Belastungsprobe überdauert, wird während der Novelle angedeutet. Denn sosehr sich Fridolin durch den Traum seiner Frau brüskiert fühlt und innerlich bereits beschließt, ihr diese nächtliche Brutalität heimzuzahlen, so sehr ist er dennoch im emotional Unterbewußten an sie gebunden:

„Nun merkte er, daß er immer noch ihre Finger mit seinen Händen umfaßt hielt und daß er, wie sehr er auch diese Frau zu hassen gewillt war, für diese schlanken, kühlen, ihm so vertrauten Finger eine unveränderte, nur schmerzlicher gewordene Zärtlichkeit empfand; und unwillkürlich, ja gegen seinen Willen, – ehe er diese vertraute Hand aus der seinen löste, berührte er sie sanft mit seinen Lippen." (73)

Diese Bindung, diese intakte Beziehungsebene, bringt es mit sich, daß die Ehe nicht in einer Katastrophe endet, wie in so vielen Novellen und Erzählungen Schnitzlers. Ja, die Aufrichtigkeit der beiden Eheleute, die sich alles erzählen, eröffnet ihnen eine neue Dimension der Partnerschaft, aber im vollen Bewußtsein der Zerbrechlichkeit, der Anfälligkeit menschlicher Beziehungen. Die Traumerlebnisse sind Indiz für diese unbewußte Schicht, die nun, und das ist das Entscheidende, von Albertine und Fridolin nicht verdrängt, sondern durchlebt, verarbeitet wird. Diese Verarbeitung wird schon am Anfang angedeutet. Die selbstverantwortliche Person (Ich-Schicht), die in soziale Bezüge eingeordnet bleibt (Frau und Kind), geht aus dieser Auseinandersetzung mit der Es-Schicht gestärkt hervor. Verantwortliche Partnerbeziehungen sind nach Schnitzler durch diese Triebschicht in einem labilen Gleichgewichtszustand zu halten. Dann aber, wenn dieses Gleichgewicht nicht von der Ich-Schicht, sondern von Über-Ich-Normen erhalten wird, kommt es zur Katastrophe, sobald sich die Es-Schicht durchsetzt, z. B. in „Fräulein Else", „Die Fremde" oder „Der Mörder". Von daher ist dieses Ehepaar in der bürgerlichen Gesellschaft der damaligen Zeit eine Ausnahmeerscheinung. Dies läßt sich durch die Kommunikationsstruktur belegen. Albertine ist ein gleichwertiger (symmetrischer) Kommunikationspartner; sie ist nicht, wie so häufig in bürgerlichen Ehen, die von vornherein nur reaktive. Sie agiert aber nicht nur auf der verbalen Ebene, sondern vermag versöhnende Zeichen auch nonverbal zu setzen, als sie z. B. die Larve, die Fridolin bei seiner Rückkehr verloren hatte, auf das Kopfkissen legt:

„So konnte er auch nicht daran zweifeln, daß Albertine nach diesem Fund mancherlei ahnte und vermutlich noch mehr und noch Schlimmeres, als sich tatsächlich ereignet hatte. Doch die Art, wie sie ihm das zu verstehen gab, ihr Einfall, die dunkle Larve neben sich auf das Polster hinzulegen, als hätte sie nun sein, des Gatten, ihr nun rätselhaft gewordenes Antlitz zu bedeuten, diese schmerzhafte fast übermütige Art, in der zugleich eine milde Warnung und die Bereitwilligkeit des Verzeihens ausgedrückt schien, gab Fridolin die sichere Hoffnung, daß sie, wohl in Erinnerung ihres eigenen Traumes –, was auch geschehen sein mochte, geneigt war, es nicht allzu schwer zu nehmen." (102)

Dies wiederum zeigt deutlich, daß die Beziehungsebene noch intakt ist, auch wenn sich Schwierigkeiten auf der Inhaltsebene bereits in ihrem Verhalten zueinander auszuwirken beginnen. Sein „Ich will dir alles erzählen" signalisiert Albertine jene vorbehaltlose Bereitschaft, sie als Partnerin anzuerkennen und zu akzeptieren.

Die Inhaltsebene darf in diesem Zusammenhang nicht zu eng aufgefaßt werden; denn die potentielle Störung reicht bis in die unbewußten Schichten der Persönlichkeit. Daß sie in der Lage sind, durch rückhaltlose Ehrlichkeit diese Störung zu beseitigen, hebt sie weit über das Mittelmaß üblicher Partnerbeziehungen.

Dennoch handelt es sich nicht um ein billiges Happy End, sondern es wird deutlich, daß lediglich ein psychisches Gleichgewicht der Ich-Person erreicht wurde, das keineswegs ein für allemal gesichert ist, sondern immer von neuem zu gewinnen sein wird. Dies zeigt der Schluß der Novelle, als Fridolin das Erwachen „für immer" feststellen möchte: da „legte sie ihm einen Finger auf die Lippen und, wie vor sich hin, flüsterte sie: ‚Niemals in die Zukunft fragen.'" (103)

Albertine ist in diesem Augenblick ihrem Manne überlegen; denn sie ist es, die die Zeichen des Vertrauens setzt und weiß, daß die Zukunft durchaus nicht ohne Probleme sein wird.

Schnitzler dürfte sich wohl mit Fridolin identifiziert haben. Wie dieser war auch er Arzt und führte ein bürgerliches Leben. Es wird aus der Perspektive Fridolins erzählt; Albertine charakterisiert sich selbst durch ihre Teilhabe am Gespräch, oder es wird durch eine Art inneren Monologes Fridolins ihre psychische Konstellation offenbar:

„Sie nahm seine Hände, streichelte sie und sah zu ihm auf mit umflorten Augen, auf deren Grund er ihre Gedanken zu lesen vermochte. Jetzt dachte sie seiner anderen, wirklicherer, dachte seiner Jünglingserlebnisse, in deren manche sie eingeweiht war, da er, ihrer eifersüchtigen Neugier allzu willig nachgebend, ihr in den ersten Ehejahren manches verraten, ja, wie ihm oftmals scheinen wollte, preisgegeben, was er lieber für sich hätte behalten sollen. In dieser Stunde, so wußte es, drängte manche Erinnerung sich ihr mit Notwendigkeit auf, und er wunderte sich kaum, als sie, wie aus einem Traum, den halbvergessenen Namen einer seiner Jugendgeliebten aussprach. Doch wie ein Vorwurf, ja wie eine leise Drohung klang er ihm entgegen." (17)

Es wird deutlich, daß ein Erzähler das Geschehen berichtet, wenn auch meist aus der Sicht Fridolins; dennoch hat sich dieser schon so weit aus dem Novellengeschehen zurückgezogen, daß seine Anwesenheit nur noch indirekt erschlossen werden kann, wie in der oben zitierten Stelle, die nun tatsächlich als reiner innerer Monolog hätte gestaltet werden können, wie dies Schnitzler oft genug gemacht hat. Dies hat zur Folge, daß die erzählte Welt unmittelbar, fast distanzlos, auf uns wirkt; und der Leser wird zwar nicht angesprochen, aber dennoch ins Geschehen mit hineingezogen.

Die Psychoanalyse wurde und wird von der psychologischen Forschung heftig angegriffen, vor allem ihre spekulative (philosophische) Grundlage. Moderne Richtungen der Psychologie gründen mehr auf empirischen Untersuchungen. Eine Interpretation auf psychoanalytischer Basis darf nicht gleichgesetzt werden mit dem Versuch, die Richtigkeit des psychoanalytischen Denkens nachzuweisen. Der Ansatz in diesem Zusammenhang ist deshalb legitim, da Schnitzlers Werk ohne Interdependenz zum Lehrgebäude Freuds kaum verstanden werden kann. Man könnte also behaupten, daß in dieser Novelle das psychoanalytische Erklärungsmodell menschlicher Existenz als Grundlage zu erkennen ist. So kann z. B. die Deutung Scheibles nicht akzeptiert werden, der das „Abenteuer" Fridolins eindeutig der Realitätsebene zuordnet:

„Die Gestaltung der geheimen Gesellschaft in der ‚Traumnovelle' ist also durchaus nicht so phantastisch, wie es den Anschein haben mag; das phantastische Element ist eher das Produkt einer Gesellschaftsordnung, deren Unterscheidung zwischen offizieller und tatsächlich praktizierter Moral der strengen Abtrennung des privaten vom öffentlichen [...] entspricht." (Scheible, 1977: 87)

Nur wenn man weiß, wie real nach der Psychoanalyse für das tatsächliche Sein des Menschen besonders Träume sind, kann man begreifen, daß dieses Erlebnis Fridolins auf derselben Ebene wie Albertines Traum anzusiedeln ist.

Zu der Frage, inwiefern es sich hier um eine Novelle handelt, sei Arnold Hirsch zitiert:

„Der Novelle eigentümlich ist, daß sie das Subjektive in artistischer Formgebung verhüllt, daß diese Stilisierung der Ordnung und Fülle der Welt zu einer Beschränkung auf eine Situation und zur Wahl von ungewöhnlichen Geschehnissen führt." (Hirsch, 1973: 117)

Nach dieser Definition von Hirsch haben wir es hier wohl mit einer Novelle zu tun. Wir erleben die „Welt" durch die subjektive Perspektive Fridolins, die ergänzt wird durch die seiner Ehefrau Albertine. Die dem Hauptgestalten unbewußten Motive und Symbole werden kunstvoll artistisch verschränkt (z. B. das Motiv „Dänemark"). Dennoch wird Einsicht in eine „Fülle von Welt" gegeben, nämlich in die unbewußte Triebstruktur eines Paares, dessen human-soziale Einbindung in die Gesellschaft, d. h. sie bewältigen einen Konflikt konstruktiv. Daß Schnitzler die „Novelle" mit dem „Traum" im Titel verbindet, weist auf die Bedeutung des Traumes (sowohl bei Fridolin als bei Albertine) hin, der nach der psychoanalytischen Auffassung den Zugang zum Es, zum Unbewußten, ermöglicht. Nur das bewußte Akzeptieren dieser eigenen Triebstruktur führt zu deren Bewältigung, zu deren Verarbeitung. Die Zuordnung zur Gattung der Novelle läßt sich also rechtfertigen, ohne daß diese Frage allzu sehr in den Mittelpunkt gerückt werden sollte. Da Schnitzler in seinem Titel die Einordnung selbst vornimmt, drängt sich allerdings die Frage nach den Gattungsspezifica geradezu auf, Wertungskategorien sollen damit keineswegs verbunden werden.

Intention

Die Interpretation der „Traumnovelle" zeigt deutlich, daß zum Verständnis der Problematik eine gewisse Lebenserfahrung Voraussetzung ist. Man wird also generell dieses Werk Schnitzlers erst für die Sekundarstufe 2 vorsehen können. Denn der eigentliche Adressat ist der Erwachsene, so daß sich zur Lebensrealität des Kollegiaten wenig Berührungspunkte feststellen lassen. Dennoch darf diese Art von Literatur – und es ist sicher ein ganz beachtlicher Teil – aus dem Unterricht nicht grundsätzlich ausgeschlossen werden. Verschiedene Gründe lassen sich dafür anführen:
– Der Jugendliche soll auch auf Lebenssituationen vorbereitet werden, die noch nicht zu seinem Erfahrungsbereich gehören. Sie sind dem Jugendlichen zugänglich durch die Literatur und durch die Fremdbeobachtung.
– Wir müssen die eingangs aufgestellte Behauptung, daß die „Traumnovelle" wenig Bezug zur Lebensrealität des Jugendlichen habe, revidieren: auch wenn der Kollegiat so strukturierte Partnerprobleme noch nicht selbst erfahren hat, kann er sie dennoch in seiner Umwelt mittelbar erleben.
– Unter diesem Aspekt kann besonders dieses Werk hilfreich sein, da es die Möglichkeit einer Bewältigung eines komplexen hetero-sexuell-zwischenmenschlichen Konflikts aufzeigt.

- Der Schüler wird mit einer Deutung menschlicher Existenz konfrontiert, die damit sein Repertoire erweitert.
- Grundlagen der psychoanalytischen Theorie können anhand dieser Novelle vorgestellt werden. Zweifellos befindet sich der Kollegiat nach der Pubertät in einer frühen Phase der Stabilisation, in der er besonders psychologisch-pädagogischen Entwürfen und Erklärungsversuchen menschlicher Existenz zugänglich ist.

Daraus ergeben sich u. a. einige Grobziele:

Der Schüler soll
- ein bedeutendes Werk Schnitzlers, in dem Traum und psychoanalytische Deutung menschlichen Seins tragende Elemente darstellen, kennenlernen;
- die Möglichkeit der Bewältigung sexuell-zwischenmenschlichen Konflikte auf dieser Basis begreifen lernen;
- erkennen, daß mit Hilfe der psychoanalytischen Interpretation die Zusammenhänge von Traum und Wirklichkeit begriffen werden können;
- die Traumsymbolik entschlüsseln lernen;
- die „Traumnovelle" in literaturgeschichtliche Zusammenhänge einordnen können.

Feinziele:

Der Schüler soll
- über den Inhalt verfügen als Voraussetzung für eine intensivere Beschäftigung mit der Novelle;
- die Verschränkung der vier Ebenen und ihre vielfältigen Bezüge erfassen (Redoutenerlebnis, Urlaub in Dänemark, „Abenteuer" Fridolins, Traum Albertines);
- die Gefährdung, Wandlung und Sicherheit der Beziehung der Eheleute beschreiben können;
- das psychoanalytische Erklärungsmodell (Über-Ich; Ich; Es) auf die Struktur anwenden können.

Realisation

Die folgenden Ausführungen zur Realisation beruhen auf Erfahrungen und Beobachtungen, die bei der Erprobung dieses Unterrichtsmodells (in einem Kurs der Kollegstufe) gewonnen wurden. Nicht in jedem Kurs/jeder Klasse werden sich dieselben Ergebnisse und Abläufe wiederholen; dazu müßten die Unterrichtsentwürfe mehrmals durchgeführt werden; nur so erhält man statistische „Mittelwerte". Dennoch kann die praktische Einzelerprobung eines Modells grundsätzliche Probleme offenbaren.

In der Literaturdidaktik wird der primäre Leseakt häufig gelenkt, indem man dem Schüler zur Lektüre die Beantwortung von Leitfragen aufträgt (vgl. Helmers, 1972: 315). Dies kann eine nützliche Hilfe für den Lesenden darstellen; denn er wird dabei auf wichtige, u. U. strukturierende Elemente, aufmerksam gemacht. Arbeitsaufträge lassen sich dann während der Besprechung schneller erledigen, da der Schüler bereits Material gesammelt hat.

In unserem Fall empfiehlt sich ein anderes Verfahren. Dichtung erlaubt meist vielfältige Assoziationen und damit auch unterschiedliche Deutungsmöglichkeiten. Wenn der Lehrer den Leseprozeß allzu sehr lenkt, werden manche kreative, wenn auch u. U. abweichende Interpretationsansätze, selektiert, die für die Organisation des Verstehens eines Textes wichtig sein können. Darüber hinaus geben diese spontanen Äußerungen Auskunft über Rezeptionsschwierigkeiten, die nur beseitigt werden können, wenn man sie kennt.

Diesem Anliegen müssen die Fragen und Arbeitsaufträge schon von ihrer Formulierung her entsprechen. Sie werden recht allgemein gehalten sein müssen.

Vor der Lektüre:

1. „Träume sind Schäume".
   Was halten Sie von diesem alten Sprichwort?
2. Können Sie von einem eigenen Traumerlebnis berichten, das für Sie (teilweise) unverständlich gewesen ist? Schreiben Sie es kurz nieder.
3. Wer war Sigmund Freud? Welche Lehre vertrat er?

Die Beantwortung gab Aufschluß darüber, inwieweit die Schüler mit Problemen der Traumdeutung und der Psychoanalyse vertraut waren. Wichtig war die Tatsache, daß für die Schüler dieses Kurses kaum unerklärbare Traumerlebnisse existieren und daß ein Grundwissen über die Lehre Freuds bereits vorhanden war.

„Meistens lassen sich meine Träume durch vorhergegangene Fakten erklären. Der Traum spiegelt meine Ängste und Hoffnungen wieder. Wenn ich mich eine Zeitlang mit Dingen befasse, die ich nur schwer verarbeiten kann, träume ich auch davon, eben abstrahiert mit Symbolen und Metaphern, und finde dann im Traum eine Erklärung."

„Bei mir haben die Träume fast immer einen Bezug zu konkreten Erlebnissen der vorhergegangenen Tage. Ich verdaue sozusagen mein Leben im Traum."

„Ich träume z. B. immer wieder Zukunftserlebnisse, Träume, in denen ich mich in meinem zukünftigen Traumberuf sehe und dann Dinge erlebe, die ich mir zur Zeit erhoffe. Das läßt sich sicher daraus erklären, daß wir uns im Augenblick alle mit solchen Gedanken beschäftigen müssen. Abitur und was dann?"

Zur Lektüre selbst wurden folgende Fragen und Arbeitsaufträge gestellt:
1. Schreiben Sie spontan nieder, ob und warum Ihnen die „Traumnovelle" gefallen hat!
2. Welche Passagen und Zusammenhänge sind Ihnen unverständlich (evtl. Unterstreichungen während des Lesens)?
3. Wie beurteilen Sie das nächtliche Abenteuer Fridolins und den Traum Albertines?
4. Welchen Eindruck macht auf Sie der Schluß der „Traumnovelle"?
   Sie sollen vor allem Ihre subjektiven Gefühle und Eindrücke festhalten.
   (Lesen Sie bitte das in Ihrem Heft abgedruckte Nachwort nicht!)

Zur Frage 1 schreibt ein Schüler:

„Nach negativem Vorurteil muß ich sagen, daß mir die ‚Traumnovelle' gefallen hat. Fridolins Ausbruch aus dem Alltag – als diesen möchte ich es bezeichnen – ist von immenser Aktualität. Ich sah in Fridolin einen Teil von mir selbst."

Die spontanen Reaktionen zeigten überzeugte Zustimmung und auch ein Zögern, wie man das Geschehen einordnen könnte:

„Ich bin mir gar nicht so sicher, ob mir die ‚Traumnovelle' gefallen hat oder nicht. Irgendwie hat sie mich gefesselt, Spannung war da, sie war leicht zu lesen und gerade wegen dieser unwirklichen Situation faszinierend."

Manche generellen Deutungsansätze werden bereits in diesen Spontanäußerungen versucht, z. B.:

„Die Novelle wirkt zwar ziemlich unwirklich und befremdend; aber es wird deutlich, daß wir nicht nur in einer Ebene existieren, in der uns die anderen sehen (Fridolin ist ein angesehener Arzt), sondern daß jeder einzelne von uns in einer für sich eigenen Welt lebt, die er sich selbst baut und in der er er selbst sein kann. In dieser Welt löst er sich von den Normen, die ihm von der Gesellschaft aufgezwungen werden. – Er handelte so, wie er normalerweise nicht handeln dürfte. Gedanken und Wünsche, die sonst verdrängt werden, tauchen auf und werden ausgeführt (Fridolins nächtliches Abenteuer)."

Diese Deutungsansätze sind noch weitgehend undifferenziert und offenbaren manche Mißverständnisse. Es kristallisierten sich folgende hauptsächliche Verstehensproblemkreise heraus:
1. Inwiefern ist das nächtliche Abenteuer Fridolins Realität oder Traum? Wie sind die einzelnen Erlebensphasen in der Existenz Fridolins zu verstehen?
2. Wie ist der Traum Albertines zu deuten? (Die generelle Deutung gelingt hier den meisten auf Anhieb, dennoch blieb das Bedürfnis, die Einzelheiten konkret auszulegen.)
3. Wie ist der Schluß der Novelle zu verstehen? Von vielen wird er zunächst als ein billiges Happy End empfunden.

Insgesamt wurden für die Arbeit im Unterricht jeweils 3 Doppelstunden (zu 90 Minuten) benötigt. Dabei zeigte sich, daß im Laufe des Gesprächs das Geschehen in der „Traumnovelle" eine Eigendynamik entwickelte, die die Schüler zu immer neuen Deutungsversuchen anregte, je intensiver sie sich damit beschäftigten. An den wichtigen Stellen werden die spontanen Reaktionen vom Lehrer zur Erinnerung und Auseinandersetzung eingebracht.

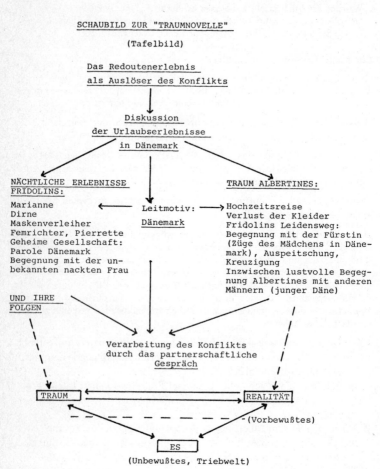

1. Stundeneinheit

Ausgehend von den schriftlichen Spontanäußerungen wurde zunächst die merkwürdige Tatsache diskutiert, daß die Schüler kaum Träume hatten, die für sie nicht zu deuten seien. In der Diskussion vermuteten die Kollegiaten, daß für den heutigen Menschen eine generelle Verdrängung nicht mehr in dem Maße psychisch notwendig sei wie für die Zeitgenossen Freuds und Schnitzlers. Als Grundlage für die folgende Auseinandersetzung mit der „Traumnovelle" wurde das psychische Modell Sigmund Freuds erarbeitet:

ÜBER-ICH = Normen und Werte der Gesellschaft (Gewissen)
ICH = Selbstverantwortliche Persönlichkeit
ES = Triebstruktur, Unbewußtes, Unterbewußtes

Je stärker die Über-Ich-Instanzen ausgeprägt sind, desto geringer ist die Bereitschaft des Individuums festzustellen, die chaotische Triebwelt anzuerkennen. Diese Schwelle wird auch im Traum nicht abgebaut. Deshalb sind nach Freud die Trauminhalte oft „verschleiert".

1. Schlüsselfrage:
Welche Ereignisse (einschließlich Träume) spielen in der „Traumnovelle" eine wichtige Rolle? (Ergebnis siehe das Schaubild S. 174.)
2. Schlüsselfrage:
In welchem Zusammenhang stehen diese verschiedenen Ereignisse, und in welcher Weise wird von Schnitzler dieser Zusammenhang für den Leser deutlich gemacht?

Die Diskussion der auslösenden Erlebnisse (Urlaub in Dänemark und Redouten-Erlebnis) bereitete den Schülern keine größeren Schwierigkeiten. Daß sich Albertine an einen ihr völlig fremden Mann hingeben möchte und Fridolin fast der Faszination eines ganz jungen Mädchens erliegt, löste zunächst Unverständnis aus. Erst wieder die Bezugnahme auf das Freudsche psychische Modell vermochte diese Situation zu klären. Albertine begreift sich als *die* Frau und Fridolin als *der* Mann (Auslöschen der Individuation – ES-Schicht). Die leitmotivische Verknüpfung des Dänemarkurlaubs mit den Traumerlebnissen ist für den Kollegiaten leicht einsehbar.

In dieser ersten Stundeneinheit kam es zu einer größeren Diskussion bei folgenden Fragen:
1. Welche Funktion hat die geheime Gesellschaft?
2. Ist das Erlebnis Fridolins Realität oder Traum?
In diesem Zusammenhang ist es wichtig, die nächtlichen Erlebnisse Fridolins mit den Schülern schrittweise durchzusprechen und deren konkrete Bedeutung für seine Existenz auszumachen. Die in der Sachanalyse ange-

stellten Interpretationsversuche reichten bei weitem nicht aus, das Bedürfnis, jede Einzelheit zu entschlüsseln, wirklich zu befriedigen. Als Beispiele seien angeführt:

Welche Bedeutung hat für Fridolin die Begegnung mit Marianne?
Welche Bedeutung hat die Dirne?
Warum trifft Fridolin in der Maskenverleihanstalt gerade Femrichter und ein als Pierrette verkleidetes Mädchen?

Besonders leidenschaftlich wurde um die Klärung der Ereignisse in der geheimen Gesellschaft gerungen. Diese standen dann zunächst im Mittelpunkt der zweiten Stundeneinheit.

2. Stundeneinheit *(Ausschnitt aus der Tonbandaufnahme)*

Katrin: Für mich hat die Frau die Funktion der Warnerin.
Lehrer: Das ist immer noch konkret gedeutet. Das ist noch keine Umsetzung für das Sein Fridolins.
(Einige Zitate aus dem Text)
Peter: Ich weiß nicht. Ich möchte etwas Allgemeines dazu sagen. In der Schule wird uns immer wieder gesagt, wir sollen logisch denken, und Sie fordern jetzt von uns, wir sollten paradox denken.
Lehrer: Paradoxes Denken kann dennoch logisch sein. Das ist kein Widerspruch. Die Paradoxie liegt im Text. Versuchen wir also, die Bedeutung der nackten Frau genauer zu fassen.
Michael: Ich kann mir vielleicht vorstellen, daß die Frau eine Personifikation des Es-Bereiches ist. Der Es-Bereich warnt ihn, doch nicht weiter vorzudringen. Ich weiß nicht, ob das stimmt ...
Lehrer: Wie sind Sie auf diese Deutung gekommen?
Michael: Ich meine, sie kann sich nicht aus der geheimen Gesellschaft lösen. Sie gehört ihr an. Sie ist nackt. Die Triebwelt übt auf Fridolin eine unwahrscheinliche Faszination aus. Dennoch möchte er die Anonymität aufheben und das Gesicht der Frau sehen.
Lehrer: Lesen wir dazu einige Textstellen. (Lesen einiger Stellen)
Ulrike: Ich glaube, Fridolin will den Es-Bereich mit seiner Logik durchforschen und alles genau erfahren. Seine Logik kommt aber aus dem Ich-Bereich, würde ich sagen. Und deshalb scheitert er; er kann die Frau nicht herausholen, weil er den Es-Bereich durch sein Ich erfahren will.
Lehrer: Ja ...
Ulrike: Er will nicht ein Erlebnis mit irgendeiner Frau, sondern mit dieser. Er will die „Liebe" – das ist nicht ganz das richtige Wort – ich denke, er will die Liebe individualisieren, ihren Namen erfahren und eben ihr Gesicht sehen. Und dies zieht sich bis zum Schluß hin, er forscht nach ihr.
Gerhard: Ich möchte die Deutung noch etwas konkreter haben. Diese nackte Frau berührt die verschiedensten Bereiche, und ich kann sie auf keinen ge-

meinsamen Nenner bringen. Ich habe mir ein paar Notizen gemacht. Wir haben von den sadistisch-masochistischen Anlagen Fridolins gesprochen. Und diese Frau opfert sich doch für ihn. Macht sie das nun freiwillig, oder wie ist das?
Lehrer: Das ist eine sehr wichtige Frage.
Michael: Die geheime Gesellschaft ... könnte das nicht das geheime Innere Fridolins sein? So als Bild eine Art Projektion? Ich meine, dann kann nur das passieren, was auch im Inneren Fridolins, vielleicht dem Es-Bereich passiert. Dem Fridolin gefällt es doch, daß sich eine Frau so einfach für ihn opfert, stirbt.
Lehrer: Das mit der Projektion ist eine gute Idee. Aber da könnten wir die Textstelle S. 60 unten dazu lesen: „Vielleicht gibt es Stunden, Nächte, dachte er, in denen solch ein seltsamer, unwiderstehlicher Zauber von Männern ausgeht, denen unter gewöhnlichen Umständen keine sonderliche Macht über das andere Geschlecht innewohnt?"
Sylvia: Die Stelle zeigt doch eindeutig, daß er es sich wünscht, nur als Mann so unwiderstehlich zu wirken. Er steckt ganz schön in einem Dilemma; auf der einen Seite möchte er, um es ganz hart zu sagen als Geschlechtswesen – nicht er als Person Fridolin – so wirken, und auf der anderen Seite will er immer wieder das individuelle Erlebnis.
Peter: Und deshalb – so finde ich jedenfalls – ist es doch klar, daß die nackte Frau nicht im üblichen Sinn frei ist."

Als außerordentliche hilfreich erwies sich bei der Klärung dieser Ereignisse der Begriff der Projektion, den die Schüler in der Diskussion entwickelten und ausführten. Die geheime Gesellschaft stelle eine Projektion des psychischen Zustands Fridolins dar. Damit ist das Handeln der Mitglieder dieser geheimen Gesellschaft streng determiniert. Dies wurde im Unterrichtsgespräch von den Kollegiaten besonders an der Begegnung mit der unbekannten Nackten aufgezeigt.

Fridolin fühlt sich fremd in dieser Umgebung (in der Es-Schicht); Faszination beim Anblick der geheimen Wünsche, aber gleichzeitig ein Gefühl der Angst. Er hat das Bedürfnis nach Auslöschen der Individualität → unbekannte Nackte (Leidenschaft) und gleichzeitig den Wunsch nach Individuation (Ich-Schicht); diesem Wunsch nach individueller Liebesbegegnung kann aber die Unbekannte nicht entsprechen. In dem Augenblick, als der Schleier von ihrem Gesicht gleitet und sie sich nackt den Kavalieren darbietet, in diesem Augenblick wird Fridolin hinweggerissen, und er vermag ihr Gesicht nicht zu erkennen. Dem entspricht auch, daß es keine geheimen Gemächer in dieser Gesellschaft gibt, da das individuelle Erlebnis dem widerspräche. Im Augenblick des vollen Bewußtseins muß das Erlebnis enden.

Damit aber wurde von den Schülern schon eine Vorentscheidung getroffen, ob es sich um einen Traum oder um wirkliche Erlebnisse handelt. Der

Rückgriff auf die Freudschen Traumdeutungen half weiter: Traum ist Realität und Realität kann Traum sein (siehe das Schaubild 174).

Wichtig in diesem Zusammenhang ist die Frage nach den Folgen des nächtlichen Liebeserlebnisses:

Warum verflüchtigen sich am folgenden Tag seine nächtlichen Eindrücke so seltsam? Z. B. Einlieferung der Dirne ins Krankenhaus; die Pierrette entpuppt sich als Prostuierte; Marianne heiratet; Tod der nackten Unbekannten (Baronin D.); Besuch in der Anatomie. Für Fridolin gewinnen die nächtlichen Ereignisse im „Lichte" des Tages eine andere, außerordentlich nüchterne Bedeutung. Es wurde vermutet, daß der Ich-Bereich die Bewertung übernehme; in der ereignisreichen Nacht sei dagegen sein ambivalentes Eindringen in die Triebwelt dargestellt worden. Damit werde aber auch das Oszillieren zwischen Realität und Traumgeschehen angedeutet.

Nach der Beschäftigung mit den Aktivitäten Fridolins schließt sich die Entschlüsselung des Traumes von Albertine logisch an. Zunächst bereitet es Schwierigkeiten, die schockierenden Grausamkeiten Albertines zu begreifen. Die spontane Reaktion der Jugendlichen gleicht fast denen Fridolins, der es seiner Frau heimzahlen möchte.

In den folgenden Auszügen aus der Tonbandaufnahme zeigt sich ganz deutlich, wie sehr Schüler in der Gruppe zu durchaus originellen und kreativen Deutungsansätzen fähig sind. Dabei kann man den „brainstorming"-Effekt beobachten, daß nämlich die anregende Gruppenatmosphäre zu immer neuen Auslegungsversuchen provoziert. Wichtig ist es bei einem solchen Vorgehen, daß der Lehrer sich möglichst zurückhält bzw. sich wie ein „normales" Gruppenmitglied einfügt und durch eine offene Unterrichtsführung (Verzicht auf ein Steuern durch Frage und Antwort) die Kollegiaten zu Äußerungen ermuntert.

„Vielleicht sind die Kleider auch als Symbol der Maske zu betrachten, der Larve... daß auch die Kleider eine gewisse Bedeutung haben, vielleicht die des Kaschierens, und die des Offen-da-Liegens des Eigentlichen, was nicht mehr hinter der Maske versteckt werden kann. ‚Kleider machen Leute'; aber auf das Eigentliche kommt es an. Jeder Mensch ist gleich."

„Im Traum hat Albertine keine Scham. Ich empfinde es als eine Art Gesellschaftskritik, weil man in der Realität ohne Kleider nicht auftreten kann. Der Mensch sehnt sich danach, so natürlich zu sein, wie er ist."

„Mir kommt es vor, als sei dies (das Verschwinden der Kleider) eine Parallele zur Bibel: ‚Und sie sahen, daß sie nackt waren'; und dort wird die Schuld auf die Frau geschoben ‚die hat mir den Apfel gegeben', während sie hier die Schuld auf den Mann schiebt. Also, das sind die Assoziationen, die mir bei dieser Stelle kommen."

„Und dann geht es doch noch weiter. Ein Kreuz wird für Fridolin errichtet, und die Hände werden ihm auf den Rücken gebunden, er wird ausgepeitscht, daß das Blut in Bächen an ihm herabfließt. Das erinnert mich doch an den gekreuzigten Jesus. Da kommt mir jedenfalls jetzt diese Assoziation. Ich denke auch an die Bibel und den Sündenfall."

„Ja, ich auch: bei mir stellt sich das Bild vom Paradies, vom Garten Eden ein: das Glück, die Wiese und dazu die Blumen..."

„Am Anfang wird gesagt, daß sie wieder in die Gesellschaft zurück wollen. Und ich meine, die erste Stelle kann man dann praktisch – wenn wir beim Freudschen Modell bleiben – dem Ich-Bereich zuordnen, während die zweite Stelle weiter hinten, ich glaube da steigt Albertine in den Es-Bereich hinunter, und deswegen eben die Erklärung, daß sie am Anfang Scham empfindet, während sie dann später, da macht ihr die Nacktheit nichts mehr aus."

„Ich möchte zu der Fürstin noch etwas sagen. Ist das nicht derselbe Vorgang wie auch bei Fridolin. Wenn man das als Projektion auffaßt, dann wünscht sie sich jetzt, daß ihr Mann nicht der Gebliebte wird, sondern praktisch an der Liebe zu ihr festhält und dafür in den Tod zu gehen bereit ist. Das ist dasselbe für Albertine. Das bedeutet eine Erhöhung für sie. Und auch ihre sadistischen Strebungen werden dabei offenbar."

„Ich finde, daß sich Albertine im Traum in einem Maße wohl fühlt, wie sich Fridolin bei seinem nächtlichen Abenteuer nie wohl fühlt. Ja, es ist ein Glück, wie Albertine es in der Realität nie empfinden kann. Ich verstehe das nicht ganz."

„Die Frau ist von der Anlage her mehr in der Lage, in den Es-Bereich hinabzusteigen und da zu verweilen, während der Mann immer zwischen dem Es und dem Ich hin- und herpendelt, sich doch gewissermaßen am Ich festklammert. So sieht's doch Schnitzler, denke ich. Ich habe die in diesem Heft abgedruckte ‚Braut' gelesen. Da ist diese Tatsache noch krasser ausgedrückt. Die wahre Berufung der ‚Braut' ist eigentlich die Prostitution. Da heißt es doch (S. 9): ‚Denn haben wir's [die Männer] nicht alle an den Frauen, von denen wir wahrhaftig geliebt wurden, schaudernd und in stummer Verzweiflung hundertmal erlebt, wie wir im Moment der Erfüllung für sie verlorengingen, wir, mit der ganzen Majestät unseres Ich, und wie unsere gleichgültige Persönlichkeit nur mehr das alltägliche Gesetz bedeutete, zu dessen zufälligen Vertretern wir bestellt waren.'"

„Fridolin scheitert, ist frustriert, weil er nach der Individualität strebt, die Erfüllung aber nach Schnitzler sich hier nicht in dem Maße ergibt wie in der Anonymität. Und die Frau ist eben dazu fähig und erlebt dadurch den größeren Genuß."

Eine Schülerin: „Er schreibt vielleicht bloß so aus eigener Erfahrung, weil er eben ein Mann ist. Der kann doch dies bei Frauen gar nicht nachfühlen!" Auf den Einwand des Lehrers, Freud habe eine ähnliche Position eingenommen, kommentieren die Mädchen lachend: „Der ist doch auch ein Mann!"

Die unterschiedliche Konfliktverarbeitung von Mann und Frau rückten die Kollegiaten von sich aus in den Mittelpunkt. Dabei argumentierten sie auch von ihrem heutigen gesellschaftlichen Standpunkt aus; sie nahmen an, daß die heutige Frau dieselben Möglichkeiten habe wie der Mann. Die allgemeine Enttabuisierung der Sexualität erlaube auch der Frau einen freieren Umgang. Es wurde immer wieder deutlich, daß der Schüler sich die

Frage stellte: „Welche Bedeutung hat diese Novelle für mich persönlich noch heute?"

3. Stundeneinheit

Schon eingangs der Besprechung wurden zwei Kurzreferate verteilt: 1. Die Zeit um die Jahrhundertwende (vor allem Stefan Zweig: Die Welt von gestern); 2. Das Leben Schnitzlers und die „Traumnovelle". Zu Beginn der Stundeneinheit wurde das erste Kurzreferat eingebracht, das den Schülern zeigte, welche Doppelmoral für den Durchschnittsbürger üblich war. Eine kurze Zusammenfassung auf einem Arbeitsblatt ermöglichte ein leichtes Nachlesen (Gliederung: Das Zeitalter der „goldenen Sicherheit"; die Wirtschaft; die sozialen Schichten; die Lebensart; der Kulturfanatismus; Schule und Jugenderziehung; die Interessen der Jugend; das Problem der Sexualität). Auf diesem Hintergrund war die Frage nach dem Happy End der „Traumnovelle" leicht zu erörtern. Den Schülern ist schon im Laufe der Auseinandersetzung mit dem Geschehen in der Novelle klar geworden, daß es sich um kein billiges Ende handelt, sondern um ein mühsam errungenes Gleichgewicht zwischen den unbewußten Triebregungen und der verantwortlichen Persönlichkeit (der Ich-Sphäre). Fast war eine gewisse Enttäuschung zu registrieren, daß die Klärung der Triebwünsche nicht ein für allemal erfolgt ist. Diese fast pessimistische Einschätzung mußte etwas revidiert werden durch die positiven Aspekte der partnerschaftlichen Verarbeitung eines tiefgreifenden Konflikts, durch die Einbindung des Paares in das soziale Umfeld (Kinderlachen, beginnender Tag, Berufsarbeit).

Sylvia: „Bloß daß sich die Eheleute den Traum gegenseitig erzählt haben, da soll sich in ihrem Verhältnis zueinander etwas geändert haben? Das ist doch Blabla! Das Kinderlachen klingt am Ende für mich direkt banal."

Peter: „Das finde ich nicht. Wenn ich den Anfang anschaue, da ist das Kind am Einschlafen (längeres Zitat aus dem Text). Zu dem Zeitpunkt ist die Ehe ideal, und das Kind ist eigentlich das Symbol, und das kommt nur am Anfang und am Ende vor. Das gemeinsame Kind schließt den Kreis, und mit dem Kind ist am Schluß diese Ordnung wieder hergestellt. Das Kinderlachen wird doch sicher nicht ohne Absicht im Schlußsatz erwähnt."

Brigitte: „Aber am Anfang war doch nicht alles in Ordnung. Da waren doch die Erlebnisse in Dänemark. Und nach dem Redouten-Erlebnis hatten sie sich geliebt wie schon lange nicht mehr, nur daß sie in Gedanken bei anderen Partnern waren und sich so gegenseitig praktisch betrogen."

Der Verlauf der weiteren Diskussion bringt schließlich doch die Erkenntnis, daß es Schnitzler nicht um die Darstellung einer heilen Welt geht, sondern um die Einbindung des Menschen in die soziale Umwelt, für die er verantwortlich ist. Und dafür ist das Kind bzw. das Kinderlachen Symbol. Daß die Eheleute schon von Anfang an gefährdet sind, bleibt davon unberührt.

Katrin: „Schnitzler liegt mit seiner Auffassung von Gleichberechtigung und partnerschaftlichen Beziehungen gar nicht so weit von unserer heutigen Zeit entfernt; denn die totale Gleichberechtigung wird es wohl nie geben ... Das ist ein Krampf. Insofern finde ich die Art, wie die beiden miteinander umgehen, ganz in Ordnung."

Im Anschluß daran wurde schnell und sicher die Perspektive des Erzählens eingebracht; daß wir meist aus der Perspektive Fridolins die Ereignisse betrachten, dabei dennoch den persönlichen Erzähler (in auktorialer Form) aufspüren können, ist nach einer so ausführlichen Besprechung eigentlich fast Routine.

Daran schloß sich das Kurzreferat über das Leben Schnitzlers, das vor allem auf die autobiographischen Aspekte der „Traumnovelle" einging. Damit wurde neben der Einordnung in den Zeithorizont der Bezug zum Leben des Dichters hergestellt.

Im großen und ganzen bietet sich bei einem solchen Vorhaben als Unterrichtsform die Gesprächsrunde an (vor allem bei einer so kleinen Gruppe), wobei der Lehrer sich behutsam einfügen sollte, damit der Schüler ermuntert wird, seine jeweilige Vermutung, Ansicht oder Assoziation zu äußern. (Vgl. die Deutung des Traumes von Albertine.)

Dabei wurde der deduktiven Erschließungsweise der Vorzug gegeben. Selbstverständlich könnten bestimmte Schlüsselfragen auch arbeitsteilig in Gruppen erledigt werden, vor allem dann, wenn es sich um eine größere Klasse/Gruppe handelt. Der Versuchskurs hatte zudem den Text sehr sorgfältig gelesen, so daß in der Diskussion mühelos darauf zurückgegriffen werden konnte.

Eine gewisse Motivation wurde auch durch die Versuchsausnahmesituation geschaffen. Daß zwei Lehrer anwesend waren (der Autor als Leiter und der eigentliche Kurslehrer), erwies sich sogar als günstig. Sie wurden zu Gesprächspartnern der Schüler, die damit eine wichtige Erfahrung machten, nämlich, daß die Lehrer beim Interpretationsprozeß ihre unterschiedliche Meinung offen zu erkennen gaben. Dies ermunterte die Kollegiaten oft, aktiv in diesen „Streit" einzugreifen.

Es zeigten sich auch Unterschiede in der Rezeption des Textes zwischen den Jungen und den Mädchen des Kurses. Die Mädchen identifizierten sich in weit stärkerem Maße mit Albertine als die Jungen und nahmen Stellung gegen manche Auffassung Schnitzlers; ein Mädchen gab auf die Frage, ob das Erlebnis Fridolins Realität oder Traum sei, zur Antwort:

„Das kann nur Traum sein; denn Fridolin ist doch Arzt, hat Frau und Kind. Dies alles kann er doch nicht durch ein solches Abenteuer aufs Spiel setzen."

Der Ausbruch Fridolins fand auf der männlichen Seite nicht nur Verständnis, sondern es wurde sogar der Wunsch geäußert, selbst gerne Normen verletzen zu wollen.

Michael: „Zwar versteht Schnitzler das Ausbrechen anders, als wir es heute verstehen. Aber der Ausbruch aus den Normen, den wünscht man sich doch heutzutage auch noch. [. . .] Die Individualität wird immer weiter eingeschränkt. Allein die Gesetzesflut! Wenn ich z. B. die Schulordnung betrachte; früher war sie ein dünnes Reclam-Heftchen, und heute ist sie ein dickes Ding."

Schlußbemerkung

Es zeigte sich, daß es durchaus lohnend ist, einmal den eingefahrenen Lektürekanon zu verlassen und ein Werk zur Besprechung anzubieten, das bei vordergründiger Betrachtung nicht dem Muster eines jugendgemäßen Lesestoffes entspricht. Heranwachsende suchen Erklärungsmodelle menschlichen Seins und diskutieren diese durchaus engagiert, fast leidenschaftlich, wenn sie eine Beziehung zu und eine Bedeutung für ihre eigene Existenz vermuten bzw. entdecken.

Bei der Durchführung des Modells (am Franz-Ludwig-Gymnasium Bamberg) wurde allen Beteiligten überzeugend klar, daß Schüler in der Gruppe zu überraschenden und kreativen Deutungsversuchen fähig sind, wenn sie nicht auf ein Muster festgelegt werden. Deshalb wurde die vor dem Unterrichtsversuch angefertigte Interpretation im nachhinein nicht verändert, damit der Leser die Möglichkeit hat, diese Vermittlungsprozesse nachzuvollziehen.

Literatur (Auswahl)

1.
Schnitzler, A.: Die Braut. Traumnovelle. Stuttgart, Reclam-Verlag (Nr. 9811) 1976

2.
Helmers, H.: Didaktik der deutschen Sprache. Stuttgart: Klett Verlag ^{7}1972.
Hirsch, A.: Der Gattungsbegriff „Novelle". In: Kunz, J. (Hrsg.): Novelle. Darmstadt: Wiss. Buchgesellsch. 1973.

Freud, S.: Über Träume und Traumdeutungen. Frankfurt: Fischer Verlag 1977.
—, —: Zur Psychologie des Alltagslebens. Frankfurt: Fischer Verlag 1964.
—, —: Drei Abhandlungen zur Sexualtheorie. Frankfurt: Fischer Verlag 1971.
Köpf, G.: Skepsis und Verantwortlichkeit. Studien zu Schnitzlers Tragikomödie „Das Wort". München 1976.
Krotoff, H.: Themen, Motive und Symbole in Arthur Schnitzlers „Traumnovelle". In: German Quarterly 46 (1973): 202–209.
Mannoni, O.: Sigmund Freud. Hamburg: Rowohlt Verlag 1977.
Politzer, H.: Das Schweigen der Sirenen. Stuttgart: Metzlersche Verlagsbuchhandlung 1968. Darin: Diagnose und Dichtung. Zum Werk Arthur Schnitzlers.
Rey, W. H.: Das Wagnis des Guten in Schnitzlers „Traumnovelle". In: German Quarterly 35 (1962): 254–264.
—, —: Arthur Schnitzler. Die späte Prosa seines Schaffens. Berlin: Erich Schmidt Verlag 1968.
—, —: Arthur Schnitzler. Professor Bernhardi. München: Fink Verlag 1971.
Scheible, H.: Arthur Schnitzler. Hamburg: Rowohlt Verlag 1976.
—, —: Arthur Schnitzler und die Aufklärung. München: Fink Verlag 1977.
Schrimpf, H. J.: Arthur Schnitzler. „Traumnovelle". In: Zeitschr. f. dt. Philologie 82 (1963): 172–192.
Sengle, F.: Vorschläge zur Reform der literarischen Formenlehre. Stuttgart: Metzlersche Verlagsbuchhandlung. ²1969.
Spiel, H.: Nachwort. In: Schnitzler, A.: Traumnovelle. Frankfurt: Fischer Verlag 1976.
Zweig, S.: Die Welt von gestern. Gütersloh: Bertelsmann Verlag 1961.

FRANZ-JOSEF PAYRHUBER

Bertolt Brecht: Der Augsburger Kreidekreis

1. Überlegungen zum Text

1.1. Novelle oder Kalendergeschichte

Die Kennzeichnung von Brechts „Augsburger Kreidekreis" als „Novelle" findet sich in der Literatur einzig bei Helmut Schwimmer (1963: 56). Er stützt sich dabei auf eine Bemerkung Brechts – wiedergegeben im zweiten Sonderheft von „Sinn und Form" (1957: 268) –, bei seinem dichterischen Schaffen könnten oder müßten zwar auch „Ideen" „herausspringen", aber die „eigentliche Sache" sei „eben das Erzählen einer merkwürdigen Begebenheit". Schwimmer setzt diese Bemerkung Brechts in Beziehung zu Novellendefinitionen von Herbert Seidler („der strenge, geschlossene Aufbau" und „die straff durchgeführte Handlung, die auf ein Ziel hinführt"; 1953: 408) und Gero von Wilpert (Erzählung einer neuen, unerhörten, tatsächlichen oder möglichen Einzelbegebenheit „mit einem einzigen Konflikt in gedrängter, gradlinig auf ein Ziel hinführender und in sich geschlossener Form und nahezu objektivem Berichtsstil"; 1959: 408) und kommt dann zu dem Schluß, daß Brechts „Augsburger Kreidekreis" „eine Novelle von geradezu klassischer Prägung" sei (57).

Wollte man sich Schwimmers Gedankengang anschließen, ließen sich zur Bekräftigung seiner These sicher noch weitere Definitionen anführen, die die Geschichte der Gattung oder die sich mit ihr beschäftigende Literaturwissenschaft so zahlreich hervorgebracht hat (vgl. Ostermann 1974). Alle diese Definitionen gehen aber von normativen Setzungen aus, und paßt sich ihnen der konkrete dichterische Text nicht ein, wird er entweder als nicht gattungszugehörig ausgeschieden oder es wird so lange nach vordergründigen Merkmalen gesucht, bis die Definition wieder greift. Genau dieses Verfahren wendet Helmut Schwimmer an. Offensichtlich hat er aber die Diskrepanz doch wenigstens gespürt, wenn er feststellt, in scharfem Gegensatz zu der „formalen Traditionalität" stehe der „revolutionäre Inhalt der Novelle" (57). „Die Gespanntheit, die sich aus diesen beiden gegensätzlichen Elementen ergibt", führt er zurück auf eine „besondere Form der Verfremdung: ‚Die Wahrheit' – so Brecht – ‚kann auf viele Arten verschwiegen und auf viele Arten gesagt werden'" (57).

Zweifellos ist dieses Brecht-Zitat eine gelungene Sentenz, fraglich bleibt nur, ob damit die das Brechtsche Werk kennzeichnende „Verfremdung" hinreichend belegt werden kann. Schwimmer jedenfalls hat sich damit zufriedengegeben, er hat auch die „Verfremdung" – gleichermaßen wie den Novellenbegriff – nur rein formal verstanden als ein „Mittel" der Darstellung, als bloßes „Kunstmittel". Verfremdung bei Brecht aber ist mehr, ist vor allem ein Mittel der Erkenntnis, ein Denk-Prozeß. Verfremden heißt nach Brecht, wie Jan Knopf (1973: 127) prägnant formuliert, „Gewohntes, Altvertrautes, Altangetrautes, Üblichkeit, Alltäglichkeit und Konvention fern, distanziert, fremd zu sehen, um es als das, was es ist, und als das, was es sich darstellt, zu erkennen".

Dieses Erkennen zu befördern, bedient sich Brecht in unserem Falle der Form der „Kalendergeschichte". Nun hat auch dieser Begriff seine Tradition, ist mit bestimmten Bedeutungen gefüllt. Das „Handbuch literarischer Grundbegriffe" (Best 1972: 127) definiert: „zum Abdruck im Kalender bestimmte Geschichte, volkstümlich-unterhaltsam; oft derb-schwankhaft, mit Tendenz zur Belehrung". Nichts davon aber trifft auf Brechts „Kalendergeschichten" zu. Sie sind nicht belehrend im Sinne einer „erbaulichen" Didaktik, nie haben sie in einem Kalender gestanden, sie sind auch nicht „volkstümlich" in dem auf Gotthelf zurückgehenden Sinne, daß die „Volksseele in ihnen wehe". Wenn sie dennoch durch den Begriff „Kalendergeschichte" Volkstümlichkeit assoziieren, dann in jener neuen Bedeutung, daß sie die Geschichte des „Volkes" als einer Geschichte der Beherrschten erzählen wollen, daß sie versuchen, dessen Ansprüche aus der Geschichte und an die Geschichte zu formulieren.

In diesem Zusammenhang ist auch die Entstehungszeit der „Kalendergeschichten" Brechts nicht unerheblich. Den „Augsburger Kreidekreis" schrieb er Anfang 1940 in Schweden, zu einer Zeit also, als in Deutschland die Blut- und Boden-Mystik und die Vererbungsideologie der Nationalsozialisten in höchster Blüte standen. Die Pervertierung des Begriffes „Volk" im sogenannten „Dritten Reich" verlangte, wollte man „Volk" nicht weiterhin unkritisch gebrauchen und damit nationalsozialistische Inhalte tradieren, nach einer radikalen Umdeutung.

„Volkstum ist bei Brecht nicht mehr getränkt mit Ursprünglichkeit, mit ‚Blut und Boden', es ist nicht mehr gleichbedeutend mit Schlichtheit (und nicht wenig Dummheit), mit Einfachheit, Naturverbundenheit, Naivität oder was sonst immer. Die ‚volkstümlichen' Menschen, die erhabener Gedanken nicht fähig und auch nicht nützlich sein sollen, für die gedacht werden muß, damit sie nicht zum Denken kommen können, sind nicht mehr von der Geschichte ausgeschlossen" (Knopf, 1973: 13).

„Unser Begriff *volkstümlich* bezieht sich auf das Volk, das an der Entwicklung nicht nur voll teilnimmt, sondern sie geradezu usurpiert, forciert, bestimmt. Wir haben ein Volk vor Augen, das Geschichte macht, das die Welt und sich selbst verändert. Wir haben ein kämpfendes Volk vor Augen und also einen kämpferischen Begriff *volkstümlich*" (Brecht, 1967, Bd. 19: 324).

Brechts „Kalendergeschichten" sind demnach, wie Jan Knopf (1973) nachgewiesen hat, „Geschichten, die den traditionellen Begriff ‚volkstümlich' historisieren und die moralische Bewertung der von ihnen behandelten Historie nicht scheuen, Geschichten, die aufklärerisch, kritisch, fortschrittlich und für den Humanismus sind" (18). Wenn Brecht seiner Sammlung von Geschichten und Gedichten den Titel „Kalendergeschichten" gibt, zeigt er damit

„daß für ihn eine andere Tradition als die der Volksseele maßgeblich gewesen ist: die Geschichte der Namenlosen [. . .], Aufklärung, Fortschritt und die Forderung nach realistischer Schreibweise, welche die Gattungsgrenzen sprengt und zugleich etwas von der Wissenschaftlichkeit in die scheinbar einfachen und harmlosen Produkte aufnimmt, die Brecht für sein Theater gefordert hat: die wissenschaftliche Haltung des Irritiert-Seins, des Nicht-Hinnehmens von scheinbar Selbstverständlichem" (Knopf, 1973: 20).

1.2. Mütterlichkeit oder Humanismus

Beim „Augsburger Kreidekreis" ergibt sich ein erster Aspekt der Irritation dadurch, daß Brecht sich nicht wie selbstverständlich in die literarische Tradition des Stoffes einfügt, weder in der Kalendergeschichte[1] noch in dem 1944/45 erschienenen Stück „Der kaukasische Kreidekreis". Nach eigenem Bekunden hat er den Stoff dazu der „Kreidekreisprobe" eines alten chinesischen Stücks entnommen (vgl. Materialien, S. 18). Kennengelernt hat er dieses wohl über die Bearbeitung Klabunds („Der Kreidekreis", 1924). Trotz dieser nachweisbaren Verbindungslinien kann aber das Stück Klabunds nicht als „Quelle" Brechts bezeichnet werden. Nach einer Aussage seiner Mitarbeiterin Elisabeth Hauptmann, die Therese Poser (1972: 9) mitteilt, hat Brecht nämlich überhaupt keine eigentliche Vorlage benutzt, vielmehr sei ihm die Kreidekreisgeschichte, wie auch viele Bibelsprüche, Bildungsgut gewesen.

Die Erwähnung der Bibel verweist noch auf eine andere, ältere Quelle desselben Stoffes: ein Urteil des Königs Salomo, niedergeschrieben im Alten Testament, im dritten Kapitel des ersten Buches der Könige (V 16–28). Zwei Frauen, die im gleichen Hause wohnen, haben zur gleichen Zeit ein Kind geboren. Eines der Kinder stirbt, und nun behaupten beide, die Mutter des noch lebenden Kindes zu sein. Salomo, um seinen Richterspruch gebeten, läßt ein Schwert holen und befiehlt, das Kind zu teilen, damit jede Frau die Hälfte erhalte. Die wahre Mutter, „weil sich das Mitleid mit ihrem Kind in ihr regte" (V 26), verzichtet lieber auf ihr Kind, als daß sie es durch das Schwert zerteilen läßt. Die falsche Mutter aber besteht darauf: „Es gehöre weder dir noch mir! Teilt es auseinander!" (V 26).

In der Bibel erhält die leibliche Mutter ihr Kind zurück, bei Brecht aber spricht es Richter Dollinger der Magd Anna zu. Bei der entscheidenden Probe nämlich reißt Frau Zingli, die leibliche Mutter, das Kind „mit einem einzigen heftigen Ruck" aus dem Kreidekreis, während Anna, „aus Furcht, es könne Schaden erleiden, wenn es an beiden Ärmchen zugleich in zwei Richtungen gezogen würde" (21), sofort losläßt.

Werner Zimmermann (1958: 92) sieht in dieser Reaktion Annas „echtes mütterliches Gefühl" bestätigt. Die Kreidekreisprobe der biblischen und Brechtschen Fassung vergleichend, kommt er zu dem Schluß (89), beiden Texten liege die Überzeugung zugrunde,

„daß das mütterliche Ethos sich zuerst in der selbstlosesten Form der Liebe, eben dem Verzicht auf das geliebte Wesen selbst, verwirklicht. Aber zum Unterschied vom biblischen Text fällt hier (bei Brecht) die sittliche Entscheidung nicht mit der natürlichen Bindung zusammen: Die ethische Substanz – und das ist hier eine zeitlos gültige menschliche Grundwahrheit – ist nicht an die Gesetze der Natur gebunden, ‚das humane Band ist stärker als das des Blutes' (Klotz, 1957: 25)".

Folgt man Zimmermann, „gipfelt" die Erzählung also in „dieser allgemein menschlichen, von allen Zeitströmen unabhängigen Wahrheit" (89, Anm. 7), anders gesagt, sie gipfelt in der Bestätigung und Bewährung der Mütterlichkeit. Anna hat den Anspruch der Mütterlichkeit erfüllt, also gehört ihr das Kind. Entsprechend schreibt Helmut Schwimmer (1963: 56): „Eine ‚rechte' Mutter kann sowohl eine leibliche sein wie eine Pflegemutter".

Diese Behauptung scheint einzuleuchten, sie klingt so selbstverständlich. Nur, sie entspricht in keiner Weise der Intention Brechts, die eben nicht darin besteht, Selbstverständliches zu bestätigen, sondern gerade es aufzubrechen, zu durchbrechen. Seine Grundthese von der Machbarkeit und Veränderbarkeit der Welt, die diese Erzählung wie sein gesamtes Werk bestimmt, zielt ja darauf ab, das scheinbar Selbstverständliche, das „Natürliche", das „Ewig-Menschliche" oder das „Schicksalhafte" in ihrer Geltung aufzuheben und durch neue Werte zu ersetzen. Das gilt, wie zu zeigen ist, hier auch für den scheinbar „natürlichen" Wert der Mutterliebe, der Mütterlichkeit.

Die protestantische Stadt Augsburg wird im Dreißigjährigen Krieg von den katholisch-kaiserlichen Truppen überfallen und geplündert.

Bertolt Brecht: Der Augsburger Kreidekreis

Der reiche Gerberei-Besitzer Zingli kann nicht rechtzeitig entfliehen, er wird erschlagen. Auch seine Frau versäumt die rechtzeitige Abreise und wird von den Plünderern überrascht:

„Seine Frau sollte mit dem Kind zu ihren Verwandten in die Vorstadt ziehen, aber sie hielt sich zu lange damit auf, ihre Sachen, Kleider, Schmuck und Betten zu packen, und so sah sie plötzlich, von einem Fenster des ersten Stockes aus, eine Rotte kaiserlicher Soldaten in den Hof dringen. Außer sich vor Schrecken ließ sie alles stehen und liegen und rannte durch die Hintertür aus dem Anwesen" (5).

Außer sich, ohne Überlegung und Besinnung, allein darauf bedacht, ihr Leben zu retten, rennt die Frau hinweg und läßt „alles", auch das Kind stehen und liegen. Jetzt war nur noch die junge Magd Anna im Hause. Und wie reagiert sie? Helmut Schwimmer beschreibt diese entscheidende Passage der Erzählung wie folgt:

„Schon als der Lärm der eindringenden Soldaten von der Gasse her in die Küche, wo sie gerade arbeitet, hörbar wird, gilt ihr erster Gedanke dem Kind ihrer Herrschaft, während die leibliche Mutter in dieser Situation nur an ihre materiellen Besitztümer denkt. [. . .] Ihr mütterlicher Instinkt ist wach geworden. Zunächst unternimmt sie freilich, gewissenhaft wie sie ist, noch einmal einen Versuch, das Kind seiner gesetzlich zuständigen Eigentümerin, der leiblichen Mutter, zurückzugeben. Nachdem dieser Versuch aber daran gescheitert ist, daß diese Mutter in der jetzigen kritischen Situation es für zu riskant hält, sich zu ihrem Kind zu bekennen, steht Annas Entschluß fest: Sie wird den Jungen zu sich nehmen" (Schwimmer, 1963: 43).

Danach wäre es also mütterliches Gefühl, mütterlicher Instinkt gewesen, der Anna zur Rettung und später zur Pflege des Kindes veranlaßte. Schon ihr erster Gedanke, als die Soldaten anrückten, hätte dem Kind gegolten. Im Text steht aber nur:

„Sie lief in die Diele und wollte eben das Kind aus der Wiege nehmen, als sie das Geräusch schwerer Schläge gegen die eichene Haustür hörte. Sie wurde von Panik ergriffen und flog die Treppe hinauf" (6).

Zu recht hat Jan Knopf (1973: 205) darauf hingewiesen, daß hier nichts an instinktiven Muttergefühlen zu erkennen sei, instinktiv sei vielmehr, wenn überhaupt, nur die Angst um das eigene nackte Leben. Anna handelt nicht anders als Frau Zingli, die in ihrer panischen Angst ebenfalls „alles", ihr eigenes Kind eingeschlossen, zurückläßt. Allerdings braucht Frau Zingli auch gar nicht an ihr Kind zu denken. Denn als reiche Frau hatte sie, wie derzeit üblich und in der Gerichtsverhandlung durch die Aussagen der Verwandten ihres Mannes bestätigt, die Sorgepflicht für ihr Kind an die Magd delegiert. Anna allein kommt es zu, will sie sich nicht ihrer materiellen wie gesellschaftlichen Existenz berauben, sich um das Kind zu kümmern, auch und gerade in dieser gefährlichen Situation.

„Von Mütterlichkeit kann hier also gar nicht die Rede sein, schon gar nicht von einem erwachenden Instinkt. Einzig erwacht bei beiden Frauen die Selbsterhaltung, der Egoismus, der auch Anna dazu bewegt, das Kind, obwohl es in großer Gefahr schwebt, wegzulegen und sich selbst zu retten. Mütterlichkeit dagegen hätte trotz aller eigener Gefahr zuerst das Kind zu retten versucht" (Knopf, 1973: 206).

Auch den zweiten Rettungsversuch gibt Anna auf, als ihr bewußt wird, welche Gefahr sie läuft, wenn sie mit dem Kind des Protestanten auf der Straße aufgegriffen" wird (6). Wieder handelt sie egoistisch, ist sie zuerst auf ihre Sicherheit bedacht. Zwar legt sie das Kind „schweren Herzens" (6) in die Wege zurück, zieht es aber um ihrer Sicherheit willen vor, das Kind zu verlassen und es damit erneut zu gefährden.

Erst der dritte Anlauf bringt die Wende. Entgegen dem ihrem Schwager gegebenen Versprechen, „nichts Unvernünftiges zu tun" (7), nimmt sie das Kind zu sich. „Sie stand schwerfällig auf, und mit langsamen Bewegungen hüllte sie es in die Leinendecke, hob es auf den Arm und verließ mit ihm den Hof, sich scheu umschauend, wie eine Person mit schlechtem Gewissen, eine Diebin" (7).

Auch hier, wie Jan Knopf (1973: 207) zutreffend hervorhebt, nichts von erwachender Mütterlichkeit, keine spontane Anteilnahme, sondern langes Zögern. Dann erst der gegen den eigenen Egoismus durchgesetzte Entschluß, die delegierte Verantwortung zu eigener Verantwortung werden zu lassen. Der Grund: Als sie „einige Zeit, vielleicht eine Stunde, zugesehen hatte, wie das Kind atmete und an seiner kleinen Faust saugte, erkannte sie, daß sie zu lange gesessen und zu viel gesehen hatte, um noch ohne das Kind wegzugehen" (7).

„Nicht Mütterlichkeit ist das Thema der Erzählung [...], sondern Humanität, die seufzend, zögernd, schwerfällig, als ‚gefährliche Idee', unvernünftig sich gegen den Egoismus, der, wie das Verhalten der leiblichen Mutter zeigt, offenbar an der Zeit ist, durchsetzt. Erst zu langer Kontakt mit dem Anderen, erst daß der andere zu lange, zu intensiv in das eigene Leben getreten ist, es mitzubestimmen beginnt, machen es unmöglich, den Anderen allein zu lassen, ihn dem sicheren Tod auszuliefern" (Knopf, 1973: 207).

„Schrecklich ist die Verführung zur Güte!" Mit dieser Aussage kommentiert Brecht (1967, Bd. 17: 1198) in der Erzählung „Die Geschichte vom kaukasischen Kreidekreis",[2] der Fabel zum gleichnamigen Stück, die Paralellstelle (im Stück spricht der „Sänger" diesen Satz). Das heißt doch wohl, es ist schrecklich, in einer inhumanen Zeit human sein zu müssen. Die inhumane Zeit ist in der Kalendergeschichte konkret festgemacht, es ist die Zeit des Dreißigjährigen Krieges, die Zeit des großen Glaubenskrieges. „Die historischen Ereignisse bestimmen die Handlungen der Menschen entscheidend, wie es vor allem im Verhalten der leiblichen Mutter deutlich wird. Auch Anna wäre beinahe der Affirmation an die herrschenden

Zustände verfallen, wenn sie nicht zu lange gesessen und gesehen hätte" (Knopf, 1973: 207). So aber kann sich ihre Humanität doch bewähren, und es eröffnen sich hoffnungsvolle Perspektiven auf die Zukunft. Für den Marxisten Brecht ist es dabei nur konsequent, daß diese Hoffnung auf Zukunft aus der Klasse der Unterdrückten und Besitzlosen erwächst, die das Bürgertum in seiner führenden Rolle ablösen soll. Die Besitzlosen und Abhängigen treten in diesem Prozeß zugleich aus ihrem Dasein in einer anonymen Masse heraus und erscheinen, wie Anna im „Augsburger Kreidekreis", als die neuen Träger einer Humanität.

1.3. Mensch oder Gesetz

Treffen unsere eben dargestellten Überlegungen zu, kann das Urteil Richter Dollingers nur so gedeutet werden, daß auch er die Humanität Annas erkennt und anerkennt,[3] daß er ihr das Kind zuspricht, obwohl er über die wahren „Besitzverhältnisse" aus der Voruntersuchung sehr wohl im Bilde ist, also gegen die Gesetze handelt, die die Blutsbindung wie das Besitzrecht zu achten vorschreiben. Hermann Pongs (1957: 18f.) meint denn auch hierzu:

„Der Richter, schwäbisches Original, erkennt wohl, daß die Dienstmagd lügt, als sie das Kind als ihr eigenes, uneheliches ausgibt. Aber er sieht auch, wie sehr sie das Kind liebt und daß es der Reichen nur um das Erbteil geht. So erprobt er am Kreidekreis die Stärke der Liebe: die Dienstmagd läßt das Kind los, damit es keinen Schaden leide. Die ‚Schlampe' reißt es an sich, ‚würde es kalten Herzens in Stücke reißen'. Drum erhält die Dienstmagd das Kind als die ‚rechte' Mutter. Des Richters Augen allerdings ‚zwinkern' bei dem Urteil. Bei Salomo einst hieß es: ‚Das mütterliche Herz entbrannte über ihrem Sohn'. Eine Urentscheidung, aus dem Blut. Dafür ist hier ein juristischer Trick getreten, er verwischt, wie leicht die Lüge der Dienstmagd aufzuklären wäre. Nicht um Urrätsel der Volksseele ist es Brecht zu tun, sondern um Propaganda gegen den Kapitalismus".

Pongs polemisiert, weil er den Wert der Blutsbindung nicht aufgegeben wissen will, weil ihm Brecht die Verhältnisse offensichtlich auf den Kopf zu stellen scheint. Ziehen wir die Polemik ab, hat Pongs aber die Intention Brechts genau getroffen. Dann hat der Richter aber auch keinen juristischen Trick angewendet, sondern – im Sinne Brechts – völlig richtig geurteilt, indem er sich über geltendes Recht hinwegsetzte. Er hat sich auf die Seite des „Menschen", nicht auf die des „Rechts" geschlagen.

Das geltende Recht ist in Gesetzen festgeschrieben und ebenso in Sprichwörtern, die zwar nicht Gesetzesrang haben, deren Gebrauch aber zeigt, daß sie als gültige Regeln verstanden und akzeptiert werden. Richter Dollinger beschwört beide, als er – vor der Kreidekreisprobe – seine „Lektion" erteilt:

„Schön sei es allerdings von der Zeugin (Anna) nicht gewesen, daß sie sich nur um ihr eigenes Kind gekümmert habe, andererseits aber heiße es ja im Volksmund, Blut sei dicker als Wasser, und was eine rechte Mutter sei, die gehe auch stehlen für ihr Kind, das sei aber vom Gesetz streng verboten, denn Eigentum sei Eigentum, und wer stehle, der lüge auch, und lügen sei ebenfalls vom Gesetz verboten" (19).

Blieben diese Gesetze und Sprichwörter in Geltung, hätte Anna keine Chance, das Kind zugesprochen zu bekommen. Sie bekommt das Kind nur, weil Richter Dollinger an die Stelle der Blutsbindung des Gesetzes die soziale Bindung setzt und dieser neuen Norm gemäß urteilt. Er hat erkannt: „Alles was das Kind geworden ist, ist es durch Anna geworden: sie hat ihm erst sein Leben gegeben. Aber auch umgekehrt: alles was Anna geworden ist, ist sie durch das Kind geworden". Leibliche Mutter und Kind sind dagegen einander entfremdet, „sie haben nichts miteinander zu tun, obwohl zwischen beiden Blutsbindung besteht" (Knopf, 1973: 210).

Jan Knopf bringt die gegenseitige Verkettung der Lebenswege von Anna und dem Kind auf den Begriff der „gegenseitigen Anerkennung" (1973: 210). Weil Anna das Kind in seinem Menschsein „anerkannt" hat, „ist" sie die Mutter; sie ist es auch deshalb, weil das Kind sie „anerkennt": Gestik, Mimik und die Artikulation im „Schrei" bei der Gerichtsverhandlung bezeugen seine Bindung an Anna. Durch die gegenseitige Anerkennung ist nicht nur die Blutsbindung, sondern auch das Gesetz vom Eigentum aufgehoben.

„Dollinger spricht Anna nicht das Kind als Besitz zu, wie es die leibliche Mutter für sich beansprucht, sondern er erkennt die gegenseitige Anerkennung an. Gesetz und Sprichwörter gelten nicht mehr. Die leibliche Mutter darf das Kind nicht erhalten, weil es bei ihr nicht es selbst sein dürfte, weil es von ihr nicht als Individuum anerkannt würde, zu dem es durch Anna geworden ist, weil es bloß Besitz wäre und ein Mittel darstellte, zu weiterem Besitz, nämlich zum Erbe des Hofes, zu kommen" (Knopf, 1973: 210f.).

Gesetze und Sprichwörter sind fixierte Normen, die unter der Bedingung gelten, daß die Welt so beschaffen ist, wie sie sie voraussetzen. Sie fordern dann Gehorsam und Unterwerfung, lassen keine Ausnahme zu. „Aus diesen Gründen schafft Brechts Geschichte die sprichwörtliche Welt ab. In einer zu verändernden Welt haben Sprachformeln, deren Konkretion nicht gut tut, die aber dennoch behaupten, immer neu gültig zu sein, keinen Platz" (Knopf, 1973: 211). In der Kalendergeschichte „Der Augsburger Kreidekreis" belegt Brecht also wieder seine Grundthese, daß die Welt nur beschreibbar sei, „wenn sie als eine veränderbare Welt beschrieben wird"

(1967, Bd. 16: 929). Und er meint damit keineswegs eine ferne, von uns abgerückte Welt, zu der wir keine Beziehung mehr haben, er meint die heutige Welt, unsere Gegenwart, auch wenn er sein Exempel in der Geschichte festmacht. Das von uns Abgerückte schafft Distanz, zeigt seinen Modellcharakter besser als das uns Nahestehende, das zur Identifikation einlädt. Und Distanz fördert zugleich das Denken, fördert die Erkenntnis, die Voraussetzung ist für ein Handeln, das das Bestehende überwindet und in die Zukunft weist.

2. Didaktische Anmerkungen

Für die Rezeption eines Textes in der Schule ist es nicht unerheblich, ob er durch Lehrpläne oder Lesewerke „kanonisiert" ist oder ob er in speziell für die Schule besorgten Ausgaben oder Textsammlungen zur Verfügung steht. Brechts „Augsburger Kreidekreis" gehört unter diesem Betracht nur bedingt zum literarischen Kanon der Schule. Nur zwei Lehrpläne (der Bundesländer Hamburg und Rheinland-Pfalz[4]) erwähnen den Text in ihren Lektüre-Auswahllisten, nur zwei Sammlungen für die Schule haben ihn in ihr Textrepertoire aufgenommen[5] und in 27 neueren, seit Anfang der siebziger Jahre erschienenen Lesewerken, die durchgesehen werden konnten, ist er insgesamt nur sechsmal[6] enthalten.

Es hängt wohl mit dieser geringen Repräsentanz zusammen, daß die wenigen Interpretationen des Textes, die sich speziell an den Adressaten Lehrer wenden, alle – einige Hinweise in Handbüchern zu Lesewerken ausgenommen – schon Ende der fünfziger, Anfang der sechziger Jahre erschienen sind. Ihre Entstehungszeit mag erklären, daß sie in dem Bemühen übereinstimmen, grundsätzlich eine Behandlung Brechts in der Schule zu rechtfertigen, und daß sie glauben, dies dadurch tun zu können, daß sie den Dichter und Humanisten Brecht gegen den Marxisten ausspielen (vgl. Schwimmer, 1963; Zimmermann, 1958). Dem Dichter werde „Unmoral" und „Kommunismus" vorgeworfen, konstatiert beispielsweise Schwimmer (1963: 7), und er fragt: „Kann denn ein solch umstrittener Autor, dessen Einfluß vielfach selbst auf Erwachsene als bedenklich angesehen wird, unserer noch weitgehend unkritischen und urteilsunsicheren Jugend vorgesetzt werden?" (7)

Den ersten Vorwurf hält Schwimmer für unerheblich und bemerkt dazu: „Es scheint zum Los des Moralisten zu gehören, die moralische Entrüstung ausgerechnet derjenigen auf sich zu ziehen, deren Scheinmoral er aufdeckt" (7). Schwieriger stehe es jedoch mit dem zweiten Vorwurf, dem von Brechts „‚Kommunismus' oder – genauer gesagt – seinem Marxismus"

(7). Schwimmer will keineswegs die marxistische Grundlage des Brechtschen Denkens und Schaffens „bagatellisieren", hält es aber für „falsch, ja ausgesprochen absurd", „in ihm vorwiegend den linientreuen Parteidichter" zu sehen (7). Sein Fazit:

> „Brecht ist für die Politik eines jeden totalitären Systems ein Ärgernis; denn die humanitäre Grundhaltung seines Denkens und Arbeitens ist so sehr eine allgemeingültige Anklage gegen jede Art von Ungerechtigkeit und Unmenschlichkeit, daß sie auch jene trifft, die ihn gerne für sich offiziell proklamieren möchten" (8).

So war Brecht für die Schule gerettet und konnte in die große humanistische Tradition deutscher Dichter eingereiht werden. Man wäre aber ungerecht gegen den Didaktiker, wollte man ihm allein diese Fehldeutung anlasten. Auch die Literaturwissenschaft, auf deren Argumentation er sich ja stützt (vgl. R. Grimm, 1959; Rühle, 1957), hatte erst einen Umdenkungsprozeß zu vollziehen, hatte sich von ihrem Fixiert-Sein auf das „Ewig-Menschliche" im Werk Brechts zu lösen, hatte zu lernen, ihn als marxistischen Denker ernst zu nehmen und auf dieser Grundlage sein Werk neu zu hinterfragen und zu deuten.

Das Problem einer Rechtfertigung für die Behandlung Brechtscher Texte im Unterricht stellt sich heute nicht mehr. Auch werden wir kaum die Kennzeichnung unserer Schüler als noch „unkritische und urteilsunsichere", die es darum vor problembewußten zeitgenössischen Texten zu bewahren gilt, übernehmen wollen, wo doch der Umgang mit Literatur gerade mit dazu verhelfen soll, sie kritischer und urteilssicherer in ihrem Verhältnis zur Umwelt und zu ihren Mitmenschen zu machen. Wenn darum die Lehrpläne und Lesewerke (fast) darin übereinstimmen, die Lektüre des „Augsburger Kreidekreises" im 9. oder 10. Schuljahr vorzusehen, schließen wir uns dieser Zuweisung an, weil wir der Auffassung sind, daß die Schüler dieser Altersstufe durchaus in der Lage sind, Inhalt und Aussage des Textes zu erfassen und sich kritisch damit auseinanderzusetzen. Ziel wäre die Erkenntnis, daß das Brechtsche Exempel ein Modell darstellt, das zum Nachdenken herausfordert, dessen Voraussetzung und Lösung aber hinterfragt und gegebenenfalls um die Alternative eines Gegenmodells ergänzt werden kann oder muß.

3. Methodische Hinweise

Es kann nicht unsere Absicht sein, dem Schüler die angestrebte Erkenntnis im didaktischen Prozeß gewissermaßen von außen aufzuzwingen, sie muß vielmehr möglichst aus der Beschäftigung mit dem Text selbst erwachsen.

Bertolt Brecht: Der Augsburger Kreidekreis 195

Das bedeutet zunächst, daß wir einen ausreichenden Freiraum zu schaffen haben, in dem der Schüler sich – vor jeder Erörterung mit anderen – auf den Text einlassen, sich mit dem Text selbständig auseinandersetzen kann. Damit ist der erste methodische Schritt angedeutet. Er besteht in der stillen, möglichst störungsfreien Lektüre des Textes durch den einzelnen Schüler; ob in der Schule oder zu Hause, ist dabei eigentlich unerheblich, wichtig ist nur, daß der Schüler einen ersten Gesamteindruck, ein erstes Verständnis von dem Text gewinnen kann, dieses vielleicht noch durch Hervorhebung einzelner Stellen mit Randmarkierungen oder Unterstreichungen oder durch zustimmende, distanzierende oder ablehnende Anmerkungen unterstützt.

Nach dieser ersten, durchaus von didaktischem Zugriff unkontrollierten (und darum auch nicht mit Arbeitsaufträgen begleiteten) Begegnung mit dem Text, wird es nun darum gehen, im Gespräch mit der Klasse (und dem Lehrer) das vorläufige Verständnis entweder zu festigen und zu vertiefen oder es zu ergänzen und vielleicht auch zu korrigieren. Nicht unerheblich ist dabei, daß jedem Schüler, auch dem mit einem vielleicht als unzutreffend eingeschätzten Textverständnis, das Recht eingeräumt wird, seine Deutung in das Gespräch einzubringen, ohne daß er deshalb zurückgewiesen würde.

Die Erfahrung zeigt, daß die Schüler zunächst die Person Annas als Gegenpol zu Frau Zingli in den Mittelpunkt ihrer Aufmerksamkeit rücken. Sie erkennen ihr menschliches Verhalten gegenüber dem Kind, deuten es aber vielleicht auch als Ausdruck eines mütterlichen Gefühls, das in Anna erwache. Hier wird es nun darauf ankommen, in sorgfältiger Textarbeit die Stichhaltigkeit dieser These zu überprüfen. Gemeint sind vor allem jene Textstellen, in denen Annas Versuche, das Kind zu retten, berichtet werden, aber jedesmal an der Sorge um das eigene Leben scheitern. Zur Deutung des entscheidenden Wendepunktes, Annas beim dritten Rettungsversuch gefaßten Entschlusses, das Kind zu sich zu nehmen, erweist sich als hilfreich, die Parallelstelle aus dem Stück „Der kaukasische Kreidekreis" oder aus der Fabel zum Stück – beide stimmen überein – heranzuziehen:

„Schrecklich ist die Verführung zur Güte!
Lange saß sie bei dem Kinde
Bis der Abend kam, bis die Nacht kam
Bis die Frühdämmerung kam. Zu lange saß sie.
Zu lange sah sie
Das stille Atmen, die kleinen Fäuste
Bis die Verführung zu stark wurde gegen Morgen zu

Und sie aufstand, sich bückte und seufzend das Kind nahm
Und es wegtrug.
Wie eine Beute nahm sie es an sich
Wie eine Diebin schlich sie sich weg".

Da der „Augsburger Kreidekreis" für die Schüler nicht der erste Text von Brecht ist, den die kennenlernen, sind sie in der Regel bereits für seine Darstellungsweise sensibilisiert. Sie vermögen daher zu erkennen, wie Brecht auch in dieser Erzählung gewohnte Denkschemata durchbricht, wie er Mitmenschlichkeit an die Stelle von Mütterlichkeit setzt, diese sogar in einem Gerichtsurteil bestätigen läßt, das aber nur deshalb so ausfallen kann, weil der Richter sich über geltende Regeln und Gesetze hinwegsetzt.

Zum Verständnis der Intention Brechts müssen die Schüler um seine – in seiner Biographie, d. h. in seinem Bekenntnis zum Marxismus begründete – Grundthese wissen, daß ihm die heutige Welt nur lebenswert bleibt, wenn die gegenwärtigen gesellschaftlichen Verhältnisse aufgebrochen und auf eine bessere Zukunft hin verändert werden. Für den Schriftsteller heißt das: Ihm ist die heutige Welt der heutigen Menschen nur beschreibbar, wenn sie als eine veränderbare Welt beschrieben wird. Die Konsequenz aus dieser Grundthese für das Schreiben heißt „Verfremdung". Ihre Absicht erhellt die folgende „Definition", die auch als „Kontext" in den Unterricht einbezogen werden kann:

„Gesucht wurde eine Art der Darstellung, durch die das Geläufige auffällig, das Gewohnte erstaunlich wurde. Das allgemein Anzutreffende sollte eigentümlich wirken können, und vieles, was natürlich schien, sollte als künstlich erkannt werden. Wurden die darzustellenden Vorgänge nämlich fremd gemacht, so verloren sie nur eine Vertrautheit, die sie der frischen, naiven Beurteilung entzogen" (1967, Bd. 15: 372).

Der Veränderungswille Brechts wird den Schülern am einsichtigsten, wenn die Kalendergeschichte mit ihrer „literarischen Quelle", dem Text der Bibel verglichen wird. Der vollständige Bibeltext (zitiert nach der katholischen „Pattloch-Bibel", Aschaffenburg 1963) lautet:

„16. Damals kamen zwei Dirnen zum König und traten vor ihn.
17. Die eine sagte aus: ‚Mit Verlaub, mein Herr, ich und dieses Weib wohnen im gleichen Haus. Ich gebar bei ihr im Haus. 18. Drei Tage, nachdem ich geboren hatte, gebar auch dieses Weib. Wir waren beisammen; kein Fremder befand sich bei uns im Haus außer uns beiden. 19. Da starb der Sohn dieser Frau in der Nacht; denn sie hatte sich auf ihn gelegt. 20. Mitten in der Nacht stand sie auf, nahm mein Kind von meiner Seite fort, während deine Magd schlief, und legte es an ihren Busen. Ihr totes Kind aber legte sie zu mir. 21. Morgens stand ich auf, um mein Kind zu stillen, und sah, daß es tot war. Als ich es aber am Morgen genauer anschaute, erkannte ich, daß es nicht mein Kind war, das ich geboren hatte'.

22. Das andere Weib aber warf ein: ‚Nicht so, mein Kind lebt, und dein Kind ist tot!' Darauf die erste: ‚Nein, dein Kind ist tot, und meines lebt!' So stritten sie vor dem König!
23. Der König sprach: ‚Diese sagt: Mein Kind lebt, und dein Kind ist tot. Jene behauptet: Nein, dein Kind ist tot, und mein Kind lebt.'
24. Da befahl der König: ‚Bringt mir ein Schwert!' Man brachte das Schwert vor den König. 25. Und der König entschied: ‚Teilt das lebendige Kind in zwei Stücke und gebt die eine Hälfte der einen, die andere Hälfte der anderen!'
26. Doch da bat die Mutter des lebendigen Kindes den König, weil sich das Mitleid mit ihrem Kind in ihr regte: ‚Mit Verlaub, mein Herr, gebt ihr doch das lebendige Kind und tötet es nicht!' Jene aber bestand darauf: ‚Es gehöre weder dir noch mir! Teilt es auseinander!'
27. Da fällte der König die Entscheidung: ‚Gebt der anderen das lebendige Kind und tötet es nicht! Sie ist seine Mutter.'
28. Ganz Israel vernahm das Urteil, das der König gefällt hatte. Man bekam Ehrfurcht vor dem König; denn man sah, daß Gottes Weisheit in ihm wohnt, um Rechtsentscheide zu treffen." (1 Könige 3.)

Brecht hat, wie der Vergleich zutage bringen wird, nicht nur den Schluß, sondern auch die Voraussetzung seiner biblischen „Quelle" verändert. Dort ging es nur um das salomonische Urteil, das die wahre Mutter erkennbar machte, hier geht es auch um die lange Vorgeschichte, in der gezeigt wird, wie Menschen in bestimmten gesellschaftlichen Verhältnissen unter bestimmten historischen Bedingungen handeln. Brecht hat damit – aus seiner Weltanschauung heraus – ein völlig neues Modell menschlichen Verhaltens entworfen. Seine „Provokation" fordert ohne Zweifel zum Denken heraus, zum Nachdenken über das Nicht-Selbstverständliche des Selbstverständlichen. Mit den Schülern muß aber auch diskutiert werden, ob dieses „Modell" Brechts das allein gültige ist oder sein kann. Gerade das „Gegenmodell" der Bibel gibt dazu – trotz seines archaischen Charakters – hinreichenden Anstoß.

Es mag vertretbar sein, mit dieser Diskussion, die keineswegs zu einer einzigen „eindeutigen" Lösung führen muß, die Behandlung des Textes abzuschließen. Wir konnten jedoch erfahren, daß sich die Schüler eindringlicher mit der Erzählung befassen, wenn darüberhinaus noch andere Rezeptionsweisen aktiviert werden. Wir sehen mindestens drei Möglichkeiten:

a) Sprecherische Gestaltung. Hier geht es nicht um das bloße „Lesen" des Textes – obgleich diese Fertigkeit auch in den zur Rede stehenden Schuljahren viel zu oft einfach vorausgesetzt und zu wenig geübt wird –, vielmehr um die „sprechgestaltende Interpretation" (im Sinne von Höffe, 1967). Es muß deutlich werden, daß bereits mit dem Sprechen, mit der Art und Weise des Vortrags, eine Deutung des Textes verbunden ist.

b) Umformung des Textes, z. B. in ein Hörspiel. Sie erfordert die Konzentration des Geschehens auf dramatische Höhepunkte und das Umsetzen epischer Darstellung in Monolog und Dialog. Das bedeutet bei unserem Text vor allem auch die Notwendigkeit, die realistische, „zeigende" Erzählweise, die die seelischen Empfindungen der Figuren nur an ihren Handlungen erkennbar werden läßt, also den Abstand des Erzählers zum Erzählten wahrt, durch Elemente der unmittelbaren Kundgabe von Gedanken und Gefühlen zu ersetzen.

c) Schreiben als Möglichkeit der Interpretation. Gemeint ist hier nicht der traditionelle Interpretationsaufsatz, sondern das sogenannte, „perspektivische" Schreiben, das sowohl darin bestehen kann, sich in die Rolle einer der tragenden Figuren hineinzuversetzen (z. B. Anna oder Richter Dollinger) oder auch die Rolle eines nur mittelbar Beteiligten einzunehmen, z. B. die eines Beobachters oder Berichterstatters der Gerichtsverhandlung. Ein derart perspektivisches Schreiben eröffnet dem Schüler die Möglichkeit, sich neu mit dem Text auseinanderzusetzen, jetzt nicht über die Reflexion allein, sondern über eine Tätigkeit, die auf eine „produktive Rezeption" (G. Grimm, 1977) hin orientiert ist.

Anmerkungen

1 Die Erstausgabe der „Kalendergeschichten" erschien 1949 in Berlin bei den Gebrüdern Weiß (Neuauflage 1968); dort eröffnet „Der Augsburger Kreidekreis" die Sammlung von Geschichten und Gedichten. Die Werkausgabe (1967, Augsburger Kreidekreis in Band 11; 321 ff.) kennt dagegen diese Zusammenstellung der Texte nicht.

   Wir zitieren hier nach der leicht greifbaren und preiswerten Ausgabe der „Kalendergeschichten" im Rowohlt-Taschenbuch-Verlag, Hamburg 1953 (rororo 77).

2 Die Fabel des Stücks erschien 1956 unter dem Titel „Bertolt Brecht erzählt die Geschichte vom ‚Kaukasischen Kreidekreis'" in dem Band „Tadeusz Kulisiewicz, Zeichnungen zur Inszenierung des Berliner Ensembles/Bertolt Brecht: Der kaukasische Kreiskreis"; aufgenommen in der Werkausgabe, Band 17: 1197 ff.

3 Klaus Gerth (1976: 93) macht auf den logischen Bruch in der Argumentation Brechts aufmerksam, daß auch der Richter, als Angehöriger der bürgerlichen Klasse, sich zur Humanität bekenne. Zur Erklärung verweist er allerdings darauf, daß Brecht selten streng dogmatisch verfahre; überdies sehe der historische Materialismus im Bürgertum des 17. Jahrhunderts noch die progressive, dem Feudalismus entgegengesetzte Klasse. Dazu paßt die Bemerkung im Text über Dollinger: „in ganz Schwaben berühmt wegen seiner Grobheit und Gelehr-

samkeit, vom Kurfürsten von Bayern, mit dem er einen Rechtsstreit der freien Reichsstadt ausgetragen hatte, ‚dieser lateinische Mistbauer' getauft, vom niedrigen Volk aber in einer langen Moritat löblich besungen" (15).

4 Freie und Hansestadt Hamburg: Lehrplan Deutsch für die Klassen 7–10 (Gymnasium); Kultusministerium Rheinland-Pfalz: Lehrplanentwurf (1. Teil) Deutsch, Klasse 7–9/10, Mainz 1979.

5 Moderne Erzähler 4. Zusammengestellt und mit einem Nachwort versehen von Paul Dormagen. Paderborn: Schöningh 1962. – Erzählungen der Gegenwart II. Ausgewählt von Fritz und Ilse Bachmann. Frankfurt/M.: Hirschgraben ³1976.

6 Fundstellen:
Lesebuch C. Band 9. Stuttgart: Klett 1971: 10–20.
Lesebuch B. Band 9/10. Stuttgart: Klett 1973: 189–199.
Lesestücke 9. Stuttgart: Klett 1979: 91–102.
Aufrisse 8. Paderborn: Schöningh 1977: 127–136.
Beispiele 8. München: Oldenbourg 1972: 89–100.
Texte für die Sekundarstufe 9. Hannover: Schroedel 1976: 84–93.

Literatur

1.

Brecht, B.: Kalendergeschichten. Hamburg: Rowohlt Taschenbuch Verlag 1953 (rororo 77).

–: Der Kaukasische Kreidekreis. Frankfurt/M.: Suhrkamp 1955 (edition suhrkamp 31).

–: Materialien zu Brechts' Der kaukasische Kreidekreis. Frankfurt/M.: Suhrkamp 1966 (edition suhrkamp 155).

–: Gesammelte Werke. 20 Bände. Frankfurt/M.: Suhrkamp 1967 (= werkausgabe edition suhrkamp).

2.

Best, O. F.: Handbuch literarischer Fachbegriffe. Definitionen und Beispiele. Frankfurt/M.: Fischer Taschenbuch Verlag 1972 (Nr. 6092).

Gerth, K.: Zu B. Brecht: Der Augsburger Kreidekreis. In: K. Gerth u. a.: Kommentare und methodische Inszenierungen zu Texte für die Sekundarstufe, 9. Jahrgangsstufe. Hannover: Schroedel 1976: 92–95.

Grimm, G.: Rezeptionsgeschichte. München: Fink 1977 (UTB 691).

Grimm, R.: Bertolt Brecht. Die Struktur seines Werkes. Nürnberg: Hans Carl 1959.

Helmers, H.: Bertolt Brecht, Der Augsburger Kreidekreis. In: H. Helmers u. a.: Literaturunterricht im 9. Schuljahr. Literarische, didaktische und methodische Analysen zum Lesebuch C9. Stuttgart: Klett 1972: 26–30.

Höffe, W.: Sprechgestaltende Interpretation von Dichtung in der Schule. Ratingen: Henn 1967.
Klotz, V.: Bertolt Brecht, Versuch über das Werk. Darmstadt: Hermann Gentner 1957.
Knopf, J.: Geschichten zur Geschichte. Kritische Tradition des „Volkstümlichen" in den Kalendergeschichten Hebels und Brechts. Stuttgart: Metzler 1973.
Ostermann, F.: Novelle. In: D. Krywalski (Hrsg.).: Handlexion zur Literaturwissenschaft. München: Ehrenwirth 1974: 372–378.
Pongs, H.: Die Anekdote als Kunstform zwischen Kalendergeschichte und Kurzgeschichte. In: Der Deutschunterricht 9 (1957), H. 1: 5–20.
Poser, Th. Bertolt Brecht, Der kaukasische Kreidekreis. München: Oldenbourg 1972.
Reuter, E.: Der Augsburger Kreidekreis. In: D. Bachmann u. a.: Interpretation zu „Erzählungen der Gegenwart I–VI". Schulpraktische Analysen und Unterrichtshilfen. Frankfurt/M.: Hirschgraben 1975: 38–45.
Rühle, J.: Das gefesselte Theater. Köln/Berlin 1957.
Schwimmer, H.: Bert Brecht, Kalendergeschichten. München: Oldenbourg 1963, ³1971.
Seidler, H.: Novelle. In: W. Kayser (Hrsg.): Kleines Literaturlexikon. Bern 1953.
Wilpert, G. v.: Sachwörterbuch der Literatur. Stuttgart: Kröner 1959.
Zimmermann, W.: Bertolt Brecht: Der Augsburger Kreidekreis – ‚Lehrstück' oder Dichtung? In: Der Deutschunterricht 10 (1958), H. 6: 86–99. Auch in: W. Z.: Deutsche Prosadichtungen unseres Jahrhunderts, Teil 1. Düsseldorf: Schwann 1966, ²1971: 374–391.

OTTO SCHOBER

Stefan Andres: Wir sind Utopia

Ein ehemaliger Schulklassiker im Literaturunterricht von heute
(Mit Unterrichtsversuchen von Horst Ehbauer und Johan van Soeren)

Der Novelleninhalt

Ort der Handlung ist ein spanisches Karmeliterkloster, das in den Wirren des Bürgerkrieges 1936/37 von den Republikanern in ein Gefängnis verwandelt wurde. Der ehemalige Mönch Padre Consalves, der sich jetzt als Franco-Söldling Paco nennt, wird als Häftling dorthin zurückgebracht und erreicht es, in seine alte Zelle zu kommen. Dieser Raum bietet ihm eine gute Fluchtmöglichkeit, da er als Mönch die Gitterstäbe angesägt hatte. Weiterhin gelingt es ihm, ein Messer zu erhalten. Nun besteht für ihn und seine Mitgefangenen die Aussicht, den Leutnant der Bewachungsmannschaft, Pedro, zu töten und in die Freiheit zu kommen. Während des Aufenthaltes in der Zelle überlagern sich aber zwei Gedankenwelten. Der Gedanke an die Befreiung aus der gegenwärtigen Situation wird vielfach verdrängt von den Rückerinnerungen an die Mönchszeit des einstigen Eiferers und an die Gespräche mit seinen Mitbrüdern, die inzwischen von den Besetzern des Klosters in bestialischer Weise ermordet worden sind. Pacos Reflexionen werden durch einen Rostflekken an der Decke ausgelöst, der ihm schon zwanzig Jahre zuvor in seinen Phantasien als „Landkarte seines Traumreiches Utopia" gedient hatte. Dieses von Geld und Besitz ungestörte Reich religiöser Toleranz und unverfälschter Sinnlichkeit zu ersehen, konnte Paco auch von seinem Beichtvater nicht ausgeredet werden. Er war in seinem Zwiespalt aus dem Orden ausgetreten, hatte aber doch das Argument des Mitbruders im Ohr behalten: „Gott geht nicht nach Utopia! Aber auf diese tränenfeuchte Erde kommt er immer wieder! ... Gott liebt die Welt, weil sie unvollkommen ist. – Wir sind Gottes Utopia, aber eines im Werden!" Während frühere religiöse Gespräche und durchlittene Gewissenskonflikte in Paco aufleben, wendet sich der wegen seiner Greueltaten um sein Seelenheil bangende Pedro an seinen priesterlichen Gefangenen mit der Bitte, bei ihm zu beichten. Paco denkt weiterhin an die Freiheit für sich und die Rettung seiner Mitgefangenen, aber der Gedanke an die gut vorbereitete Tötung des Leutnants bedrückt ihn auch ständig. Als Pedro schließlich die Beichte ablegt, hat Paco trotz seiner distanzierten Haltung zu der Art, in der der Leutnant das Bußsakrament zur Linderung seiner Gewissensqualen benutzt, die Priesterrolle voll übernommen. Während er Pedro absolvieren will, erfährt er auch noch, daß dieser unmittelbar vor der Ausführung des Befehls steht, alle Gefangenen zu ermorden, um sie dem herannahenden Feind nicht in die Hände fallen zu lassen. Noch vor der Lossprechung stößt Pedro während einer Verzweiflungsgeste an das von Paco zur Tötung bereitgehaltene Messer. Damit ist

Paco die Möglichkeit, sich und die Mitgefangenen zu befreien, genommen. Paco nimmt diesen Zwischenfall mit dem Wort „Gott ist gnädig!" auf und sagt zu Pedro: „Ich hatte Ihren Tod beschlossen, ich wollte Sie lossprechen und sofort niederstechen, um die Gefangenen zu befreien. Ich wollte es – wie ein Automat! Genauso gehorsam wie Sie! Aber da kam ein Engel zwischen uns, und nun brauch' ich es nicht zu tun!" Die ihm von Pedro als Lohn für die Lossprechung angebotene Befreiung für sich allein lehnt Paco ab. Er opfert sich, indem er sich zur Generalabsolution vor seine Mitgefangenen hinstellt und sich mit ihnen gemeinsam erschießen läßt.

Mögliche Ausgangspunkte einer Untersuchung

Stefan Andres' Erfolgsbuch „Wir sind Utopia!" wird man heute kaum zum Gegenstand einer „Interpretation" machen. Entsprechende Versuche wurden in großer Zahl in den fünfziger und sechziger Jahren vorgelegt, nachdem das in der Nazizeit geschriebene Werk seit 1948 allgemein zugänglich geworden war.[1] Wiewohl man solche Arbeiten schwerlich fortsetzen oder wiederholen kann, bietet es sich für die Suche nach einer begründeten Einschätzung der Novelle doch an, die oft gegensätzlichen Bewertungen einander gegenüberzustellen. Ausgehen ließe sich z. B. von den Beiträgen von Pfeiffer einerseits und von Bengeser und Weber andererseits, die alle auf den poetologischen Voraussetzungen der werkimmanenten Interpretation beruhen. Johannes Pfeiffer hatte 1953 die Novelle als Paradigma dichterischen Versagens vorgeführt, da die von ihm geforderte gestalthafte Verwirklichung und Sinnennähe nicht erfüllt schien. Die auszudrückende Leitidee, so lautet der Vorwurf, „schmilzt in den dargestellten Vorgang nicht ganz und wirklich ein, sondern schwebt über ihm als ein gedankliches Programm, das nicht ohne Gewaltsamkeit abgehandelt und zu Ende gebracht wird" (Pfeiffer, 1953: 138 f.). Wie Pfeiffer Textbelege für stilistische Defizienzen zusammenstellt, so Bengeser solche „für die ungeheuere sprachliche Kraft des Dichters, die ein völliges Aufgehen der Sprache im Gehalt bewirkt. Beide, Sprache und Gehalt, sind hier zu letzter künstlerischer Einheit verwoben" (Bengeser, 1959: 50). Der hohe Anteil an Reflexion, die das äußere Geschehen begleitet und, wie noch ausführlich zu zeigen ist, gerade den jugendlichen Leser nicht selten belastet, kann den Interpreten nicht entgehen. Albrecht Weber stellt aber angesichts dieses Problems den „Meister des Worts" heraus und verdeutlicht Andres' Sprache, die „warm, durchblutet, innig durchfühlt und bildhaft erlebt, verweilend und doch fortschreitend" (Weber, 1960: 17) ist. Exemplarisch erhellt er die Funktion des Erzählers, der drei Schichten verbindet, nämlich das äußerlich Sichtbare, gleichsam in Regiebemerkungen Festzuhaltende, den Dialog und die hinter allem liegende innere Stimme der sich erinnernden und um eine Entscheidung ringenden Hauptfigur (ebd.: 15 ff.). Entsprechend positiv wird insgesamt bewertet: „Das Zugleich und Ineinander erlaubt die atemlose Gegenwärtigkeit des Geschehens, gefährdet aber auch die Form. Nur ein starker Erzähler vermag das Vielschichtige zu meistern." (ebd.: 17) Die rege Diskussion der Novelle als Sprachkunstwerk bezog sich immer auch auf den Ideengehalt und die existentielle Bedeutung. Weber bringt eine von vielen geteilte Einschätzung auf eine Formel, wenn er sagt: „In dieser Novelle entfaltet sich seelischer Reichtum und Menschlichkeit; hier offenbart sich innere Schönheit und Größe."[2]

Dem heutigen Leser ist das Buch samt den anfänglichen Auseinandersetzungen darüber in der Regel ferngerückt. Beteuerungen bezüglich seiner Bedeutung und sprachlichen Vollkommenheit verschlagen da kaum, zumal wenn bereits in den eben herangezogenen Beispielen aus der werkimmanent interpretierenden Sekundärliteratur oft das gleiche Textzitat einmal bildhafte Ausdruckskraft, das andere Mal formelhaftes Gerede, Überdehntheit und Verwaschenheit belegen muß. Noch nicht oder nur wenig bearbeitete und didaktisch besonders fruchtbare Aspekte lassen sich der Novelle heute nur abgewinnen, wenn man anstatt der Form- und Gehaltfrage die Rezeptionsfrage in den Vordergrund stellt. Von ihr aus können auch einige Unsicherheiten in der Bewertung der Novelle auf neuer Grundlage diskutiert werden.

Gegensätze in der Bewertung

Die Literaturgeschichtsschreibung ist gegenüber Stefan Andres' Werk recht unentschieden und macht diesen Autor dadurch zur zwiespältigen Gestalt. Zweifellos gab es seit dem Erscheinen des ersten großen Erfolges „El Greco malt den Großinquisitor" (1935) bis zu seinem Tod (1970) etliche extreme Reaktionen, die Begeisterung und Ablehnung einschlossen. In der Hauptsache aber sah man in ihm den nicht unbegabten christlichen Dichter, einen Nachfolger bewährter Heimatliteratur, einen Novellisten mit sicherem dramatischen Gespür und dergleichen. Als Künstler ziemlich einhellig also keiner im ersten Glied, doch für wenigstens zwei Jahrzehnte eine repräsentative Erscheinung im Feld gehobener Schriftstellerei. Wohlwollendes, gelegentlich gönnerhaftes Lob über Jahre hinweg – heute ziemlich einhelliges Vergessen, oft bis in Literaturlexika, -geschichten und Epochenübersichten hinein. Die mit Darstellung und kritischer Bewertung der Literatur zur Zeit der Naziherrschaft befaßten Veröffentlichungen würdigen Andres ebenfalls sehr unterschiedlich. Der Dichter, der sich 1938 endgültig in Italien niederläßt, fällt nicht unter die vielbeachtete Gruppe der Emigranten, denn er ist wie Werner Bergengruen und Reinhold Schneider von den Machthabern immerhin „geduldet" und kann bis 1943 in der Heimat publizieren. Aber auch den Status des „inneren Emigranten" gibt man ihm nicht immer, obwohl er ihm sicher gebührt, und bezüglich vieler seiner nach 1945 veröffentlichten Bücher, die – so Andres selbst – „Untertagwerke" aus der Emigrationszeit sind, ist die Auffassung verbreitet, sie seien Werke der Nachkriegszeit.[3]

Mit der Aufnahme beim Publikum verhält es sich auf den ersten Blick offenbar anders, auf den zweiten relativiert sich Andres' Erfolg aber wieder um einiges. Der Autor blieb zwar trotz seiner über zwei Dutzend Bücher nur selten bei der ersten Auflage hängen und konnte mit wenigstens vier Werken („El Greco", „Utopia", „Knabe im Brunnen", „Novellen und Erzählungen") die solide Bestsellermarke von 100 000 verkauften Exemplaren mehr oder weniger deutlich überspringen. Sein Publikum aber rekrutierte sich vorwiegend aus nur zwei Gruppen von Interessenten: solchen mit aktiv-christlicher Weltanschauung und solchen mit pädagogischen Absichten. Schließlich ist Andres ein Autor, dessen eigentliches Erfolgsbuch „Wir sind Utopia" zwar die Traumauflage von 350 000 Exemplaren erreicht hat, dies allerdings in einem Zeitraum von mehr als drei Jahrzehnten und sicher nur deshalb, weil hier die Schule vermittelte und nicht auf eine lernmittelfreie Schulausgabe zurückgegriffen werden konnte.[4]

Die etwa Anfang der fünfziger Jahre einsetzende und ungefähr anderthalb Jahrzehnte dauernde Schulrezeption von Andres' „Wir sind Utopia" hat also offensichtlich einiges zur maßvollen Popularität des Autors beigetragen. Mittlerweile hat ihn die Schule vergessen. Und gerade dieser Gegensatz – Aufnahme innerhalb eines noch nicht lange zurückliegenden überschaubaren Zeitraums, dann rasches Veralten – fordert zu einer Überprüfung des dialektischen Verhältnisses von Werk und Publikum im Sinne der Rezeptionsästhetik heraus und soll im folgenden auch Anlaß für didaktische Überlegungen sein. Bevor Vermutungen darüber angestellt werden, auf welche Faktoren im literarischen Prozeß die damalige Behandlung in der Schule zurückzuführen ist und welche Gründe es sein mögen, die Andres aus dem vage festgelegten Prestigekanon schulgemäßer Autoren verbannt haben, sei ein noch weitergehender Rückblick versucht. Was läßt sich zur Rezeption in der Hitlerzeit in Erfahrung bringen?

Rezeption in der Hitlerzeit

Unter welchen Umständen im Dritten Reich für die Novelle die Druckerlaubnis erreicht wurde und welche Aufnahme sie im einzelnen fand, ist bisher nicht zureichend genau untersucht. Bedingt durch die Konzentration auf die Beschreibung des Werkes als Sprachkunst und auf die Diskussion seiner existentiellen Bedeutung, spielt der Rezeptionsaspekt in den größeren Arbeiten zu „Wir sind Utopia" keine oder nur eine sehr untergeordnete Rolle. Einige wichtige Überlegungen zur Entstehung, frühen Verbreitung und Rezeption stellt Karl Brinkmann (o. J.) an. Er vermutet, daß für das 1941 in Rom geschriebene Werk die Aktualität des Spanischen Bürgerkrieges ein wesentlicher Anstoß war. Daß es 1942 in Fortsetzungen im Feuilleton der „Frankfurter Zeitung" und 1943 sogar als Buchausgabe eines Berliner Verlages erscheinen konnte, läßt sich vordergründig durch den Hinweis auf seinen unpolitischen Zuschnitt erklären. Der Autor sagt nichts über die politische Meinung seiner Hauptfiguren, und über den Krieg und seine Hintergründe findet sich kein Wort. (Es ist richtig, wenn eine 1979 erschienene Arbeit über den Spanischen Bürgerkrieg im Spiegel der deutschen Literatur zu Stefan Andres bemerkt, der Bürgerkrieg diene ihm lediglich als Staffage für eine Geschichte, die zu einer nicht politischen, sondern religiösen Problemzuspitzung führt. (Geißler, 1979: 184–200)) Darüber hinaus liegt aber der Verdacht nahe, daß die Verantwortlichen der Zensur der oberflächlichen Meinung waren, mit Stefan Andres ähnlich wie mit einigen seiner von der Führung „geduldeten" Schriftstellerkollegen aktiv propagandistische Zwecke verfolgen zu können. Die „roten" Klosterbesetzer werden ja verabscheuungswürdig genug gezeichnet, während an dem Anhänger Francos die Gefährlichkeit des Zauderns gegenüber einem solchen Gegner jedermann handgreiflich vor Augen geführt werden konnte. Für die Zensur, so vermutet Brinkmann, blieb ausschlaggebend „das soldatisch bedenkliche Verhalten Pacos, das gefährlich nach Defaitismus aussah. Daneben freilich konnte man den kommunistischen Leutnant als reinen Bösewicht sehen" (Brinkmann, o. J.: 7). An anderer Stelle führt er noch deutlicher aus, indem er eine beziehungsreiche Selbstanklage Pacos heranzieht:

„Wahrscheinlich haben die nationalsozialistischen Zensoren nur das Vordergründige gesehen, die Unbarmherzigkeit und Brutalität der mordgierigen Kommunisten, die hier demonstrieren, was ihre Gegner zu erwarten haben, wenn sich ihnen gegenüber schwach zeigen, die ihnen wehrlos in die Hände gegeben sind. In diesem Sinne mußte auch Paco ein Beispiel dafür abgeben, wohin Unentschiedenheit führen mußte. Er gesteht selbst eindeutig genug, daß er ‚es immer falsch gemacht' hat, daß er die Schuld trägt. Wer alles nur noch unter der einzigen Parole des Durchhaltens, unter dem Zwang des entschlossenen Kampfes um die bloße Existenz sah oder sehen wollte, möchte auch diese Novelle so sehen." (ebd.: 31)

Die Leser, die das Werk in der Berliner Buchausgabe oder in Form eines heimlichen Druckes von 40 000 Exemplaren in die Hand bekamen und weiterreichten, ja sogar in Zeitungsausschnitten bis nach Stalingrad schickten,[5] haben es aber gewiß in aller Regel als eine Art Widerstandsliteratur gelesen, verstärkte es doch die kritische Besinnung auf die sie bedrängenden Probleme in einer Zeit der Unmenschlichkeit. Es gibt Anhaltspunkte dafür – Brinkmann zieht etwa Gerhard Storz' Zeugnis heran[6] –, daß die Novelle mit ihrer oft auch psychologischen Analyse des befehlshabenden sadistischen Leutnants als Anspielung auf NS-Greuel gelesen wurde: „Viele glauben hinter der Gestalt Pedros ..., hinter dem verwüsteten und zerrütteten Intellektuellen das Porträt des sogenannten aufgeklärten SS-Mannes entdecken zu können, des braven Nihilisten" (Brinkmann, o. J.: 31). Eine damit in Einklang zu bringende Realisierung des Textes bei den Lesern bezieht sich auf die Frage des aktiven Widerstandes: „Für andere trat die Ratlosigkeit, das Verstricktsein und Versagen des Mönches gegenüber der doch so gut erkannten Pflicht in den Vordergrund." (ebd.: 31 f.) Brinkmann, der solche Rezeptionsdokumente zusammenstellt, lehnt es aber ab, die Novelle als politisch deutbares Werk anzusehen und es etwa „als eine beispielhafte Auseinandersetzung über die verbreitete Passivität gegen Terror und Unmenschlichkeit" (ebd.: 32) aufzufassen. Aktuell war die Novelle für ihn im Dritten Reich nicht „im Sinne einer ephemeren Stellungnahme zu politischen Tagesfragen. Sie nimmt nicht Stellung für oder wider eine politische Richtung, sie ist auf den Menschen, auf das Menschliche gerichtet, das unter verschiedenen Vorzeichen doch das gleiche bleibt" (ebd.: 34). Mit der wohl richtigen und auch durch Äußerungen von Stefan Andres[7] selbst stützbaren Kennzeichnung der Novelle als nicht vordergründig politisch ist aber nicht aus der Welt geschafft, daß zur Wirklichkeit des gelesenen Werkes durchaus seine Benutzbarkeit und tatsächliche Benutzung auch für politische Zusammenhänge (im engeren oder weiteren Sinne) gehört. Dies wird für das Folgende wiederholt deutlich ins Auge gefaßt werden müssen.

„Wir sind Utopia" als ehemaliger Schulklassiker

Die Übernahme der Novelle in den Schulliteraturkanon der fünfziger Jahre wurde durch mehrere Arten von Publikationen propagiert und beeinflußt. Im Börsenblatt des deutschen Buchhandels des Jahres 1952[8] erinnert man an Andres' Rede „Der Dichter in dieser Zeit". Dort beklagt er, daß es erschütternd wenige Autoren gebe, die „den Menschen, der durchaus möglich ist und der überdies sogar, wie manche von uns erfahren haben, wirklich unter uns lebt", zu zeigen wagten. Die Wirkung dieser Worte auf das geistige und literarische Leben sind im siebten Jahre nach der größten Katastrophe der Nationalgeschichte leicht abzusehen. Die feuilletonistische Literaturkritik sowie die spezifisch christliche Literaturgeschichtsschreibung greifen ebenfalls die Probleme des Menschlichen in Andres' Werk und insbesondere in „Wir sind Utopia" auf. Sie verdeutlichen für die durch die Schuld der jüngsten Vergangenheit betroffenen Leser, wie der Mensch dort einerseits in seiner Fragwürdigkeit, andererseits in seinem Geführtsein durch einen Gott der Liebe dargestellt wird.[9] Die didaktische Literatur fügt sich voll in dieses Bild ein. „Gerade weil diese Novelle offen ist für die metaphysische und religiöse Problematik und Situation unserer Zeit", sagt Walter Franke (1952: 85), „und weil sie diese wiederbringt im Bild und Sinnbild der Dichtung, also über das Zeitgebundene und auch über das Konfessionelle hinausreicht, sollte sie in der Schule interpretiert werden." Und Conrad Henze teilt (1954/55) ein Unterrichtsgespräch über die Utopia-Novelle mit, das den leitmotivartig verwendeten Satz „Gott ist gnädig" zum Schlüssel der Deutung macht.[10]

Will man einige Faktoren isolieren, die möglicherweise die damalige Schulrezeption beeinflußt haben, so wird wohl der Bezug der Novelle zu einer Vergangenheitsbewältigung im Rahmen christlicher Weltanschauung und neuer Hoffnung auf Humanität zuerst zu nennen sein. Förderlich wirken sich sicher auch Komponenten aus, die mit der Person des Autors zusammenhängen. Er ist ehemaliger Kapuzinernovize und jetzt vieldiskutierter christlicher Autor. Der kirchlich gebundenen Leserschaft und weiteren breiten Leserschichten dieser Zeit des Aufbaus ist die bei Andres praktizierte Vertiefung des christlichen Ethos wichtig, wobei gewisse kritische Akzente gegenüber kirchlicher Orthodoxie und Tradition in dem hier gezeigten vorsichtigen Ausmaß willkommen sind. Gleichzeitig hat natürlich seine Emigrantenvergangenheit – ihm wird die Urheberschaft des Wortes „innerer Widerstand" zugeschrieben (Nordstrand, 1969: 251) – großes Gewicht bei seiner Einschätzung als Zeitgenosse.

Was sind nun vermutlich umgekehrt die Ursachen für den seit mehr als einem Jahrzehnt anhaltenden Verzicht auf die schulische Behandlung von Andres' Novelle? In der Literatur wie im allgemeinen Bewußtsein finden wir spätestens seit Ende der sechziger Jahre eine Aufwertung ökonomischer Probleme und den Vorrang soziologisch orientierter Zugriffe bei Analysen zwischenmenschlicher und gesellschaftlicher Konflikte. Religiöse Dimensionen sind aus der öffentlichen Diskussion weitgehend verdrängt. (Auch für die Literaturdidaktik ist die betrachtende Lesehaltung, wie sie religiöser und weltanschaulicher Literatur entspräche, kein seriöser Forschungsgegenstand – bei allem sonstigen Interesse an Formen des Rezeptionsverhaltens!) Dies alles kann natürlich kein Grund für die Abwertung der Novelle sein, ja es könnte eher zum Nachdenken über Defizite heutigen Schreibens und Lesens veranlassen. Aber sicher lassen sich auch Faktoren ins Feld führen, die der Novelle selbst angelastet werden können und die sich nach der Zeit, in der sie in besonders motivierter Weise gelesen wurde, gravierender als früher auswirken dürften. Zumindest der durchschnittliche jugendliche Leser mag Verständnisschwierigkeiten haben durch manche besonders komplizierten Sätze, durch eine oft schwer nachvollziehbare Bildlichkeit und durch den sehr großen Anteil an Reflexionen. Einwände bestehen auch bezüglich der „Abstinenz der Novelle gegen präzise politische Kritik"; dabei befürchtet man mitunter auch, daß Andres faktisch das „faschistische Zerrbild des blutrünstigen ‚Rotspanien'" (Glaser, 1974: 413f.) unterstützt. Und nicht zuletzt werden in Einzelfällen die theologischen Auseinandersetzungen Pacos bemängelt und seine Bekenntnisse als Vagheiten bezeichnet.[11] So läßt sich allmählich nicht nur ein Vergessen der Novelle als Gegenstand des Literaturunterrichts feststellen, sondern vielfach sogar ihre dezidierte Ablehnung.

In welcher Weise könnte „Wir sind Utopia" Gegenstand heutigen Literaturunterrichts sein?

Die erwähnten Fakten zur Interpretation und Rezeption machen aus „Wir sind Utopia" ein literaturdidaktisches Paradigma besonderer Art, wenn man sich entschließt, Kollegiaten zur Lektüre anzuregen und die Novelle im Unterricht zu behandeln. Daß der Text nicht unter der Voraussetzung, vollkommenes Sprachkunstwerk zu sein, angeboten und expliziert werden kann, ist nach dem bisher Gesagten deutlich und ließe sich durch einen Rekurs auf die didaktische Diskussion[12] noch deutlicher machen. Entscheidend ist vielmehr, die geschichtlichen Aspekte von Entstehung und Wirkung einzubeziehen und die Frage der persönlichen Verwendungsmöglichkeiten jetziger Leser zu aktualisieren.

Bei entsprechender Bereitschaft auf seiten des Lehrers und der Schüler lassen sich an „Wir sind Utopia" zahlreiche wichtige Behandlungsperspektiven verfolgen. Einige davon sind nun zu zeigen. Gleichzeitig werden dazu jetzt gemachte Unterrichtserfahrungen dokumentiert. Die Novelle wurde im Frühjahr 1980 in einer Großstadtschule und in einer Kleinstadtschule angeboten.[13] Die Verteilung der Versuche auf zwei Schulen sehr unterschiedlichen Gepräges ermöglichte einige spezielle Vergleiche, die mit dem allgemeinen kulturellen Hintergrund der Leser zusammenhängen. In der Großstadtschule war die Unterrichtseinheit fünfstündig. Aus organisatorischen Gründen, aber auch aus Gründen der Schülermotivation war es möglich, den Versuch an der Kleinstadtschule auf zwölf Stunden auszudehnen und im einzelnen differenzierter als an der Großstadtschule zu gestalten. Die Fragebögen, die im folgenden wiedergegeben werden, sind in erster Linie als didaktisches Material zu betrachten, das eine Intensivierung des Unterrichtsgesprächs, z. B. in abschließenden Stunden, ermöglicht. In zweiter Linie sollen sie einen allgemeinen – freilich nicht repräsentativen – Einblick in erwartbares Leseverhalten geben und dem an einer Behandlung interessierten Lehrer helfen, die Schwierigkeiten und Möglichkeiten der Novelle als Unterrichtsgegenstand besser einzuschätzen.

JOHAN VAN SOEREN

Unterrichtsversuch an einer Großstadtschule

Vorüberlegungen des Lehrers

Der Lehrer findet für sich selbst den Zugang zur Idee der Novelle in der Auseinandersetzung zwischen Paco und Damiano. Der junge Priester hat sich eine Idealwelt zurechtgezimmert, aus der ihn sein Beichtvater auf den Boden der Tatsachen zurückholt: „Gott geht nicht nach Utopia! Aber auf diese tränenfeuchte Erde kommt er ..." „Gott liebt die Welt, weil sie unvollkommen ist. – Wir sind Gottes Utopia, aber eines im Werden!" Die Verwirklichung eines Utopia werden wir auf Erden nicht erleben. Ein anderes Utopia ist im Entstehen, das Utopia Gottes, und daran arbeiten wir selbst mit. Andres gibt den Schlüssel zum Verständnis, wenn er sagt, man solle „das Ganze als Epiphanie betrachten".[14] Epiphanie: das bedeutet das Erscheinen des Herrn, ein Aufleuchten der Gnade Gottes, die Offenbarung seines Willens. Diesen Augenblick des Einbruchs der göttlichen Gnade erleben wir während der Beichtszene. Gott fügt es, daß Pedro das Messer entdeckt und gibt so dem Geschehen die Wendung.

Der Lehrer beabsichtigt nicht, direkt auf eine bestimmte Sinnfindung hinzusteuern, sondern geht nach einem semiotischen Verstehensmodell vor. Nach K. H. Spinner ist literarisches Verstehen „erschwertes Verstehen: weder determiniert eine eindeutige Situation den Sinn, noch kann die Bedeutung einfach abgerufen werden, indem man Wörter und Sätze in gewohntem Sinn ‚decodiert‘ ".[15] Spinner postuliert für den Literaturunterricht einen prozeßhaften Charakter: bloßer Nachvollzug und Wiederholung entwickelter Sinnkonkretisationen ist langweilig. Und Schüler realisieren überraschend schnell, wenn der Lehrer die Deutung von Texten aus dem Repertoire der Kompendienliteratur nur noch abzurufen braucht. Diesen Überlegungen will der Lehrer insgesamt Rechnung tragen durch einen Unterricht, der die Entwicklung und das Festhalten persönlicher Sinnkonkretisationen ermöglicht. Neben dem Unterrichtsgespräch wird für das Folgende auch ein Fragebogen wichtig sein, der schon in der ersten Stunde nach kurzen Vorinformationen zum Spanischen Bürgerkrieg und zu Thomas Morus' Utopia-Konzept ausgegeben wurde.

Besprechungsgesichtspunkte: Krieg und Politik – Religion – Schuld, Gewissen, Heldentum – Stil und Sprache

Die Schilderung des Krieges wurde zu Recht vielfach gewürdigt und sollte auch im Unterricht beachtet werden. So sagt Bengeser zur Eingangsszene:

„Großartig, wie Andres schon auf der ersten Seite die Atmosphäre des Krieges beschwört: Eintönigkeit des zerpulverten Plateaus, dichte Staubwolken über den Straßen, Benzingestank knatternder Lastwagen, ausgestorbene Häuser mit schwarzen Fenstern, versengte Felder, umgeworfene Gepäckwagen, aufgedunsene Pferdekadaver, um die sich lungernde Hunde zanken. Es ist die gnadenlose Trostlosigkeit des modernen Schlachtfeldes ..."[16]

Der Gnadenlosigkeit der Landschaft entspricht die Gnadenlosigkeit der Menschen, die nur noch Maschinen und Befehlsautomaten sind. Die Waffe beherrscht den Menschen, körperlich und geistig. Nicht Menschen, sondern „Bajonette" sitzen auf dem Wagen, nicht Menschen, sondern „sechs Bajonette sprangen auf das Pflaster". Gewehrkolben und Maschinengewehr bedrohen die „Lehmgestalten" der Gefangenen. Dem Soldaten im Krieg wird das Morden zum „Fachbetrieb" und ein selbstverständliches Mittel, um seinen Willen durchzusetzen. „Heraus wollten sie nicht, da schossen wir hinein" – so schildert Pedro die Einnahme des Klosters. Der Mord wird zu einer simplen Frage der „Zeit, Lust und Laune" und so unwesentlich, daß eine Verletzung des äußeren Anstandes schwerer wiegt. Paco, der diese Verhältnisse noch zu reflektieren vermag, sagt dazu: „Man schämt sich, wenn man einer Dame ein Reiskorn ins Gesicht hustet, entsetzlich, nicht wahr, aber wenn man ein paar Mönche umlegt –."

Den Schülern sagte diese Art, den Krieg zu charakterisieren, nämlich grell und behutsam zugleich, durchaus zu. Es wurde aber bemängelt, daß Andres „zu wenig konkret" ist. Es hieß jedoch auch: „Die Politik fließt unauffällig in die Novelle hinein; sie zeigt sich, jedoch nicht offensichtlich." Daß es „in der Hauptsache um innere Probleme" geht, um das „Innenleben" der Menschen, wurde in fast allen Fragebögen erwähnt. Man habe es ja „mit Literatur zu tun und nicht mit einem Landserheftchen", fügt ein Schüler ergänzend hinzu. Nach Erklärungen zum Spanischen Bürgerkrieg sprach ein besonders interessierter Schüler eine aktuelle Parallele zur politischen Situation in Afghanistan an:

„Als in Berlin 1936 die Olympischen Spiele stattfanden, wurde fast gleichzeitig das erste Kommando der ‚Legion Condor' zum Kampf in den Bürgerkrieg in Marsch gesetzt. Im Sommer 1980 werden dann Sportler aus aller Herren Länder zur ‚Friedensolympiade' in Moskau aufmarschieren, während sowjetische Truppen das afghanische Volk unterdrücken."

Die Religion spielt in der Novelle eine zentrale Rolle. Dabei sind religiöse Probleme in einer Weise dargestellt, die einer breiten und auch kirchlich nicht gebundenen Leserschicht Zugänge bietet. Statt um Lehrmeinungen geht es um den grundlegenden Wahrheitsgehalt aller Religionen – für Pater Damiano sind alle „aus ein und demselben Stoff gemacht: aus der Liebe Gottes und der Liebe zu Gott". Die Forderung nach Toleranz wird im Denken und Handeln Pacos verwirklicht. Von Utopia träumen heißt für ihn, vom duldsamen Nebeneinander der Religionen und von ihrem frommen Wettstreit zu träumen. Auch die Art, wie er Pedro für das Bußsakrament aufschließt, von dem er selbst eine geringe Meinung äußert, entspringt einer toleranten Haltung. (Tatsächlich nimmt der Traum von Utopia in der Novelle dieselbe Schlüsselstellung ein wie die Ringparabel in Lessings Nathan-Drama. Aus beiden Bereichen, der Trauminsel Pacos und Nathans Parabel, leuchtet der Schein edlen Menschentums. Viele Einzeläußerungen Pacos beschäftigen sich auch mit Aporien der Religiosität im engeren Sinne und kritisieren bestimmte theologische Gedankengänge, so daß sich wiederum Verbindungen zu anderen Texten einer aufklärerischen und humanistischen Tradition herstellen ließen.) Das Welt- und Menschenbild der Novelle ist gerade wegen ihrer religiösen Basis sehr realistisch. Der Dichter zeigt, daß in der Welt positive Kräfte am Werk sind und daß sich dieser Zustand im Inneren der Menschen wiederholt. Er weiß, daß sich der von Paco ersehnte Idealzustand nicht erreichen läßt. Weber betont mit Recht den besonderen Stellenwert der durchgängigen Utopiekritik:

„Das Gewicht der Gestalt Pacos und der Gang der Novelle verbieten, aus dem Entwurf des Dichters von der Insel Utopia ein Anderes herauszulesen als vernichtende Kritik an jeder Utopie. Ihr steht entgegen die höchste Aufgabe des Christen, die

Verwirklichung menschlicher Existenz hier und heute, nicht erst in einem Reservat, wie es das Kloster war oder der Traum von dem idealen Staat." (Weber, 1960: 63)

Obwohl gerade im Zusammenhang religiöser Fragestellungen die entscheidenden Probleme der Novelle sichtbar werden, stießen entsprechende Diskussionen weitgehend auf die Ablehnung der Schüler. „Es gibt wichtigere Probleme" – „Wieso das Ausweichen auf die Religion?" – „Flucht in die Religion": das waren einige Schlagworte, mit denen die Schüler den gewichtigen religiösen Interpretationsansatz ablehnten. Abgesehen von einer Kollegiatin, die im Religionsunterricht mit der Novelle konfrontiert worden war und spezielle Textstellen dort besonders bearbeitet hatte, herrschte Ratlosigkeit, was mit den religiösen Implikationen anzufangen sei. Zusammenfassend wurde die Novelle deswegen oft als „weltfremd" bezeichnet. Sie sei „zu optimistisch" angelegt, denn „wir können uns nicht als ein ‚Utopia im Werden' bezeichnen, da sowohl in Gesellschaft als auch in Politik scheinbar keine gewaltlosen Lösungen gefragt sind". Und: „Die Probleme der Welt sind mit Religion nicht zu lösen ..."

Nach den Problemkreisen „Krieg und Politik" und „Religion" ging es um den Gesichtspunkt „Schuld, Gewissen, Heldentum". Das Handeln der Menschen hängt in dieser Novelle nicht von ihren persönlichen Entscheidungen ab; es wird von höherer Warte aus bestimmt. Pedro muß die Befehle seiner Vorgesetzten ausführen, zuerst das Kloster, dann das Gefangenenlager liquidieren. Seine „Handlungsfreiheit läuft auf vorgeschriebenen Geleisen", und Pacos Plan, die Gefangenen zu befreien, wird durch eine schicksalshafte Fügung vereitelt. Folglich könnten sich beide von Schuld und Verantwortung frei fühlen. Doch das Gegenteil trifft zu. Trotz einer Anlage zur Grausamkeit empfindet Pedro seine Taten als Verbrechen. Das Gewissen läßt ihm keine Ruhe, und deswegen sucht er Erlösung in der Beichte. Pacos Tragik liegt darin, daß er allein über Leben und Tod von zweihundert Gefangenen entscheiden muß. Soll er den Leutnant ermorden oder soll er die Kameraden töten lassen? Immer wieder stellt er sich diese Frage, und als ihm die Entscheidung abgenommen wird, fühlt er sich trotzdem für sein Verhalten verantwortlich: „... ich mache es immer falsch ... Ich hab die Schuld." Pedro bezeichnet sich als Automaten, und auch Paco bezieht sich für sein Handeln auf diese Vorstellung. Aber, so erwägt Paco, „ein Automat ist ja ohne Schmerzen". Sie beide jedoch leiden. Damit die Schuldfrage geklärt wird, muß die Einstellung zu der Handlung berücksichtigt werden, denn nur der innere Bereich gehört noch ganz uns selbst, entzieht sich dem Zugriff der Befehlenden. Das Gewissen ist die Instanz, an die sich der Mensch wenden muß, und deshalb sagt Paco dem Leutnant: „Ihr Gewissen entscheidet und befindet über das, was Sie getan haben ..." Die Gewissensfrage, die sich Paco selbst stellt, gehört zur Hauptthematik der Novelle: Als Soldat müßte er seine Kameraden retten, als Christ aber hat er den Auftrag, seine Feinde zu lieben und den Menschen zu vergeben. Als der Leutnant das zur Tötung bereitgehaltene Messer entdeckt, wertet Paco dies als Fingerzeig Gottes und spricht, nachdem ihm die Entscheidung abgenommen ist, sein „Gott ist gnädig". Was ist das eigentliche Problem dieser Grenzsituation? Es ist die Frage, ob man Menschenleben mathematisch gegeneinander aufrechnen und schließen darf: Lieber einen als zweihundert. Gilt nicht Gottes Gebot „Du sollst nicht töten!" ohne Ausnahme in jeder Situation? In diesem Zusammenhang kommt auch die Frage nach dem Heldentum auf, die im Unterricht mit einem Blick auf den gesamten Lebensweg Pacos genauer angesprochen werden kann. Das Tafelbild erleichtert diesen Überblick.

```
Kloster (Ruhe)
Resignation
Utopia (Rostfleck)
Austritt aus dem Kloster (freiwillig)
_____

weltliches Leben

_____

Eintritt
Utopie (Schonung Pedros)
(Resignation)
Tod              warum ?         Held oder Feigling ?
                                 =====================
```

Die Skizze verdeutlicht den symmetrischen Handlungsaufbau. Das „weltliche Leben" fungiert als eine Art Achse. Von Schülerseite aus ergaben sich anhand dieser Übersicht drei Möglichkeiten, Paco zu charakterisieren: „Paco, eine tragische Figur. Wie er sich auch entscheidet, es ist falsch" – „Paco, eine typisch literarische Figur, ein Modell"-„Paco, ein Antiheld".

Die Kollegiaten betonten in der Mehrzahl, daß sie die hier gegebene

Problematik anspricht. Über den Fragebogen wurde ein aktueller Bezug ins Gespräch gebracht: die Untersuchung beim Anerkennungsverfahren für Kriegsdienstverweigerer. Fragen der Notwehr und dergleichen wurden daraufhin diskutiert. Aber trotz des fast alle Schüler interessierenden Bezugs zu Tagesproblemen und allgemein ethischen Fragen wurde einmal die Meinung geäußert: „Warum der Umweg über den Spanischen Bürgerkrieg, um uns so etwas darzustellen?" Geringen Erfolg hatte dann auch der Versuch, das Gespräch mittels eines Zitates zu vertiefen, in dem Benno von Wiese die Bedeutung der Novelle wie ihrer dramatisierten Fassung aus dem Jahr 1950, „Gottes Utopia", im Blick auf die Nachkriegssituation erklärt:

„In der Zeit nach dem deutschen Zusammenbruch, der ja nicht nur eine militärische, sondern auch eine geistige Niederlage von nahezu grenzenlosem Ausmaß war, bedeutete Stefan Andres' Novelle ‚Wir sind Utopia' einen in ihrer Art fast alleinstehenden Akt der Selbstbesinnung und Gewissenserforschung. Die ungewöhnliche Begebenheit, die hier, in nur geringem historischem Abstand, aus dem Spanischen Bürgerkrieg berichtet wurde, spiegelte zugleich die zerreißenden Widersprüche unserer eigenen deutschen Situation, ja sie wurde darüber hinaus zum Sinnbild überpersönlicher Konflikte: von Politik und Theologie, von diktatorischem Zwang und Appell an die Entscheidung des einzelnen, von menschlicher Sehnsucht nach utopischem Glück und Anspruch Gottes an die Menschen. So sehr auch der Novellist Andres in wirklichkeitsnaher, gedrängter Darstellung jenen Bereich darzustellen verstand, innerhalb dessen die Kluft zwischen dem Zeitlichen und dem Ewigen sowohl geöffnet wie auch wieder geschlossen wurde, seine Geschichte enthielt ungleich so viel dramatischen Sprengstoff, so viel Entgegensetzung in der Dialektik der Charaktere, daß hier ein seltener Glücksfall eintrat: ein Dichter der novellistischen Konzentration konnte sein Werk, ohne Zerstörung der inneren Form, in den atemberaubenden dramatischen Dialog verwandeln." (von Wiese, 192: 109)

Der in der Rezeption des Werkes nachweisbare Gesichtspunkt der nationalen Gewisssensforschung fand durchaus Interesse. Eher mit Ironie und ungläubigem Kopfschütteln dagegen reagierte man auf von Wieses Hinweis, daß in Andres' Darstellung „die Kluft zwischen dem Zeitlichen und dem Ewigen" angesprochen ist. Wieder sind dies Schwierigkeiten, die sich daraus erklären, daß die Kollegiaten dieser Großstadtschule mit der religiösen Dimension der Novelle nicht viel anzufangen wissen. Gleichzeitig wirken derart emphatisch vorgetragene Wertungen befremdlich auf sie.

Fragen der sprachlichen Gestaltung wurden erst gegen Ende der Behandlung angesprochen. Viele Schüler klagten aber von Anfang an über Schwierigkeiten, mit Sprache und Stil zurechtzukommen. Der Aufbau der Novelle und ihre speziellen Darstellungstechniken konnten aber mit guter Beteiligung besprochen werden. Der Aufbau wurde mittels eines Tafelbildes herausgearbeitet, das nach Webers genauer Übersicht über die Novellenabschnitte konzipiert war. (1960: 33) Der erste Abschnitt (Land, Klosterhof, Zelle) ist expositorisch, und zwar wird hier besonders auf die äußeren Erscheinungsformen geachtet: die Landschaft, das Kloster und das Aussehen der Hauptperson werden geschildert. Im zweiten Abschnitt (Bibliothek) wird die Exposition weitergeführt, von Pacos Äußerem wird unser Blick auf sein Inneres gelenkt, und nach und nach werden wir mit der Vorgeschichte vertraut gemacht. Die eigentliche Handlung setzt mit dem Auftauchen des Messers, dem Leitmotiv und erregenden Moment, ein. Die geistige Mitte des Werkes liegt im Mittelstück (Zelle). Es ist eine Ruhepause im äußeren Geschehen, das mit dem Beginn des vierten Abschnittes (Bibliothek) wieder einsetzt, noch einmal durch Pacos Meditation aufgehalten wird, sich aber dann im letzten Abschnitt (Zelle und Refektorium) bis zum dramatischen Höhe- und Wendepunkt aufgipfelt und schnell der Katastrophe zustürzt. Zu den jeweiligen Räumen ist mit Weber zu sagen: „Die Zelle ist der Ort der Selbstbesinnung, die Bibliothek der der geistigen Auseinandersetzung, der Binnenhof der der Begegnung und das Refektorium der der gemeinsamen Kommunikation und zugleich Kommunion." (ebd.) Die Struktur der Novelle erinnert in manchem an die des Zieldramas. Es gibt eine Exposition mit dem erregenden Moment, dann die steigende Handlung, in der die Spannung ständig wächst, bis sie in der Beichtszene ihre höchste Intensität erlangt. Hier erfolgt der Umschwung, die steigende Handlung wechselt hinüber in die fallende und endet schließlich in der Katastrophe. Allerdings fehlt ein echtes retardierendes Moment. Pedros Rettungsangebot, Paco allein fliehen zu lassen, kann nur bedingt als solches betrachtet werden. Es kann Pacos Handlungsweise nicht berühren und wirft lediglich ein bezeichnendes Licht auf Pedros Charakter, der die Beichte zu einem Tauschgeschäft erniedrigt. Bezüglich des Erzähltechnischen drängt sich ebenfalls der Vergleich zum Dramatischen auf. Weber spricht treffend von einem „Drehbuch", bei dem der Erzähler Regie führt. (ebd.: 15 ff.) Die entscheidenden Elemente sind „Regiebemerkung und Einstellung", „Dialog" und „innere Stimme". Dadurch kann der Leser insbesondere auch Zeuge der entscheidenden Seelenvorgänge werden. Die Herausarbeitung solcher Momente des Aufbaus und der Erzählweise hatte durchaus erhellende Funktion für das Verständnis der Novelle und verdeutlichte Aspekte der dichterischen Leistung Stefan Andres'. Insgesamt blieb aber der Vorbehalt gegen die sprachliche Gestalt unüberwindlich. Zur Beurteilung der Sprache aufgefordert, antworteten die Schüler meist: „Langatmig", „kompliziert", „langweilig". Einzelne Schüler schreiben: „Die Landschaftsbeschreibungen erscheinen mir zwar lang, aber nichtssagend. Die Form empfinde ich als extrem langweilig. Die Sätze sind zu lang und zu wulstig." – „Die Sprache ist zerfahren, abgehackt, oft Themawechsel, nicht mein Geschmack." – „Der Inhalt mag ja ganz interessant sein, aber die Sprache, die viel zu kompliziert und veraltet ist, vermiest einem alles." Auch wenn manche der Wertungen, die Benno von Wiese in dem oben wiedergegebenen Zitat macht, von allen oder von vielen akzeptiert wurden, kamen als Einwände: Aber warum dies alles in einem solchen Gewand? Warum diese nicht enden wollenden Dialoge? Diese altertümliche, überbordende Sprache! Diese Urteile wurden vom Lehrer als Zeichen wirklicher Schwierigkeiten beim Lesen genommen. Er war sich sicher, auch durch Stilanalysen keine Einstellungsänderung erreichen zu können. So sah er sich zu folgender Überlegung gedrängt: Wenn die Sprache eine derartige Hürde ist – und nur wer diese Hürde überschreitet, kann zu dem Gehalt der Novelle vordringen –, könnte der Religions- oder Ethikunterricht der geeignetere Ort der Behandlung sein. Dort wäre dann das im Unterrichtsversuch von den Schüler anhand der Novelle aktualisierte Problem der Gewissensforschung in den Mittelpunkt zu stellen, unter Verzicht auf andere Aspekte und ohne Zuhilfenahme stilistischer Untersuchungen. Freilich war bei aller Skepsis zuzugeben, daß sich auch im Deutschunterricht ein gewisser Ertrag feststellen ließ, im Vergleich mit den Ergebnissen anderer Lektüren vielleicht sogar ein relativ günstiger: neben der Thematik „Schuld, Gewissen, Heldentum" wurden u. a. auch das Thema der Zeitbezogenheit eines Werkes sowie Probleme des eigenen Rezeptionsverhaltens angesprochen und damit vielleicht für den literarischen Unterricht exemplarisch wichtige Diskussionen erreicht. Daß das Bekanntwerden mit Andres' Novelle von einzelnen einmal als persönlicher Gewinn, einmal als Zeitverschwendung bezeichnet wurde, ist ein Ergebnis, das sich bei jedem literarischen Gegenstand wiederholen kann. Wichtig ist in solchen Zusammenhängen, daß die Ablehnung nicht auch eine Ablehnung des Unterrichts als solchen impliziert. Vermutlich hätte man einen Unterricht heftig abgelehnt, der über persönliche Urteile der Schüler hinweggegangen wäre. Durch die hier vorgeführte Art der Behandlung jedoch dürfte die Motivation zum eigenen Lesen und zum Mitarbeiten im Literaturunterricht zumindest nicht beeinträchtigt worden sein.

Der Fragebogen

FRAGEBOGEN

Vorbemerkung:
Der Fragebogen ist zweigeteilt: Teil A enthält Fragen zum Inhalt, zur Form und zur Rezeption allgemein des Werkes, die knapp und präzise (Stichworte genügen) zu beantworten sind.

Im Teil B schließen sich Fragen an, die Sie durch Ankreuzen lösen sollen (mehrere Möglichkeiten sind denkbar).

<u>Wichtig:</u>
Bitte orientieren Sie sich bei der Beantwortung der Fragen nicht an der Sekundärliteratur; *allein Ihr subjektiver Eindruck ist entscheidend.*
Scheuen Sie nicht ehrliche Antworten; eventuelle kritische Kommentare fallen nicht auf Sie zurück, *sind – im Gegenteil – erwünscht.*
Noch mal: nicht, was der Lehrer „gerne hätte", auch nicht, was Literaturwissenschaftler bereits von sich gegeben haben, ist entscheidend, sondern einzig und allein Ihre ganz private Meinung.
Und ein letztes:
Bitte die Fragen erst nach gründlicher (am besten zweimaliger) Lektüre der Novelle beantworten.

<u>Teil A:</u>
1. Sie haben vom historischen Hintergrund der Novelle (Spanischer Bürgerkrieg) gehört. Versuchen Sie bitte zu beurteilen, welchen Stellenwert die Politik in der Novelle einnimmt. Würden Sie mit dem Terminus „politische Novelle" arbeiten?

2. In der Sekundärliteratur wird „Wir sind Utopia" oft als „politische Novelle ohne Politik" bezeichnet. Nehmen Sie zu dieser Kennzeichnung Stellung.

3. Sie haben von Thomas Morus' Vorstellung des utopischen Idealstaates gehört. Welche Verbindung besteht, abgesehen vom Titel der Novelle, zu Andres' Erzählung?

4. „Wir sind Gottes Utopia, aber eines im Werden."
Analysieren Sie diesen Ausspruch im Hinblick auf die Intention der Novelle.

5. Paco und Pedro – zwei Gestalten, zwei Welten:
verifizieren, falsifizieren oder modifizieren Sie diese These.

6. Ist Paco Ihrer Meinung nach ein Held? Wie beurteilen Sie sein Tun?

7. Könnte man „Wir sind Utopia" als *Antikriegsliteratur* lesen?
Begründen Sie Ihre Ansicht.

8. Welche Rolle spielt Ihrer Meinung nach der Spanische Bürgerkrieg? Könnte man für „Span. Bürgerkrieg" auch „Krieg allgemein" setzen?

9. Wie beurteilen Sie den Stil der Novelle? Geben Sie eine kurze Formanalyse des Anfangs. (Seite 5–9)
Sagt Ihnen die Sprache zu?

10. Die Gattungsbezeichnung „Novelle" für „Wir sind Utopia" ist in der Literaturwissenschaft nicht unumstritten. Welche anderen Novellen kennen Sie? Sehen Sie Vergleichspunkte *formaler,* d. h. novellentheoretischer Art?

11. Der Literaturwissenschaftler A. Weber schreibt über die Novelle (s. Umschlagtext): „In ihr entfaltet sich seelischer Reichtum und Menschlichkeit; hier offenbart sich innere Schönheit und Größe." Stimmen Sie, als Schüler und Leser der Novelle, diesem Urteil zu?

12. Könnten Sie sich mit einer der Hauptpersonen identifizieren? Begründung.

13. Wurden Überlegungen, Gedanken, Phantasien – nach der Lektüre – bei Ihnen erweckt? Wenn ja, welche?

14. Wenn Stefan Andres noch leben würde: welche Frage(n) hätten Sie an den Autor?

15. Stellen Sie sich vor, Sie müßten für eine Zeitung eine Würdigung der Novelle schreiben (etwa: „Andres Novelle ‚Wir sind Utopia' heute"). Welche Kritikpunkte (positiv/negativ) würden Sie herausstellen?
Differenzieren Sie bitte:
a) Rezension für eine kirchliche Zeitschrift/Zeitung
b) Rezension für eine Tageszeitung (Kulturteil)
c) Rezension für ein Massenblatt

<u>Teil B:</u>
1. Die politische Problematik wird in der Novelle
   ○ zu wenig berücksichtigt
   ○ Andres hätte sie mehr in den Vordergrund stellen sollen
   ○ angemessen berücksichtigt
   ○ die politischen Bezüge lenken vom eigentlichen Thema ab
   ○ ....

2. Während des III. Reiches wurde die Novelle von vielen als *Widerstandsliteratur* gelesen: das Individuum, der Geistliche Paco, widersteht der Gewalt, wie sie von Pedro verkörpert wird. Können Sie eine derartige Interpretation heute, im Jahre 1980, nachvollziehen?
   ○ nein, überhaupt nicht
   ○ unter Umständen schon
   ○ unter den damaligen Umständen, im Krieg war das vielleicht möglich, heute wohl nicht mehr
   ○ diese Thematik ist zeitlos, also auch heute gültig
   ○ ....

3. Zentrum der Fabel ist Pacos innere Wandlung; die Handlung ist das Aggregat, das seine Wendung von einer weltlich – sozialen zur transzendenten Utopia-Vorstellung bewerkstelligt. Wie stehen Sie zu dieser Wandlung?
   ○ in dieser Situation der einzig richtige Weg

Stefan Andres: Wir sind Utopia

- ○ Pacos Handlungsweise ist unverständlich
- ○ die Utopia-Vorstellung zeugt von einer (gefährlichen) Weltfremdheit
- ○ ....

4. „Wir sind Gottes Utopia – aber eines im Werden".
   Wie beurteilen Sie diese Kernaussage der Novelle?
   - ○ schön wäre es – doch allzu illusionär gedacht
   - ○ die Probleme der Welt sind mit Religion nicht zu lösen
   - ○ der Autor macht es sich zu leicht, wenn er auf „Utopia" hofft
   - ○ gefährlich wirkende Aussage, die in ihrer Jenseitsorientierung diesseitige Unterdrückung und Gewalt zuläßt
   - ○ richtige Aussage, die durch die Novelle meisterhaft illustriert wird
   - ○ ....

5. Die Hauptthematik des Stückes ist doch wohl, daß Paco in einem (unauflösbaren) seelischen Konflikt steht: als Soldat müßte er seine Kameraden retten, als Christ hat er den Auftrag, seine Feinde zu lieben und den Menschen zu vergeben.
   Spricht Sie diese Thematik an?
   - ○ überhaupt nicht
   - ○ kaum
   - ○ ja, aber ich hätte es anders dargestellt
   - ○ ja, sehr
   - ○ ....

6. Wie würden Sie diese Thematik (s. 5) beurteilen?
   - ○ eine der entscheidenden Fragen in unserer heutigen Zeit
   - ○ durchaus wichtig
   - ○ gesucht
   - ○ nebensächlich, es gibt Wichtigeres
   - ○ weltfremd
   - ○ ....

7. Wie stellt Ihrer Meinung nach Andres den Krieg dar?
   - ○ er ist zweitrangig; primär geht es um innere Konflikte
   - ○ andeutungsweise
   - ○ zu knapp
   - ○ ....

8. Wie beurteilen Sie Pacos Verhalten?
   - ○ feige
   - ○ christlich
   - ○ menschlich
   - ○ unkameradschaftlich
   - ○ richtiges Verhalten
   - ○ ausweglos
   - ○ sonstige Eigenschaften:
   ....

9. Wie würden Sie die Sprache der Novelle beurteilen?
   - ○ ausgefeilt
   - ○ dichterisch/poetisch

- ○ langatmig
- ○ kompliziert
- ○ langweilig
- ○ ....

10. Was assoziieren Sie mit dem Gattungsbegriff „Novelle"?
    - ○ spießiges 19. Jahrhundert
    - ○ bürgerlich
    - ○ reaktionär
    - ○ künstlerisch
    - ○ unmodern
    - ○ kleiner Roman
    - ○ typische Schullektüre
    - ○ ....

11. Haben Sie – im Anschluß an die Lektüre – mit jemandem (im *außer*schulischen Bereich) über die Novelle gesprochen?
    - ○ nein
    - ○ ja, mit
        - ○ Eltern
        - ○ Freund/Freundin
        - ○ Schulkameraden
        - ○ sonst. Bekannten/Verwandten
        - ○ ....

12. Würden Sie die Lektüre als *Privat*lektüre jemandem empfehlen?
    - ○ ja; Grund: ....
    - ○ nein; Grund: ....

13. Halten Sie die Novelle als *Schul*lektüre für geeignet?
    - ○ ja; Grund: ....
    - ○ nein; Grund: ....

14. Hat Ihnen die Lektüre der Novelle Spaß gemacht?
    - ○ ja; Grund: ....
    - ○ nein; Grund: ....

15. FAZIT:
    Gesamteindruck der Novelle:
    - ○ eher positiv, weil ....
    - ○ eher negativ, weil ....

Vier exemplarische Beantwortungen

Die Fragebögen der 23 Kollegiatinnen und Kollegiaten können hier nur in Auswahl wiedergegeben werden. Im folgenden finden sich vier Beantwortungen zu „Teil A", von denen jede repräsentativ für eine Art der Einschätzung ist;

A: Zustimmung
B: bedingte Zustimmung

Stefan Andres: Wir sind Utopia 221

C: Ablehnung, inhaltlich
D: völlige Ablehnung (formal und inhaltlich)
Frage 1:
A: Nein, denn ich glaube, die Politik dient nur als Hintergrund.
B: Nein. Ich habe den Eindruck, daß das Stück den historischen Hintergrund zwar nicht ganz links liegen läßt, daß aber die inneren Konflikte der beiden Hauptpersonen im Vordergrund stehen.
C: Ja, mit Betonung auf „Novelle". Vielleicht eine Novelle mit politischem Hintergrund, aber die Politik ist nicht das Entscheidende. Allerdings ist das Thema an sich (Drittes Reich) schon so durchgekaut, daß man sich etwas Neues einfallen lassen könnte. Die Deutschen sollten endlich aufhören, sich selbst zu verurteilen.
D: Nein, Politik ist hier nur Träger für philosophische und theologische Überlegungen.
Frage 2:
A: Die Politik fließt unauffällig mit in die Novelle hinein. Sie zeigt sich jedoch nicht offensichtlich.
B: Politisch höchstens in der Hinsicht, daß man jede politische Handlung auch mit seinem Inneren vereinbaren sollte.
C: Politik spielt schon eine Rolle. Besonders der Krieg mit seinen Kennzeichen wird beschrieben anhand eines Ereignisses, das im Dritten Reich eine große Rolle spielte.
D: Dieser Ausdruck sagt mir nichts.
Frage 3:
A: Diese Vorstellung von Utopia taucht in der Novelle immer wieder auf. Sie ist so eine Art Leitfaden.
B: Die Traumvorstellung einer Erde, wie sie höchstens nach dem jüngsten Tag sein kann. Die Flucht aus dem Alltag. Kann aber auch positiv sein, wenn man aus dem Traum neue Kraft schöpft, um „Utopia" hier teilweise zu verwirklichen.
C: Paco hätte diese Welt wohl gern, ohne Krieg und wo er kein Soldat sein muß. Vielleicht sind Pacos Ansichten identisch mit Andres'.
D: Paco bezieht sich in seiner Beurteilung der politischen und sozialen Lage auf den Begriff Utopia.
Frage 4:
A: Der Autor scheint optimistisch auf ein Utopia zu hoffen. Der Inhalt der Novelle jedoch illustriert teilweise Pessimismus.
B: Wir sollen uns keine Traumwelt bauen, die unserer Vorstellung von Utopia entspricht, sondern wir sollen in unserem Leben versuchen, das Utopia auf der Erde zu verwirklichen – und zwar mit Gott.
C: Die Welt ist unvollkommen. Deshalb führt sie Krieg. Die Novelle will den Übergang von Krieg zu innerem Denken (Religion) zeigen.
D: Ich konnte bei der Novelle keine bestimmte Intention feststellen.
Frage 5:
A: Paco und Pedro haben verschiedene Stellungen in *einer* Welt. Paco bejaht

sein Schicksal nach Überlegungen, während Pedro sich seinem Schicksal ohne sich zu rechtfertigen hilflos hingibt.
B: Ja. Paco versucht mit Gott einig zu werden. Pedro jedoch will nur seine Sünden vergeben haben, weil er Angst vor der „Hölle" hat.
C: Nein, sondern nur zwei Menschen mit einer unterschiedlichen Entwicklung. Daraus haben sich auch ihre Ansichten und ihr Handeln unterschiedlich entwickelt.
D: Wenn verschiedene Welten durch verschiedene Personen repräsentiert werden, können sich irgendwelche Personen nicht in einer Welt befinden. Die „zwei Welten" wären so nur natürlich.

Frage 6:
A: Man möchte versuchen, ihn zu einem „Helden" zu machen, um einerseits einen Sieger und auf der anderen Seite einen Besiegten zu haben. Doch in der Novelle wird Paco, der die Voraussetzungen für einen „Helden" hat, selbst schwach, was ihn jedoch gleichzeitig als sehr menschlich darstellt. Er ist vielleicht eine Art „passiver Held".
B: Nein. Er handelt nach einem Weg, den ihm – wie er glaubt – Gott vorschreibt.
C: Ein negativer Held. Er wird als vernünftiger Denker hingestellt, aber sein Handeln ist nicht entsprechend. Insofern kann man ihn als utopischen Schwärmer bezeichnen. Er handelt nicht „vernünftig".
D: Nein. Ich beurteile niemands Tun.

Frage 7:
A: Ja, dies wäre aber nur ein Teil der Aussage dieser Novelle. Der Krieg und seine Folgen dienen mehr als Hintergrund oder „Bühnenbild", vor dem sich die Novelle abspielt.
B: Ich denke doch. Ich meine aber, daß es höchstens zeigen soll, welche Konflikte eine Kriegssituation im Menschen hervorrufen kann. Weiterhin, wie unsinnig es ist, daß man Menschen erschießen muß, mit denen man sich vielleicht sehr gut versteht.
C: Ja, es werden die Grausamkeiten des Krieges beschrieben. Aber am besten, man schreibt nicht mehr über dieses Thema (es erschöpft sich).
D: Ja. Jeder Text, der vom Krieg handelt und ihn nicht verherrlicht, ist als Antikriegsliteratur zu bezeichnen.

Frage 8:
A: Der Spanische Bürgerkrieg ist besonders kennzeichnend für die Verfolgung der Gläubigen. Insofern gibt er als Hintergrund noch genauere Informationen über die Situation.
B: Nicht ganz. Hier wird das ganze noch auf die Spitze getrieben, indem die Personen, die sich bekämpfen (sollen), aus dem gleichen Volk kommen.
C: Das war ein Krieg zwischen Gegnern und Anhängern von Hitler auf fremdem Boden. Generalprobe für Hitler.
D: Krieg hat hier die Funktion, Menschen zu trennen, zu Feinden zu machen und zu Grausamkeit zu zwingen.

Frage 9:
A: Die Sprache ist sehr anschaulich. Man findet hypotaktischen Satzbau, Metaphern und Bilder. Diese Sprache macht es einem leicht, sich die Situation vorzustellen.

B: –
C: Die Sprache ist zerfahren, abgehackt, oft Themawechsel, nicht mein Geschmack. Anfang: erzählerische Einführung in die Handlung.
D: Nein. Die Landschaftsbeschreibungen erscheinen mir zwar lang, aber nichtssagend. Die Form finde ich als extrem langweilig. Die Sätze sind zu lang und zu wulstig.

Frage 10:
A: Katz und Maus. Soviel ich weiß, erzählt eine Novelle (ital. novella = Neuheit) ein einmaliges Geschehen, das eine einmalige Bedeutung hat. „Wir sind Utopia" dagegen könnte sich vom Geschehen her öfter ereignen und ist in dieser Hinsicht nicht einmalig.
B: Schimmelreiter.
C: Ich kenne keine formalen Kriterien für Novellen.
D: Ich kann mich leider nicht mehr an eine andere Novelle erinnern. Diese Literaturgattung hat mich noch nie beeindruckt.

Frage 11:
A: Die Wertung von A. Weber entspricht meinem Eindruck von der Novelle. Meine Meinung nach erkennt er die Intention des Autors, der sie wahrscheinlich aus religiösen Motiven schrieb. Er will vielleicht zeigen, daß sich seelischer Reichtum und Menschlichkeit erst im Zusammenhang mit der Religion entfalten kann.
B: –
C: Ist es Menschlichkeit, wenn die Folgen des Krieges gezeigt werden, wenn Gefangene erschossen werden?
D: Nein. Der Text war für mich keine Offenbarung, sondern eine Kaugummibeschreibung einiger Personen.

Frage 12:
A: Das ist eine sehr persönliche Frage, deren Antwort wahrscheinlich so persönlich ist, daß der Leser sie gar nicht verstehen kann. Ich kann lediglich sagen, daß mir Paco mehr liegt als Pedro, ich mich aber mit ihm nicht identifizieren kann. Auch ist es mir unmöglich, ihn in der Novelle überhaupt mit mir zu vergleichen, da man zu wenig über sein bisheriges Leben erfährt.
B: Ja, mit Paco, da auch ich zur Zeit mit schweren Zweifeln um das Vorhandensein Gottes kämpfe.
C: Nein, sie sind zu extrem, es gibt keine „Mischform".
D: Nein, auf keinen Fall. Der Text hat mich zu wenig berührt, als daß ich mich mit einer Person identifizieren könnte.

Frage 13:
A: Ich würde sage, daß ich hauptsächlich über die Religion nachgedacht habe. Damit verbunden auch über menschliche Reaktionen in einer bestimmten Situation sowie über ein Utopia. Andererseits war es schwer, sich die Situation Krieg vorzustellen und man konnte sich nicht immer hineinversetzen.
B: –
C: Nein, nur wer wohl für oder gegen Hitler war in der Novelle.
D: Keine. (Ich habe mich geärgert, daß ich meine Zeit beim Lesen verschwendet habe.)

Frage 14:
A: Ich würde fragen, ob er sich in der Person des Paco selbst identifiziert.

B: Glauben Sie an Gott? Wenn ja, wie sieht Ihr Gott aus? Identifizieren Sie sich mit Pacos Gedankengängen? Wenn ja, zu welchem konkreten Ergebnis sind Sie gekommen? Wollten Sie mit Pedro eine negative Figur oder einen den Normen unterworfenen „normalen" Menschen darstellen?
C: Glaubt er an das, was er schreibt?
D: Keine. Er interessiert mich nicht.
Frage 15:
A: a) Entspricht unsere Gottesvorstellung der des Paco?
   b) Welche Stellung nimmt die Religion in der Novelle und in der damaligen Zeit im Vergleich zu heute ein?
   c) „Wir sind Utopia" – Wirklichkeit oder Märchen
      Für BILD exklusiv: Utopie für Spinner oder Kriegsgeschädigte.
B: –
C: a) Theologisch sicher interessant.
   b) Ein Zwiespalt zwischen Religion und Krieg, der dem Stück schadet, weil es dadurch zweigeteilt wird.
   c) Kann man unter die übrige Literatur über den Zweiten Weltkrieg einordnen.
D: Ich würde alle Leser davor warnen, Zeit und Geld für diese Novelle zu verwenden.

HORST EHBAUER

Unterrichtsversuch an einer Kleinstadtschule

Die Schüler

Der Unterricht an der Großstadtschule hat erkennen lassen, daß bei Desinteresse an religiösen Problemstellungen eine wichtige Basis für gründliche Auseinandersetzung mit der Novelle fehlt. Die Voraussetzungen an der Kleinstadtschule waren diesbezüglich besser. Zwar wurde auch hier ein Grundkurs statt eines Leistungskurses gewählt, so daß besonderes Engagement für Literatur nicht zu erwarten war, aber die Schüler hatten mit nur einer Ausnahme eine religiöse Bindung. Einer einzigen Kollegiatin, die religiös indifferent war, standen in der Klasse religiös interessierte und z. T. kirchlich besonders tätige Kursteilnehmerinnen und -teilnehmer gegenüber. Bezeichnend für diese Situation ist, daß zu Beginn des Unterrichts eine Schülerin, die das Morgengebet im Grundkurs eingeführt hatte, daran erinnerte, daß „wir" noch nicht gebetet hätten. Daß die Teilnehmer mit der Novelle gerade auch im Hinblick auf ihr religiöses Leben etwas anfangen konnten, zeigte sich verschiedentlich. So, als das Urteil von Gisbert

Kranz zur Debatte stand: „Die geistig wie künstlerisch schwächste Stelle ist die Rede Padre Damianos, durch dessen Mund der Dichter sein eigenes, etwas verworrenes Credo spricht." (Kranz, 1978: 183) Dieses Zitat wurde zunächst ungläubig bestaunt, dann großenteils kritisiert. Allerdings gaben die Schüler gewisse anfängliche Verständnisschwierigkeiten zu. Einzelne streng katholisch orientierte Kollegiaten lehnten aber auch umgekehrt manche Novellenpassagen ab, z. B. das Fatalismus-Diktum „was sein muß, geschieht" oder den aporetischen Satz „Gott braucht die Sünde". Partielle Ablehnung brachte aber keine Abkehr von der Novelle mit sich, vermutlich, weil der Text insgesamt offenbar eine zu gute christliche Grundlage hat. Skeptisch aufgenommen wurde von verschiedenen auch Pacos Reflexion „... wir fühlen unseren Wert..., weil wir eingefangen und unters Joch gebracht wurden" (wohl ein Bibel-Analogon zu Matthäus 11,29 f „Nehmt mein Joch auf euch und lernt von mir. Mein Joch ist süß und meine Bürde ist leicht" bzw. Klagelieder 3,27 „Gut ergeht es dem Mann, welcher sein Joch in der Jugend schon trägt"). Totale ideologische Ablehnung war nur in einem Falle zu verzeichnen, und zwar bei der religiös indifferenten Schülerin. Aber selbst für sie hielt der Text immer noch viele Ersatzkonstitutionsmöglichkeiten bereit, auch auf ideologischer Ebene – z. B. bezüglich des Konflikts Realität versus Utopie –, so daß kein Leerraum an Sinngebung insgesamt entstand. Partielle Sinngebungslücken lassen sich also von den Lesern aufgrund der Gesamtdarstellung verkraften.

Die erste Arbeitsanweisung

Da gegenüber fünf Stunden beim Großstadtversuch hier zwölf Stunden zur Verfügung standen, konnte auch mehr für die Motivierung der Schüler zu Lektüre und Analyse getan werden. Gleichzeitig war auch mehr Zeit vorhanden, etwas über Einstellungen zu erfahren und festzuhalten. Entsprechend behutsam war der Einstieg. Nachdem anläßlich einer Titellegitimation Anmerkungen über Thomas Morus' Utopia-Konzept gemacht worden waren und die Schüler Informationen zu Stefan Andres und zur Novelle insgesamt erhalten hatten, bekamen sie folgende Aufträge:

ERSTE ARBEITSANWEISUNG
1. Lesen Sie Andres' „Utopia" bis Seite 22 („sitzenblieb").
2. Ist die Novelle bis dahin für Sie interessant? In welchen Punkten/aufgrund

welcher Probleme/welcher Darstellungsweise? Wenn nicht interessant: Nennen Sie drei Kriterien, die der Text Ihrer Meinung nach nicht erfüllt.
3. An welchen Stellen ist der Text für Sie spannend? (Kurzzitat mit Seitenangabe).

Die Antworten auf diese erste Arbeitsanweisung waren nahezu alle sehr ausführlich (bis zu vier DIN A 4-Seiten). Sie überraschten durch ihre präzisen Beobachtungen. Die vielen Interessebekundungen nahmen dem Lehrer jeden Zweifel bezüglich der Eignung des Textes als „spannende Lektüre" und anregende Besprechungsgrundlage für verschiedene Zusammenhänge. Tendenzen und Verteilung der Schülerausführungen lassen sich in folgender Übersicht zeigen:

Frage 2:
PRO: interessant bis sehr interessant
1. Sprache
Verständlichkeit: 2 *Schüler*
Anschaulichkeit: 1 *Schüler*
Vergleich/Metaphernreichtum: 3 *Schüler*
Auflockerung: 1 *Schüler*
Adjektiva: 1 *Schüler*
2. Erzähltechnik (Verfahren) + Erzählstruktur (Sujet, Figuren, Handlungsverlauf etc.)
Exposition (vom ‚Allgemeinen zum Besonderen'): 1 *Schüler*
späte Einführung der ‚Figur': 2 *Schüler*
pointierende Darstellung: 1 *Schüler*
verrätselnde Darstellung: 6 *Schüler;* 1 *Schüler:* vage Darstellung spannt auf Weiteres
Titel: 1 *Schüler*
Form-Inhalt-Relation (u. a. verrätselnde Darstellung und entsprechender Inhalt): 1 *Schüler*
Wechsel von Gegenwartshandlung und Rückgriff: 2 *Schüler*
Erinnerungsinhalte (früheres Klosterleben; Lebenszusammenhang): 3 *Schüler*
Detailfreude (u. a. szenische Darstellung): 1 *Schüler*
Landschaftsschilderung (u. a. Plastizität): 2 *Schüler*
Dialog (u. a. Figurencharakteristik durch Dialog): 2 *Schüler*
Figurencharakteristik: 3 *Schüler*
Identifikationsmöglichkeit (aufgrund der Figurendarstellung): 1 *Schüler*
Fluchtmöglichkeit: 6 *Schüler*
Figurenkonstellation (v. a. ‚menschliche, nur erahnbare Beziehungen/ Entwicklung der Beziehungen . . .'): 8 *Schüler*
3. ‚Probleme' ‚Weltanschauung, Ideologie'
Gegensatz Kirche – ‚Gegenpartei': 1 *Schüler*
Thema ‚Rückkehr eines Priesters': 4 *Schüler*
Gewissenskonflikt: 1 *Schüler*
Zeitgeschichte: 1 *Schüler*

Problemlösungen (→ nicht eindeutig, da großenteils – auch – auf Situation ‚Gefangenschaft' bezogen, allerdings nur schwer ablösbar vom Gegensatz Ex-Priester/Atheist, der beichten will; ‚aktuelle' Probleme): *2 Schüler*

CONTRA:
Indifferenz (vermutlich negative Einstellung) gegenüber Text: *1 Schüler*
Landschafts-, Beschreibungen zu langweilig: *2 Schüler*
Reflexionen Pacos (teilweise negativ rezipiert): *1 Schüler*

Frage 3: (o, m, u bei Seitenzahl: oben, Mitte, unten)
PRO ‚Spannung': Werkdiachrone Spannungsmomente bis Seite 22 Mitte:
6f abruptes Einsetzen der Handlung: *2 Schüler*
7u Ankunft im Kloster (‚abweichendes' Verhalten Pacos): *3 Schüler*
9ff Brunnenszene: *5 Schüler*
11 Warum kennt Paco das Kloster?: *1 Schüler*
14 Einschußlöcher: *4 Schüler*
14m/17m Erzähltechnik
 →Überraschungsmomente u. ihre Auflösung: *1 Schüler*
 →verrätselnde/vorausdeutende Darstellungsweise: *2 Schüler*
 →Wechsel der Erzählzeit: *1 Schüler*
15f Julios Gestalt und Tod: *1 Schüler*
17o Warum Rückkehr ins Kloster als Gefangener?: *1 Schüler*
17m/20u Gitter/freiwillige Gefangenschaft/Entscheidung zur Flucht?: *11 Schüler*
21 Beistand Pedros: *1 Schüler*
21f Messer: *6 Schüler*; 1 Schüler: ‚magische Kraft des Messers'
21f Gespräch Paco-Pedro: *2 Schüler*
22 Frage nach der Bestattung der Leiche: *1 Schüler*

CONTRA ‚Spannung':
weder ja noch nein: *1 Schüler*
bis Seite 22 kaum Spannung, aber Interesse am Fortgang: *1 Schüler*
nicht wirklich spannend bis Seite 22: *1 Schüler*

Die zweite Arbeitsanweisung

In zwei weiteren Stunden wurden die allgemeine Einführung in die Novelle (einschließlich Fragen der Andres-Rezeption in der Vergangenheit) und die Einführung in die literarische Utopie (Textbeispiele aus Thomas Morus und Robert Walser, Bezugnahme auf Lessings Ringparabel) fortgesetzt. Danach war die Lektüre zu Ende zu lesen. Methodisches Prinzip blieb: Möglichst unbeeinflußte Erstrezeption mit der Chance, diese schriftlich festzuhalten. Die dazu nötigen psychologischen Anmerkungen wurden gemacht. Folgende Aufträge waren zu bearbeiten:

ZWEITE ARBEITSANWEISUNG

1. Welche Funktion für den Ablauf des Geschehens/für das Ende der Geschichte haben die Erinnerungen Pacos an sein *früheres Klosterleben*?
(Beschreibung/Begründung + Seitenangabe bei Zitat).
2. Zitieren Sie verkürzt auf wenige Stichworte den wichtigsten Grund/die wichtigsten Gründe, warum Paco den Leutnant Pedro *nicht umbringt,* und nehmen Sie dazu kritisch (positiv/negativ) Stellung.
(Seitenangabe)
3. Beschreiben Sie kurz Pacos Verhältnis zu Kirche, *Religion, Glauben,* Gott in Vergangenheit und Gegenwart.
(Seitenangabe)
4. Nehmen Sie kritisch (positiv/negativ) Stellung zu Padre Damianos Aussage „*Wir sind Gottes Utopia,* aber eines im Werden!" (S. 40 oben) und beziehen Sie in Ihre Antwort die Ihrer Meinung nach zentralen *Urteile über Utopia* ein.
(Seitenangabe)
5. Zeigt Andres' Novelle Ihrer Meinung nach Probleme auf, die auch heute aktuell sind oder die Sie *interessieren?* Wenn ja – kurz welche?

Auch die hier geforderten wesentlich komplexeren Auseinandersetzungen mit der Novelle erfolgten durchwegs mit großer Gründlichkeit. Hervorzuheben ist etwa, daß der Überblick über die gesamte Novelle sehr gut gelang. In einem Fall (vgl. unten die letzte zusammengefaßte Antwort zu Frage 3) wurde z. B. der Lebensweg Pacos mit einer Differenziertheit strukturiert, die dem entsprechenden Tafelbild beim Unterrichtsversuch in der Großstadt gleichkommt. Bei der letzten Frage wird eine Reduktion der religiös motivierten Antworten erkennbar. Daraus ergibt sich, daß anhand der Novelle und der darin angebotenen modellhaften Konstellationen ein relativ breiter „Transfer" auf vielfältige Probleme möglich ist und bei Schülern, die dem Text positiv gegenüberstehen, auch vorgenommen wird. Ohne einzelne Auswertungsmöglichkeiten hier nun weiter zu verfolgen, sei wieder eine Übersicht über alle Beantwortungen in Form von Stichpunkten gegeben:

Frage 1:
Ethischer Aspekt dominiert:
– notwendig für Verständnis der Novelle
– Notwendig für Darstellung der Utopie/Gegenstand Wunder und Realismus der Einstellung/Gegensatz Opfer und Opferbereitschaft
– Kontrast Klosterleben – Krieg
– Dominanz der religiösen Einstellung über die militärische
– motiviert zum rechten Handeln
– wiederbelebtes Priestertum hat Tötung verhindert
– Darstellung geistiger/menschlicher Entwicklung

Stefan Andres: Wir sind Utopia

Frage 2:
a. Zustimmung und somit wenigstens indirekte Identifikation mit dem Handeln Pacos; überwiegend religiöse Fundierung der Ja-Nein-Kriterien:
   - einzig richtiges Verhalten: *mehrfach*
   - Liebe Gottes/Nächstenliebe: *mehrfach; einmal ... mit textbezogener Einschränkung* („Paco als ‚Harlekin und Held'")
   - Wunder: Änderung der Entscheidung durch eine „Art Zeichen von Gott"
   - Beichtsituation
   - Menschlichkeit/Mitleid:: *mehrfach*
   - Identifikation, Erkennen einer gleichen anthropologischen Basis („vielleicht sieht er in Pedro sein mögliches Schicksal verkörpert")
   - Märtyrertum in Nachfolge Christi („Paco ist so vom Geist Gottes erfüllt, daß er wie dessen Sohn das Los des Todes auf sich nimmt.")
b. negative Stellungnahme:
   - für den Normalverbraucher unrealistisches Verhalten Pacos
c. indifferente Haltung:
   - eindeutig positive oder negative Stellungnahme unmöglich → keine Identifikationschance (situativ nicht nachvollziehbar): *mehrfach*
d. gleichwertige Alternative:
   - Tötung ebenso verständlich

Frage 3:
Hauptgewicht auf individueller Veränderung:
- Enttäuschung in Vergangenheit versus priesterliche Pflichten in Gegenwart
- Wandel mit Hilfe der Religion
- früher pro Utopie, jetzt zunehmende Kritik an Utopie
- Wandel der Erfahrung aufgrund des früheren lasterhaften Lebens
- Versagen der christlichen Welt → Notwendigkeit der Traumwelt
- Erkenntnisprozeß
- gestörtes Verhältnis zur Kirche versus ‚echter' Glaube und priesterliches Wirken jetzt: *mehrfach*
- vorher Unfreiheit – nun zunehmender Glaube
- zuviel Idealismus vorher versus zunehmender Realismus
- Flucht vor Welt (ins Kloster) → Flucht vor Ideal (Austritt → richtiger Glaube/ Weltbewältigung als Gefangener im Kloster)

Frage 4:
a. positive Sinngebung:
   - Liebe: *mehrfach*
   - Toleranz
   - Aspekt des Werdens: *mehrfach*
b. positiv mit resignativer Komponente:
   - Reich Gottes annehmen: *mehrfach*
c. eindeutig negative Sinngebung:
   - wegen ideologischer Ablehnung von Andres, gegen Auffassung Damianos, da nur die ‚Menschheit' die Welt verändern kann
   - aus mangelnder dialektischer Argumentation bzw. orthodoxem Standpunkt

des Christen heraus wird gefolgert, die Aussage impliziere Unvollkommenheit Gottes
d. kritiklos (Sachverhaltsfeststellung):
   – Gott will keine Utopie usw.: *mehrfach*

Frage 5:
Ausschließlich positive Stellungnahme zu Aktualität, d. h. zu persönlicher und gesellschaftlicher Relevanz.
a. Prävalenz individueller Interessen:
   – Flucht/Aussteigen als Wunschgebilde
   – freier Wille
   – Individuum versus Kirche
   – Individuum versus Glauben
   – Gewissenskonflikt
b. Gleichwertigkeit individueller und kollektiver Interessen:
   – in Freiheit leben: *mehrfach*
   – Liebe: *mehrfach*
   – Freiheit des Glaubens: *mehrfach*
c. Prävalenz kollektiver Interessen:
   – Kommunismuskritik: Kommunismus braucht keinen Gott, aber Staat kann Gott nicht ersetzen: *mehrfach*
   – Utopie = vollendeter Kommunismus/jeder ein Utopie-Träumer: *mehrfach*
   – Konflikt zwischen Traumwelt und ‚knallharter Realität'
   – Konflikt zwischen ‚Glaube' und ‚gnadenloser Realität des Lebens'
   – ‚schamloses Ausnützen der Macht'
   – Kirche versus weltliche Instanzen: *mehrfach*
   – Frage Waffengewalt versus priesterliche Antwort darauf

Weitere Behandlungsaspekte, Gesamtauswertung

Die Frage, welche Möglichkeiten die Novelle für den Literaturunterricht bietet und was Schüler unter jeweils verschiedenen Voraussetzungen und bei bestimmten Weisen der unterrichtlichen Texterschließung mit „Wir sind Utopia" anzufangen wissen, läßt sich noch weitergehend beantworten. In Ergänzung zu den beiden „Arbeitsanweisungen" und ihrer Besprechung verfolgte der Unterricht noch vertiefende Behandlungsaspekte. Es gab Untersuchungen zur Rezeption des Stils bei den Schülern, Schüler verglichen in Referaten die Andres-Novelle mit anderen literarischen Werken und schließlich beantwortete der ganze Kurs zu einer „Gesamtauswertung" den Fragebogen Teil B (vgl. oben beim Großstadtversuch). Darüber sei wenigstens in Andeutungen berichtet, da damit methodische Anregungen erfolgen können und weitere Aufschlüsse über die Einstellung der Schüler zum Text und ihre privaten Lesarten möglich werden.

Die Schüler waren von Beginn an angehalten, bei Spracheigentümlichkeiten Anmerkungen zu machen und ihre Beobachtungen in eine spätere Besprechung einzubringen. Für die beiden Anfangsseiten wurde zudem von allen angestrichen, was ihnen positiv oder negativ auffiel. Damit sollten wirkungsästhetische Elemente empirisch zutage treten. Es ergab sich folgendes Bild:

- braune, eintönige (fast einhellig)
- knatternde, gelbe
- dahinkriechend (fast einhellig!)
- ... ein Stück des Weges erhoben und auf Wanderschaft begeben ...
- rätselhafte Linie
- goldenen Federbusch (8 Meldungen!)
- Aber es gab keinen Zuschauer (Kürze und Erzählperspektive; nur wenige)
- starrten
- Sonnenbrand
- versengte Felder
- umgeworfenen ... aufgedunsenen ... Aas
- kroch
- goldbraune Höhe (5 Meldungen)
- ebenso braune Ringmauer
- einer ... liegengebliebenen Stadt ... natürliche Felsenstufe (2 Meldungen)
- wie eine Lokomotive
- Wachsoldaten, Bajonette, eiserner Verhau
- wie aus Lehm gebackenen Gestalten (6 Meldungen)
- stumpfe Gesichter
- verstohlener ... Umblick

Es fielen also besonders Adjektive, gerade auch affektiv besetzte Farbadjektive, stark auf. Sie bildeten in der Hauptsache die Textgrundlage für die häufig geäußerte Auffassung, die Sprache sei griffig, plastisch, „poetisch". In zweiter Linie wurden die wie-Vergleiche der Anfangsseiten wie des ganzen Buches hervorgehoben. Sie seien überhaupt nicht aufdringlich, sondern belebten das Ganze – so verteidigten viele Kollegiaten diese Art von Poetizität, der gegenüber der Lehrer selbst sein persönliches Befremden nicht ganz unterdrücken konnte. Bezüglich der Metaphorik insgesamt gab es aber Differenzierungen. Mit einer Ausnahme wurde „pilzhafte Ruhe" als gelungenes Bild bezeichnet; sehr interessant war für die Schüler die komplexe Metapher in dem Satz „Das ganze Land und alle Dinge schienen aus Bronze gemacht, und wie ein ungeheurer Gong erbebte summend die Hochebene, wenn die Kanonenschläge sie trafen". Ziemlich unpassend erschien dagegen ein Vergleich, mit dem das Stocken in des Leutnants Rede mit Pferden in Beziehung gesetzt wird, die vor einem Stück Papier scheuen; als zu weit hergeholt wurde die Bezeichnung der Messerklinge als ein nicht schmelzendes Stück Eis empfunden. Problempunkte der Sprache standen auch an vielen Stellen zur Debatte, wo die Satzstruktur zu komplex wird und der Inhalt im Vagen verbleibt. So konnten auch Schüler, die Inhalt und Sprache insgesamt positiv aufgenommen hatten, an einzelnen Stellen auf die Langatmigkeit von Reflexionen hinweisen und sich verärgert über die mangelnde Eindeutigkeit mancher Aussagen äußern. Von den vier Schülern, die die Novelle „eher ablehnen", ist die Ablehnung nur in einem Fall ideologisch bedingt („Die christliche Thematik ist ziemlich überzogen"). Ansonsten sind die sprachlichen Hürden der Grund („Vielleicht hätte die Novelle, anders geschrieben, mich eher angesprochen" . . .). Im Fragebogen wurde die Sprache der Novelle folgendermaßen beurteilt:

ausgefeilt: *2 Schüler*
treffend: *3 Schüler* (1 Schüler: „besonders bei den Vergleichen")
dichterisch/„poetisch": *1 Schüler*
gekünstelt: *2 Schüler* (beide fügen hinzu: „manchmal")
langatmig: *7 Schüler* (1 Schüler: „manchmal – Betrachtungen Damianos")
kompliziert: *1 Schüler* („Pacos Vorstellungen")
langweilig: –

Diese Art von gezielter Kritik bei selbständig beobachteten Sprachauffälligkeiten, wie sie hier praktiziert wurde, ist literarischer Erziehung sicher eher förderlich als der Zwang zu einem Interpretieren, bei dem der Text von vornherein und durchgängig als gelungenes Kunstwerk zu paraphrasieren wäre. Wie gerechtfertigt ein vorsichtiges Abwägen der sprachlichen Qualitäten der Utopia-Novelle ist, ergibt sich im übrigen schon aus dem, was eingangs über Interpretationsgegensätze in der vorliegenden Literatur gesagt wurde.

Bei „Wir sind Utopia" bieten sich auch zahlreiche Behandlungsweisen an, die über die Arbeit am Einzeltext hinausgehen. So etwa das Herausarbeiten von Vergleichspunkten bei anderen Werken (ein Schüler referierte über die Rolle des Zufalls in Kleists „Erdbeben in Chili" und in Andres' Novelle; Vergleiche mit Seghers „Siebtes Kreuz" und Hemingways „Wem die Stunde schlägt" wurden angeregt) und Bezugnahmen auf die Widerstandsliteratur und spezielle Rezeptionen von Andres' Werk sowie auf literarische Auseinandersetzungen (unterschiedliche Rezensionen, Verhältnis zur Gruppe 47 u. ä.).

Eine solche Vielfalt von Untersuchungsperspektiven, wie sie unter den günstigen Bedingungen an der Kleinstadtschule mit der Utopia-Novelle verfolgt werden konnten, kommt den Zielen eines „integrativen Literaturunterrichts" entgegen, dem es u. a. um selbständiges Texterschließen,

Reflektieren eigener und fremder Leseweisen und um Einbezug der verschiedenen Produktions- und Rezeptionsbedingungen und Faktoren des Literaturbetriebs geht. (Baumgärtner, 1975: 12f.) Die Beantwortungen des Fragebogens Teil B (die Vorlage ist oben beim Großstadtversuch wiedergegeben) bringen zudem deutlich zum Ausdruck, daß hier ein „Schulklassiker von gestern" von heutigen Schülern mit besonderem persönlichen Gewinn gelesen wurde:

12 von 16 Teilnehmern des Grundkurses beurteilen die Novelle „eher positiv"; Begründungen dafür sind:

- Weil ich mir den Konflikt Pacos gut vorstellen kann.
- Weil man mal etwas anderes liest, etwas, das nicht den typischen Ausgang hat.
- Ich glaube, daß es in jeder Klasse zumindest ein paar Schüler geben wird, die sich mit dieser Problematik beschäftigen würden, wenn der Anstoß da wäre.
- Weil die Novelle eine der wenigen Erzählungen ist, die auch unter der Zerreißprobe der Schule interessant bleiben.

11 Schüler möchten die Novelle als Privatlektüre weiterempfehlen. Einige der Gründe lauten:

- Sie wirft eine der wichtigsten Entscheidungen im Leben auf.
- Das Buch ist meiner Meinung nach eine Bereicherung einer jeden kleinen Hausbibliothek.
- Gibt einige Denkanstöße, die sehr interessant sein können.
- Ich glaube, daß viele Leute solche Konflikte durchstehen, es wird nur den wenigsten bewußt. Dazu sollte die Lektüre beitragen.

Aber auch die Schwierigkeiten werden nicht verkannt:

- Ich würde sie nur demjenigen weiterempfehlen, der die Möglichkeit hat, sich mit jemandem darüber zu unterhalten, der Andres' Aussagen einigermaßen verstanden hat. Allein versteht man die Novelle nur schwer.
- In erster Linie würde ich das Buch vielleicht jemandem empfehlen, der auch eine enge Beziehung zur Religion hat, denn gerade dann spricht die Thematik an.

Anmerkungen

1 Zur Veröffentlichung des Werkes im Dritten Reich siehe unten. Nach Kriegsende gibt es schon 1946 die Verbreitung mittels eines Lesezirkels, 1948 wird es gleichzeitig in drei Verlagen veröffentlicht. 1949/50 liegt auch eine dramatische Fassung, „Gottes Utopia", vor; Uraufführung 1950.

In der folgenden Arbeit und bei den darin ausgewerteten Schulversuchen wurde benutzt: Stefan Andres: Wir sind Utopia. Novelle. München: Piper Verlag 22. Aufl. 1979 (1. Aufl. 1951).

2 Aus einer Rezension, wiedergegeben auf dem Klappentext der früheren Auflagen der Piper-Ausgabe; in den späteren Auflagen gekürzt.

3 Vgl. hierzu die ausführliche Darstellung bei Karl O. Nordstrand: Stefan Andres und die „innere Emigration". In: Moderna Sprak 63 (1969): 247–264.

4 Für diese Angaben wurden Informationen beim Piper-Verlag eingeholt.

5 Vgl. Nordstrand: A.a.O.: 251.

6 Gerhard Storz, 1962: 94–108. In den beiden folgenden Zitaten verwendet Brinkmann Stellen aus diesem 1948 geschriebenen Beitrag.

7 Stefan Andres' zahlreiche Äußerungen zum Zusammenhang seiner Dichtung mit aktueller Politik hat Hans Wagener (1975) ausführlich untersucht. Der Dichter ist „Interpretationshelfer des Lesers im Hinblick auf Zeitereignisse" gerade durch das Sprachkunstwerk: „Indem so für Andres der *Primat* des literarischen Kunstwerks als Spiegel von Weltordnung etabliert ist, öffnet sich ihm *gerade dadurch* Raum dafür, *hinter* politischen Zeitereignissen und gesellschaftlichen Phänomenen allgemeine (Un-)Ordnungsprinzipien sichtbar zu machen..." (221).

8 Nähere Angaben bei Walter Franke: (1952)

9 Vgl. z. B. A. Winklhofer in „Der Christliche Sonntag" 3/1952 – Zitate und nähere Angaben bei W. Franke (1952) – und W. Grenzmann (1957).

10 Ob das „Unterrichtsgespräch" in der hier wiedergegebenen Form wirklich stattgefunden hat, mag man bezweifeln.

11 Vgl. die abwertenden Anmerkungen von Elisabeth Seidler – von Hippel in: Paul Dormagen u. a.: Handbuch zur modernen Literatur im Deutschunterricht. Frankfurt am Main: Hirschgraben Verlag 1965: 232 („... eine unklare Komposition. Und warum sollten die Schüler in dieser Weise in den Nebel geführt werden?") und – besonders bemerkenswert, weil ausdrücklich von katholischer Sicht aus sprechend – von Gisbert Kranz (1978: 182f.).

12 Vgl. Otto Schober, 1977 und 1979 sowie Alfred Clemens Baumgärtner, 1975.

13 Willstätter-Gymnasium Nürnberg, Grundkurs Deutsch (12. Jahrgangsstufe) bei Studienreferendar Johan van Soeren, Ostendorfer-Gymnasium Neumarkt, Grundkurs Deutsch (12. Jahrgangsstufe) bei Studienrat Dr. Horst Ehbauer. Die Kurse hatten 23 bzw. 16 Kollegiatinnen und Kollegiaten.

14 Vgl. das bei Bengeser: A.a.O., S. 69f. mitgeteilte Gespräch mit Andres vom 23. 2. 56.

15 Spinner 1977: 133. (Auszug auch in Otto Schober (Hrsg.) 1979).

16 Bengeser: 46. Vgl. auch die eingehenden Interpretationen der Kriegsschilderungen bei Weber, 1960.

Literatur

1.
Andres, Stefan: Wir sind Utopia. Novelle. München: Piper Verlag 22. Aufl. 1979.

2.
Baumgärtner, Alfred Clemens: Leseunterricht heute. In: Praxis Deutsch 13/1975, 10–13.

Bengeser, Josef: Schuld und Schicksal. Interpretationen zeitgenössischer Dichtung. Bamberg: C. C. Buchners Verlag 1959.

Brinkmann, Karl: Erläuterungen zu Stefan Andres, Wir sind Utopia. Hollfeld: Bange Verlag o. J.:

Dormagen, Paul u. a.: Handbuch zur modernen Literatur im Deutschunterricht. Frankfurt am Main: Hirschgraben Verlag 1965.

Franke, Walter: Stefan Andres, Wir sind Utopia. In: Der Deutschunterricht 4 (1952), H. 6: 69–87.

Geißler, Rolf: Der Spanische Bürgerkrieg im Spiegel der deutschen Literatur. Report und Reflexion. In: Literatur für Leser 3/1979: 184–200.

Glaser, Peter: Stefan Andres (1906–1970), Wir sind Utopia. In: Kluge, Manfred/Radler, Rudolf (Hrsg.): Hauptwerke der deutschen Literatur. Darstellungen und Interpretationen. München: Kindler Verlag 1974: 413 f.

Grenzmann, Wilhelm: Dichtung und Glaube. Probleme und Gestalten der deutschen Gegenwartsliteratur. Bonn: Athenäum Verlag 3., ergänzte und überarbeitete Aufl. 1957.

Henze, Conrad: Stefan Andres, Wir sind Utopia. Ein Unterrichtsgespräch. In: Wirkendes Wort 5 (1954/55): 234–241.

Kranz, Gisbert: Lexikon der christlichen Weltliteratur. Freiburg i. Br.: Herder Verlag 1978.

Nordstrand, Karl O.: Stefan Andres und die „innere Emigration". In: Moderna Sprak 63 (1969): 247–264.

Pfeiffer, Johannes: Wege zur Erzählkunst. Hamburg: Friedrich Wittig Verlag 1953.

Schober, Otto: Studienbuch Literaturdidaktik. Neuere Konzeptionen für den schulischen Umgang mit Texten. Analysen und Materialien. Kronberg: Scriptor Verlag 1977.

Schober, Otto: Roman – Novelle – Erzählung. In: Boueke, Dietrich (Hrsg.): Deutschunterricht in der Diskussion. Band 2. Paderborn: Schöningh Verlag 2., erw. und bearb. Aufl. 1979 (UTB 909): 268–304.

Schober, Otto (Hrsg.): Text und Leser. Zur Rezeption von Literatur. Stuttgart: Reclam 1979.

Spinner, Kaspar H.: Semiotische Grundlegung des Literaturunterrichts. In: Spinner, Kaspar H. (Hrsg.): Zeichen, Text, Sinn. Zur Semiotik des literarischen Verstehens. Göttingen: Vandenhoeck & Ruprecht Verlag 1977: 125–164.

Storz, Gerhard: Ein Buch von 1942. In: Hennecke, Hans u. a.: Stefan Andres. Eine Einführung in sein Werk. München: Piper Verlag 1962: 94–108.

Wagener, Hans. Stefan Andres. Widerstand gegen die Sintflut. In: Wagener, Hans

(Hrsg.): Zeitkritische Romane des 20. Jahrhunderts. Die Gesellschaft in der Kritik der deutschen Literatur. Stuttgart: Reclam Verlag 1975: 220–240.

Weber, Albrecht: Stefan Andres, Wir sind Utopia. München: Oldenbourg Verlag 1960.

von Wiese, Benno: Gottes Utopia. In: Hennecke, Hans u. a.: Stefan Andres. Eine Einführung in sein Werk. München: Piper Verlag 1962: 109–114.

JÖRN STÜCKRATH

Heinrich Böll: Die Waage der Baleks

Der IGS Stierstadt gewidmet

Wie sich aus rezeptionsgeschichtlichen Monographien (etwa zum Wandel des Goethe- und Schillerbildes in der Nachwelt) entnehmen läßt, sind viele Interpreten vor allem daran interessiert, ihre eigenen ethischen, gesellschaftspolitischen oder weltanschaulichen Wertvorstellungen in der gesellschaftlich anerkannten Literatur wiederzufinden. Dieses überkommene und weitverbreitete Interesse ist offenbar so groß, daß die Interpreten – auf der Suche nach einer Spiegelung und Bestätigung ihrer eigenen Anschauungen – den Deutungsspielraum literarischer Werke mehr oder weniger gewaltsam einengen und ihren eigenen Normen unterwerfen. Typisch für diese Haltung ist ein naiver Subjektivismus, der das eigene Erkenntnisinteresse nicht überdenkt und häufig genug rücksichtslos gegen die Aussagemöglichkeiten der Texte durchsetzt. Daß viele Interpreten dieses Typus von einem objektivistischen Textbegriff ausgehen, steht nicht im Widerspruch zu dieser Einstellung. Im Gegenteil: aus dem Bedürfnis heraus, die eigene Position durch den Rückgriff auf das dichterische Wort zu legitimieren, erheben sie den Anspruch, daß ihre Deutung die einzig mögliche ist und den Sinn der interpretierenden Werke objektiv wiedergibt.

Der naive hermeneutische Subjektivismus (verbunden mit dem objektivistischen Textbegriff) ist gerade auch in der Literaturdidaktik weit verbreitet gewesen. Der Lehrer vermittelt also die staatlich verordneten Normen bzw. seine eigenen Anschauungen, indem er sie in den Werken der literarischen Tradition wiederfindet und durch deren Autoren autorisiert. Diese Position läßt sich analog als naiver pädagogischer Instrumentalismus bezeichnen: die dichterischen Werke stehen im Dienst der Sicherung moralischer, gesellschaftlicher oder weltanschaulicher Ideale oder – anders ausgedrückt – der Indoktrination des Schülers. Dieser vermeint, nur den Autor zu hören. Ihm bleibt verborgen, daß der Lehrer das behandelte Werk lediglich in seiner Weise gedeutet hat, zu der eine Vielzahl konkurrierender Deutungen möglich und vorhanden sind; und er wird angehalten, den Dichter als Autorität anzuerkennen, zu dessen Weltauffassung Distanz sich verbietet.

Man sollte annehmen, daß die hier beschriebene literaturdidaktische Position in Theorie und Praxis längst der Vergangenheit angehört. Das ist jedoch nicht der Fall. Die Mehrzahl der gegenwärtig greifbaren und von Lehrern verwendeten Interpretationshilfen zur „Waage der Baleks" ist tendenziell diesem Typus zuzurechnen.[1] Vielleicht erklärt sich dieses erstaunliche Faktum dadurch, daß diese Beiträge schon in den sechziger Jahren entstanden sind, als sich die hermeneutische und rezeptionsästhetische Reflexion des Umgangs mit literarischen Texten erst allmählich durchsetzte. Dennoch bleibt das Phänomen merkwürdig; denn die Interpreten dieser Erzählung Bölls gehören ihrem literaturwissenschaftlichen und -didaktischen Selbstverständnis nach sehr verschiedenen Richtungen an. Es hat den Anschein, als habe sich hier – am praktischen Beispiel eines Unterrichtsmodells – der traditionelle naive Subjektivismus und pädagogische Instrumentalismus hinter dem Rücken der Verfasser durchgesetzt. Die Folgen sind fatal. Die Literaturdidaktik muß sich noch zum gegenwärtigen Zeitpunkt den Vorwurf gefallen lassen, daß sie den Schüler manipuliert statt ihn, wie es das erklärte Ziel ist, zur Selbständigkeit, Kritikfähigkeit und Mündigkeit anzuleiten:

– Fast jeder Interpret findet seine eigenen (oder zumindest ihm verwandte) gesellschaftspolitische und weltanschauliche Positionen in dieser Erzählung wieder.
– Er erwähnt jedoch nicht oder verkennt, daß die „Waage der Baleks" auch anderslautende und widersprechende Deutungen erfuhr.
– Was der Interpret in seinem Sinne als Aussage der Erzählung bestimmt hat, übermittelt er als Lernziel dem Schüler.
– Die Möglichkeit, daß sich der Schüler mit der Böll zugeschriebenen Gesellschaftsauffassung und Weltanschauung auseinandersetzen kann, wird in dem Unterrichtskonzept eingeengt.

Möglicherweise glauben viele Interpreten, Bölls Geschichte von den Baleks, an deren Gerechtigkeit ein Zehntel fehlte, sei so klar verständlich, daß kaum Meinungsverschiedenheiten über ihre Aussage entstehen könnten. Das war jedoch ein Irrtum. Das Spektrum der Deutungen und damit der als Lernziel den Schülern übermittelten Wertvorstellungen kann breiter und widersprüchlicher nicht gedacht werden.

Erinnert sei zunächst an den Inhalt der Erzählung, wie er im „Handbuch der modernen Literatur im Deutschunterricht" wiedergegeben wird:

„Die Kinder eines Dorfes, dessen Männer und Frauen gegen Hungerlöhne in der Flachsfabrik des Gutsherrn arbeiten, sammeln Heilkräuter und Pilze, die von der Gutsherrin gegen ein geringes Entgelt angekauft und mit hohem Gewinn weiterverkauft werden. Eines Tages stellt ein Junge, mißtrauisch geworden, fest, daß die Waage der Gutsherrin nicht stimmt: Sie sind nicht nur ausgebeutet, sondern auch noch betrogen worden. Unter den Dorfbewohnern, die bisher fügsame Untertanen waren, kommt es daraufhin zur Unruhe und Aufsässigkeit, so daß die Baleks die Polizei zu Hilfe rufen. Das führt zum offenen Aufruhr, der damit endet, daß die alte, ungerechte Ordnung wiederhergestellt wird und die Familie des Jungen, dessen Gerechtigkeitsgefühl den Aufruhr verursacht hatte, das Dorf verlassen muß."[2]

Die Meinungsverschiedenheiten zwischen den Interpreten über den Aussagegehalt dieser Erzählung lassen sich, näher besehen, als unterschiedliche Antworten auf eine zentrale Frage präzisieren, auf die Frage nämlich, für wen oder gegen wen der Erzähler in welcher Weise Partei ergreift, welche Normen er also im Spiegel der Personen dem Leser übermittelt.

Das eine Extrem in der Beantwortung dieser Frage bildet die Interpretation des amerikanischen Germanisten John Fetzer. Während der Verfasser der zitierten Inhaltsangabe aus dem Handbuch den Eindruck vermittelt, daß Böll für die Dorfbewohner und gegen die Baleks Partei ergreift, kehrt Fetzer diese weit verbreitete Wertung radikal um. Er spricht die Baleks von persönlicher Schuld frei:

„In distributing the guilt in the story, the author (...) strangely enough charges none to the Baleks specifically."[3]

Umgekehrt findet Fetzer die Dorfbewohner und insbesondere auch den zwölfjährigen Franz Brücher, der den Fehler an der Waage aufdeckt, kritisch dargestellt. Franz erscheint in seiner Deutung als „instigator und rabblerouser", somit als Anstifter, Verführer und Volksverhetzer. Der Schluß der Erzählung, der von der Exilierung der Brüchers berichtet, drückt für Fetzer die gerechte Strafe für das eigene Unrecht aus. Bölls „Waage der Baleks" vermittelt aus seiner Optik eine ausgesprochen konservative Gesellschaftsauffassung: der Leser soll – durch die Erzählung belehrt – das Geschrei nach Reformen in Zweifel ziehen!

Ähnlich wie Fetzer, doch längst nicht so radikal, urteilt Bernhard Schulz in seinem vielgelesenen Beitrag zur „Waage der Baleks".[4] Er betont, daß man den Baleks keine bewußte Täuschung vorwerfen könne und entlastet sie damit; umgekehrt problematisiert auch er das Verhalten der Dorfbewohner. Durch den „Einbruch und Diebstahl" des Wilderers Vohla werden sie, so Schulz, mitschuldig am Gang der blutigen Ereignisse. Schulz interpretiert das Schicksal der Eltern als Folge eines Handelns, das die tragischen Verwicklungen der Realität verkennt. Der Schüler soll lernen, wie schnell derjenige in Unrecht verwickelt wird und Unglück heraufbeschwört, der unbedacht die gesellschaftspolitischen Verhältnisse zu verbessern versucht. Aufgrund seiner tragischen Deutung der „Waage der Baleks" will Schulz dem Schüler in gemäßigt konservativer Weise vor allem Bedachtsamkeit und Illusionslosigkeit bei der Reform ungerechter Verhältnisse vermitteln.

Die übrigen uns bekannten Interpreten bewegen sich demgegenüber in dem durch die zitierte Inhaltsangabe vorgezeichneten Rahmen: sie lesen die „Waage der Baleks" als eindeutig gegen die Herrschenden und Mächtigen gerichtete gesellschaftskritische Erzählung. Trotz dieser Gemeinsamkeit lassen sich in ihren Interpretationen jedoch gewichtige Unterschiede erkennen, und zwar vor allem in der Frage, in welchem Maße denn die Dorfbewohner dem Leser als Vorbild hingestellt werden.

Johann Bauer betont in seiner Deutung, daß der Kampf gegen die Ungerechtigkeit der Baleks gescheitert ist und sieht hierin die zentrale Aussage der Erzählung.

„Die Geschichte des Großvaters, der sich als Zwölfjähriger wie der Held einer Sage auf den Kampf mit dem „Riesen" Bilgan eingelassen hat, desillusioniert die Auflehnung in der Mitte der Geschichte als Utopie."[5]

Die Schüler sollen erkennen, „daß in dieser Geschichte Auflehnung gegen die ungerechte Herrschaft aussichtslos ist".

„Bölls Erzählung kann für die Ungerechtigkeit in der Welt scharfsichtig machen, sie erlaubt eine Antizipation der Erfahrung geschichtlicher Bedingtheit von Realitätsstrukturen am Beispiel der Macht". (ebd.: 106)

Das Bild von Böll hat sich wiederum gewandelt: er erscheint als Autor, der den Leser aus einer kritisch-skeptischen Gesellschaftsauffassung heraus zur Vorsicht im Kampf mit der Ungerechtigkeit der Herrschenden anleiten will. Für Bauer endigt die Geschichte mit der Niederwerfung des Widerstands und der wiederum gesetzgewordenen Scheingerechtigkeit. Daß in den Eltern des Franz Brücher der kompromißlose Widerstand fortlebt, tritt in seiner Deutung zurück.

Eben hier knüpft Franz-Josef Thiemermann mit seiner christlich geprägten Interpretation an. Er rückt die aus ihrer Heimat vertriebenen Urgroßeltern des Ich-Erzählers in die Nähe des „verfolgten und getöteten Herrn".[6] Sie gewinnen gerade wegen ihres leidvollen Geschicks eine Vorbildrolle für den Leser. Unter Berufung auf die Bergpredigt interpretiert Thiemermann:

„‚Selig, die nach der Gerechtigkeit hungern und dürsten' (Mt 5,6) – diese Verheißung des Evangeliums steht als die den Erzähler bewegende Kraft hinter dieser Erzählung. Wenn bei der Lektüre etwas von diesem ‚Hunger und Durst nach der Gerechtigkeit' in unseren Schülern lebendig geworden ist, hat sie sicherlich ihren guten Sinn gehabt". (ebd.: 106)

Wir sehen, wie sich die Böll zugeschriebene Botschaft von dem entfernt, was Fetzer und Schulz, aber auch Bauer aussagen. Thiemermann schreibt Böll eine christliche Gesellschaftsauffassung zu, die aus dem Geist der Bergpredigt zur Nachfolge Christi aufruft: „Selig sind, die Verfolgung leiden um der Gerechtigkeit willen, denn ihrer ist das Himmelreich". (ebd.: 105)

Das Karussell der Deutungen erhält schließlich durch Hermann Helmers eine weitere Wendung, womit die genaue Gegenposition zu der Interpretation Fetzers erreicht ist. Er begreift das Geschick der Brüchers nicht als vorbildhafte Passionsgeschichte (wie Thiemermann), sondern als Herausforderung an den Leser, sich für eine erfolgreiche Veränderung einer ungerechten kapitalistischen Gesellschaftsordnung einzusetzen. Helmers beruft sich dabei auf die Erzählhaltung, die durch ihre gezielte Distanz zu dem Unrecht, das den Dorfbewohnern geschieht, eine engagierte Leserhaltung provozieren will:

„Durch eine besondere Erzählhaltung hat Böll aber den tragischen Grundzug aufgehoben und ihn in einen Appell zur Veränderung der durch kapitalistische Ausbeutungsmethoden bewirkten Gesellschaftsordnung umgestaltet. [...] Durch die Diskrepanz zwischen dem Dargestellten und der Art der Darstellung wird der Leser zum Engagement aufgerufen. Den warnenden Berichten der Großeltern hörte, nachdem sie das Dorf verlassen mußten, ‚fast niemand zu'. Der Erzähler will verhindern, daß es auch ihm so ergeht. Deshalb ruft er den Leser dadurch zur Parteinahme auf, daß er sich selbst zurücknimmt und den Leser dadurch provoziert."[7]

Das bisher geübte Verfahren der Literaturdidaktik, die eigene Interpretation der „Waage der Baleks" absolut zu setzen, wird durch die Vielfalt der hier versuchsweise auf den Begriff gebrachten Deutungsansätze ad absurdum geführt. Der einzelne Interpret wird aufgrund der aufgedeckten kontroversen Standpunkte nicht mehr umhin können, seine Auffassung von der Intention dieser Erzählung argumentativ auf die früheren Beiträge zu beziehen. Dazu zwei Thesen:

1. Böll legt die Geschichte einem Ich-Erzähler in den Mund, den er als Enkel des jungen Franz Brücher auftreten läßt. Schon in dieser verwandtschaftlichen Bindung der Erzählperspektive an die Brüchers liegt ein Hinweis unter vielen, daß die Erzählung sich nicht gegen diese Opfer feudal-kapitalistischer Macht und Willkür richtet. Wir stimmen also mit Bauer, Thiemermann und Helmers in der Einschätzung der gesellschaftskritischen Perspektive dieser Erzählung überein. Entscheidend ist aber, daß Böll in der „Waage der Baleks" offen und unbestimmt läßt, welche Konsequenzen der Leser aus dem dargestellten Geschick der Brüchers ziehen soll. Ein ausgeweiteter Verstehensspielraum ist für diese Erzählung typisch, so daß keiner der zitierten drei Interpreten mit seiner konkretisierenden Deutung für sich in Anspruch nehmen kann, die eigentlich intendierte Aussage gefunden zu haben. Der Leser kann bei der Lektüre sein Bewußtsein von den Schwierigkeiten im Kampf gegen machtgeschütztes Unrecht schärfen (J. Bauer) oder sich im Geist der Bergpredigt zur imitatio Christi aufgerufen fühlen (F.-J. Thiemermann) oder die Erzählung als Herausforderung begreifen, die ungerechten kapitalistischen Verhältnisse zu beseitigen (H. Helmers) – aber er kann nicht überzeugend beweisen, daß Böll speziell seine konkretisierende Lesart beabsichtigt hat.[8]

2. Es wäre jedoch ein Mißverständnis anzunehmen, daß der Schluß der Erzählung für jede Deutung offen ist. Wir halten die Interpretation von Schulz für äußerst problematisch und die von Fetzer für nachweislich falsch. Beide gehen davon aus, daß Böll die eindeutige Bewertung der Dorfbewohner und der Baleks in Zweifel zieht. Sie rücken damit bestimmte Aspekte ins Licht, die von Thiemermann, Bauer und Helmers nicht beachtet worden sind, aber ihre Schlußfolgerungen sind unserer Auffassung nach überzogen und widerlegbar.

Um den Eindruck der rücksichtslosen Strenge der Baleks zu mildern, schreibt Fetzer ihnen eine Reihe versöhnlicher Gesten gegenüber den Dorfbewohnern zu. Der Hinweis auf das Theologiestudium, das die Baleks jeweils einem Jungen des Dorfes bezahlen, ist jedoch fehl am Platz. Er steht inmitten eines Kontextes, der die „Herrschaftlichkeit" der Baleks verdeutlichen soll und auf die Abhängigkeit der Geistlichkeit von den Baleks verweist. Ebenso verfehlt ist der Bezug auf die „sauren Bonbons"; Frau Balek verteilt sie nicht, wie Fetzer annimmt, um den Handel mit den Kindern gezielt zu unterstützen, und auch nicht regelmäßig und bei jeder Auszahlung, sondern nur, wenn sie „gut gelaunt war"; d. h. es handelt sich um einen willkürlichen Gnadenerweis. Schließlich gewinnt Fetzer sogar dem von den Baleks gewählten Beinamen „von Bilgan" positive Züge ab; sie würden mit diesem Rückgriff auf den Mythos die Dorfgemeinschaft irrational an sich binden. Das ist richtig, aber die Wertung, die Fetzer dem Erzähler zuschreibt, ist im Text nicht ausgesprochen. Im Gegenteil: der Ich-Erzähler wertet seinen Großvater positiv, wenn dieser den Riesen in seiner doppelten Gestalt (im Wald/auf dem Schloß) bekämpft. Gründlich mißversteht Fetzer auch die Perspektive, aus der die Lage der Fabrikarbeiter geschildert wird. Er zitiert zwar die eindringliche Wendung „ließen sich langsam dahinmorden", interpretiert sie jedoch als eine Art schweigender Zustimmung der Bevölkerung zu einer Lebensweise, die, wenn auch nicht wünschenswert, so doch auch nicht unglücklich und bedauernswert gewesen sei. Fetzer bemerkt nicht, daß der Erzähler das subjektive Glücksempfinden der Dorfbewohner („freudige und fröhliche Geschlechter") mit der Beschreibung ihrer objektiven Lage kontrastiert („schutzlos dem Staub preisgegeben"), der Leser also angehalten wird, die subjektive Befindlichkeit als Maßstab der Bewertung ihrer Lage zu relativieren. Es berührt den Kern der Erzählung, wenn Fetzer den heimlichen Helden der Geschichte, Franz Brücher, als Aufrührer kritisiert.Sicherlich kann er das von seinem konservativen Standpunkt aus tun, aber er irrt, wenn er diese Kritik dem Erzähler zuschreibt. Wo Fetzers Beweisführung sich nicht auf vergröbernde Paraphrasen und Behauptungen beschränkt, kann er sich allein auf die These stützen, Böll habe Franz als Geistesverwandten von Michael Kohlhaas gestaltet. Wieso Franz aber in Kleists Sinne als einer der „entsetzlichsten Menschen seiner Zeit" geschildert wird, bleibt unerfindlich. Fetzer vergißt, daß wir Franz als einen zwölfjährigen Jungen kennenlernen, und zwar aus der Perspektive seines eigenen Enkels, der diesen wegen seiner Klugheit und Kühnheit bewundert.[9]

Ernster sind die Einwände von Schulz gegen eine eindeutig gesellschaftskritische Interpretation der „Waage der Baleks" zu nehmen; nicht zuletzt deshalb, weil Schulz durchaus noch erkennt, wie kritisch die Baleks aus der Perspektive des Erzählers dargestellt werden, und weil er problematisierend auf Aspekte verweist, die von anderen nicht beachtet wurden. Thiemermann hatte den Baleks „bewußte Täuschung" vorgeworfen; Schulz hingegen betont:

„Der Dichter sagt nicht ausdrücklich, daß die Baleks betrügen wollten. Die Waage war alt! Kein einzelner wird für ihre Einstellung verantwortlich gemacht."[10]

Der Gedanke wird denkbar, daß die Baleks, wären sie zu Wort gekommen, mit sich hätten reden lassen; sind sie doch, wie Schulz betont, „ahnungslos, als sie am Neujahrstage zum Hochamt in die Kirche fahren". Nur verfehlt diese psychologisierende und individualisierende Deutung den Duktus der Geschichte. Es geht dem Enkel nicht darum, der Frau Balek als Individuum eine persönliche Schuld anzulasten. Als Einzelperson wird sie nicht dargestellt, sondern lediglich als in einer langen Familientradition von Baleks stehend. Die Anklage des Erzählers trifft die Baleks als Familie, die über Fabriken und Wälder herrscht, Gesetze erläßt und ahndet, hingegen nicht den einzelnen Familienangehörigen, der als solcher für die Geschichte unerheblich bleibt.

Während die Gestalt Wilhelm Vohlas, des Wilderers, von vielen Interpreten nicht beachtet wird, gewinnt sie für Schulz eine zentrale Stellung. Wie ein roter Faden durchzieht der Hinweis auf die „Gewalt des Gesetzlosen", die „Widerrechtlichkeit des Einbruchdiebstahls", den „Rechtsbruch Dritter", die „mit Gewalt gepaarte Auflehnung" seine Deutung. (ebd.: 28, 29, 33, 36) Er dient als Beweis dafür, daß auf tragische Weise auch die Dorfbewohner sich schuldig machen, und er entlastet die Baleks, deren verhängnisvolles Eingreifen für Schulz damit legitimiert ist. Ist aber die außerordentliche Sensibilität, mit der Schulz auf Vohlas Aktion reagiert, auch die des Ich-Erzählers und Bölls? Der fiktive Erzähler jedenfalls verurteilt nirgends Vohlas unerlaubte Beschaffung der Waage, und von Böll wissen wir, daß er sich nur allzu gern „auf die Seite der Wilderer, der Wandergesellen, der Clowns, der Outsider, die keine Heimat und keine Ordnung kennen", schlägt.[11] Ferner bleibt zu fragen, in welchem Verhältnis denn die Tatsache, daß die Gendarmen „schießend und stechend in die Stube der Eltern" eindringen, zum Anlaß, dem Diebstahl der Waage, steht.

Den entscheidenden Einwand gegen Schulz liefert schließlich der Erzähler selbst:

„[...] die Baleks zwangen den Pfarrer, öffentlich in der Schule die Waage vorzuführen und zu beweisen, daß der Zeiger der Gerechtigkeit richtig auspendelte. Und die Männer und Frauen gingen wieder in die Flachsbrechen – aber niemand ging in die Schule, um den Pfarrer anzusehen: er stand ganz allein da, hilflos und traurig mit seinen Gewichtssteinen, der Waage und den Kaffeetüten."[12]

Wider besseres Wissen unterdrücken die Baleks die Wahrheit und decken die jahrzehntelange Ungerechtigkeit, indem sie sich des Pfarrers bedienen. Durch diese Repression wird zweitrangig, ob die Baleks von den falschen Gewichten der Waage zuvor gewußt haben und in welchem Maße Vohlas Aktion ihr Eigentumsrecht verletzte. Diese Repression ist in der Familientradition der Baleks zudem nichts Neues. Schon im ersten Teil der Erzählung erfahren wir etwas, das das Geschick der Brüchers vorwegnimmt:

„Das Gesetz [...] mußte geachtet werden, denn wer es brach, wurde aus den Flachsbrechen entlassen, dem wurden keine Pilze, kein Thymian, keine Heublumen mehr abgenommen, und die Macht der Baleks reichte so weit, daß auch in den Nachbardörfern niemand ihm Arbeit gab, niemand ihm die Kräuter des Waldes abkaufte." (ebd.: 88)

Nicht die „Gewalt des Gesetzlosen" ist für das traurige Geschick der Brüchers verantwortlich, sondern die Gewalt derjenigen, die selbst ungerechte Gesetze erlassen und mit Gewalt durchsetzen können. Aus diesem Grund scheint uns trotz des offenen Schlusses Schulz' Interpretation in diesem zentralen Punkt nicht haltbar zu sein.

Unsere Kritik an den hier referierten Deutungen der „Waage der Baleks" impliziert zugleich eine Kritik an den Lernzielen, die von den Verfassern mehr oder weniger explizit unter inhaltlichem Aspekt aufgestellt worden sind. Trotz aller Unterschiede in der Deutung der Erzählung ist Schulz, Bauer, Thiemermann und Helmers gemeinsam, daß sie den Text für ihre gesellschaftspolitischen und weltanschaulichen Positionen instrumentalisieren. Vermitteln sie doch – gestützt auf die Autorität Bölls – im Umgang mit dieser Erzählung jeweils eine gemäßigt konservative, kritisch-skeptische, christlich-engagierte oder dezidiert antikapitalistische Gesellschaftsauffassung. Demgegenüber sollte der Schüler in der Auseinandersetzung mit der ästhetischen Struktur der erzählten Geschichte erkennen, wo – trotz der durchgängig gesellschaftskritischen Perspektive des Erzählers – die Grenzen für die Beweisbarkeit konkretisierender Deutungen liegen und warum die „Waage der Baleks" nicht problemlos für die eine oder andere

Position in Anspruch genommen werden kann. Der Lehrer sollte bei der zu erarbeitenden Beantwortung der Frage, welche Wertung in der Geschichte impliziert ist, konkretisierende Interpretationen nicht unterdrücken, jedoch jeweils ihr Verhältnis zum Text und zu konkurrierenden Auffassungen diskutieren lassen. Ferner sollte er eine schärfere Grenze zwischen dem ziehen, was als Aussage der Erzählung erwogen und festgehalten wird, und dem, wie sich die Schüler in einer analogen Situation ihr Handeln ausmalen und es rechtfertigen. Beide Neuorientierungen können dann dazu beitragen, daß zwei zentrale Anliegen des Literaturunterrichts vom Verdacht des pädagogischen Instrumentalismus befreit und in der Unterrichtsgestaltung aktiviert werden: der Umgang mit dem Text und – damit in Wechselbeziehung stehend – der Umgang mit den eigenen Erfahrungen und Wertvorstellungen.

Dem naiven Subjektivismus, gleichgültig ob er sich in literaturwissenschaftlichen oder -didaktischen Interpretationen äußert, liegt es fern, seinen Gegenstand zu kritisieren. Schließlich ist er – ob bewußt oder unbewußt – durch das Interesse geleitet, die eigene Position unter Berufung auf klassisch gewordene Autoren zu stärken, während eine kritisch-distanzierende Haltung deren Autorität schwächen würde. Daß viele Interpretationen der „Waage der Baleks" tedenziell in der Tradition dieses Subjektivismus stehen, zeigt sich auch darin, daß sie die Böll zugeschriebene Gesellschaftsauffassung weder diskutieren noch kritisieren. Einer der wichtigsten Beiträge zur Böll-Literatur, in dem eben dies geschieht, Cases Aufsatz „Die Waage der Baleks, dreimal gelesen", ist von der Literaturdidaktik nicht wahrgenommen worden.[13] Dabei ist Cases durchaus nicht radikal ablehnend eingestellt. Er versucht lediglich dialektisch die Qualität und die Schwächen herauszufinden und abzuwägen. Wenn man die Geschichte zweimal liest, so Cases, klinge sie nicht mehr so überzeugend:

„Man fragt sich erstens, warum der Verdacht, die Waage müsse falsch sein, erst dem kleinen Franz Brücher aufdämmert. [...] ist es möglich, daß niemand, fünf Generationen lang, den Betrug witterte, auch ohne daran zu denken, ihn beweisen zu wollen? Zweitens: die psychologische Unmöglichkeit ist eine Folge der soziologischen. [...] Die Baleks stellen [...] ein Musterbeispiel kapitalistischer Ausbeutung dar, sie nützen nicht nur die Arbeitszeit, sondern sogar die Freizeit der Ausgebeuteten und ihrer Kinder kapitalistisch aus [...] Nun, wozu brauchen so fortgeschrittene Kapitalisten eine gefälschte Waage? [...] Drittens: Was ist Gerechtigkeit und was ist ‚was an der Gerechtigkeit fehlt'? [...] In der Tat, was die Dorfbewohner tötet, ist die mörderische Arbeit in den Flachsbrechen, nicht die fünfeinhalb Deka, um welche sie beim Verkauf ihrer Pilze geprellt werden; nicht die falsche Waage, sondern die angeblich richtige."[14]

Cases scharfsinnig und kenntnisreich vorgetragene Thesen fordern ihrerseits zur Auseinandersetzung heraus, wobei verschiedene Ebenen der Argumentation zu unterscheiden sind.

Erstens die Ebene der Textinterpretation. Es stimmt nicht, daß niemand, fünf Generationen lang, den Betrug witterte. Eine wenig beachtete Stelle der Erzählung lautet:

„Aber seitdem die Großeltern meines Großvaters als kleine Kinder Pilze gesammelt, sie abgeliefert hatten, damit sie in den Küchen der reichen Prager Leute den Braten würzten oder in Pasteten verbacken werden konnten, seitdem hatte niemand daran gedacht, dieses Gesetz zu brechen [...]"

Das Gesetz ist also gebrochen worden. Und wenn man nachrechnet, wann denn die Großeltern des Großvaters kleine Kinder gewesen sind, kommt man in die Nähe einer historischen Jahreszahl, die nicht minder bedeutsam ist als die Silvesternacht 1899, nämlich das Jahr der Februarrevolution 1848.[15] Cases schreibt, man könne dem beschränkten deutschen Untertanenverstand gewiß alles zumuten, aber diese Zumutung gehe zu weit. Tatsächlich relativiert Böll mit seiner Angabe selbst die Zumutung und verweist auf die Phase der Restauration, die die zweite Hälfte des 19. Jahrhunderts beherrschte. – Ferner ist auf der Ebene der Textinterpretation zu fragen, ob Böll, wie Cases sagt, wirklich Kapitalisten schildern wollte oder geschildert hat. Wie auch Cases weiß, gebärden die Baleks sich ganz feudal, längst bevor sie geadelt werden. Sie haben seit alters Grundbesitz, wohnen in einem Schloß, sie geben dem Dorf Gesetze und überwachen deren Einhaltung, und dies alles seit mehreren Generationen. Die Baleks sind also materiell und rechtlich längst dem Feudaladel gleichgestellt und handeln in der ihnen zugeschriebenen Art wie Feudalherren. Trotz der Flachsbrechen und des Handels mit den Pilzen sind sie also keine lupenreinen Kapitalisten, sondern verkörpern eine feudal-kapitalistische Lebens- und Wirtschaftsform. Damit wird aber die Prämisse von Cases zweiter These fragwürdig. – Gegenüber der dritten These bleibt anzumerken, daß das Problem der Gerechtigkeit in der Erzählung nicht auf die Exaktheit der Maße reduziert wird. Das Dingsymbol der „Waage" reicht über die Bedeutung einer genauen und richtigen Messung hinaus. Das geschieht, indem Böll stets von der „Gerechtigkeit" und nicht etwa bloß von der Richtigkeit der Waage spricht und am Ende die Eltern des Franz die Erfahrung machen läßt, daß „in allen Orten das Pendel der Gerechtigkeit falsch ausschlug", womit sicherlich nicht deren Eichung gemeint ist. Die Baleks repräsentieren also in der Geschichte nicht bloß das Prinzip einer gestörten quantitativen Gerechtigkeit, sondern eine bestimmte, sozioökonomisch bedingte Herrschafts- und Handlungsform, zu der auch die Mißachtung und Unterdrückung der qualitativen Gerechtigkeit gehört.

Es bleibt aber Cases Verdienst, herausgestellt zu haben, was man als

Dominanz der ethischen Problematik gegenüber der ökonomischen bezeichnen kann. Die zweite Ebene ist die der literatursoziologischen Literaturbetrachtung. Cases behauptet, die Dorfbewohner seien aufgrund ihres mangelnden Bewußtseins keine lebensechten Personen und die Baleks handelten im Widerspruch zu ihren eigentlichen Interessen. In beiden Fällen ist die Frage angeschnitten, wie typisch oder repräsentativ denn die von Böll dargestellten Verhältnisse für eine bestimmte historische Lebens- und Gesellschaftsform sind. Selbst wenn wir annehmen, Böll habe die Baleks als Kapitalisten geschildert, bleibt aber zu klären, in welchem Maße der Betrug diesem Wirtschaftssystem tatsächlich fremd ist. Ferner wäre zu prüfen, welches der Bewußtseinsstand der Dorfbewohner während der k. u. k. Zeit im 19. Jahrhundert war. Cases sagt in beiden Fällen, die Darstellung sei psychologisch und soziologisch nicht stimmig, liefert aber letztlich nur Behauptungen, zu denen sich Gegenbehauptungen aufstellen lassen.

Cases Kritik bezieht schließlich noch eine dritte Ebene mit ein, die der literarischen Wertung. Gesetzt, Cases hätte mit seiner Kritik recht, Böll würde in dieser Erzählung die materiellen und bewußtseinsmäßigen Verhältnisse einer bestimmten historischen Epoche verfehlen, ist damit schon ihre literarische Qualität in Frage gestellt? Diese Frage führt mitten hinein in die Auseinandersetzung um die Widerspiegelungstheorie und kann bei dem gegenwärtigen Stand der literaturästhetischen Diskussion durchaus nicht als entschieden gelten.

Bölls „Waage der Baleks" gehört zu den meistgelesenen Erzählungen im Deutschunterricht. Es gibt in den letzten beiden Jahrzehnten kaum eine Erzählung (weder von Böll noch von einem anderen Autor), die in den Lesebüchern des 7. und 8. Schuljahrs (und zwar unabhängig von der Schulform oder dem Kursniveau) so häufig abgedruckt worden ist. Wie aber erklärt sich diese auffällige Vorliebe der Literaturdidaktik für die „Waage der Baleks"?

1. Aus dem oben Referierten geht hervor, daß Literaturdidaktiker trotz unterschiedlicher gesellschaftspolitischer und weltanschaulicher Positionen jeweils ihre Anschauungen in der Erzählung wiederfanden. Eben diese Offenheit der Erzählung ist vermutlich ein Faktor ihrer weit verbreiteten Wertschätzung.[16]

2. Wie noch näher auszuführen sein wird, hat Bölls „Waage der Baleks" aufgrund ihres sozialkritischen Gehalts der Literaturdidaktik dennoch einiges Kopfzerbrechen bereitet. Man entledigte sich des Problems, indem der Text für den Abdruck in Lesebüchern gekürzt und redigiert wurde.

Trotzdem hat sich in den sechziger Jahren alsbald die authentische Fassung durchgesetzt. Dies konnte geschehen, weil die Erzählung – abgesehen von ihrer Offenheit – weitere Möglichkeiten bot, die sozialkritische Aussage zu mildern. Der von Böll dargestellte gesellschaftliche Konflikt ist – wie Cases hervorhob – nicht in erster Linie ökonomisch bedingt (die mörderischen Arbeitsbedingungen in den Flachsbrechen), sondern ethisch (die falschen Maße der Waage). Ferner wird der Konflikt aus historisierender Distanz geschildert; wir hören (zumindest vordergründig) von den gesellschaftlichen Zuständen während der k. u. k. Zeit, nicht aber – wie bei Wallraff oder Delius – von den Praktiken heutiger Konzerne.

3. Im Mittelpunkt der Geschichte steht ein klassisches Lesebuchproblem: die Gerechtigkeit. Gerade thematisch aufgebaute oder gegliederte Lesebücher verzichten selten auf das Thema „Gerechtigkeit" oder „Recht und Gewissen" oder „Mißbrauchte Macht".[17]

4. Bölls Erzählung vereinigt wirkungsästhetisch das Ungewöhnliche mit dem Spannenden und Rührenden. Sie vermag also auch den literarisch nicht geschulten oder vorgebildeten Leser anzusprechen.[18] Ungewöhnlich (um nicht zu sagen „unerhört") ist die Begebenheit: ein zwölfjähriger Junge entdeckt einen seit Generationen verborgenen Betrug. Spannend ist die Darstellung der Entdeckung und ihrer Folgen; rührend die Figurenkonstellation: ein Kind besiegt durch seine Klugheit und seine Kühnheit die mächtigen Baleks, und die Eltern des Kindes nehmen die Vertreibung aus der Heimat auf sich. Nun eignen diese Wirkelemente jeder besseren oder schlechteren Trivialgeschichte. Es mußte noch mehr hinzukommen, um diese Erzählung zum Lesebuchklassiker werden zu lassen. Dies ist

5. ihr nicht zu übersehender Kunstcharakter. Die „Waage der Baleks" ist kein schmuckloser Bericht, sondern eine kunstvoll aufgebaute Erzählung mit novellenhaften Zügen.[19] Böll läßt den Ich-Erzähler sagen, daß die Geschichte von der Ungerechtigkeit der Baleks auch von seinen Urgroßeltern und seinem Großvater erzählt wurde, aber er zeigt großes Fingerspitzengefühl, daß er nicht diesen handelnden Personen, sondern einem Nachfahren die Geschichte in den Mund legt, weshalb ihr Kunstcharakter nicht befremdet, der sich unter verschiedenen Aspekten aufzeigen läßt. Einmal gelingt es Böll in dieser Erzählung, wie vielfach beobachtet worden ist, das historisch Konkrete und Anschauliche zwanglos mit dem Allgemeinen und Bedeutsamen zu vermitteln.

Wir erfahren sehr anschaulich von einer bestimmten Waage („ein altertümliches, verschnörkeltes, mit Goldbronze bemaltes Ding") und realisieren sie doch zugleich als Dingsymbol der Gerechtigkeit; von den Lebensverhältnissen und -gewohnheiten der Bewohner eines bestimmten Dorfes in Böhmen, unweit von Prag, aber dieses Dorf könnte überall liegen, wie denn auch sein Name ungenannt bleibt und die Namen der

Nachbardörfer (Blaugau, Bernau, Dielheim) erfunden sind; von einem sehr genau bestimmten Zeitpunkt, an dem Franz seiner Familie die Entdeckung der Ungerechtigkeit der Baleks mitteilt (Silvesternacht 1899/1900), aber eben dieses Datum verweist auf den Umbruch der wirtschaftlichen und gesellschaftlichen Verhältnisse vom 19. zum 20. Jahrhundert; von einem zwölfjährigen Jungen, der durch seinen Fleiß, seine Klugheit und Kühnheit als erster das Unrecht entdeckt, aber in eben seiner Auseinandersetzung mit den Baleks durch eine Fülle bedeutungsvoller Bezüge charakterisiert wird: Franz' Jugendlichkeit und seine Kieselsteine rücken ihn in die Nähe Davids, dies um so mehr, als er sich beim Sammeln der Pilze nicht vor Bilgan dem Riesen fürchtet, der beziehungsreich im Wappen der Baleks wieder auftaucht; Franz' Nachname verweist auf seine epochale Tat, während die Baleks lautlich mit den mythischen (und ebenfalls von Böll erfundenen) Namen des Riesen Bilgan und der Balderer verbunden werden und die Namen der Dorfbewohner (insbesondere der Vorname von Franz' Schwester, Ludmilla, und der Nachname einer der Familien, Cech) für lokalhistorisches Kolorit sorgen.[20] Bleibt zu erwähnen, daß Franz eben jene Bonbons zertritt, die Frau Balek je nach ihrer Laune den Kindern schenkte, und daß das Kirchenlied „Gerechtigkeit der Erden, o Herr, hat Dich getötet" ebenfalls jene doppelte Funktion erfüllt. Es ist das Weberlied der empörten Dörfler und bezieht in der Geschichte seine Kraft aus eben jener Tradition, die den Dorfbewohnern allein vertraut war, der christlichen. Andererseits verleiht Böll der Sache der Dörfler mit diesem – offenbar ebenfalls von ihm stammenden – Liedanfang eine über den konkreten Konflikt hinausreichende Geltung.

6. Der Kunstcharakter der „Waage der Baleks" zeigt sich ferner in der Erzähltechnik, dem Bemühen Bölls, die verschiedenen Fäden der Erzählung (Personen, Gegenstände, Ereignisse) kunstvoll aufeinander zu beziehen und miteinander zu verknüpfen. Der traditionelle – auf die Etymologie gestützte – Vergleich eines literarischen Textes mit einem Gewebe ist für diese Erzählung besonders passend. Wie eng die einzelnen Abschnitte der Erzählung miteinander verwoben sind, läßt sich leicht zeigen. Wir gehen davon aus, daß sich die Geschichte (je nach den dargestellten Personen und dem Handlungsverlauf) in vier Abschnitte gliedern läßt, wobei die Grenzen mehrfach inmitten eines Absatzes liegen.

I. Das Leben der Dorfbewohner (1.–6. Absatz)
II. Die Entdeckung des Großvaters (6.–16. Absatz)
III. Der Aufruhr der Dorfbewohner (16.–19. Absatz)
IV. Das Schicksal der Familie des Großvaters (20. Absatz)

Der Ich-Erzähler nennt schon im ersten Abschnitt verschiedene Personen, Dinge und Probleme, die als Zentrum und Mitte der Erzählung in allen folgenden Abschnitten gegenwärtig bleiben und auf die Existenz eines durchlaufenden Erzählstrangs verweisen: das Dorf und seine Bewohner, die Familie des Großvaters, die Baleks, die Waage, die Gerechtigkeit. Darüber hinaus reicht die Funktion des ersten Abschnitts als Exposition der Erzählung noch weiter. Motivbezüge, die im ersten Abschnitt schon genannt werden, tauchen in einem oder sogar zweien der folgenden Abschnitte wieder auf: erröten – blaß sein (I, II, III); der Bruch mit dem Gesetz (I, II, III); der Kaffee (I, II, III); die Repression der Baleks (I, III, IV); der Pfarrer, Wilderer, Bezirkshauptmann (I, III); die Bonbons (I, II). Ferner sind auch der zweite, dritte und vierte Abschnitt unabhängig vom ersten eng miteinander verknüpft. Franz' Schwester, die kleine Ludmilla, nimmt man beim ersten Lesen nur im dritten Abschnitt anläßlich ihres gewaltsamen Todes wahr. Sie wird aber schon im zweiten Abschnitt erwähnt und bleibt noch im vierten Abschnitt gegenwärtig. Das Motiv des Riesen verbindet zudem den zweiten und dritten Abschnitt, das Lied „Gerechtigkeit der Erden" den dritten und vierten. Gerade der sehr offenkundige und leicht faßliche Kunstcharakter trug wohl dazu bei, daß diese Erzählung zu einem bevorzugten literarischen Text des Deutschunterrichts wurde.

Zur methodischen Aufbereitung der „Waage der Baleks" liegen hilfreiche Vorschläge vor;[21] ihre Anwendung wird in starkem Maße von der konkreten Unterrichtssituation und der Unterrichtseinheit bestimmt sein. Aus der Vielfalt der Fragen, die sich sinnvoll am Text entwickeln lassen, möchten wir vier besonders hervorheben, weil sie die Grundlage dafür bilden, was in den ersten Teilen dieser Untersuchung ausgeführt worden ist.

1. Für und gegen welche Personen der Geschichte ergreift der Ich-Erzähler Partei? (Diese Frage erwies sich ja als der eigentliche Streitpunkt der literaturdidaktischen Forschung. Da die „Waage der Baleks" zumeist in der Jahrgangsstufe 7 oder 8 behandelt wird, ist Schulz' Hinweis sehr brauchbar, die Frage der Schuld der Baleks in Form einer Gerichtsverhandlung zu klären.)
2. Will der Erzähler den Leser zu einem bestimmten gesellschaftspolitischen Handeln auffordern, wenn ja, zu welchem? (Mit dieser Frage wird die erste präzisiert und der Schüler angeregt, die offene Erzählstruktur mit bestimmten inhaltlichen Deutungen zu füllen. Sie zielt also auf das Verhältnis von Text und Interpretation.)
3. Hört man dem Erzähler gern zu (im Gegensatz zu den Zeitgenossen, von denen der Ich-Erzähler berichtet, sie hätten seinen Urgroßeltern kaum zugehört)?[22] (Diese Frage führt auf die ästhetische Struktur der Erzählung. Ebenso wie die zweite Frage bietet sie für den Schüler auch die

Möglichkeit, Unmut, Bedenken oder alternative Überlegungen zu äußern.)
4. Hört man heute denen zu, die von erfahrener Ungerechtigkeit erzählen? (Hier verfügt der Schüler zumeist schon über eigene Erfahrungen. Wem hören wir zu, warum? Der Lehrer könnte vergleichend auf andere literarische und autobiographische Texte aufmerksam machen wie z. B. das „Tagebuch der Armut" von Carolina Maria de Jesus, die in den Favelas von Sao Paulo lebte.)

Die zuletzt gestellte Frage führt schon auf das methodische Prinzip des Textvergleichs hin, das den Schüler dazu anregen kann, sich über die „Waage der Baleks" ebenso wie über seine eigenen Anschauungen größere Klarheit zu verschaffen. Wir möchten zu diesem Prinzip in spezifischer Weise anregen und zwar auf textkritischer Grundlage. Es wurde schon angedeutet, daß „Die Waage der Baleks" in einigen älteren Lesebüchern nur in gekürzter und bearbeiteter Fassung Aufnahme fand. Der Blick in den Zerrspiegel der redigierten Fassungen kann zweierlei zeigen. Erstens, wie neu und gewagt, ja provokativ die „Waage der Baleks" einstmals von der Literaturdidaktik empfunden und eingeschätzt wurde. Unsere Gewöhnung an diese klassisch gewordene Erzählung könnte auf dem Umweg über die zeitgenössische Rezeption heilsam durchbrochen werden.[23] Zweitens sehen wir in dem Vergleich zwischen Original und Bearbeitung ein methodisches Prinzip, das im besonderen Maße geeignet ist, den Schüler in eigener Textarbeit auf die Eigenheiten dieser Erzählung aufmerksam zu machen. Aufgrund der zahlreichen Auslassungen und Umformungen in den redigierten Schulbuchtexten lernt der Schüler, Bölls authentische Fassung als keineswegs selbstverständlich und problemlos hinzunehmen und nach den Gestaltungsprinzipien zu fragen, die Böll leiteten, die aber den Herausgebern der Schulbücher anstößig oder überflüssig erschienen. Als Beispiel wählen wir die im Materialanteil abgedruckte Fassung aus dem Lesebuch für das 7. und 8. Schuljahr „Auf großer Fahrt. Zu neuen Ufern".[24]

Den Schülern nicht zumutbar erschien den Herausgebern Bölls sozialkritische Schilderung der Arbeitsbedingungen in den Flachsbrechen:

„Seit fünf Generationen atmeten sie den Staub ein, der den zerbrochenen Stengeln entsteigt, *ließen sich langsam dahinmorden, geduldige und fröhliche Geschlechter,* die Ziegenkäse aßen, Kartoffeln, manchmal ein Kaninchen schlachteten; *abends spannen und strickten sie in ihren Stuben, sangen, tranken Pfefferminztee und waren glücklich. Tagsüber brachen sie den Flachs in altertümlichen Maschinen, schutzlos dem Staub preisgegeben und der Hitze, die den Trockenöfen entströmte.*"

Die kursiv gesetzten Passagen fehlen in der Lesebuchfassung; d. h. die mörderischen Folgen der Fabrikarbeit werden den Schülern vorenthalten und die provokative Antithetik zwischen subjektivem Glück und objektiver Bedrohung aufgehoben. Konsequenterweise haben die Herausgeber auch jene Stelle gestrichen, in der Böll später das Motiv der gesundheitsschädigenden Fabrikarbeit wieder aufnimmt: „Na, ist es schlimmer geworden mit der Lunge deines Vaters?" fragt der Apotheker, worauf Franz antwortet: „Nein, ich komme nicht um Medizin, ich wollte [. . .]" Zwar behalten die Herausgeber den Schluß bei: „Und die Männer und Frauen gingen wieder in die Flachsbrechen", aber der Leser der Schulbuchfassung weiß damit nicht, wohin diese Männer und Frauen gehen und was damit wertend über die Baleks ausgesagt ist.

Ferner nahmen die Herausgeber an den naturalistischen bzw. realistischen Details der Böllschen Erzählweise Anstoß, die dem heutigen Leser kaum mehr auffallen werden. Vom Pfarrer schreibt Böll, er hätte, seine Festpredigt haltend, die Kälte der sonst so stillen und friedlichen Gesichter gespürt: „und er stoppelte mühsam seine Predigt herunter und ging schweißtriefend zum Altar zurück". Den Herausgebern schien diese Vorstellung von einem Pfarrer unziemlich, und sie schreiben deshalb eigenmächtig: „und er redete mühsam seine Predigt herunter".

Nicht weniger schwer wiegen die Eingriffe in den Böllschen Sprachgestus, der in der „Waage der Baleks" durch das episch-reihende „und" geprägt ist.

„*Und* mein Großvater stand auf und sagte: ,Weil Sie mir noch so viel Geld schulden, wie fünf Kilo Kaffee kosten'. *Und* er zog die fünf Kieselsteine aus seiner Tasche, hielt sie der jungen Frau hin und sagte: ,So viel, fünfeinhalb Deka fehlen auf ein halbes Kilo an Ihrer Gerechtigkeit'; *und* noch ehe die Frau etwas sagen konnte (. . .)."

Die Herausgeber strichen die ersten beiden, den Hauptsatz einleitenden „und"-Konjunktionen. Daß damit der epische Fluß der Erzählung verloren geht, störte sie offenbar weniger. Wo sie das „und" stehen ließen, wie im dritten Fall, grenzten sie es durch einen Punkt vom Vorhergehenden ab. Die Wirkung ist dieselbe: die Sätze werden im Schulsinne normalisiert, aber der fast gleichmütige Sprachfluß wird durch die Regulierung empfindlich gestört. Die einzelnen Sätze gewinnen durch die Verselbständigung ein Gewicht, das Böll ihnen gerade durch das Prinzip der epischen Reihung genommen hatte.

Schließlich glaubten die Herausgeber, auf Details verzichten zu können, die sie möglicherweise als entbehrliches historisches Kolorit interpretierten, während sie in Wirklichkeit Träger der symbolischen Bezüge und Verweise sind. Dieses Verfahren schwächte vor allem die expositorische Kraft des ersten Abschnitts, aus dem die Hinweise auf den Eichelkaffee, die Bonbons und die Wilderer herausgekürzt sind. Zum anderen fielen dieser

Art von literarischer Entlaubung so bedeutsame Symbolbezüge wie Bilgan der Riese zum Opfer.

Paradoxerweise müssen wir aber den eigenmächtigen Herausgebern dankbar sein: ihre Kürzungen beweisen, was verschiedene Interpreten kaum wahrhaben wollen und umzudeuten versuchen: den sozialkritischen Gehalt der Erzählung; und ihre inhaltlichen und stilistischen Korrekturen eignen sich in hervorragendem Maße dazu, daß die Schüler sich im kritischen Textvergleich den Kunstcharakter der authentischen Fassung selbsttätig erarbeiten können.

Anmerkungen

1 Zur Literatur vgl. Schlepper, Reinhard: was ist wo interpretiert? Eine bibliographische Handreichung für das Lehrfach Deutsch. 4. Aufl. Paderborn 1975: 48. Ferner: Lengning, Werner (Hrsg.): Der Schriftsteller Heinrich Böll. Ein biographisch-bibliographischer Abriß. 5. Aufl. München 1977: 327.
2 Dormagen, Paul u. a. (Hrsg.): Handbuch zur modernen Literatur im Deutschunterricht. Prosa – Drama – Hörspiel. Frankfurt a.M. 1970: 308.
3 Fetzer, John: The Scales of Injustice: Comments on Heinrich Böll's *Die Waage der Baleks*. In: German Quaterly 45 (1972): 478.
4 Schulz, Bernhard: Der literarische Unterricht in der Volksschule. Eine Lesekunde in Beispielen. Bd. II. Düsseldorf o. J.: 28–42.
5 In: Helmers, Hermann (Hrsg.): Moderne Dichtung im Unterricht. 3. Aufl. Braunschweig 1973: 106. Dankenswerterweise hat Helmers zwei weitere Entwürfe zur Behandlung der „Waage der Baleks" abgedruckt (von Klaus Gerth und ihm selbst) und damit zumindest einen Anstoß zur Diskussion gegeben.
6 Thiemermann, Franz-Josef: Kurzgeschichten im Deutschunterricht. Texte – Interpretationen – Methodische Hinweise. 12. Aufl. Bochum 1977: 105 (Kamps pädagogische Taschenbücher 32).
7 Vgl. Anm. 5, 112f.
8 Zum Prinzip der Offenheit vgl. aus hermeneutischer Sicht: Szondi, Peter: Er selbst, der Fürst des Festes. Die Hymne „Friedensfeier". In: Euphorion 59 (1965): 252–271. Wieder abgedr. in: Ders.: Hölderlin-Studien. Mit einem Traktat über philologische Erkenntnis. Frankfurt/M. 1967: 55–81. Vgl. dazu: Stückrath, Jörn: Historische Rezeptionsforschung. Ein kritischer Versuch zu ihrer Geschichte und Theorie. Stuttgart 1979: 114ff.
9 Zur Kritik an Fetzer vgl. auch Robert C. Conards Aufsatz „Böll contra Brecht: ‚The Balek Scales' Reassessed". In: Perspektives and Personalities. Studies in Modern German Literature. Honoring Claude Hill. Heidelberg 1978: 101–109.
10 Schulz, Bernhard: a.a.O.; 31. Vgl. auch 32 u. 40.
11 Cases, Cesare: *Die Waage der Baleks*, dreimal gelesen. In: Reich-Ranicki, Marcel: In Sachen Böll. Ansichten und Einsichten. 2. Aufl. Köln u. Berlin: 229.

12 Böll, Heinrich: Die Waage der Baleks. In: Ders.: Als der Krieg ausbrach. Erzählungen I. 15. Aufl. München 1975: 93 f. (dtv 339).
13 Darauf verweist auch Nägele, Rainer: Heinrich Böll. Einführung in das Werk und in die Forschung. Frankfurt/M. 1976: 124.
14 Cases, a.a.O.: 227 f.
15 Weshalb Schulz, a.a.O.: 34 meint, wir sollten nicht forschen, ob wirklich vor dem Jungen einmal jemand das Gesetz gebrochen hat, bleibt unverständlich.
16 Vgl. Anm. 8, sowie Lämmert, Eberhard: Eichendorffs Wandel unter den Deutschen. Überlegungen zur Wirkungsgeschichte seiner Dichtung. In: Steffen, Hans (Hrsg.): Die deutsche Romantik. Poetik, Formen und Motive. Göttingen 1967: 219–252.
17 Vgl. die Lesebücher Ansichten 9, Auswahl, Das Lebensschiff 5, Stimme des Lebens 5 (Themenstichworte).
18 Cases, a.a.O.: 226.
19 Schulz, a.a.O.: 35. Ferner Cases, a.a.O.: 226.
20 Der Name Cech ist offenbar zugleich als hommage für Bölls Frau Annemarie, geb. Cech, gedacht.
21 Vgl. Anm. 4, 5, 6.
22 Vgl. Lesen Darstellen Begreifen, Ausg. A u. C, 7. Schuljahr sowie die dazu gehörigen Lehrerhandreichungen von Franz Hebel und Gert Kleinschmidt.
23 Vgl. Jauss, Hans Robert: Literaturgeschichte als Provokation der Literaturwissenschaft. In: Ders.: Literaturgeschichte als Provokation. Frankfurt/M. 1970: 178 f. (edition suhrkamp 418).
24 Erschienen im Verlag Bagel, Crüwell, Schroedel o. O. u. o. J. Auf die bearbeiteten Abdrucke verweist schon Schulz, a.a.O.: 28 ff., neigt aber dazu, die Bearbeitung in den Lesebüchern Auf großer Fahrt und Das Lebensschiff zu verteidigen. Er zitiert sogar fälschlich aus diesen Bearbeitungen (34).

Materialanhang

(Die gekürzte Fassung von Heinrich Böll, Die Waage der Baleks wurde entnommen aus: Auf großer Fahrt. Zu neuen Ufern. Ein Lesebuch für das 7. und 8. Schuljahr. A. Bagel, Düsseldorf, W. Crüwell, Dortmund, H. Schroedel, Hannover, o. J.: 218–222. © Verlag Kiepenheuer & Witsch, Köln.

Die Waage der Baleks

In der Heimat meines Großvaters lebten die meisten Menschen von der Arbeit in den Flachsbrechen. Seit fünf Generationen atmeten sie den Staub ein, der den zerbrochenen Stengeln entsteigt, geduldige und fröhliche Geschlechter, die Ziegenkäse aßen und Kartoffeln, manchmal ein Kaninchen schlachteten.

Kamen die Kinder aus der Schule, mußten sie in die Wälder gehen und – je nach der Jahreszeit – Pilze sammeln und Kräuter: Waldmeister und Thymian, Kümmel und Pfefferminz, auch Fingerhut. Im Sommer, wenn sie das Heu von ihren mageren Wiesen geerntet hatten, sammelten sie die Heublumen. Einen Pfennig gab es fürs Kilo Heublumen, die in der Stadt in den Apotheken für zwanzig Pfennig das Kilo an nervöse Damen verkauft wurden. Kostbar waren die Pilze: Sie brachten zwanzig Pfennig das Kilo und wurden in der Stadt für eine Mark zwanzig gehandelt. Weit in die grüne Dunkelheit der Wälder krochen die Kinder im Herbst, wenn die Feuchtigkeit die Pilze aus dem Boden treibt. Fast jede Familie hatte ihre Plätze, an denen sie Pilze pflückte, Plätze, die von Geschlecht zu Geschlecht weitergeflüstert wurden.

Die Wälder gehörten den Baleks, auch die Flachsbrechen. Die Baleks besaßen im Heimatdorf meines Großvaters ein Schloß, und die Frau des Familienvorstandes jeweils hatte neben der Milchküche ein kleines Stübchen, in dem Pilze, Kräuter, Heublumen gewogen und bezahlt wurden. Dort stand auf dem Tisch die große Waage der Baleks, ein altertümliches, verschnörkeltes, mit Goldbronze bemaltes Ding. Schon die Großeltern meines Großvaters hatten vor dieser Waage gestanden, die Körbchen mit Pilzen, die Papiersäcke mit Heublumen in ihren schmutzigen Kinderhänden. Gespannt hatten sie zugesehen, wie viele Gewichte Frau Balek auf die Waage werfen mußte, bis der pendelnde

Zeiger genau auf dem schwarzen Strich stand, dieser dünnen Linie der Gerechtigkeit, die jedes Jahr neu gezogen werden mußte. Dann nahm Frau Balek das große Buch mit dem braunen Lederrücken, trug das Gewicht ein und zahlte das Geld aus, Pfennige oder Groschen und sehr, sehr selten einmal eine Mark.

Eines der Gesetze, die die Baleks dem Dorf gegeben hatten, hieß: Keiner darf eine Waage im Hause haben. Das Gesetz war schon so alt, daß keiner mehr darüber nachdachte, wann und warum es entstanden war. Es mußte geachtet werden! Wer es brach, wurde aus den Flachsbrechen entlassen, dem wurden keine Pilze, kein Thymian, keine Heublumen mehr abgenommen. Die Macht der Baleks reichte so weit, daß auch in den Nachbardörfern niemand ihm Arbeit gab, niemand ihm die Kräuter des Waldes abkaufte. Im übrigen machte die altertümliche, mit Goldbronze verzierte Waage der Baleks nicht den Eindruck, als könne sie nicht stimmen. Fünf Geschlechter hatten dem auspendelnden schwarzen Zeiger anvertraut, was sie mit kindlichem Eifer im Walde gesammelt hatten.

Mein Großvater war der erste, der kühn genug war, die Gerechtigkeit der Baleks zu prüfen, die im Schloß wohnten, zwei Kutschen fuhren, die immer einem Jungen des Dorfes das Studium der Theologie im Prager Seminar bezahlten, bei denen der Pfarrer jeden Mittwoch zum Tarock war, denen der Bezirkshauptmann zu Neujahr seinen Besuch abstattete und denen der Kaiser im Jahre 1900 den Adel verlieh.

Der Großvater trug alles, was er den Baleks brachte, auf die Rückseite eines Kalenderblattes ein. Mit seiner Kinderschrift schrieb er rechts daneben, was er dafür bekommen hatte, von seinem siebenten bis zu seinem zwölften Jahr. Als er zwölf Jahre alt war, kam das Jahr 1900, und die Baleks schenkten jeder Familie im Dorf ein Viertelpfund echten Kaffee, weil der Kaiser sie geadelt hatte. Es gab ein großes Fest im Schloß.

Aber am Tage vor dem Fest schon wurde der Kaffee ausgegeben in der kleinen Stube, in der seit fast hundert Jahren die Waage der Baleks stand, die jetzt Balek von Bilgan hießen, weil der Sage nach Bilgan, der Riese, dort ein großes Schloß gehabt haben soll, wo die Gebäude der Baleks stehen.

Mein Großvater hatte den Kaffee für vier Familien abzuholen. Er ließ sich von Gertrud, der Magd, die fertigen Achtelkilopakete vorzählen und blickte auf die Waage, auf deren linker Schale der Halbkilostein liegengeblieben war. Frau Balek von Bilgan war mit den Vorbereitungen fürs Fest beschäftigt. Als Gertrud nun in das Glas mit den sauren Bonbons greifen wollte, um meinem Großvater einen zu geben, stellte sie fest, daß es leer war.

Gertrud lachte, sagte: „Warte, ich hole neue", und mein Großvater blieb mit den vier Achtelkilopaketen, die in der Fabrik verpackt und verklebt worden waren, vor der Waage stehen, auf der jemand den Halbkilostein liegengelassen hatte. Mein Großvater nahm die Kaffeepaketchen und legte sie auf die leere Waagschale. Sein Herz klopfte heftig, als er sah, wie der schwarze Zeiger der Gerechtigkeit links neben dem Strich hängen blieb, die Schale mit dem Halbkilostein unten blieb und das halbe Kilo Kaffee ziemlich hoch in der Luft schwebte. Sein Herz klopfte heftiger. Er suchte aus seiner Tasche Kieselsteine – drei, vier, fünf Kieselsteine mußte er neben die vier Kaffeepakete legen, bis die Schale mit dem Halbkilostein sich senkte und der Zeiger endlich scharf über dem schwarzen Strich lag. Mein Großvater nahm den Kaffee von der Waage und wickelte die fünf Kieselsteine in sein Sacktuch. Als Gertrud mit der großen Tüte voll saurer Bonbons kam und sie rasselnd ins Glas schüttete, stand der kleine, blasse Bursche da, und nichts schien sich verändert zu haben. Mein Großvater nahm nur drei von den Paketen. Gertrud blickte erstaunt und erschreckt auf den blassen Jungen, der den sauren Bonbon auf die Erde warf, ihn zertrat und sagte: „Ich will Frau Balek sprechen." – „Balek von Bilgan, bitte", sagte Gertrud. – „Gut, Frau Balek von Bilgan", aber Gertrud lachte ihn aus. Er ging im Dunkeln ins Dorf zurück, brachte den Nachbarsfamilien ihren Kaffee und gab vor, er müsse noch zum Pfarrer.

Aber er ging mit seinen fünf Kieselsteinen im Sacktuch in die dunkle Nacht. Er mußte weit gehen, bis er jemand fand, der eine Waage hatte, eine haben durfte. Nach einem zweistündigen Marsch kam er in das kleine Städtchen Diehlheim, wo der Apotheker Honig wohnte. Mein Großvater nestelte sein Sacktuch auf, nahm die fünf Kieselsteine heraus, hielt sie Honig hin und sagte: „Ich wollte das gewogen haben." Er blickte ängstlich in Honigs Gesicht, aber als Honig nichts sagte, nicht zornig wurde, auch nichts fragte, sagte mein Großvater: „Es ist das, was an der Gerechtigkeit fehlt!", und mein Großvater spürte jetzt, als er in die warme Stube kam, wie naß seine Füße waren. Der Schnee war durch die schlechten Schuhe gedrungen. Im Wald hatten die Zweige den Schnee über ihn geschüttelt, der jetzt schmolz. Er war müde und hungrig und fing plötzlich an zu weinen, weil ihm die vielen Pilze einfielen, die Kräuter, die Blumen, die auf der Waage gewogen waren, bei der das Gewicht von fünf Kieselsteinen an der Gerechtigkeit fehlte. Und als Honig, den Kopf schüttelnd, die fünf Kieselsteine in der Hand, seine Frau rief, fielen meinem Großvater die Geschlechter seiner Eltern, seiner Großeltern ein, die alle ihre Pilze, ihre Blumen auf der Waage hatten wiegen lassen müssen. Es kam über ihn wie eine große Woge der Ungerechtigkeit, und er fing noch heftiger an zu weinen. Er setzte sich, ohne dazu aufgefordert zu sein, auf einen der Stühle in Honigs Stube, übersah den Pfannekuchen und die heiße Tasse Kaffee, die die gute Frau Honig ihm vorsetzte, und hörte erst auf zu weinen, als Honig selbst aus dem Laden vorne zurückkam, und die Kieselsteine in der Hand schüttelnd, leise zu seiner Frau sagte: „55 Gramm, genau."

Mein Großvater ging die zwei Stunden durch den Wald zurück. Er ließ sich prügeln zu Hause, schwieg, als er nach dem Kaffee gefragt wurde, sagte kein Wort, rechnete den ganzen Abend an seinem Zettel herum, auf dem er alles notiert hatte, was er der jetzigen Frau Balek geliefert hatte, und als es Mitternacht schlug, vom Schloß die Böller zu hören waren, als die Familie sich geküßt, sich umarmt hatte, sagte er in das folgende Schweigen des neuen Jahres hinein: „Baleks schulden mir achtzehn Mark und zweiunddreißig Pfennig." Und wieder dachte er an die vielen Kinder, die es im Dorf gab, dachte an seinen Bruder Fritz, an seine Schwester Ludmilla, dachte an die vielen hundert Kinder, die alle für die Baleks Pilze gesammelt hatten, Kräuter und Blumen, und er weinte diesmal nicht, sondern erzählte seinen Eltern und seinen Geschwistern von seiner Entdeckung.

Als die Baleks von Bilgan am Neujahrstage zum Hochamt in die Kirche kamen, das neue Wappen schon in Blau und Gold auf ihrem Wagen, blickten sie in die harten und blassen Gesichter der Leute, die alle auf sie starrten. Sie hatten im Dorf Girlanden erwartet, am Morgen ein Ständchen und Hochrufe, aber das Dorf war wie ausgestorben gewesen, als sie hindurchfuhren. In der Kirche wandten sich die Gesichter der blassen Leute ihnen zu, stumm und feindlich, und als der Pfarrer auf die Kanzel stieg, um die Festpredigt zu halten, spürte er die Kälte der sonst so friedlichen und stillen Gesichter, und er redete mühsam seine Predigt herunter. Und als die Baleks von Bilgan nach der Messe die Kirche wieder verließen, gingen sie durch ein Spalier stummer, blasser Gesichter. Die junge Frau Balek von Bilgan aber blieb vorne bei den Kinderbänken stehen, suchte das Gesicht meines Großvaters und fragte ihn in der Kirche: „Warum hast du den Kaffee für deine Mutter nicht mitgenommen?" Mein Großvater stand auf und sagte: „Weil Sie mir noch so viel Geld schulden, wie fünf Kilo Kaffee kosten." Er zog die fünf Kieselsteine aus seiner Tasche, hielt sie der jungen Frau hin und sagte: „So viel, 55 Gramm, fehlen auf ein halbes Kilo an Ihrer Gerechtigkeit." Und noch ehe die Frau etwas sagen konnte, stimmten die Frauen und Männer in der Kirche das Lied an: „Gerechtigkeit der Erden, o Herr, hat dich getötet ..."

Während die Baleks in der Kirche waren, war Wilhelm Vohla, der Wilderer, in das kleine Stübchen eingedrungen, hatte die Waage gestohlen und das große, dicke, in Leder gebundene Buch, in dem alles eingetragen war, was von den Baleks im Dorf gekauft worden war. Den ganzen Nachmittag des Neujahrstages saßen die Männer des Dorfes in der Stube meiner Urgroßeltern und rechneten. Als sie schon viele tausend Taler errechnet hatten und noch immer nicht zu Ende waren, kamen die Gendarmen des Bezirkshauptmannes, drangen schießend und stechend in die Stube meines Urgroßvaters ein und holten mit Gewalt die Waage und das Buch heraus. Die Schwester meines Großvaters wurde dabei getötet, die kleine Ludmilla, ein paar Männer verletzt, und einer der Gendarmen wurde von Vohla erstochen.

Es gab Aufruhr, nicht nur in unserem Dorf, sondern auch in den anliegenden Ortschaften. Fast eine Woche lang ruhte die Arbeit in den Flachsfabriken. Aber es kamen sehr viele Gendarmen, und die Männer und Frauen wurden mit Gefängnis bedroht, und die Baleks zwangen den Pfarrer, öffentlich in der Schule die Waage vorzuführen und zu beweisen, daß der Zeiger der Gerechtigkeit richtig auspendelte. Und die Männer und die Frauen gingen wieder in die Flachsbrechen –, aber niemand ging in die Schule, um dem Pfarrer zuzusehen: Er stand ganz allein da, hilflos und traurig mit seinen Gewichtssteinen, der Waage und den Kaffeetüten.

Und die Kinder sammelten wieder Pilze, sammelten wieder Thymian und Blumen und Fingerhut, aber jeden Sonntag wurde in der Kirche, sobald die Baleks sie betraten, das Lied angestimmt: „Gerechtigkeit der Erden, o Herr, hat dich getötet", bis der Bezirkshauptmann in allen Dörfern austrommeln ließ, das Singen dieses Liedes sei verboten.

Die Eltern meines Großvaters mußten das Dorf verlassen und das frische Grab ihrer kleinen Tochter. Sie wurden Korbflechter, blieben an keinem Ort lange, weil es sie schmerzte, zuzusehen, wie in allen Orten das Pendel der Gerechtigkeit falsch ausschlug. Sie zogen hinter dem Wagen, der langsam über die Landstraße kroch, ihre magere Ziege mit, und wer an dem Wagen vorbeikam, konnte manchmal hören, wie drinnen gesungen wurde: „Gerechtigkeit der Erden, o Herr, hat dich getötet."

Und wer ihnen zuhören wollte, konnte die Geschichte hören von den Baleks von Bilgan, an deren Gerechtigkeit ein Zehntel fehlte. Aber es hörte ihnen fast niemand zu.

Heinrich Böll

DIETER MAYER

Günter Grass: Katz und Maus

I

Seit ihrem Erscheinen im Jahre 1961 hat die Novelle „Katz und Maus" ein breites Interesse in Literaturkritik und Literaturwissenschaft gefunden.[1] Dafür gibt es mehrere Ursachen. Zum einen hatte der Roman „Die Blechtrommel" (1959) Grass einen sensationellen Erfolg und den Ruf verschafft, zugleich Moralist und Nihilist, naiver Berserker und sensibler Ästhet, Nestbeschmutzer der Nation und Vertreter des künstlerischen Gewissens der deutschen Nachkriegszeit zu sein. Deshalb versäumte es keine der großen Tages- und Wochenzeitungen, der deutschen und ausländischen Kulturzeitschriften, das zweite epische Werk dieses Autors, das in Zeitkolorit und Lokalität der „Blechtrommel" verblüffend nahestand, ausführlich den Lesern vorzustellen.

Eine andere Ursache für die Publizität des Werks ist in seinem politisch-literarischen Signalcharakter zu sehen. An den Reaktionen auf die Danziger Trilogie („Die Blechtrommel" (1959); „Katz und Maus" (1961); „Die Hundejahre" (1963)) läßt sich das kulturpolitische Klima der späten Adenauer-Zeit ablesen, von den rechtskonservativen und auch neochauvinistischen Einstellungen eines Ziesel, des Kölner Volkwartbundes und der verschiedenen Soldatenverbände, die – wenn auch aus z. T. unterschiedlichen Motiven – empört auf die Darstellung der Wirklichkeit, vor allem in „Katz und Maus" reagierten, bis hinüber zu den mit den Liberalen und Sozialdemokraten sympathisierenden Künstlern der Gruppe 47, die Grass als populären Vertreter eines sich aus den Tabus des Kalten Krieges lösenden Diskurses schätzten, der sich nicht scheute, die in der Bundesrepublik durch Wiederaufbau und Antikommunismus zeitweilig verdrängte Problematik der faschistischen Herrschaft in Deutschland aufzugreifen und als ästhetisch gestaltete Wirklichkeit zu einem öffentlichen Thema zu machen. Dabei erregte die Art und Weise Aufsehen, in der Grass zeitgeschichtliche Ereignisse behandelte: weder pflegte er die bemüht trockene Attitüde eines scheinbar unbeteiligten Chronisten noch Erlebnisstil und Tagebuchform des Dabeigewesenen. Vielmehr wählte Grass eine sich dem Leser deutlich als fiktiv ausweisende Erzählhaltung aus der eingeschränkten Perspektive einer Randfigur des Geschehens, mehrfach gebrochen durch die Vermengung zweier Zeitebenen, einmal der unmittelbaren Erfahrung, und zum anderen der rückblickenden, reflektierenden Konfession einer in die Vergangenheit involvierten Erzählerfigur.

Der Erfolg der Danziger Trilogie erklärt sich auch aus der Fähigkeit des Autors, tradierte epische Formen und Motive so in die Unmittelbarkeit der Darstellung einzubringen, daß Kenner und literarisch Unerfahrene zugleich fasziniert waren. Einige Kritiker sahen sich veranlaßt, den Kunstcharakter der Grass'schen Romane deswegen zu bezweifeln, weil sie Publikumserfolg in einem unmittelbaren Zusammenhang mit verminderter künstlerischer Qualität glaubten.[2] Die Mehrzahl der Kritiker hatte jedoch erkannt, daß hier ein Versuch vorlag, gegen einen weitgehend sterilen, vom Unterhaltungsbedürfnis und vom Wunsch nach dem Vergessen der Hitlerzeit gekennzeichneten Kunstgeschmack in den fünfziger Jahren[3] anzugehen, wobei Grass sich die Fähigkeit durchaus bewahrt hatte, auch überkommene literarische Formen und Inhalte virtuos zu benutzen, beispielsweise in der Form der Parodie oder der Variation. Schließlich war es auch der Eindruck vom kraftgenialischen Bürgerschreck, der in den frühen sechziger Jahren zur Popularität des Schriftstellers Günter Grass beitrug. Auch solche Gruppen in der Lesegesellschaft, die im allgemeinen kaum Interesse für die Kunst der Gegenwart zeigten, nahmen die sexuellen Gewagtheiten der Grass'schen Bücher zur Kenntnis, wenn auch oft mit Anzeichen der Entrüstung.[4] Höhepunkte solcher Aufmerksamkeit für das Anrüchige stellten die Auseinandersetzung um den jugendgefährdenden Charakter der Novelle „Katz und Maus" (1962) und der Prozeß Grass gegen Ziesel (1968) dar (vgl. Arnold/Görtz, 1971: 303 ff.).

Wie verlief die Rezeption der Novelle „Katz und Maus" durch die Literaturwissenschaft (vgl. Ritter, 1977: 181 ff.)? Die erste Arbeit zu ihr wurde nicht zufällig aus kriminologisch-sozialpsychologischer Sicht geschrieben. *Ottinger* (1962: 175 ff.)[5] stellte in ihr die Antriebe für Mahlkes eigenartiges Verhalten dar. Einige Jahre später waren es drei amerikanische Germanisten, *Friedrichsmeyer, Ruhleder* und *Bruce*,[6] die kurz hintereinander (1965/66) „Katz und Maus" analysierten. Während die beiden erstgenannten Autoren allzu vorschnell Mahlkes Geschichte als eine Art Menschheitsallegorie bzw. als Pervertierung des Messias-Topos begriffen (vgl. Kaiser, 1971: 45 ff.), überzeugt die Untersuchung der Erzählerfigur Pilenz bei Bruce durch ihre Textnähe und die einleuchtende Akzentuierung der ambivalenten Gefühlsbeziehung des Erzählers zur Zentralfigur der Novelle. Das Verdienst, die deutsche Literaturwissenschaft auf die Danziger Novelle hingewiesen zu haben, darf *Behrendt*[7] für sich in Anspruch nehmen. In zwei kurz nacheinander publizierten Aufsätzen (1968 und 1969) repetierte sie in manchem die Überinterpretationen Friedrichmeyers und Ruhleders, indem sie Mahlkes Geschichte zur Menschheitstragödie stilisierte, und sie ging insofern noch weiter, als sie das für „Katz und

Maus" konstitutive ambivalente Verhältnis Pilenz – Mahlke als Konkretisierung des überzeitlichen Doppelgängermotivs begriff.

Die weitaus ergiebigste, bis heute unübertroffene Arbeit ist die Untersuchung von Gerhard *Kaiser* (1971), der die nachfolgenden Ausführungen in manchem verpflichtet sind (Kaiser, 1971: v. a. 19 ff., 26 ff., 39 ff.). Hier wurden die komplizierten erzähltheoretischen Probleme in „Katz und Maus" ebenso überzeugend dargestellt wie die Eigenart der Geschichtsverarbeitung und Metaphorik. Besonders hilfreich erscheint mir Kaisers Interpretationsansatz dieser Pubertätsgeschichte mit dem Instrumentarium der Sozialpsychologie. Hier ist wohl eine weiter ins einzelne gehende Fortführung der Thesen Kaisers noch möglich; auch die Erkenntnisse neuerer Rollentheorie sollten herangezogen werden, um Einblicke in die Mechanismen angepaßten und abweichenden Verhaltens zu öffnen.[8] Dies freilich ist im Rahmen dieses Aufsatzes nur skizzenhaft möglich (vgl. III); der zur Verfügung stehende Raum und die Absicht dieses Bandes weisen den Verfasser in eine andere Richtung.[9]

Vorschläge für die Arbeit mit der Novelle „Katz und Maus" in der Schule wurden erstmals 1969 veröffentlicht, und zwar fast gleichzeitig von *Zimmermann* und *Lucke*.[10] Beide setzen ein starkes Leseinteresse der Schüler am Werk von Günter Grass voraus, speziell an der „Blechtrommel", „an der heute der literarisch interessierte Primaner in seiner Privatlektüre kaum mehr vorübergeht" (Zimmermann, 1969: 258). Dennoch plädierte Zimmermann aus lernökonomischen und noch mehr aus ästhetischen Gründen nicht für eine schulische Lektüre des Romans, sondern er zog die Novelle vor, die er für „dichter und zuchtvoller" (ebd.) gearbeitet als die Romane hielt („gelegentliche Zügellosigkeit" (ebd.)). Lucke verzichtete auf solche, am tradierten Formideal orientierten Auswahlüberlegungen, hielt es allerdings für notwendig, zu Beginn seiner Ausführungen zu einer Apologie der Novelle gegenüber dem Vorwurf der Obszönität auszuholen. Im übrigen enthält sein Unterrichtsvorschlag weder eine Begründung für die Wahl des Textes noch Angaben zur vorgesehenen Klassenstufe (er dachte vermutlich an die gymnasiale Oberstufe). Luckes Aufsatz hat eher den Charakter einer Reihe von Vorüberlegungen des Lehrers hinsichtlich der Möglichkeiten der Unterrichtsgestaltung (Einstieg, mögliche Einzelthemen, Tafelskizzen). Reflexionen über zu erwartende Schwierigkeiten fehlen ebenso wie genauere methodische Vorstellungen[11] und eine ins einzelne gehende Zeitplanung; der Verfasser stellt lediglich 15 Einzelthemen („Sinnabschnitte" (Lucke, 1969: 94)) unverbunden nebeneinander. Es geht Lucke bei der Behandlung vor allem um folgende Aspekte:

- Charakteristik der Hauptfigur, Analyse ihrer Psyche und ihrer neurotischen Störungen („Lebenskrise" (Lucke, 1969: 89));
- Erzählperspektivik und dargestellte Wirklichkeit;
- unterschiedliche Sprachschichten (Pennälersprache, Lehrersprache, Soldatensprache).

Die politische Dimension des Textes bleibt außerhalb des Interesses. Lucke betonte noch deutlicher als Ottinger, daß „Katz und Maus" den Charakter einer individualpsychologischen Fallstudie besitzt.

Zimmermann wählte ähnliche Schwerpunkte für die Arbeit in der Schule: er wollte vor allem die Erzählperspektive und ihre Funktion für die Darstellung, die physischen und psychischen Veränderungen Mahlkes und dazu die Struktur des Textes (unter spezieller Berücksichtigung ‚novellistischen' Erzählens) thematisiert wissen. Außerdem arbeitete er die Funktion der Chiffren ‚Katz' und ‚Maus' heraus und versuchte eine Einordnung der Novelle in das Gesamtwerk von Grass.

Auffallend an diesen beiden Untersuchungen ist, daß sie die beträchtlichen Schwierigkeiten nicht diskutieren, vor denen sich ein Lehrer sieht, wenn er mit der Klasse „Katz und Maus" lesen will. Denn was die Arbeit mit diesem Text problematisch und reizvoll zugleich macht, sind die zahlreichen Uneindeutigkeiten und Widersprüche im dargestellten Geschehen und vor allem in der Entwicklung der Mahlke-Figur,[12] ist aber auch die komplexe Erzählstruktur, die ohne einige erzähltheoretische Vorkenntnisse der Rezipienten kaum zu entschlüsseln ist, sind die Anspielungen auf verschiedene Figuren der Weltliteratur bei der Zeichnung einzelner Personen,[13] und ist auch das kunstvolle Bezugssystem der Metaphern. Neben diese allgemeinen Leseschwierigkeiten treten heute neue, die sich aus der Situation des Deutschunterrichts am Ende der siebziger Jahre herleiten. *Delius*[14] hat bereits 1977 über „Schwierigkeiten der Kommunikation über Literatur im Unterricht" am Beispiel der Novelle „Katz und Maus" nachgedacht. Wenn sie feststellt, daß ihre Schüler die zeitkritischen, politischen Aspekte der Novelle „(...) entweder gar nicht oder nur am Rande wahrgenommen" (Delius, 1977: 51) haben, so verweist das auf ein Problem, das sich mit wachsendem Abstand zur Entstehungszeit der Novelle für die Arbeit in der Schule zunehmend verschärft. Gemeint ist die doppelte Historizität des Textes, durch die die Rezeptionsmöglichkeiten verändert worden sind. Nicht nur handelt es sich bei „Katz und Maus" um ein Gebilde, in dem historisches Geschehen aus der Zeit des Zweiten Weltkriegs fiktiv verarbeitet worden ist, sondern – wie oben bereits angedeutet wurde – auch um den Versuch, die Literatur an der Wende von den fünfziger zu den sechziger Jahren über ihre damaligen Begrenzungen und Tabus hinauszuführen. Gerade dieser Sachverhalt aber ist Schülern von heute nur schwer zu vermitteln, einmal, weil diese Phase der Nachkriegszeit im gesellschaftskundlichen und sprachlichen Fächerfeld der Schule derzeit noch wenig Aufmerksamkeit findet, zum anderen, weil die jetzt Heranwachsenden für die Aufbruchshaltung der sechziger Jahre im allgemeinen wenig Verständnis aufbringen.[15] Insofern trifft Delius' Analyse, die das überraschende Rezeptionsverhalten ihrer Schüler aus deren Identifikationsbedürfnis mit dem ‚positiven Helden' und dem Wunsch nach eindeutiger Darstellung von Personen und Vorgängen durch den Autor erklärt (Delius 1977: 51), nur einen Teil des Problems. Auf alle Fälle sollte die von Delius festgestellte Neigung zu einer unhistorischen Aktualisierung des Gelesenen (im Sinne der Rezipienten-Identifikation) bei der didaktischen und methodischen Planung des Unterrichts berücksichtigt werden.[16] *Tiesler* (1971: 133 ff.) hat im didaktischen Teil ihrer ausladenden und im ganzen zuverlässigen Interpretation einige Argumente genannt, die gegen die Schullektüre vorgebracht werden. Dazu zählen die angeblich pornographischen, blasphemischen und antiautoritären Aspekte des Textes (vgl. ebd.: 139 ff.). Tiesler hält jedoch daran fest, daß „Katz und Maus" einen Platz im Unterricht haben soll, und zwar als ein zentraler poetischer Text aus der deutschen Nachkriegsliteratur, als Materialgrundlage für propädeutisches literaturwissenschaftliches Arbeiten im Deutschunterricht, aber auch – und hier verirrt sich Tiesler am Schluß ihrer Arbeit in eine bedenkliche, unhistorische Parallelisierung – als Demonstrationsbeispiel dafür, daß der Aktionismus der Studentengeneration der späten sechziger Jahre „nicht weniger realitätsfremd und menschengefährlich" (ebd.: 152) gewesen sei wie die militante Intoleranz des Hitlerstaats. Dieser Argumentation kann man heute so wenig folgen wie dem eigenwilligen Vorhaben, „Katz und Maus" zum Anlaß zu nehmen, Schüler gegen die Klischees literarischer Schuldarstellungen (Lehrer-Mafia versus reine Jugend) zu sensibilisieren. Gerade dafür scheint mir diese Novelle so wenig geeignet wie überhaupt das Vorhaben einer solchen Lehrer-Apologie mittels ästhetischer Texte sinnvoll.

War unmittelbar nach der Veröffentlichung von „Katz und Maus" vor allem mit dem Widerstand von Eltern und Schulverwaltungen gegen die Verwendung des Textes im Unterricht zu rechnen, so hat sich das Problem heute verschoben und verschärft: es geht für den Lehrer darum, eine wachsende Verständnisschwierigkeit für Grass' Intention und die daraus entwickelte künstlerische Durchführung bei der Unterrichtsplanung zu berücksichtigen. Es ist daher zu fragen, ob „Katz und Maus" in der Schule noch gelesen werden sollte und wozu eine entsprechende Unterrichtsreihe dienen soll. Der Verfasser des vorliegenden Aufsatzes ist der Ansicht, daß

sich nicht nur der ästhetischen Qualität des Textes wegen die Mühe lohnt.
Einige Möglichkeiten der Zielprojektion seien skizziert:
1. Man kann den Text zum Anlaß nehmen, mit den Schülern über die Situation der Zivilbevölkerung unter der faschistischen Diktatur und vor allem über die Einstellungen der im Dritten Reich Heranwachsenden zum Krieg zu sprechen, und auch über Vorurteile bzw. Verdrängungen, die noch heute einer vernunftgesteuerten Verarbeitung unserer Vergangenheit im Wege stehen.[17] Besonders solche Lehrer, die ihre Klasse zugleich in den Fächern Deutsch und Geschichte unterrichten, könnten diesen außerliterarischen Ansatz einer Unterrichtsreihe unterlegen (Zeitgeschichte in der 10. Klasse!). Damit auch Nichthistoriker einen solch sozialgeschichtlichen und literatursoziologischen Weg beschreiten können, werden in der Literaturliste am Ende dieses Aufsatzes einige leicht zugängliche Titel zur Innenpolitik und Ideologie des Nationalsozialismus genannt.
2. Das zunehmende Gewicht, das in unseren neueren Lehrplänen[18] Struktur- und Sprachuntersuchungen erhalten haben, legt einen anderen Aspekt der unterrichtlichen Analyse nahe. Man kann, wie es Kaiser angedeutet hat (Kaiser, 1971: 7ff.), den Text in der Tradition einer Entwicklung sehen, die vom unmittelbaren zu einem zunehmend komplizierten Erzählgestus führt, bei dem vom Autor nicht nur eine fiktive Erzählerfigur eingeführt wird, wie dies vor allem in den Rahmenerzählungen des 19. Jahrhunderts üblich geworden war, sondern die Erzählerfigur sich ihrerseits wieder fiktiv weiß. Hierbei sollte jedoch stets darauf geachtet werden, daß den Schülern die Funktion der daraus sich ergebenden Relativierungen der Erzählperspektive bewußt wird, damit nicht – wozu einige der neueren curricular formulierten Lehrpläne verführen können[19] – Strukturuntersuchungen zum Selbstzweck werden.
3. Am ergiebigsten aber scheint es mir, wenn man „Katz und Maus" aus sozialpsychologischer Perspektive analysiert. Hier können die zentralen Bildfelder des Textes (einmal die Schwimm- und Tauchmetaphern, zum andern die religiöse Metaphorik und ihre Pervertierung in der nationalsozialistischen Ideologie) sinnvoll aufeinander bezogen werden; außerdem ist es möglich, die psychischen Probleme Mahlkes, die für den Text, vor allem für die hier dargestellten Sozialbeziehungen, konstitutiv sind, über eine lediglich individualpsychologische Erklärung hinauszuführen. Daß Mahlkes Geschichte auch die Geschichte eines Jugendlichen im Dritten Reich ist, sollte hierbei einsichtig werden. Anders ausgedrückt: Mahlkes private und sehr konkrete Vaterlosigkeit erweist sich als ein Teil der allgemeinen Orientierungslosigkeit in einer Welt gestörter Sozialbeziehungen. Für eine solche Analyse will der Verfasser im folgen-

den Abschnitt einige Hinweise geben. Nach seinen Erfahrungen im Unterricht mit Schülern im Alter von 16 bis 18 Jahren, darin wird Delius uneingeschränkt zugestimmt, neigen Jugendliche dazu, Mahlkes Werdegang einseitig aus seinen physischen Besonderheiten und allgemeinen pubertären Schwierigkeiten zu erklären, und sie nehmen deshalb immer wieder unhistorische Parallelisierungen oder Identifikationen vor.[20] Es geht im Unterricht darum, die Mahlke-Figur in „Katz und Maus" als historisch zu begreifen, damit es nicht zu der von Eggert/Berg/Rutschky beschriebenen rein emotionalen Parteinahme für oder gegen den gelesenen Text kommt.[21]

II

Die in der Novelle „Katz und Maus"[22] vorzugsweise erzählte Geschichte Joachim Mahlkes ist die Geschichte gestörter Sozialbeziehungen, einmal zwischen der Hauptfigur und seiner Umwelt, zum anderen aber auch zwischen Mahlke und dem Erzähler Pilenz, der die quälenden Erinnerungen an den Mitschüler nicht mehr abzuschütteln vermag. Den Rang der Grass'schen Novelle macht es aus, daß die Geschichte eines problematischen Individuums verschränkt ist mit der Darstellung einer allgemeinen Orientierungslosigkeit in einer Gruppe von Jugendlichen. Alexander *Mitscherlich* hat diesen Zielverlust als „Vaterlosigkeit" bezeichnet und einen sozialpsychologischen Hintergrund beschrieben, vor dem sich die faschistische Ideologie nachhaltig hat durchsetzen können (Mitscherlich, 1967). Vaterlosigkeit durchdringt die Novelle in mehrfachem Sinne. Pilenz wie Mahlke durchleben die dargestellten Jahre der Pubertät und Adoleszenz ohne die Gegenwart ihres Vaters: Pilenz' Vater existiert für seine Familie nur noch in der Form gelegentlich eintreffender Feldpostbriefe, die Mutter hat sich mit dieser Situation längst abgefunden (vgl. 77), Mahlkes Vater ist bereits gestorben. „Mahlke war einziges Kind zu Haus. Mahlke war Halbwaise. Mahlkes Vater lebte nicht mehr." (9). Der Junge wird von Mutter und Tante erzogen. Sein Verhältnis zu ihnen ist ambivalent: er ist einziges Kind im Hause und zugleich der Vertreter des Vaters, dessen Kleider er übernommen hat (9) und dessen Erbe, symbolisiert in der Schnee-Eule (17), er angetreten hat. So bringt er das Hausregiment zunehmend an sich: „Mahlke regierte milde und bestimmt" (77); „Beide Frauen gehorchten ihm oder jenem verstorbenem Lokomotivführer, den er unaufdringlich beschwor" (ebd.). Der Vaterverlust behindert Mahlke erheblich hinsichtlich seiner Sozialisation innerhalb der Gruppe der Gleichaltrigen.

Immer wieder stellt Grass sein abweichendes Verhalten dar und auch seine Anstrengungen, in der Gruppe der Gleichaltrigen ‚unterzutauchen‘, die stets den Charakter des Gewaltsamen haben („Mahlke machte es sich nicht leicht"; 10).

Diese Anomie[23] verstärkt sich in der Pubertät; die Häßlichkeit seines Körpers („schön war er nicht" (25, vgl. auch 8)) hebt Pilenz wiederholt hervor, ebenso die überbetonten Geschlechtsmerkmale, wie überhaupt die physische und auch psychische Unproportioniertheit. Der Auslösecharakter des Katz-und-Maus-Spiels für das Verfolger-Verfolgter-Syndrom, das die Novellenhandlung durchzieht, ist offensichtlich. Mit Mahlkes Schrei, als die Katze zupackt (5), beginnt ein Desozialisations- und Regressionsprozeß, der im Untertauchen für immer (109 f.) seinen konsequenten Abschluß findet. Mahlke, der, nachdem er sich ‚freigeschwommen‘ hat (7), alle Anstrengungen gemacht hat, in der Gesellschaft ‚unterzutauchen‘, also ein akzeptiertes Mitglied seiner peer-group (vgl. Riesman, 1958: 37 f.) zu werden, muß immer wieder feststellen, daß er seiner Leistungen wegen bestaunt wird – die Mitschüler stilisieren ihn sich zum „Großen Mahlke" (62 f.), zu einem Ersatzvater –, daß er aber doch seine Außenseiterrolle unter den Gymnasiasten nicht loswerden kann. So verliert er schließlich auch die Fähigkeit zu schwimmen (105). Diese Anomie führt auch zu Störungen in der Sexualsphäre. Mehrfach versichert der Erzähler: „Er war nicht für Mädchen" (28); die Onanie-Olympiade und seine Aktivitäten bei der Frau eines Oberfeldmeisters bringt er im Grunde lustlos hinter sich (26 ff.; 87 f.). Mahlkes Einsamkeit ist auch dort evident, wo er scheinbar im Kreis der Gleichaltrigen aufgenommen ist, bei den sommerlichen Ausflügen der Halbwüchsigen am Wrack eines polnischen Minensuchboots. Sein zwanghaftes Bestreben, den anderen voraus zu sein (8), seine Ruhelosigkeit, wenn die Mitschüler in der Sonne dösen, lassen sich als Anzeichen der Suche nach einem Ziel begreifen, das nicht auffindbar ist.[24] Sein Identifikationsbedürfnis wendet sich daher schwärmerisch Ersatzobjekten zu, der Mariengestalt und der Schule.

Jeder Leser der Danziger Trilogie wird feststellen, daß zwischen den einzelnen Teilen zahlreiche Verbindungen bestehen, die sich auf Orts- und Zeitwahl, auf Figuren, Milieu und dargestellte Inhalte beziehen, aber auch auf Darstellungsweise und Bauform (wobei nicht übersehen werden darf, daß die knappere Novellenform doch auch eine Reihe wichtiger Abweichungen von der Art des Erzählens in den Romanen bedingt hat). Darüber gibt es ins einzelne reichende Untersuchungen.[25] Unter anderem fallen im Roman „Die Blechtrommel" und der Novelle „Katz und Maus" die häufige, zum Teil travestierende Benutzung religiöser Topoi und vor allem die ungewöhnliche Bedeutung auf, die die Marienfigur für die jeweiligen Zentralpersonen hat. Oskar wie Mahlke werden dabei in Verbindung mit der Christusfigur gebracht; zahlreiche Hinweise, die sowohl Mahlkes Äußere (vgl. 30), seine Rolle im Kreis der Gleichaltrigen, seine Attribute (Kreuz/Ritterkreuz) und die Übernahme der Adamsschuld betreffen, zeigen, daß dem Helden der Novelle einiges von der Aufgabe Jesu in einer nun pathologisch gewordenen Gesellschaft übertragen worden ist. Eine zweite Bedeutungsebene dieser Verbindung Mahlkes mit religiösen Formen und Inhalten wird in seiner eigenwillig-skurrilen Frömmigkeit erkennbar: der Verlust des Vaters ist auch auf die religiöse Erlebniswelt Mahlkes ausgedehnt. Der Ministrant in Gusewskis Marienkapelle, der einen Öldruck der Sixtinischen Madonna und ein Amulett mit Relief der Schwarzen Madonna verehrt, hat Maria aus ihrer Funktion als Gottesmutter gelöst. Weder Christus („Der Gekreuzigte interessierte ihn nicht besonders" (25)) noch der christliche Gott sagen ihm etwas: „Natürlich glaube ich nicht an Gott. Der übliche Schwindel, das Volk zu verdummen. Die einzige, an die ich glaube, ist die Jungfrau Maria. Deshalb werde ich auch nicht heiraten" (98). Maria ist für ihn überall, auf sie ist seine Aufmerksamkeit stets gerichtet, auch dann, wenn er seine aufsehenerregenden militärischen Leistungen vollbringt, die schließlich zu seiner Dekoration mit dem Ritterkreuz führen („Nur ihretwegen hat er alles, was sich am Hals tragen und zeigen ließ, in die Marienkapelle geschleppt. Alles, vom Tauchen bis zu den späteren, mehr militärischen Leistungen hat er für sie getan (...)" (29)). Der verbissene, regressive Charakter seiner Marienverehrung wird in der Anstrengung deutlich, mit der Mahlke die Funkerkabine des gesunkenen Minensuchboots in eine nur ihm zugängliche Marienkapelle umfunktionieren will (vgl. 48), in die er sich wie in die Höhlung des Mutterleibes zurückziehen kann, gleichsam seine Geburt und Adamsrolle auf Zeit und am Ende der Novelle auf Dauer zurücknehmend.

Schließlich muß noch eine dritte Bedeutungsebene genannt werden, auf die das religiöse Bildfeld in „Katz und Maus" hinweist. Auch dabei werden die ursprünglichen Bedeutungen von Dingen und Metaphern bisweilen travestierend, dann wieder ihren Sinn umkehrend benutzt. Gemeint ist die Art und Weise, wie religiöser Kultus und religiöse Sprache in die Ideologie des Nationalsozialismus einbezogen werden. Dabei handelt es sich nicht nur um den allgemein antirationalen Grundzug in der Hitler-Lehre, sondern auch um die Usurpation des katholischen Zentralismus im faschistischen Führerprinzip, um den dogmatischen Charakter des Führerworts und die mit Zügen aus dem Bereich der Volksfrömmigkeit angereicherten Vorstellungen von der Erlöseraufgabe des Führers. Grass führt in seiner Novelle glaubhaft vor, wie die Frömmigkeit im Kleinbürgertum und der unreflektierte Gebrauch kirchlicher Formeln von den Nationalsozialisten ohne große Schwierigkeiten in ihre Lehre transponiert werden konnten. Das reicht von so äußerlichen Verschränkungen der religiösen Pflichtübungen mit militärtechnischen Fakten bei Gusewskis Meßdienern („Introibo ad altare dei – In welchem Jahr lief der Kreuzer ‚Eritrea' vom Stapel? [...]" (37)) über den Funktionswandel einer Turnhalle in die „fanatische Nüchternheit" (13) der Marienkapelle bis zu Mahlkes Anstrengungen, mit Hilfe der Gottesmutter und dem bemühten Vollzug chauvinistischer Kriegsziele seiner psychischen und kommunikativen Probleme Herr zu werden.

Eine zweite, ebenso wichtige Bezugsinstitution neben der Kirche ist für Mahlke die Schule. Auch hier verzichtet Grass wie in allen Darstellungen des zeitgeschichtlichen Kontextes auf eine distanzierte, objektivierende Perspektive und bindet das Vorgeführte an die Erlebniswelt seiner wichtigsten Figuren, Mahlke und Pilenz. Auch die Institution Schule wird dem Leser durch private Erfahrungen und Empfindungen dieser Personen vermittelt, zusätzlich gebrochen durch ihre eingeengte Perspektive als jugendliche Schüler. Das Verhalten der Lehrer im Hitler-Staat, die Weitergabe der vom Staat geforderten Erziehungsgrundsätze im Unterricht wird auf diese Weise subjektiviert dargestellt. Was dem Autor dabei an kritischer Distanz zum Dargestellten verloren zu gehen scheint, gewinnt er mit Hilfe dieses perspektivierenden Erzählverfahrens durch die Möglichkeit zu eindrucksvollen Konkretisierungen zurück. Im übrigen aber läßt der Autor keinen Zweifel daran, daß die Schule in einer Zeit doppelter Vaterlosigkeit als Ersatzautorität eine besondere Bedeutung für einen ich-schwachen Schüler wie Mahlke gewinnen muß. Neben den Bemühungen um eine persönlich zurechtgebogene Mariengestalt und dem Zwang, seine Abnormität, symbolisiert im Adamsapfel, zu überwinden, indem er sie zu verbergen sucht, bemüht sich Mahlke um die Identifikation mit jener Schule, von der er einmal entfernt worden ist („Unser Gymnasium, dieser muffige, nicht zu lüftende Kasten, und besonders die Aula, bedeuteten Joachim Mahlke viel, und zwangen Dich später, letzte Anstrengungen zu machen" (29)). Die psychopathologischen Folgen seiner Anomie führen bei Mahlke nicht etwa dazu, wie man erwarten könnte, daß er den Ort meidet, an dem man sein Anderssein immer wieder bemerkt hat und von dem er wegen seines Verhaltens dann verjagt worden ist; vielmehr antwortet er darauf mit einer rigiden Überanpassung, wobei das Leistungsdenken des im Dritten Reich besonders geförderten Sportunterrichts von ihm in so hohem Maße verinnerlicht wird, daß er es später ohne Überlegung auf sein Verhalten an der Front übertragen kann (vgl. 89 ff.). Denn Mahlke geht auf Panzerjagd nicht als fanatischer Anhänger der nationalsozialistischen Eroberungspläne, sondern er verfolgt die Feinde der Deutschen, um sein eigenes Verfolgtsein abzuschütteln. Hier ist Handeln zum Zwangsritual erstarrt. Der zum Idol der Familie ernannte leibliche Vater Mahlkes und sein Marienglaube weisen ihm den Weg zu einem Zielobjekt, das im

Erreichen zugleich zerstört wird („Und daß ich am Richtaufsatz immer an meinen Vater [...] Und wie im August an der Vorskla die Jungfrau [...] Mußte nur draufhalten draufhalten drauf" (107)).

Grass' Entscheidung, Hitlerstaat und 2. Weltkrieg aus der kleinbürgerlich-engen Perspektive einiger Schüler zu zeigen, ermöglicht es ihm, die von der nationalsozialistischen Ideologie ständig behauptete Geschlossenheit von Front und ‚Heimatfront', ihren einmütigen Kampfeswillen als ein Bündel individueller Wünsche oder Ersatzhandlungen zu entlarven. Den Gymnasiasten bringt die Wirklichkeit des Krieges eine zunehmende Auflösung des paternistischen Familienverbands und die Möglichkeit zu einer Gruppenexistenz, in der sich Interesse für militärisches Gerät und Abenteuerlust vermengen. Die gefeierten Offiziere demonstrieren in ihren Aula-Ansprachen, daß ihre Aktionen in gewisser Weise die Fortsetzung des einstigen Sport- und Deutschunterrichts mit nunmehr tödlichen Mitteln sind, und auch Mahlke verfolgt im Arbeits- und Militärdienst seine privaten Wünsche. Insofern ist es durchaus konsequent, daß er nach dem Fehlschlagen seiner gesamten Anstrengungen, von denen er sich eine dauernde Triebentspannung erhofft hat („er kannte von Anfang an nur ein Ziel: die Aula unserer Schule" (95)), seine Rolle aufgibt und einer nicht mehr aufhebbaren Handlungshemmung verfällt, die nach einer kurzzeitig aufflackernden Aggressivität – er schlägt verbissen auf den Schuldirektor ein, weil dieser die erbrachten Leistungen nicht akzeptiert – in die vollständige Regression und damit in einen anomischen Selbstmord[26] führt. Der bisher vom Lerngehorsam gesteuerte Mustersoldat Mahlke überläßt sich wieder seinen Trieben, die Rolle des leistungsorientierten Schülers und Soldaten ist in einem plötzlichen Affektumschwung von ihm abgefallen, die bisherigen Bezüge haben ihren Sinn verloren.

Dies alles wird dem Leser in einer das Dargestellte und den Darsteller als fiktiv ausweisenden Erzählhaltung vermittelt. Personaler und auktorialer Erzählgestus wechseln immer wieder; der Rezipient bleibt aufgefordert, das Erzählte als ‚Fall' zu nehmen, der durchdacht werden soll. Die Novelle „Katz und Maus" mit ihren kunstvoll-beziehungsreichen Anspielungen und Verweisen läßt bei sorgfältiger Lektüre erkennen, wie einseitig und in vielem irreleitend die Vorstellung vom dichtenden Naturtalent Grass gewesen ist, die in den sechziger Jahren immer wieder entwickelt worden ist. Was Kunstverstand und die Fähigkeit betrifft, sich auch erzähltheoretisch auf der Höhe der Zeit zu bewegen, stellt „Katz und Maus", diese Geschichte „gesellschaftlicher Leiden und des Leidens an der Gesellschaft",[27] ihrem Autor ein glänzendes Zeugnis aus.[28]

III

Abschließend werden im folgenden einige Hinweise für eine Unterrichtsreihe gegeben, in der die Novelle „Katz und Maus" die Textgrundlage bildet. Dabei wird auf eine ins einzelne gehende Beschreibung der Stunden verzichtet, weil die Lernsituation in der jeweiligen Klasse und die Jahresplanung des Lehrers zu erheblichen Modifikationen führen werden. Vielmehr sollen nach einigen allgemeinen methodischen Bemerkungen eine Reihe von Inhaltskomplexen benannt werden, aus denen eine Stundenfolge zusammengestellt werden kann. Der Verfasser verwendet dabei Erfahrungen in den Klassen 11 und 12 (Grundkurs; Semesterthema: epische Kurzformen, Erzählung, Novelle). Die Reihenfolge der Inhaltskomplexe ist nicht zufällig gewählt.

Wichtige Lernziele können sein:

- genaue Textkenntnis; Fähigkeit, an einzelnen Textstellen die Inhalt-Form-Dialektik des Textes zu analysieren
- Einblick in den politischen und sozialgeschichtlichen Hintergrund der dargestellten Inhalte
- Verständnis für die Auslöserfunktion des Textes im kulturpolitischen Klima der frühen sechziger Jahre
- Einblick in die erzähltechnische, formale und sprachliche Eigenart des Textes und seine Historizität
- Kenntnis der Motive für Denken und Handeln der Zentralfigur
- Bereitschaft, sich mit den individualpsychologisch und sozialpsychologisch interpretierbaren Gründen der dargestellten ‚Vaterlosigkeit' auseinanderzusetzen.

Die Unterrichtsarbeit mit „Katz und Maus" scheint erst von der 10. Klasse an sinnvoll. Will man nämlich über eine textimmanente Analyse hinauskommen, so werden u. a. zeitgeschichtliche Kenntnisse vorausgesetzt, die sich der Schüler im allgemeinen erst im Geschichtsunterricht der 10. Klasse erwirbt. Auch die Anforderungen an das Leserverständnis lassen es geraten erscheinen, den Text frühestens mit Sechzehnjährigen im Unterricht zu behandeln. Hier kann man erwarten, daß über ein bloß identifizierendes Lesen hinaus schon Fragen der Erzählhaltung, der Novellentradition, der literaturgeschichtlichen Einordnung, aber auch aus dem Gebiet der Psychologie diskutiert werden können. Der Verfasser schlägt als besonders geeignete Klassenstufe die Klasse 11 vor: hier ist der geschichtliche Durchgang in jedem Fall bis zur Gegenwart fortgeführt, die Stundenzahl erlaubt eine einläßlichere Untersuchung des Textes als in der verkürzten Stundenzahl der 10. Klasse und im Kurssystem (Grundkurs); auch kann man davon ausgehen, daß die Erfahrung mit der Interpretation poetischer Texte, die in der Mittelstufe gewonnen worden ist, und die Reflexionsfähigkeit der nun endgültig aus der Pubertät gelösten Jugendlichen die Arbeit an dieser kunstvoll erzählten Novelle erleichtern. Detaillierte Untersuchungen zum Novellencharakter des Textes bzw. zu seiner Stellung in einer Formgeschichte der deutschen Novelle[29] sollten ebenso der Arbeit in einem Leistungskurs überlassen bleiben wie die Analyse der komplexen Kommunikationssituation, die Grass zwischen Erzählerbewußtsein, erzählten Figuren, dem impliziten und dem konkreten Leser herstellt. Dafür wird im herkömmlichen Klassenunterricht und noch viel mehr in einem Grundkurs im allgemeinen die Zeit fehlen. Bei der Fülle der Lernziele und Inhalte, die dort in einem Schuljahr zu bewältigen sind, scheint es unrealistisch, für die Unterrichtsreihe erheblich mehr als zehn Stunden anzusetzen. Doch dürfte es bei dem begrenzten Umfang des Textes möglich sein, die Mehrzahl der Einzelthemen im Unterrichtsgespräch zu behandeln, wobei die gründliche Lektüre einzelner Textpassagen meist in der häuslichen Vorbereitung vorzunehmen ist, so daß zeitraubendes Nachlesen in den Stunden selbst sich auf ein Minimum reduzieren läßt. Der Verfasser geht davon aus, daß Lehrer und Schüler in der ersten Stunde, nach der Aussprache über den Novellenbeginn, wichtige Aspekte der weiteren Arbeit festlegen, wodurch möglicherweise erhebliche Modifikationen der hier beschriebenen Reihenfolge vorgenommen werden müssen. Für wenig günstig hält der Verfasser das Verfahren, das *Liewerscheidt* (1976: 83)[30] vorgeschlagen hat, nämlich den Text von außen her einzukreisen, indem zunächst das historische und soziale Umfeld der dargestellten Inhalte erarbeitet wird. Vielmehr sollte der gelesene Text Ausgangspunkt der Interpretation sein. Deshalb werden den einzelnen Inhaltskomplexen der folgenden Aufstellung Seitenangaben beigegeben, die auf wichtige Textstellen verweisen. Einzelne Teilthemen eignen sich für Schülerreferate oder auch für Informationen durch den Lehrer.

1. *Der Beginn der Novelle* (5–15)
    1.1. Das Katz-und-Maus-Spiel als Auslöser für die Geschichte Mahlkes (vgl. auch 93)
    1.2. Der Erzähler Pilenz als der verfolgte Verfolger (vgl. auch 67)
    1.3. Mahlkes Geschichte in den ersten Kriegsjahren (körperliche Entwicklung, Familienverhältnisse, Verhalten)
    (1.4. Vertiefung: Verfolger und Verfolgte im 3. Reich)

2. *Schule und Schüler* (9 f., 21, 39 ff., 41 f., 51 ff., 91 ff.)
    2.1. Die Rolle der Schule in der faschistischen Jugenderziehung
    2.2. Darstellung der Institution Schule in der Novelle (mit Analyse der Rollensprache)
    2.3. Die Bedeutung der Schule für Mahlke

(2.4. Vertiefung: Die Schule im 3. Reich als Gegenstand der modernen deutschen Literatur. Beispiele: Lenz, Deutschstunde, Schallück, Engelbert Reinecke)

3. *Der Adamsapfel, „Mahlkes Motor und Bremse"* (66)
   (7 ff., 12 ff., 22 f., 28 f., 33 ff., 37, 44 ff., 47 ff., 63 ff., 81, 100 f., 105 ff.,)
   3.1. Mahlkes körperliches Anderssein und die damit zusammenhängenden psychischen Belastungen (Metaphorik: ‚tauchen' und ‚untertauchen'; ‚schwimmen' und ‚sich freischwimmen')
   3.2. Mahlkes Marienfrömmigkeit

4. *Die Darstellung einer vaterlosen Jugend*
   (6 f., 9, 10 ff., 20 ff., 25 ff., 44 ff., 61 ff., 77 f., 81 f.)
   4.1. Die konkrete Vaterlosigkeit der Familien (Pilenz, Mahlke) und Mahlkes Übernahme der Vaterrolle in Familie und peer-group
   4.2. Mahlkes psychische Vaterlosigkeit und die Identifikation mit Ersatzautoritäten (Kirche, Schule; Anknüpfen an 2.3 und 3.2)
   4.3. Jugendliche Gegenkultur auf dem Minensuchboot (mit Analyse des Jugendjargons)

5. *Die Darstellung des faschistischen Kriegs*
   (5 f., 22 ff., 39 ff., 44, 51 ff., 63, 71, 74, 79 ff., 85 ff., 91 ff., 106 ff.)
   5.1. Krieg als Fortsetzung sportlicher Betätigung mit anderen Mitteln: Aula-Ansprache I
   5.2. Kriegstechnische Interessen der Jugendlichen
   5.3. Die Ästhetisierung des Kriegs: Aula-Ansprache II (mit Sprachanalyse)
   5.4. Grass' Technik der subjektiv verengten Kleinbürgerperspektive (Rückgriff auf 1.2)
   (5.5. Vertiefung: Die Kriegsdarstellung in heutigen Landserheften und Kriegsbüchern)
   (5.6. Vertiefung: Der pseudoreligiöse Führerkult in der Kunst des 3. Reichs (z. B. in Malerei, Lyrik))

6. *„Katz und Maus" in der Tradition der deutschen Novelle*
   6.1. novellistische Züge (Konzentrierung des Erzählten, Dingsymbole, Wendepunkt u. a.) (5, 57 ff., 65, 73 f., 89, 91, 93 f., 104 ff.)
   6.2. Brechung und Relativierung des Dargestellten: Wer erzählt Mahlkes Geschichte? (63 f., 67, 78, 84, 87 ff., 11 f.)
   (6.3. Vertiefung: Die Verkomplizierung des Erzählens in der modernen Epik)

7. „Katz und Maus" – ein Werk der frühen sechziger Jahre
7.1. Tendenzen in der deutschen Nachkriegsgeschichte und der deutschen Nachkriegsliteratur
7.2. Grass und die Gruppe 47
7.3. „Katz und Maus" in der Kritik der sechziger Jahre
7.4. „Katz und Maus" als Teil der Danziger Trilogie (Personen, Zeit und Ort, Milieu, Erzählperspektive u. a.)
7.5. Dichtung und Politik im Werk von Günter Grass

Anmerkungen

Titel, die sich im Literaturverzeichnis finden, werden in verkürzter Form genannt.

1 Zuverlässige Zusammenstellungen der zahlreichen journalistischen und literaturwissenschaftlichen Auseinandersetzungen mit „Katz und Maus" finden sich bei Arnold, 1971: 183 f., Loschütz, 1968: 228 f. und Ritter, 1977: 181 ff.
2 Vor allem die Kritiken politisch extremer Rechtsgruppen versuchten, auch auf diese Weise die Novelle herabzusetzen. Vgl. beispielsweise eine anonym in der Zeitschrift „Das Ritterkreuz" erschienene Rezension (bei Loschütz, 1968: 48 ff.) und Wallerand (bei Ritter, 1977: 104 ff.).
3 Besonders deutlich läßt sich dies an der Entwicklung des deutschen Nachkriegsfilms nachweisen. Nach einigen künstlerisch interessanten, aber wenig beachteten Versuchen, sich mit der Vergangenheit auseinanderzusetzen, wurde das traditionelle Genre des Unterhaltungsfilms wieder aufgenommen und zur verlogenen Idylle des Heimatfilms verändert.
4 Der Erfolg des kürzlich überall gezeigten „Blechtrommel"-Films beruht, unabhängig von seinen künstlerischen Qualitäten, zu einem beträchtlichen Teil auf ähnlichen Ursachen: der Name des Autors und die teils erfüllten Hoffnungen auf sexuelle Freizügigkeiten haben diesen Film auch für Publikumsschichten interessant gemacht, die dem jungen deutschen Film sonst wenig abgewinnen können.
5 Wiederabdruck in: Loschütz, 1968: 38 ff.
6 Friedrichsmeyer, Erhard M.: Aspects of Myth, Parody and Obscenity in Grass' „Die Blechtrommel" and „Katz und Maus".
In: The Germanic Review 40 (1965); 240 ff.
Ruhleder, Karl H.: A Pattern of Messianic Thought in Günter Grass' „Cat and Mouse". In: The German Quarterly 39 (1966); 599 ff.
Bruce, James C.: The Equivocating Narrator in Günter Grass' „Katz und Maus". In: Monatshefte für deutschen Unterricht, deutsche Sprache und Literatur 58 (1966); 139 ff.
7 Behrendt, Johanna E.: Die Ausweglosigkeit der menschlichen Natur. Eine Interpretation von Günter Grass' „Katz und Maus". In: Zeitschrift für deutsche Philologie 87 (1968); 546 ff.

Behrendt, Johanna E.: Auf der Suche nach dem Adamsapfel. Der Erzähler Pilenz in Günter Grass' Novelle „Katz und Maus". In: Germanisch-Romanische Monatsschrift 19 (1969); 313 ff.

8 grundlegend dazu sind die Ausführungen von Dreitzel 1968 und 1972 (Taschenbuch-Ausgabe); 31 ff. und 282 ff.

9 als Beispiel dafür, wie von der vergleichenden Motivgeschichte aus die Novelle perspektiviert werden kann, sei die Untersuchung von Neuhaus, 1970 genannt: Neuhaus, Volker: Belle Tulla sans merci. In: Arcadia 5 (1970): 278 ff.

10 Lucke, Hans: Günter Grass' Novelle „Katz und Maus" im Unterricht, In: Der Deutschunterricht 21 (1969), H.2: 86 ff. Zimmermann, Werner: Günter Grass: „Katz und Maus". In: Ders., Deutsche Prosadichtungen unseres Jahrhunderts, Band 2. Düsseldorf: Schwann 1969: 267 ff.

11 vage Hinweise finden sich bei Lucke, 1969: 95.

12 Daraus erklären sich die z. T. gegensätzlichen Interpretationsversuche der Hauptfigur und ihres Verhaltens. Sie reichen von der Annahme, daß Mahlke ein angepaßter und schließlich tief enttäuschter Vertreter der Jugend im 3. Reich sei, über eine rein biologische Erklärung des Ausbruchs einer Jugendkrise bis zur Vorstellung einer völligen Disproportion eines einsamen einzelnen in einer rundum abweisenden Umwelt, der dadurch in die totale Regression getrieben wird

13 für Tulla vgl. Neuhaus, 1970 (Anm.9).

14 Delius, Annette: Einige Schwierigkeiten der Kommunikation über Literatur im Unterricht. Erfahrungen mit „Katz und Maus" im Grundkurs der Studienstufe 12. In: Der Deutschunterricht 29 (1977), H.2: 49 ff.

15 vgl. dazu den Bericht von Gerst, Margit: Schon eingepaßt ins Bürgerleben in: DIE ZEIT 35 (1980), Nr.6: 55.

16 ähnliche Erfahrungen wie Delius hat der Verfasser in einem Grundkurs (12. Klasse) gemacht.

17 Vgl. dazu Mitscherlich, Alexander und Margarete: Die Unfähigkeit zu trauern. Grundlagen kollektiven Verhaltens. München: Piper 1967.

18 vgl. Linz, Hans Karl: Tendenzen, Unterschiede und Gemeinsamkeiten in neueren Deutschlehrplänen für die Sekundarstufe I. In: DU 30 (1978), H. 3; 10 ff.

19 Besonders auffällig wird das im curricularen Lehrplan Bayerns, der von der Klasse 5 an bis zur Kollegstufe den Literaturunterricht bevorzugt gattungspoetisch gegliedert hat.

20 Von ähnlichen Erfahrungen hat mir mein Kollege Peter Fock, Schweinfurt, berichtet, der vor kurzem „Katz und Maus" in zwei 11. Klassen gelesen hat.

21 Eggert, Hartmut/Berg, Hans-Christoph/Rutschky, Michael: Die im Text versteckten Schüler. Probleme einer Rezeptionsforschung in praktischer Sicht. In: Gunter Grimm (Hg.), Literatur und Leser. Stuttgart: Reclam 1975; 272 f.

22 Der Text wird im folgenden nach der Taschenbuchausgabe des Luchterhand-Verlags zitiert:
Grass, Günter: Katz und Maus. Neuwied 1974 (= Sammlung Luchterhand 148).

23 zum Begriff der ‚Anomie' in der Sozialpsychologie und Rollentheorie vgl. Dreitzel, 1972; 31 ff. und 313 ff.

24 Auch hier lassen sich die Erkenntnisse der modernen Rollentheorie einsetzen: Dreitzel stellt schlüssig den Zusammenhang zwischen einem plötzlich eintretenden Zielverlust, der die Unfähigkeit zur Situationsbewältigung zur Folge hat, und einem anomischen Selbstmord dar, wie er bei Mahlke vorliegt. Die Ursachen dafür sind sowohl sozialpathologischer wie psychopathologischer Natur, sie konkretisieren sich hier in den vergeblichen Versuchen Mahlkes, wie andere dekorierte Offiziere in seiner ehemaligen Schule sprechen zu dürfen. Vgl. Dreitzel, 1972: 37 ff.
25 Ritter, 1977: 80 ff. dokumentiert Motivbindungen, Liewerscheidt, 1976: 92 ff. vergleicht „Die Blechtrommel" und „Katz und Maus". Vgl. Liewerscheidt, Ute: Günter Grass „Die Blechtrommel". Interpretation und didaktische Analyse. Hollfeld: Beyer 1976.
26 vgl. dazu die zahlreichen Gebärden des Sichverkriechens („untertauchen'), die sich noch deutlicher an der Handlungsweise Oskars in dem Roman „Die Blechtrommel" nachweisen lassen.
27 Dies ist der Titel der mehrfach erwähnten wichtigen Arbeit Dreitzels.
28 Die Autor-Erzähler-Leser-Beziehung findet sich für die „Blechtrommel" detailliert untersucht bei Just, Georg: Darstellung und Appell in der „Blechtrommel" von Günter Grass. Darstellungsästhetik versus Wirkungsästhetik. Frankfurt: Athenaion 1972.
29 Bei Tiesler, 1971: 20 ff. finden sich einige bedenkenswerte Überlegungen darüber, inwieweit es überhaupt sinnvoll ist, in normativer Absicht nach einem ‚typischen' Novellencharakter des Textes zu fragen, wie dies immer wieder versucht worden ist. Grass pflegt tradierte Gattungsbegriffe (Roman, Trauerspiel) unbekümmert um das durch die Tradition belastete Bewußtsein des Lesers zu benutzen.
30 Vgl. Anm. 25.

Literatur

1.

Grass, Günter: Katz und Maus. Neuwied 1974 (= Sammlung Luchterhand 148)

2. Zu Günter Grass und der Novelle „Katz und Maus"

Arnold, Heinz Ludwig (Hg.): Günter Grass. München: Boorberg ⁵1978.
Arnold, Heinz Ludwig/Görtz, Franz Josef (Hg.): Günter Grass – Dokumente zur politischen Wirkung. München: Boorberg 1971.
Jurgensen, Manfred (Hg.): Grass. Kritik – Thesen – Analysen. Bern: Francke 1973.

Karthaus, Ulrich: ‚Katz und Maus' von Günter Grass – eine politische Dichtung. In: Der Deutschunterricht 23 (1973): 71 ff.

Loschütz, Gert (Hg.): Von Buch zu Buch. Günter Grass in der Kritik. Neuwied: Luchterhand 1968.

Ottinger, Emil: Zur mehrdimensionalen Erklärung von Straftaten Jugendlicher am Beispiel der Novelle ‚Katz und Maus' von Günter Grass. In: Monatsschrift für Kriminologie und Strafrechtsreform 5/6 (1962): 175 ff.

Ritter, Alexander (Hg.): Günter Grass ‚Katz und Maus'. Stuttgart: Reclam 1977.

Tiesler, Ingrid: Günter Grass ‚Katz und Maus'. München: Oldenbourg 1971.

3. Literatur der Nachkriegszeit

Demetz, Peter: Die süße Anarchie. Deutsche Literatur nach 1945. Berlin: Ullstein 1970.

Durzak, Manfred (Hg.): Die deutsche Literatur der Gegenwart. Aspekte und Tendenzen. Stuttgart: Reclam 1971.

Koebner, Thomas (Hg.) Tendenzen der deutschen Literatur seit 1945. Stuttgart: Kröner 1971.

Mayer, Hans: Deutsche Literatur seit Thomas Mann. Reinbek: Rowohlt 1967.

Wagener, Hans (Hg.): Gegenwartsliteratur und Drittes Reich. Deutsche Autoren in der Auseinandersetzung mit der Vergangenheit. Stuttgart: Reclam 1977.

4. Moderne Erzähltheorie

Hillebrand, Bruno (Hg.): Zur Struktur des Romans. Darmstadt: Wissenschaftliche Buchgesellschaft 1978.

Stanzel, Franz K.: Theorie des Erzählens. Göttingen: Vandenhoeck & Ruprecht 1979.

Stierle, Karlheinz: Erfahrung und narrative Form. Bemerkungen zu ihrem Zusammenhang in Fiktion und Historiographie. In: Kocke, Jürgen und Nipperdey, Thomas (Hg.): Theorie und Erzählung in der Geschichte. München: Deutscher Taschenbuch Verlag 1979: 85 ff.

5. Sozialpsychologie und Rollentheorie

Dreitzel, Hans Peter: Die gesellschaftlichen Leiden und das Leiden an der Gesellschaft. Vorstudien zu einer Pathologie des Rollenverhaltens. Taschenbuchausgabe Stuttgart: Enke 1972.

Hofstätter, Peter R.: Einführung in die Sozialpsychologie. Stuttgart: Kröner 1966.

Mitscherlich, Alexander: Auf dem Weg in die vaterlose Gesellschaft. Ideen zur Sozialpsychologie. Neuausgabe München: Piper 1967.

Riesman, David: Die einsame Masse. Hamburg: Rowohlt 1958.

6. Der Nationalsozialismus und seine Ideologie

Broszat, Martin: Der Staat Hitlers. Grundlagen und Entwicklung seiner inneren Verfassung. München: Deutscher Taschenbuch Verlag 1969.

Clemenz, Manfred: Gesellschaftliche Ursprünge des Faschismus. Frankfurt: Suhrkamp 1972.

Hofer, Walther (Hg.): Der Nationalsozialismus. Dokumente 1933–1945. Frankfurt: S. Fischer 1957.

Jacobsen, Hans-Adolf (Hg.): Der Zweite Weltkrieg. Grundzüge der Politik und Strategie in Dokumenten. Frankfurt: S. Fischer 1965.
Lenk, Kurt: Volk und Staat. Strukturwandel politischer Ideologien im 19. und 20. Jahrhundert. Stuttgart: Kohlhammer 1971.
Reich, Wilhelm: Die Massenpsychologie des Faschismus. Neudruck der Ausgabe 1933. Frankfurt: S. Fischer 1974.

ALBRECHT WEBER

Martin Walser: Ein fliehendes Pferd

Zeitgenössische Rezeption

Marcel Reich-Ranicki, maßgebender Literaturkritiker der Frankfurter Allgemeinen Zeitung und darüber hinaus, ließ ab 24. 1. 1978 „Ein fliehendes Pferd" in Fortsetzungen abdrucken und eröffnete den Abdruck mit einer Vorrezension, überschrieben „Walsers Glanzstück". Er zitierte dabei sich selbst, jenen vernichtenden Verriß von „Jenseits der Liebe" („Es lohnt sich nicht, ... auch nur eine Seite dieses Buches zu lesen.": FAZ, 27. 3. 1976) und postulierte jetzt im Gegensatz dazu die neue Novelle Walsers „für sein reifstes, sein schönstes und bestes Buch ... ein Glanzstück deutscher Prosa unserer Jahre" (FAZ, 24. 1. 1978, S.19). Bezeichnete man dies auch als einen „Rückwärtssaldo" (Bachmann, 1978: 3), so stimmte die Literaturkritik fast einhellig in Reich-Ranickis Tenor ein. Reinhard Baumgart konstatierte beispielsweise, Walsers „erste Novelle" sei „auf keinen Wettlauf und Vergleich mehr angewiesen", sei „eine mehr als artistische Leistung", die „beinahe erreichte Quadratur des Kreises" (Der Spiegel, 27. 2. 1978: 38).

Reich-Ranicki jedenfalls hatte dafür gesorgt, daß der Text bei Erscheinen der Buchausgabe (1. 3. 1978) schon bekannt und die Kritik informiert war; der Suhrkamp-Verlag sorgte durch eine vierzehntägige Vortragstournee, wobei Walser stellenweise mitreißend las (z. B. Augsburger Allgemeine Zeitung, 6. 3. 1978; Stuttgarter Zeitung, 8. 3. 1978), für weitere Kreise der Bekanntheit. Die Multiplikatoren funktionierten: in neun Tagen war die Erstauflage (20 000) verkauft, die Zweitauflage (45 000) im Druck oder schon in der Auslieferung (Weltwoche, 15. 3. 1978), nach vierzehn Tagen war dieses „Fliehende Pferd" weit an die Spitze der Bestsellerliste des Südwestfunks vorgaloppiert (Stuttgarter Zeitung, 14. 3. 1978). Hatte „Das Einhorn", das „lange Zeit ein Bestseller" war, in vier Jahren (1966–1970) rund 80 000 DM eingebracht (Schwarz, 1971: 74), so hatte „Ein fliehendes Pferd" die entsprechende Stückzahl in zwei Wochen überholt und war in die „Dimension des Großerfolgs" (Bachmann, 1978) vorgestoßen. (Im Februar 1980 wurde das 150tausendste Exemplar an den Buchhandel ausgeliefert.) Walsers „Ein fliehendes Pferd" bedeutete zwar nicht Sensation, wohl aber ein literarisches Ereignis.

In den Rezensionen fanden sich aufschlußreiche Beobachtungen und richtungsandeutende Interpretationsansätze. Die Literaturwissenschaft bemächtigte sich auch sogleich des neuen Werkes. Joachim Kaisers Essay (1978) darf kaum als Übergang zur wissenschaftlichen Erschließung gelten. Kaisers Selbstgeltung und das Gegenspiel zu Reich-Ranicki, Mißverständliches, Abwertendes wie, daß Walser, geradezu trivialisierend, durch „sympathielenkende Mystifikation" (Kaiser, 1978: 835) die „Selbstschutz-Instinkte seiner Leser" kalkuliere (ebd.: 834), versperrten unvoreingenommene Analysen. Angekreidet wurde Walser der Erfolg, weil er nicht Kaisers Roman-Modell aufgelöster Prosa, sondern neuer konstruktivistischer Strenge, weil er nicht Kaisers (bisherigem) Walser-Bild entsprach: „Jetzt, da Walser so gut konstruiert und Lese-Deutschland ihm zugeklatscht hat, erschrecken wir vor soviel cleverer Klassizität. Das ‚Fliehende Pferd' ist kein Triumph, sondern ein winziges Nebenwerk" (ebd.: 838).

Herbert Knorr (1979) verglich nun tatsächlich Walsers Novelle mit Goethes „klassischer" „Novelle" (1826/28), wobei der Begriff des Klassischen wohl ebensoviel Romantisches einschließt. Das tertium comparationis sah er im Griff bzw. „Rückgriff auf die Novellenform" zwecks „kritischer Distanzierung von der Französischen Revolution" bzw. für „eine literarische Antwort auf politisch bewegte Zeiten", wobei „die persönliche Thematik in beiden Werken in den Vordergrund rückt" (Knorr, 1979: 139). Knorrs ausschließlich gesellschaftskritische Fragestellung legte die bis ins Privateste reichende Wirkung zeitgenössischer Vergesellschaftung und die alternativen Antworten in Walsers Novelle frei, ohne die eingebrachten Möglichkeiten des existentiellen Neubeginns zu übersehen.

Der idealistischen Zeitentrückung im utopischen Ansatz Goethes, der die Einheit von Besonderem und Allgemeinem im ästhetischen Symbol zu formulieren vermochte, steht bei Walser als Bruch dieser Einheit eine existentielle Zeitentrückung gegenüber, die einerseits eine Flucht in die Innerlichkeit darstellt, zugleich aber eine dialektische Bedingung für ein Durchbrechen des gesellschaftlichen Scheins impliziert. (ebd.: 156)

So viel ein solcher Novellen-Vergleich auch offenläßt, er schärft immerhin den Blick für bestimmte Partien und Konturen, für gewisse gemeinsame Mengen. Und man könnte durchaus den Vergleich erweitern, beziehen etwa auf Brentanos „Die Geschichte vom braven Kasperl und schönen Annerl", Kleists „Die Marquise von O . . .", Grillparzers „Der arme Spielmann", Stifters „Der beschriebene Tännling", Raabes „Im Siegeskranze", Fontanes „Schach von Wuthenow", Manns „Der kleine Herr Friedemann", Schnitzlers „Leutnant Gustl", Kafkas „Die Verwandlung", Roths „Das falsche Gewicht", Andres' „Wir sind Utopia" oder Grass'

„Katz und Maus" u. a. Das Verhältnis von Individuum und Gesellschaft in Novellen bietet ein kaum auszuschöpfendes Thema.

Der Artikel von Klaus Siblewski zu Martin Walser im „Kritischen Lexikon zur deutschsprachigen Gegenwartsliteratur" erfaßte (am 1. 10. 1979) bereits „Ein fliehendes Pferd" und „Seelenarbeit", wobei der Roman eine breitere Darstellung erfuhr. Siblewskis Skizzierung der Novelle legte sich einsträngig auf das Interpretationsmuster konditionierte Überlebensstrategie fest, rückte den gescheiterten Franz Horn aus „Jenseits der Liebe" (1976) allzu nahe an Helmut Halm heran, sah in den jüngsten Publikationen Walsers den Versuch zur Selbstverwirklichung des Einzelnen überhaupt nicht mehr unternommen (Siblewski, 1979: 12) und wurde so Walsers Novelle – Umfang, Vielfalt, Horizont, Details, Konstruktion – nicht gerecht.

Figuren und Konstellationen

Helmut Halm

Die Figur des Oberstudienrats Dr. Helmut Halm (110) ist weitgehend auf die Innendimension zugeschnitten. Zwar geben einmal seine Gedanken preis, daß sein Häuschen in Sillenbuch keine Fenstergitter habe (94), zwar entlockt ihm sein Studienkommilitone, daß er an der Ebe-Lu, Stuttgarts berühmtestem Gymnasium, unterrichte (110), aber welche Fächer, bleibt bereits ungesagt. Für Halm mögen solche Details so selbstverständlich wie lästig sein. Der Leser aber mag aus Halms vergangenen und gegenwärtigen Interessen, wie Aufsatzschreiben, Nietzsche- und Kierkegaard-Lesen, dann den Tübinger Studien, die den Kommilitonen Klaus Buch zu einer Lektorstelle in Edinburgh (24,25) befähigten, schließlich aus dem Studienkomplex des Autors selbst auf Germanistik, Anglistik und Philosophie schließen. Halm, 46 Jahre alt, dürfte etwa zwanzig Jahre mit Sabine verheiratet sein; Klaus Buch, der ihn vor 23 Jahren zuletzt sah (24), kennt sie noch nicht; andererseits sind Halms Kinder (49) so weit selbständig, daß sie nur erwähnt werden. (Auch Buchs erste Frau und Kinder bleiben am Rand.) Alle Linien und Motive, die aus der Einsträngigkeit novellistischer Erzählstruktur herausführen und zu Romanbreite verführen könnten, sind rigoros gekappt.

Halms Vater war Kellner (29) gewesen – ähnlich wie die Mutter jenes angepaßten Aufsteigers Hans Beumann (in „Ehen in Philippsburg", 1957) Kellnerin –, und Halm ist oder wird sich seiner Kleinbürgerlichkeit bewußt, versichert sich ihrer gedanklich gegen Klaus Buch (96), ohne sich nach außen zu bekennen. War er auch „immer Spitze", wie Buch schwärmt (109), so müssen ihm jene frühen Jahre des Hocharbeitens viel gekostet haben; auch darüber wird nichts gesagt. Hat Halm resigniert, weil die Kräfte erschöpft schienen oder weil er keinen Sinn im Aufstieg mehr sah? Hat er überhaupt resigniert? Wollte er sich den frühen Vorurteilen entziehen, wie jugendlicher Ablehnung der Klassenunterschiede, konkret in seiner Abneigung gegen Klaus Buch als Sohn eines Patentanwalts (85) aus großbürgerlichem Hause (20, 50): „Er war ein Klassenkämpfer, sagte Klaus Buch. Das ist er nicht mehr, sagte Sabine trocken." (50)? Er wollte Distanz erzwingen, um mit der eigenen Wirklichkeit ins Reine zu kommen, wollte das gewesene Mühsame, Unangenehme, Unappetitliche, Ekelhafte nicht mehr wahrhaben, sondern ungeschehen wissen, wollte, wohl auch um Sabines willen, diese seine Vergangenheit und, um sicher zu gehen, radikal jegliche Vergangenheit verdrängen: in solcher Geschichtslosigkeit erscheint Helmut Halm als der „Prototyp" (70) des durch Genuß saturierten bundesrepublikanischen Bürgers. Das Vergangene sollte abgestorben sein (29), sein Zustand „der Vernichtetheit des Vergangenen so ähnlich wie möglich" (30) werden, „schon jetzt wollte er vergangen sein" (30). In Trunkenheit (31, 95) sucht er Versinken und Vergessen. Nicht nur der Alkohol mit „einer schönen düsteren Schwere" (51) ist über ihm, – Trunkenheit wäre nur Zeichen – in ihm ist die Schwere einer ausweglosen, ahistorischen Endlichkeit, einer Vergänglichkeit ohne Jenseits, jene existentielle Schwermut, die Kierkegaard als Abwesenheit von Glauben erklärt hat.

Gemessen an jenen Fabrikherren usw. wie Frantzke („Ehen in Philippsburg"), Blomich („Der Sturz"), Thiele („Jenseits der Liebe") oder Gleitze („Seelenarbeit"), war Halm sozial kaum eine mittlere Existenz, auf halbem Wege stehengeblieben, zwar intellektuell ausgerüstet, aber ohne Willen zur Macht. Seine Situation ist zwiespältig, sein Charakter ambivalent. (Situation und Charakter scheinen an dieser Figur fast austauschbar.) Er ist scheinbar zufrieden, eigentlich unzufrieden: zufrieden mit der gleichmäßigen Sicherheit, die ein durch Eß- und Trinklust (31, 59, 84, 101) wohlgehegter Bauch (10, 15) bezeugt, die aber Sabine als „Trott" tadelt (39), Klaus Buch ebenso brandmarkt (42), Trott, der zu Trotten wird, der Gangart der Halms (34, 57, 102). Unzufrieden: Halm produziert in der Schule gesellschaftlichen Schein, gibt sich kritisch angepaßt und demokratisch, so die frühe Kumpanei mit den Schülern über die Lächerlichkeit der Lehrerrolle (14), oder gab, obwohl er „keine entschiedene Meinung und schon gar keine eindeutige oder gar eindeutig negative" hatte, „das öffentliche Gebot der Luststeigerung in der Schule lauthals weiter. Galt er nicht als fortschrittlich?" (68) „Er galt als sehr fortschrittlich." (69) Gegen besseres Wissen hält er sich im „Herrschaftsbereich des Scheins", weil er sich bei der geringsten Entfernung „am Pranger" fühlt (69) und kehrt „rasch zurück in die Lustfront, Freizeitfront, Scheinproduktionsfront" (69). Halms Zwiespalt in der totalen Gesellschaft grenzt ans Tragische – er spürt die „Katastrophe" (75, 80, 103) wachsen – scheint aber aufgrund einer leptosomen Konstitution sich ins Manisch-Depressive zu entwickeln. Jedenfalls täuscht Halm und multipliziert als Lehrer den Schein, durchschaut dieses Tun als verächtlich und weiß sich als Schwindler. Zugleich hat er Gefallen am Spiel der Täuschungen des „doppelten Lebens" (80, 70).

Er distanziert sich von Sabines „sozialem Engagement, beziehungsweise dem Engagement, das der Produktion sozialen Scheins diente" (70). Er steigt aus dem Sozialen aus, auf das er sich nur zum Schein einläßt, steht gegenüber, narzistisch in seinem Ekel (70), asozial. Er weiß „seine Position hinter der Position" (70). Darum verhält er sich undurchsichtig, schaut am Gegenüber vorbei oder zu Boden, was ihm den Spitznamen „Bodenspecht" (12, 20) eintrug. Darum war „*Incognito* seine Lieblingsvorstellung" (12) und „unerreichbar zu sein, wurde sein Traum" (13). Darum besteht seine Existenz aus Flucht – „Einfach weg, weg, weg" – , aus panischer Angst vor dem Erkanntwerden (12, 13), dem „Offendaliegen vor einem anderen" (80), der Zerstörung der Lebenslüge oder wenigstens der Enttarnung gewohnter Täuschungen. Denn Wissen als Aufklärung wäre Macht – über ihn (37, 74). Der letzte Blick des über Bord gehenden Klaus Buch durchschaut ihn und als Buch wieder auftaucht, hatten sich ihre „Blicke... nicht getroffen..."! „Also sollte er den Blick des nach hinten Kippenden bewahren. Wahrscheinlich hatte Klaus ihn in diesem Augenblick durchschaut, wie ihn noch niemand durchschaut hatte. Und der, der ihn so durchschaut hatte, lebte." (146/147) Die Beziehung beider ist damit wortlos zu Ende, Halm bricht auf. Gewinnt er eine neue Freiheit oder nur einen neuen Ort zur Wahrung seines Incognito?

Hat sich Halm nicht schon zu tief und zu lange jenes Doppelleben angeeignet, das kontrollierte, maskierte, rational gesteuerte, vermittelte, keinesfalls unmittelbare, das zur zweiten Natur geworden scheint? Aus der Lehrerrolle – „Ja, hatte er denn Lehrer werden wollen? Will denn irgend jemand etwas werden?" (13) – schlüpft er, sobald möglich, in die Haus- und „Urlaubsrolle" (15):

> Er mußte ja wohl nicht den Schein, den er in der Schule produzierte, in seinem häuslichen und innersten Leben praktizieren... In der Schule würde er weiterhin den verlangten Schein produzieren. Zu Hause aber würde er sich gehen lassen. (69)

Sein Verhalten in der Sozialität baut er auf als Fassade und Schutzwall: „So etwas wie Lebensfreude entwickelte sich bei ihm wirklich nur aus dem

Erlebnis des Unterschieds zwischen innen und außen" (80). Die unerreichbare, „schlanke, spitze, nach allen Seiten abfallende Felsenburg ... ein Überneuschwanstein" (13) prägen seine Bewußtseinsbilder, das Haus mit vergitterten Fenstern (10, 58, 75, 94) verbürgt ihm Sicherheit. Seit elf Jahren gewährt die Ferienwohnung bei Dr. Zürn diesen Schutz, distante Unverbindlichkeit, „höfliche Zuvorkommenheit" (15), „völlig annäherungslose Vertrautheit" (16), ungestört von jeglichem Ferngespräch (124): eine unbetretbare Bastion, sein letztes Territorium. „Wenn die diese Wohnung beträten, würde er hier keine Ferien mehr verbringen. Warum wußte er nicht." (58) Als das dann geschieht (132–147), reist er noch selbigen Tages ab. Neugewonnene Freiheit oder wiederhergestellte Schutzfunktion?

Eine „Art hoffnungsloser Hunger" (9), nicht nur nach den Braungebrannten auf der Uferpromenade, sondern generell, ist die Situation des Abgekapselten und Eingeigelten, in der modernen Massengesellschaft Entfremdeten, der auf der Flucht aus Vergangenheit und Gegenwart, auf der Flucht nach innen, „seine wirkliche Person in Sicherheit bringen" (13) will. Er will die bedrohte Individualität in der totalen Gesellschaft bewahren, wenigstens Reste davon. Er wendet sich, im Gefühl aus Angst, Ekel und Leere, den Tagebüchern Kierkegaards zu (10/11, 21, 128, 147), der um ästhetischen Schein oder ethisches Sein gerungen, die existentielle Schwermut als Zeichen religiösen Mangels erklärt hat. Auch ohne die Störung durch die Buchs aber wäre Helmut Halm in Kierkegaard nicht vorgeschritten und kaum mehr als über die beiden Eingangssätze hinausgekommen, solange er nicht die Einsicht gewonnen hätte, daß seine Krise wie die Krise der totalen Gesellschaft eine religiöse Krise sei. Denn:

Er sehnte sich danach, Kierkegaard näherzukommen. Vielleicht sehnte er sich nur, um enttäuscht werden zu können. Er stellte sich diese tägliche stundenlange Enttäuschung beim Lesen der Tagebücher Kierkegaards als etwas Genießbares vor. (11)

„Hoffnungsloser Hunger" (9) oder „blutige Trägheit" als „Lieblingsstimmung" (70) signalisieren aber auch jene eigentliche Unzufriedenheit und jene Ungenüge, die innerlich umtreiben. Helmut Halm ist eben kein Entsagender. Auf der Promenade sieht er, der gute Mittvierziger, immer nur Jüngere (10), in seiner sehnsüchtigen Phantasie dehnen sich endlose Wälder (13, 76, 85). Die Frage kommt ihm, ob sich „in dieser Sehnsucht, noch nicht erkannt zu sein, der Wunsch ausdrücke, jünger zu sein?" (14), offen zu bleiben, „damit noch alles möglich" (13) sei. Mädchen mit „rücksichtslosen Blusen und Hosen" bringen „die Kraft der Verstellung" des Oberstudienrats ins Wanken, verführen ihn einmal zum, allerdings folgenlosen, Hinlangen (20). Helene Buch erfährt er zuerst nur als „ein

Mädchen, das durch die Jeansnaht in zwei deutlich sichtbare Hälften geteilt wurde" (19). Auf dem Segelboot sieht er „mit Hilfe seines professionellen Blicks ihre entblößten Brüste im Vorbeischauen an", die aussehen, „als wären sie selber neugierig" (49). Bei der Wanderung durch den Regen „schaute er wieder nur im Vorbeischauen hin" und empfindet die Wirkung ihrer Brüste als „noch viel neugieriger als auf dem Boot" (79); und selbst die rosigen Wülste der Mäuler kleiner Schweine „erinnerten Helmut an Helenes Brustspitzen" (87). Wer schaut wen neugierig an? Die Projektion der verdrängten Neugier auf den Gegenstand der Neugier ist unübersehbar. Zwischen Bootsfahrt und Regenwanderung, nach zwei Fünfteln Text und im fünften Kapitel, das die Mitte ausmacht, bemächtigt sich seiner, assoziiert durch die Buchs (67), aus der Tiefe der Erinnerung jenes Erlebnis einer Hotelnacht vor zwölf Jahren in Grado, als er sich, im Banne des Geräusches eines hämmernden Beischlafs aus dem Zimmer nebenan (65), gelähmt, beschämt, ins Unrecht gesetzt (66) fühlte, impotent wie „am Pranger" (66, 67); er dachte schon damals an Flucht (66):

> Der drüben war im Einvernehmen mit der Epoche ... Wer den Sexualitätsgeboten dieser Zeit und Gesellschaft nicht genügte, war praktisch ununterbrochen am Pranger. Die Druckwaren sorgten dafür. (66) Daß die einander öffentlich vorschrieben, wie oft sie auf ihre Frauen kriechen müssen, um nicht als impotent zu gelten, erregte bei ihm Widerwillen und Ekel. (67)

Trotz allen Sich-Entziehens aber ist die totale Gesellschaft, die eine Sexkonsumgesellschaft ist, in ihm. Er selbst verkündet nicht nur in der Schule „lauthals ... das öffentliche Gebot der Luststeigerung" (68), die Normen in ihm verstören sein Leben. Das individuale wie soziale tiefenpsychologische Problem, die Zentrierung der Lebenserklärung auf die Freudsche libido, wird deutlich, der Pansexualismus als Kennzeichen der Zeit. Im Traum erlebt sich Halm im Sarg, dem eine Wand fehlt: „Er wußte, daß er zurückkommen würde ans Tageslicht, zu den Leuten" (74). Verdrängung und Sublimation überwanden bisher nicht jenes Verhaftetsein der Gesellschaft und Eingesargtsein im Körper. Wie sollten sie auch die grundständige menschliche Vergänglichkeit aufzuheben vermögen?

Die zwiespältige, in sich gebrochene und durchaus unsichere Gestalt des Helmut Halm macht die ambivalente Stellung des Intellektuellen, besonders des Lehrers oder allgemeiner: des Lehrenden, also des reflektierendtheoretischen Menschen in der modernen und totalen, d. h. alle Lebensbereiche durchdringenden und beherrschenden, Gesellschaft sichtbar.

Sabine Halm

Helmuts Frau Sabine, wohl zwanzig Jahre mit ihm verheiratet, steht nicht vorne, aber im Zentrum des Personen-Quartetts. Keineswegs nur ihres Mannes Appendix, ist sie sein rückwärtiger Halt, die Auffangstellung, und zugleich sein sozialer Kontakt, sensitiv und aktiv auf die Welt gerichtet, immer beteiligt und bereit, auf andere einzugehen. Mit keinem Wort wird ihr Aussehen gestreift; denn ihre Funktion liegt im Ausgleich der seelischen Komponenten, „die einzige Figur, die weder ausbricht noch früh resigniert" (Emmerich, 1978), die „heimliche Heldin der Novelle" (Henrichs, 1978).

Sabine ist es, die an einem Tisch vorne an der Uferpromenade „drängt" (9) und mit „Vergnügen" (9, 10, 12) den Vorbeiströmenden zuschaut (18), die, indem sie ihrem schon „wütenden" Mann „nur noch eine Minute" (18) abringt, eigentlich die Begegnung mit den Buchs verschuldet. Die Kontakte zu Zürns, den Vermietern der Ferienwohnung, laufen über sie (15, 124, 148), auch zu Helene Buch, solange diese am Schluß allein ist (125); Sabine trinkt und raucht mit ihr, Helmut nicht, Sabine bringt sie zum Sprechen und hört ihr zu (132–144).

Helmut sieht Sabine und sich als „alt werdendes Paar" (12), das „aufeinander gewirkt" hat und „jetzt unheimlich verwandt" erscheint, wie „Zwillinge" (17), die mit gleichem Ausdruck das gleiche denken und sagen (17, 87). Wenn sie, mit halbem Vorwurf, bekennt: „Ich frag überhaupt nur noch dich, ich red' nur noch mit dir, ich verlerne alle anderen Sprachen der Welt außer der deinen", bekräftigt er, daß „er schon lange keinen Menschen mehr verstehe außer ihr" (102). Diesem Verhältnis entspricht die relativ spät einsetzende, den Gegensatz zu Buchs betonende Koseformel Helmuts: „Ach du. Einziger Mensch. Sabine." (87, 104, 149, 150)

Sabine geht, bei aller festen Verbundenheit mit Helmut, keineswegs mit ihm konform: Sie deckt seine Widersprüche auf (18, 57), wünscht ihn herausgerissen aus seinem Trott (39), ereifert sich, von Helmuts Bücher-Plänen zu sprechen (43), begeistert sich an seinem intensiven, verändernden, tempogeladenen, lebendigen Lesen (95/96), Helmuts geistiger Aktivität. Als Helmut nach Buchs vorübergehendem Verschwinden, auch nach außen aktiv werden will (Waldlauf, Radfahren), macht sie mit – „Endlich kenn ich dich wieder" (131) – und ist bereit, mit ihm aufzubrechen (148).

Schwierigkeiten bereitet Sabine Helmuts sexuelle Passivität, seine Verweigerung (66ff., 72/73, 102), worüber es zum Wortwechsel kommt (104). Sabine reizt Helmut mit Klaus Buch: „Dann frag ich eben Klaus, ob er mit mir schlafen will" (73). „Sie habe Angst, sich in Klaus ... zu verlieben, sagte sie und kicherte unschön" (103). Die Komplimente Sabines an Klaus Buch (23, 41, 55, 91), ihre freundschaftliche Zuwendung (23, 34/35, 43, 56, 93) und ihre Zustimmung zu dessen (äußerer) Führerrolle

(78, 90) bringen Helmut immer mehr auf, so daß er beide sich „am Rand der Katastrophe" (103) bewegen sieht und Sabine dringend auffordert, sich gegen die „Verführung durch die Familie Buch" zu wehren (104), ja er spricht das Über-Kreuz-Verhältnis der „Wahlverwandtschaften" Goethes aus: „Wenn sie einander heute nahekämen, dann dächte sie an Klaus und er an Helene" (104). Helmut fühlt Zentrum und Rückhalt seines Lebens bedroht, seine Existenz, nicht nur seine Gewohnheiten, und als Klaus auf der zweiten Segelpartie Sabine auch noch als „echt brutale Frau" (108) zu rühmen wagt und Helmut vorschlägt, sich von ihr zu trennen – „nur Tote sind treu" (112) – ist dieser so in die Abwehr gedrängt, daß seine Reaktion verzweifelt sein muß. Der Orkan verursacht die äußere Lebensgefahr, Klaus gibt das Stich-Wort („Feigling", 118) und sein wahnsinnig-tolles Verhalten löst Helmuts Tat aus.

Schließlich bringt sich Helmut in Sicherheit, bringt Sabine in Sicherheit. Im Zug verklärt er sie wie eine Heilige, steigert die Koseformel zu: „Du Angeschienene, du, sagte er. Mit deiner Stärke, von der du nichts weißt. Aus den Jahren herausschauen wie aus Rosen, das sieht dir gleich." (151) Und er erzählt ihr alles, indem er von vorne beginnt. Das Erzählen gewinnt nun den Charakter einer Beichte.

Klaus Buch

Der auf Helmut Halm bezogene Gegenspieler ist sein Klassenkamerad und Studienkommilitone Klaus Buch. Dessen Part in der Handlung ist, Halms innengerichtete Bewegung nach außen zu treiben, aufzureißen.

Buchs Auftreten – natürlich immer aus der Perspektive Halms gesehen – macht von vorneherein bedenklich: die forsche Jugendlichkeit in Aussehen und Benehmen, mit der sich der 46jährige gibt, als sei er gleich jung mit Helene, seiner 28jährigen zweiten Frau, die er Hel nennt und „wie eine Trophäe" (21) vorzeigt; die übertriebene Wiedersehensfreude und plumpe Kameraderie, mit der er Halm überrumpelt (20), obwohl man sich nach 23 Jahren fremd geworden sein muß (25); die bald aufgetischten unappetitlichen Details gemeinsamer pubertärer Sexualität (50–52); die unaufhörliche aufdringliche Fitness-Besorgtheit (Antialkoholiker, Schlankheitsesser, Antiraucher, Langläufer, Tennisspieler, Segler, Reiter); die Redeeuphorie (42–53, 106–114); das Renomiergehabe (Bootskapitän, scheuendes Pferd); schließlich die protzige Sexideologie (48, 106), die sexuelle Potenz mit Arbeit verwechselt (97) und die sexuellen Knaben-Präliminarien ins Heilige pervertiert, als „die heiligsten Momente unserer Kindheit" (53) zum Heilsgeschehen erhebt.

Beachtet man Buchs durchgängiges sentimentales Haschen nach verbaler Liebesbestätigung („Du magst mich nicht mehr, gell?": 43, 46, 49, 54,

61, 64, 75, 91, 96, 97/98, 136, 139), sein exaltiert-künstliches Lachen (46, 52, 82) oder seinen hinausgeschrieenen Ekel vor Hunden (22, 31, 59, 75) verstärkt sich der Verdacht, daß Mängel und Schwächen überkompensiert werden, daß Buch in Halm nicht nur den „Zeugen" (27) seiner besseren Vergangenheit, sondern auch einen Halt in der Gegenwart ergreifen und festhalten will. Er wird um so zudringlicher, je mehr sich der andere entzieht. Dennoch glaubt man ihn nicht so völlig am Ende, bevor Helene sein Scheitern preisgibt.

Überschwänglich bekennt Klaus Buch die Faszination des Lebens (54, 108), sein Kult der Schönheit, des Körpers, hat etwas Heidnisches, etwas vom ästhetischen Immoralismus, dem man Heinse zuschrieb und mit dem sich Kierkegaard auseinandersetzte. In Walsers Selbstdeutung werden Ehebetten zu Sportplätzen (Schyle, 1978). Ethizismus (107) contra Ästhetizismus wäre ein mögliches Begriffspaar für Halm und Buch.

Das Leben hat für Buch keinen Sinn außer im Leben selbst. Keine Transzendenz macht es durchlässig, fraglich. Das Ende, der Tod, ist undenkbar, weil dahinter nichts ist, alles aufhört. Leben muß intensiv ausgelebt werden, muß im Anraffen von Welt sich magisch vervielfachen. Es soll geradezu statisch auf dem Höhepunkt vollster Jugendlichkeit angehalten werden, in sich kreisende, sich selbst genießende Bewegung sein, auch der ständige Reiz (107) und der fortwährende Stoß (108), beides durchaus sexuell gedacht. Das Alter, auch das Greisenalter, scheint so lange nicht sinnlos, solange es noch etwas bringt (99); jedenfalls dürfte Sieger sein, der am längsten lebt. Darwins Kampf ums Dasein und materialisiertes Leistungsprinzip verschmelzen. Es gilt, sich durch permanente Höchstform sexueller Potenz als der Lebenstüchtigste zu erweisen, den fithaltenden Kampf um den Besitz der jüngeren Frau (108) ständig zu gewinnen. Frauen dienen zur Verjüngung. Brutal wird Herta, die erste Frau, mit den Kindern, abgestoßen, angeblich weil sie eine fanatische, planende und sorgende Kleinbürgerin (47) ohne Entwicklung (46) gewesen sei. Helene, die zweite Frau, wird in spiegelbildlicher Abhängigkeit gehalten, ihr Eigenstes (Verbot des Klavierspiels) unterdrückt, ihr Bücherschreiben (Kräuterbuch, „Großmutters Mund", 101), aufgezwungen, das sie nicht leisten kann und dadurch kleiner macht (109).

Buchs Pansexualismus ist die Spitze eines Panvitalismus, wie ihn Nietzsches „Zarathustra" verkündete, dessen Lektüre er in Halms Jugend bewundert (23, 109). Auch deswegen ist er vergangenheitsfixiert auf die Pubertät hin. Im Gegensatz zu Halm ist Buch bei Nietzsche stehengeblieben. Im Gefühl dessen sucht er Helmut Halm an sich zu fesseln, um geistig weiterzukommen (109), ihn als Challenge (110) zur Lebenssteigerung zu benützen, wie er Helene dazu benützt (108). Dabei offenbart Buch brutalsten Egoismus: „Ich bin ein Anbeter meiner selbst" (109), voll des „puren

Egoismus" (111). Er macht Halm das „totale Angebot" (111) „rücksichtslos hilfreicher" (111) Freundschaft, um mit ihm in einem „zweiten Stapellauf" (110, 111) auf die Bahamas (109) aufzubrechen, in die lockende ungewisse Ferne. Als Klaus Buch aber viermal von Beute, dann von Größe – „Großbleiben. Größer werden. Der Größte. Wir zwei sind die Größten" (112) – phantasiert, als er sogleich im Orkan in einem Freudentaumel „wie ein Rodeoreiter" (117) unmäßig lachend (120) das Boot führt, muß er dem belesenen Helmut Halm als Nietzsches entfesselte blonde Bestie erschienen sein, wahnsinnig (114, 115, 117, 118) und triumphierend (118) im Untergangstaumel. In Todesangst stößt er ihm die Ruderpinne aus der Hand (120). Nun stößt Helmut Schreie (122) aus, Schreie der Befreiung, Urschreie.

Klaus Buch befindet sich auf der Flucht vor der Wahrheit menschlicher Endlichkeit. Alles was er tut, soll das Altern, die Vergänglichkeit, den Tod außer Kraft setzen. In der Erfahrung des Scheiterns kommt das Verdrängte über ihn. Eigentlich war er Helmut (und Sabine) Halms Challenge. Nachdem er Wende und Tat ausgelöst hat, räumt er als Gescheiterter fast wortlos den Schauplatz, nimmt aber Helene mit (145/146).

Helene Buch

Buchs zweite Frau Helene spielt die Rolle des freizügigen Statussymbols und scheinbar unselbständigen, echoenden Anhängsels, aber auch die Figur, auf die Helmut Halm unterschwellig anspricht (19, 47, 49, 59, 63, 76, 79, 81, 84, 98, 134) – „Hel und Helmut, diese Namen kamen ihm plötzlich vor wie zwei Werkstücke, die dafür gemacht sind, zusammengekuppelt zu werden" (91) –, die ihn ebenfalls in Bewegung zu bringen mithilft. Vor allem enthüllt sie, erschüttert durch „krampfartiges Weinen" (134), enthemmt durch Alkohol und Nikotin, in Abwesenheit des totgeglaubten Klaus dessen menschliches und berufliches Scheitern (136–144), reißt die Fassade nieder, den Schein des genialen, nicht-arbeitenden Weltmannes (136). Aber schon vorher setzten Helenes Befreiungsversuche ein, begünstigt durch die Anwesenheit der Halms. Daß sie ihre Brüste freigibt, dürfte zwar Helmut Halm meinen, doch auch in Buchs Sinne sein, ganz im Gegensinne aber, daß sie Klaus durch Nachahmung seiner „Muttersprache" in „groteskem Schwäbisch" provoziert, dann in einem „genau so grotesken Bairisch" ihn beschimpft und ein Piano herbeiwünscht (64) oder daß sie im Gasthaus Schuberts „Wanderer-Fantasie" am Klavier intoniert, worauf Klaus mit einer Szene reagiert (81).

In einer Art seelischer Entriegelung, einer Art Beichte, entdeckt sie die Wahrheit: das Scheitern Buchs als Journalist, die Ideologisierung und

Stilisierung seiner Randspezialisierung (Ökologie und Diäthygiene) zum Lebensprinzip, das Versagen dessen, der Schwierigkeiten der Natur meistert und eigentlich Sportlehrer, Entdeckungsreisender, Segelschiffskapitän, Abenteurer hätte sein müssen (137), als Intellektueller in der modernen Gesellschaft, des naiven Täters in der komplizierten Welt. Der „total Isolierte" (140) habe in einer Bahamas-Phantastik (139) gelebt, sein Fanatismus und Egoismus seien Geisteskrankheit (141) gewesen, sie, Helene, „habe nicht leben dürfen", aber ihn wie „einen Ertrinkenden über Wasser halten" (140) müssen. In verzweifelter Flucht nach vorne berührt sie jene radikale Frauen-Emanzipation, in der sich die Frau selbst Höherwertigkeit zuspricht:

„Überhaupt Frauen, m m m! Also es gibt Frauen, die haben einen Reichtum. Da kannst du jeden Mann vergessen. Was ist ein Mann, Sabine? Gibt an wie der Rotz am Ärmel..." (142).

Dann formuliert sie, fast mühelos und wie programmiert, daß sie in einer cholerischen Schwermut lebe, und beinahe wie Thomas Bernhard, den Walser interessant fand (Schwarz, 1971: 68), als „das Wichtigste, daß die Zerstörung weit genug geht"; denn: „Als Zerschmetterte aber leben wir fühllos weiter. Ich danke Ihnen." (144) Helene schließt eine vorbereitete Rede. Ihr Ausbruch war nur ein rhetorischer Fluchtversuch. Denn als Klaus erscheint und ihr dreimal mitzukommen befiehlt, folgt sie in verzweifelter Ironie: „Komm, Genie, tapfer gehen wir" (146).

Durch Helene und an ihr wird der Vitalismus restlos ad absurdum geführt: ein junger Mensch wird dieser Ideologie aufgeopfert oder opfert sich und erkennt dabei, daß dahinter das Nichts der Zerstörung lauert. Helenes Flucht führt nicht ins Freie, sondern zurück zu Klaus, in den Zirkel des ästhetischen Vitalismus.

Ein fliehendes Pferd?

Der Titel verleitet dazu, von den vier Fluchtsituationen nur eine zu erkennen und zu übersehen, daß alle vier Personen in Bewegung geraten, um ihren Fixierungen zu entfliehen. Die symbolische Szene mit dem scheuenden Pferd, das Klaus Buch, ohne genötigt zu sein, bändigt und zurückreitet (88–91), dominiert die Auslegung. Der Text liest sich vom Titel und von dieser Szene her. Das vor den Menschen scheuende Tier wird zu den Menschen zurückgeführt, übertragen: Ausbruch aus der Gesellschaft endet in der Gesellschaft, aus der keine Flucht möglich ist, weil weder die individuellen noch die sozialen, eben die menschlichen Bedingungen nicht geändert werden (können). An Klaus und Helene Buch als Figuren exekutiert es die Handlung selbst. Die Deutung müßte aber auch für Sabine, besonders für Helmut Halm zutreffen. Sein endlicher Aufbruch wäre dann nur Flucht in eine relativ erweiterte, etwas elastischere Freiheit, wäre vor allem Ausbruch *aus* einer unerträglich, sich zuspitzenden Situation. Das Ringen wird immerhin in der Vierzahl und im freieren Raum offener ausgetragen als in der demontierenden ehelichen „Zimmerschlacht" (1967), die aber auch das Studienratsehepaar (Erdkundelehrer) in die Gesellschaft zurückführt.

Halms Flucht nach innen bis in Träume (12, 13, 66, 69, 70, 92) wird durch die Szene mit dem Pferd sichtbar nach außen projeziert. Schon in dem nicht abgeschickten Brief an Buch hatte er gedroht: „Ja, ich fliehe. Weiß ich. Wer sich mir in den Weg stellt, wird . . ." (37). Klaus Buch selbst erklärt dann die Situation eines fliehenden Pferdes so: „Einem fliehenden Pferd kannst du dich nicht in den Weg stellen. Es muß das Gefühl haben, sein Weg bleibt frei. Und: ein fliehendes Pferd läßt nicht mit sich reden." (90) Und Halm erinnert sich nach dem Bootsunglück: „Klaus hatte in Unterhomberg gesagt, ein fliehendes Pferd lasse nicht mit sich reden." (123) In neuer Aktivität dann „hatte er das Gefühl, als könne ihn nichts mehr aufhalten" (131).

Das Symbol des fliehenden Pferdes wäre also eindeutig auf Helmut Halm zugeschnitten. Das entsprach der Erzählperspektive. Klaus Buch konnte sich zwar in der Natur „in ein fliehendes Pferd hineindenken" und wußte, daß man „nicht von vorne auf das Pferd zugehen darf" (90), im Umgang mit Menschen aber geht er blind und frontal Helmut Halm an, läßt ihn nicht ausweichen, indem er keinen Abschied zuläßt (55, 92), sondern steigert dessen Aggressionen bis zum blinden Ausbruch. Denn das unkontrollierte Boot im Orkan nimmt für Halm das Wesen eines scheuenden, fliehenden Pferdes (118, 119, 126) an.

Halm nannte sich ironisch einen „alten Ritter" (91). Indirekt sprach er damit die totemartige Verbundenheit des Menschen mit dem Pferd an, die erotische Symbolik des Hengstes – um einen solchen handelt es sich in Walsers Novelle – wie in Saars Novelle „Schloß Kostenitz" (1892, ausg. 1908, Bd. 9: 331; dazu Himmel, 1963: 331), in Trakls Ballade „Die junge Magd" (1913), in Hofmannsthals „Reitergeschichte" (1899), Bindings „Reitvorschrift für eine Geliebte" (1926) oder Lehmanns „Hengst Maestoso Austria" (1940). Mit der Novellenform stellte Walser auch die Symbolik in eine Traditionsreihe. Denn schon Walsers „Einhorn" hatte auf ein mythisches Pferd gedeutet.

Novelle

Die strikt einsträngige Handlung, auf unvorhersehbare Wende hin gesteigert, vollzieht sich in der „Versuchsanordnung" (Henrichs, 1978) eines Quartetts in der begrenzten Zeit von drei ganzen Tagen (mit vorangehendem Nachmittag und abschließendem Vormittag), sowie in begrenzter Landschaft (Überlingen, Nußdorf) am und auf dem Bodensee. Die Konstellation besitzt zweifellos dramatischen Charakter, aber mehr als nur „eine typische Lustspiel-Anordnung" (Kaiser, 1978: 832) zu ermöglichen, wenn man theoretisch noch Novellen als Gattung zuläßt. Neun Kapitel alternieren zwischen Außen- und Innenräumen (1+2=16 Seiten, 3=12, 4=18, 5=16, 6=18, 7=9, 8=18, 9=27), wobei den Außenräumen (Kap. 1+2, 4, 6, 8) Übergewicht zukommt, die Konstruktion auf die Auseinandersetzung im Segelboot (Kap. 8) zuläuft. Ein letztes breitestes Kapitel führt die vier Figuren nochmals zusammen, nicht zum happy end, sondern zu radikaler Enthüllung, zu Nichtung der Beziehungen und Trennung. Die Erzählhaltung, in „Halbzeit" oder „Einhorn" zwischen Er- und Ich-Perspektive schwankend, ist scheinbar eindeutig die des auktorialen Er-Erzählers, der jedoch nur in Helmut Halms Gedanken und Innenvorgänge Einblick hat und die anderen Personen gegenständlich sieht, der also aus Halms Perspektive erzählt. Dadurch daß Halm seiner Frau im Zug die ganze Geschichte da capo al fine erzählt (151), verschiebt sich die Er- zur verdeckten Ich-Perspektive, die Novelle zur gerahmten Bekenntnisnovelle, der Inhalt zur distanzierten Beichte.

Die Novellenstruktur ist gemeistert einschließlich des Symbols, des von Heyse geforderten „Falkens", „ein wahres Kunststück an Durchgeplantheit und Ökonomie" (Baumgart, 1978). Angesichts des Befunds sollte man nicht fragen, ob, sondern *warum* heute noch oder wieder Novellen möglich sind. Wenn die geschlossene Form der Novelle geschlossene Gesellschaft, geschlossenes Weltbild und/oder geschlossene Persönlichkeitsstrukturen voraussetzte und repräsentierte, so ist dies durchaus in der Literatur der katholischen Erneuerung (Le Fort, Bergengruen, Andres u. a.), aber auch im Marxismus (Seghers, Wolf u. a.) nach wie vor gegeben. Martin Walsers Näherung zum Marxismus würde die Form rechtfertigen, seine kritische Position, den Versuch, ex negativo, durch Verneinung die ideale Folie von Gesellschaft, Weltbild und Persönlichkeit als Ganzheiten zu postulieren. Es würde auch die Absage an die Ich- und damit Formauflösung der mittleren Romane bedeuten, die in „Seelenarbeit" (1979), ebenso aus der Perspektive des „Helden" Xaver Zürn erzählt, nicht mehr auftritt. Die Tendenz von bloß psychologischem Realismus zu einem humanistischen profiliert auch bei Walser den subjektiven „neuen Realismus".

Der Autor

Martin Walser steht dicht hinter oder in den Figuren: Nicht nur, daß er selbst mit Frau und vier Töchtern (wie Dr. Zürn) am Strand in Nußdorf bei Überlingen mit Booten und Alpenblick wohnt, Schwimmer, Segler, Tennisspieler, Skiläufer (Schwarz, 1971: 64), nicht nur, daß genaue Landschafts- und Ortskenntnisse in die Schilderungen eingegangen sind, ja, daß er nicht nur Klaus Buch „in die Gegend vernarrt" und „ein großes Bodenseebuch planen" (44) ließ, sondern es 1978 selbst vorlegte, nicht nur, daß er erstmals wieder seit 1957 („Ehen in Philippsburg": „Für meine Mutter") einer Frau allein ein Buch widmete – „Für Franziska" – wohl seiner ältesten Tochter, die, 1950 geboren, im Erscheinungsjahr der Novelle mit 28 Jahren gleichaltrig mit der Figur Helene Buch war, sondern daß er den eigenen Germanisten-Komplex, in Gymnasiallehrer und Journalisten, die Alternativen von einst, aufspaltet und zu Ende spielt, dabei den Kreuzungspunkt Schriftsteller ausschweigt.

Walser spielt seine Möglichkeiten, indem er sie aus sich heraussetzt, figuriert und agieren läßt. „Will er nicht beide Hauptfiguren in einem, in einer sein, Helmut wie Klaus? ... Inwieweit ist *dieser Martin* identisch mit diesem Helmut ... und wo beginnt bei diesem Martin wohl der Klaus?" (Skasa-Weiß, 1978: 23). Spielt er mit dem „Prinzip Halm" und dem „Prinzip Buch", mit „Halm contra Buch ein Spiel gegen sich selbst" (Baumgart, 1978)? Oder mit sich selbst? Walser: „Ich vertrete mit meiner Spielfigur Helmut Halm einfach meine eigene Position". (Schyle, 1978)

Theoretisch hat Martin Walser die Nähe, ja Identität des Autors und seiner Erfahrungen mit seinem Werk wiederholt betont. 1969 postulierte er: „Jeder Autor ist sein Gegenstand ... Und er kann nur noch mit sich selber was anfangen" (Walser, 1973: 26), 1972 sagte er vom Autor: „Wirklich lernen kann er nur das Erfahren, nicht das Schreiben" (ebd.: 134). 1975 bekannte er: „Ich werde nicht fertig werden im Gebrauchmachen meiner Erfahrungen, nämlich meiner kleinbürgerlichen Erfahrungen" (Konjetzky, 1975: 82); 1976 führte er aus, daß der „Schwerpunkt" eines Werkes „am schnellsten" zu erfahren sei, „wenn man das Verhältnis des Erzählers zum Helden untersucht" (Walser, 1976: 200), und daß „Das ganze Figurenensemble ... *einen* Text spricht, EINE Tendenz erzeugt", die „doch wohl die Tendenz des Autors und nicht die eines Erzählers" (ebd.: 213) sei. Walser steckt in seinen Figuren, ohne sich zu verstecken und sich zu verleugnen.

Persönliches ist eingebracht, wie ein offenbar antibayrischer Affekt (48, 64) oder die Aussparung oder nur Andeutung einer religiösen Dimension. So stößt der Vitalist Buch seine kirchliche erste Frau (anno santo, Werfels

„Das Lied von der Bernadette", 48) ab, sprechen Halm (76) wie Buch (114, 115) in der Metapher des Domes, wenn sie Sehnsucht aussagen, erfährt Halm Schuld und Gewissen (121/122, 129, 135, 146, 150), liegt Kierkegaard im Urlaubsgepäck und in der Hand. Helene bezeichnet ihr fehlgerichtetes Leben mit Buch als „Hölle" (138), und Sabine bringt das Ereignis von Buchs Wiedererscheinung auf die Summe „wie der Jüngste Tag persönlich" (147; vgl. Laemmle, 1974: 74). Zwar belegt die Sprache die Wirksamkeit einer innersten Schicht, die die Novelle als Energiezentrum ausspart: die christlich-katholische Welt der Mutter und der Jugend Walsers (Schwarz, im 1971: 66; Konjetzky, 1975: 73). Wie die Romane vor 1976 „Unsicherheit" und „irritiertes Gewissen" (Dieter Wellershoff, 1968 nach Schwarz, 1971: 99), eine „Unentschlossenheit der Weltkonzeption" (Kreuzer, 1976: 528) verrieten, so steht auch die Novelle „Ein fliehendes Pferd" im Zeichen kritischen Suchens, das sich jedoch zusehends strukturiert.

Literaturdidaktische Aktualität

Das Werk Martin Walsers hat sich dem Literaturunterricht bisher gesperrt, auch, soweit ich sehe, der literaturdidaktischen Erschließung, wenn man von Dieter Arendts Explikation zum Roman „Halbzeit" absieht. Arendts Ergebnisse –

Emanzipation wäre also die Befreiung der in ihrer Gruppe, Schicht oder Klasse Befangenen oder Gefangenen; in diesem konkreten Falle: Befreiung der Wohlstands-Bürger aus ihrer Profit- und Normen-Diktatur, aus dem Lebensstandard mit Wohlstandsprestige, aus dem Showzwang mit seiner Statussymbolik (Arendt, 1974: 38), und zugleich: Gewiß geworden ist auch die Ungewißheit der schnellfertig postulierten Emanzipation (ebd. 40) –

mögen, wenn auch eingeschränkt, in „Ein fliehendes Pferd" auffindbar sein.

Die Literaturdidaktik hat den frühen Walser übersehen, Kurzgeschichten bzw. Kurz- oder Kürzestnovellen wie „Der Umzug", „Die Klagen über meine Methoden" oder besonders „Templones Ende" (alle in „Ein Flugzeug über dem Haus", 1955), wohl weil sie sich sehr an Kafka anlehnen; aber sie führen auch von Kafka her weiter.

Für den Literaturunterricht böte sich kein Werk so an wie „Ein fliehendes Pferd", auch wenn es nicht den ganzen Walser abdeckt. Doch scheint es exemplarisch für den Walser nach 1975 zu sein, dabei nach Umfang zu bewältigen und als Konstruktion überschaubar. Die Probleme, gegenwärtig wie sie sind, müßten nicht erst hermeneutisch verstehbar gemacht und literaturdidaktisch bzw. -methodisch aktualisiert, sondern in Zeitgenossenschaft angesprochen, herausgearbeitet und zur Auseinandersetzung freigegeben werden: die Fragen

- der Sexualkonsumgesellschaft,
- der Produktion von Schein, der Lebens-, Berufs- und Urlaubssterilität verdeckt,
- der Vergangenheitsfixiertheit und Jugendkameraderie wie der ahistorischen Vergangenheitsverdrängung,
- der gestörten Kommunikation (so Schurf/Stein, 1979: 45),
- des Verhältnisses von Individuum und Gesellschaft
- der Ehe als resignative Gleichförmigkeit wie als egoistisches Potenzleistungsinstitut und -show, als Herrschaft statt Partnerschaft,
- des blinden (asozialen) Ausbruchs,
- der je einseitig-verabsolutierten Antworten statt einer Dialektik der vita activa und vita contemplativa,

aber auch:

- der notwendigen Unterordnung eines depersonalisierenden, überreflektierten Psychosexismus unter eine ethisch entscheidungsfähige Gesamtpersönlichkeit, und
- der klaren, konzentrierten und konzentrierenden Erzählstrukturen,
- der Erarbeitung eines repräsentativen Textes der Gegenwartsliteratur.

Behielte man „Ein fliehendes Pferd", der komplizierten Problematik wegen, der Kollegstufe vor, kämen auch hier, besonders in Vergleichen und Motivzusammenhängen, die literarhistorische Situation (vgl. Weber, 1975b: 157–159, 170/171) und die Novelle als Gattungshypothese (gesteigerte Handlung, Wende, Lösung, Symbolik) in der unverzichtbaren, den literaturdidaktischen Strukturen parallelen, sie potenzierenden Wirksamkeit (vgl. Weber, 1975a: 9–14) gleichermaßen zur Geltung, repräsentativ und exemplarisch.

Literatur

1.

Walser, Martin: Ein fliehendes Pferd. Novelle. Frankfurt: Suhrkamp 1978. Die Ziffern im Text in Klammern ( ) geben die Seiten dieser Ausgabe an.

2.

Arendt, Dieter: Im goldenen Käfig der Freiheit: Eine literaturdidaktische Explikation zu Martin Walsers Roman „Halbzeit". in: DU 1974/4: 27–40

Bachmann, Dieter: Die Lebensbitterkeit erträglich machen. Martin Walser und der überraschende Erfolg seiner Novelle „Ein fliehendes Pferd". in: Weltwoche, 15. 3. 1978, 3.

Baumgart, Reinhart: Überlebensspiel mit zwei Opfern. in: Der Spiegel, 27. 2. 1978: 198.

Beckermann, Thomas: Die neuen Freunde. in: Text + Kritik 1974: 46–53.

Bienek, Horst: Martin Walser. in: B.H.: Werkstattgespräche mit Schriftstellern. München: Hanser 1962.

Emmerich, Elisabeth: Ausbruch und frühe Resignation. Martin Walser stellt in Augsburg „Ein fliehendes Pferd" vor. in: Augsburger Allgemeine Zeitung 6. 3.1978.

Helwig, Werner: Martin Walsers Meisternovelle. in: Frankfurter Hefte 1978, Heft 7: 75 ff.

Henrichs, Benjamin: Narziß wird fünfzig. Martin Walsers Novelle „Ein fliehendes Pferd". in: Die Zeit, 24. 2. 1978: 38.

Herzog, Sigrid: Über den grünen Klee gelobt. „Das fliehende Pferd" und die Kritik. in: Neue Rundschau 1978: 492–495.

Himmel, Helmuth: Geschichte der deutschen Novelle. Bern-München: Francke 1963.

Kaiser, Joachim: Martin Walsers blindes Glanzstück. Funktion und Funktionieren der Novelle „Ein fliehendes Pferd". in: Merkur 1978: 828–838.

Knorr, Herbert: Gezähmter Löwe – fliehendes Pferd. Zu Novellen von Goethe und Martin Walser. in: Literatur für Leser 79/2: 139–157.

Konjetzky, Klaus: Gespräch mit Martin Walser. in: Weimarer Beiträge 7/1975: 70–84.

Kreuzer, Ingrid: Martin Walser. in: Weber, Dieter (Hrsg.): Deutsche Literatur der Gegenwart in Einzeldarstellungen. Band I. Stuttgart: Kröner ³1976: 512–533.

Laemmle, Peter: „Lust am Untergang" oder radikale Gegen-Utopie? „Der Sturz" und seine Aufnahme in der Kritik. in: Text + Kritik 1974: 69–75.

Reich-Ranicki, Marcel: Walsers Glanzstück, in: Frankfurter Allgemeine Zeitung 24. 1. 1978: 19.

Reinhold, Ursula: Erfahrung und Realismus. Über Martin Walser. in: Weimarer Beiträge 7/1975: 85–104.

Saar, Ferdinand von: Sämtliche Werke, hrsg. Jakob Minor Bd. 9: Novellen aus Österreich II, Leipzig: Hesse 1908: 273–345: Schloß Kostenitz.

Schurf, Bernd/Stein, Guido: Interaktionstheorie und Literaturdidaktik. Ein Unterrichtsmodell für die Sekundarstufe II. in: DU 3/79: 39–53.

Schwarz, Wilhelm Johannes: Der Erzähler Martin Walser. Bern/München: Francke 1971.

Schyle, Hans Joachim: Unsere Gesellschaft erzeugt Fluchtgedanken. Ein Gespräch mit Martin Walser. in: Kölner Stadtanzeiger, 19. 4. 1978.

Siblewski, Klaus: Martin Walser. in: Kritisches Lexikon zur deutschsprachigen Gegenwartsliteratur. München: Edition Text + Kritik, 15 S., Stand: 1. 10. 1979.

Skasa-Weiß, Ruprecht: Ein einzufangendes Pferd. Martin Walser liest bei Hoser's in Stuttgart. in: Stuttgarter Zeitung, 8. 3. 1978: 23.

Text + Kritik, hrsg. Arnold, Heinz Ludwig: Bd. 41/42. Martin Walser. München: Boorberg V. 1974.

Walser, Martin: Ein Flugzeug über dem Haus und andere Geschichten. Frankfurt: Suhrkamp 1955 (es 30, ⁴1970).

ders.: Der Abstecher. Die Zimmerschlacht. Frankfurt: Suhrkamp 1967 (es 205, ³1968).

ders.: Jenseits der Liebe. Roman. Frankfurt: Suhrkamp 1976.

ders.:, zus. mit André Ficus: Heimatlos. Ein Bodensee-Buch. Friedrichshafen: Verl. Robert Gessler 1978.

ders.: Seelenarbeit. Roman. Frankfurt: Suhrkamp 1979.

ders.: Erfahrungen und Leseerfahrungen. Frankfurt: Edition Suhrkamp (109) 1965.

ders.: Heimatkunde. Aufsätze und Reden. Frankfurt: Edition Suhrkamp (269) 1968.

ders.: Wie und wovon handelt Literatur. Aufsätze und Reden. Frankfurt: Edition Suhrkamp (642) 1973.

ders.: Bemerkungen zur Literaturkritik, in: Text+Kritik 1974: 54–56.

ders.: Über Verbindlichkeit, bzw. Tendenz des Romans (am Beispiel des „Wilhelm Meister") in: Kontext 1, hrsg. Uwe Timm und Gerd Fuchs. München: Bertelsmann Autoren-Edition 1976: 199–215.

ders.: Wer ist ein Schriftsteller? Aufsätze und Reden. Frankfurt: Edition Suhrkamp (959) 1979.

Weber, Albrecht: Deutsche Novellen des Realismus. Gattung. Geschichte. Interpretationen. Didaktik. München: Ehrenwirth 1975a.

ders.: Grundlagen der Literaturdidaktik. München: Ehrenwirth 1975b.

ders.: Deutsche Literatur in ihrer Zeit. Literaturgeschichte im Überblick. Band II: 1880 bis zur Gegenwart. Freiburg: Verlag Herder 1979: 464–465.

Notiz zu den Autoren

Beisbart, Dr. Ortwin
Oberstudienrat für Didaktik der deutschen Sprache und Literatur an der Universität Regensburg
Tulpenweg 10c, 8401 Pentling

Ehbauer, Dr. Horst
Studienrat in Neumarkt/Opf.
Dr.-Eberle-Straße 19, 8430 Neumarkt/Opf.

Gebhard, Professor Dr. Walter
Lehrstuhl für Deutschdidaktik und Neuere deutsche Literaturwissenschaft an der Universität Bayreuth
Waldgartenstraße 36, 8000 München 70

Hoppe, Dr. Otfried
Professor für Deutsche Sprache und Literatur und ihre Didaktik an der Hochschule Lüneburg
Jägersteig 8, 2126 Adendorf bei Lüneburg

Krejci, Dr. Dipl.-Päd. Michael
Studiendirektor für Didaktik der deutschen Sprache und Literatur an der Universität Bamberg
Hauptsmoorstraße 57, 8600 Bamberg

Künzel, Dr. Horst
Studiendirektor und Seminarlehrer für Deutsch am Pädagogischen Seminar des Helene-Lange-Gymnasiums Fürth
Ronhofer Weg 27, 8510 Fürth

Mayer, Dr. Dieter
Professor für Neuere deutsche Literaturgeschichte an der Johannes Gutenberg-Universität Mainz und Studiendirektor und Seminarleiter für Deutsch am Humboldt-Gymnasium Schweinfurt
Frankenstraße 9, 8720 Schweinfurt

Payrhuber, Franz-Josef
Fachbereichsleiter am Institut für Lehrerfort- und -weiterbildung Mainz
Goldbergstraße 23, 6520 Worms-Horchheim

Schmitt, Rudolf
Oberstudienrat und Seminarlehrer für Deutsch am Dientzenhofer-Gymnasium Bamberg
Buchenweg 2, 8601 Gundelsheim

Schober, Professor Dr. Otto
Lehrstuhl für Didaktik der deutschen Sprache und Literatur an der Friedrich-Alexander-Universität Erlangen–Nürnberg
Am Friedrichsbrunnen 8, 8600 Bamberg

Schuster, Dr. Karl
Oberstudienrat und Wissenschaftlicher Assistent am Lehrstuhl für Didaktik der deutschen Sprache und Literatur an der Universität Bamberg
Mattenheimerstraße 9, 8600 Bamberg

Soeren, Johan van
derzeit Studienreferendar im Gymnasialdienst
Steinknöck 3, 8520 Erlangen

Stückrath, Dr. Jörn
Wissenschaftlicher Mitarbeiter für das Fach Deutsch am Oberstufenkolleg des Landes Nordrhein-Westfalen an der Universität Bielefeld
Universitätsstraße 23, 4800 Bielefeld 1

Weber, Professor Dr. Albrecht
Lehrstuhl für Didaktik der deutschen Sprache und Literatur an der Universität Augsburg
Am Schloßanger 6, 8901 Stadtbergen bei Augsburg

Arbeits- und Studienbücher

Franz Hebel
Spielraum und Festlegung
Innovatorisches und Institutionelles in Sprache und Literatur
1979. 260 Seiten, kt. DM 26,–
ISBN 3-589-20718-3
Aus dem Inhalt: Ist Kommunikation wirklich so wichtig? · Spielraum und Festlegung des Sprechers · Die Bedeutung von Sprache und Sprechen beim Aufbau von Alltagswissen · Was tun wir, wenn wir sprechen? · Spracherfahrungen bei der Suche nach Information · Sprache in der Politik · Die Rolle der Literatur im Alltag · Spielraum und Festlegung des Lesers · Pragmatische und poetische Texte · Lesen – verstanden als Fähigkeit, in und mit Literatur Erfahrungen zu machen · Literatur als Institution und als Prozeß · Zur Rolle der Literatur in der Kulturvermittlung.
Der Band enthält eine Reihe von Unterrichtsvorschlägen unterschiedlicher Konkretisierung.

Harro Müller-Michaels
Positionen der Deutschdidaktik seit 1949
1980. Ca. 300 Seiten, kt. ca. DM 24,80
ISBN 3-589-20600-4
In der Schule nimmt „Deutsch" nach wie vor eine Sonderrolle ein. Es gilt als Schlüsselfach. Kein Wunder also, daß die fachlichen Vorstellungen vom Deutschunterricht oft im Brennpunkt bildungspolitischer Diskussionen standen und stehen.
Harro Müller-Michaels beschreibt die Konzepte zur Theorie und Praxis des Faches Deutsch seit Bestehen der Bundesrepublik. Der Autor umreißt die einzelnen Positionen kurz, belegt sie mit Beispielen und mißt sie am eigenen Theorie-Anspruch.
Aus dem Inhalt: Methodik des Deutschunterrichts · Didaktik der deutschen Sprache · Exkurs: Methodik Deutschunterricht – Der didaktische Ansatz in der DDR · Kritische Didaktik · Didaktik der sprachlichen Kommunikation · Didaktische Handlungsforschung

**Verlagsgruppe
Athenäum · Hain · Scriptor · Hanstein
Postfach 1220 · D-6240 Königstein/Ts.**

Arbeits- und Studienbücher

Siegfried Weinmann
Deutsch in der gymnasialen Oberstufe
Grund- und Leistungskurse
1980. Ca. 200 Seiten, kt. ca. DM 24,80

Inzwischen liegen aus fast allen Bundesländern erste Erfahrungen mit der neugestalteten gymnasialen Oberstufe vor. Sie werden hier ebenso berücksichtigt wie die neuen „Einheitlichen Prüfungsanforderungen für das Abitur". Auf dieser Grundlage stellt der Autor fünf detaillierte Unterrichtseinheiten und einen erprobten Dreijahresplan für die Klassen 11–13 vor.

Aus dem Inhalt: Didaktische Probleme des Deutschunterrichts in der Oberstufe · Planung und Durchführung von fünf Grund- und Leistungskursen – mit exemplarischen Materialien (Romantik; Junges Deutschland und Vormärz; Kommunikative und andere Funktionen von Sprache; Sprache und Denken; Sprache und Sozialisation) · Raster für einen Dreijahresplan von 18 Grund- und Leistungskursen · Beispiele für die Überprüfung schriftlicher Arbeiten.

Theodor Karst / Renate Overbeck / Reinbert Tabbert
Kindheit in der modernen Literatur

Band 1: Interpretations- und Unterrichtsmodelle zur deutsch-, englisch- und französischsprachigen Prosa
1976. 269 Seiten, kt. DM 16,80
ISBN 3-589-20382-X

Band 2: Materialien für Studium und Unterricht
1977. 272 Seiten, kt. DM 19,80
ISBN 3-589-20560-1

Band 1 enthält Interpretations- und Unterrichtsmodelle zu Texten von Kaschnitz, Hesse, Wölfel; Mansfield, Twain, O'Casey, Salinger; Renard, Queneau, Sartre u. a.

Band 2 präsentiert literarische Texte vom ausgehenden 18. Jahrhundert bis zur Gegenwart sowie geistesgeschichtliche Dokumente von Rousseau bis Piaget.

„Der Nutzen des Buches liegt ... darin, daß es dem Lehrer die Chance bietet, seinen Unterricht im Sinne der Textsortenmischung mit literarischen Texten anzureichern, wenn er das gegenwärtig gefragte Jugendthema ... behandelt." *Praxis des neuspr. Unterrichts 3/1978*

**Verlagsgruppe
Athenäum · Hain · Scriptor · Hanstein
Postfach 1220 · D-6240 Königstein/Ts.**